广东省优秀社会科学家文库（系列三）

卢晓中自选集

卢晓中◎著

中山大学出版社

·广州·

图书在版编目（CIP）数据

卢晓中自选集/卢晓中著． --广州：中山大学出

版社，2024.11． --（广东省优秀社会科学家文库）．

ISBN 978 - 7 - 306 - 08133 - 9

Ⅰ．G4 - 53

中国国家版本馆 CIP 数据核字第 2024KJ1906 号

LU XIAOZHONG ZIXUANJI

出 版 人：王天琪

策划编辑：嵇春霞　廖丽玲　袁双艳

责任编辑：袁双艳　刘　丽

封面设计：曾　斌

责任校对：舒　思

责任技编：靳晓虹

出版发行：中山大学出版社

电　　话：编辑部 020 - 84110283，84113349，84111997，84110779，84110776

　　　　　发行部 020 - 84111998，84111981，84111160

地　　址：广州市新港西路 135 号

邮　　编：510275　　　　　传　真：020 - 84036565

网　　址：http://www.zsup.com.cn　　E-mail：zdcbs@ mail. sysu. edu. cn

印 刷 者：佛山市浩文彩色印刷有限公司

规　　格：787mm×1092mm　1/16　28 印张　473 千字

版次印次：2024 年 11 月第 1 版　　2024 年 11 月第 1 次印刷

定　　价：98.00 元

卢晓中

　　1962年1月生于江西省南昌市。1995年在华南师范大学破格晋升为教授，2011年首批被评为二级教授。现担任华南师范大学粤港澳大湾区教育发展高等研究院院长，并担任学校学术委员会副主任、教育科学学院学术分委员会主任和教育学科带头人。曾任华南师范大学教育科学学院院长。学术兼职有中国高等教育学会学术发展咨询委员会委员和高等教育学专业委员会副理事长，广东省教育学会常务副会长、广东省高等教育学会副会长等。主要研究方向有现代高等教育发展理论、国际比较教育、教育发展规划与政策、学校文化研究等。发表学术论文200余篇，其中被《新华文摘》、《中国社会科学文摘》、中国人民大学复印报刊资料、《高等学校文科学术文摘》等重要文摘刊物转载论文50多篇。代表性著作有《现代高等教育发展的战略管理研究》《高等教育现代化：理论发展与实践探索》《比较教育学》《当代世界高等教育理念及对中国的影响》《亚洲"四小龙"教育发展战略研究——兼论中国教育发展问题》《现代高等教育发展论纲》等。独立完成或排名第一的学术成果曾获教育部高等学校科学研究优秀成果奖（人文社会科学）二等奖2项，全国教育科学研究优秀成果奖二等奖1项、三等奖2项和广东省哲学社会科学优秀成果奖等省级科研优秀成果奖一等奖5项。获得广东省首届优秀青年科学家（1997年）、广东省优秀社会科学家（2019年）等荣誉称号。

"广东省优秀社会科学家文库"（系列三）

出 版 说 明

　　哲学社会科学是人们认识世界、改造世界的重要工具，是推动历史发展和社会进步的重要力量。党的十八大以来，以习近平同志为核心的党中央高度重视发展哲学社会科学，习近平总书记亲自主持召开哲学社会科学工作座谈会，就哲学社会科学工作发表一系列重要讲话，作出一系列重要论述和指示批示，对构建中国特色哲学社会科学作出总体部署，有力推动哲学社会科学事业繁荣发展。党的二十届三中全会进一步明确提出"构建中国哲学社会科学自主知识体系"，这是党中央立足完成新的文化使命和哲学社会科学发展规律作出的重大部署，也是新时代我国哲学社会科学发展的战略目标。

　　广东省委省政府深入学习贯彻习近平文化思想，认真落实习近平总书记关于哲学社会科学的重要论述，着力加强组织领导、政策保障、人才培育，扎实推动全省哲学社会科学事业高质量发展。全省广大哲学社会科学工作者自觉立时代之潮头、通古今之变化、发思想之先声，积极为党和人民述学立论、建言献策，涌现出了一大批方向明、主义真、学问高、德行正的优秀社科名家，在推进构建中国哲学社会科学自主知识体系进程中充分展现了岭南学人担当、演绎了广东学界精彩。广东省委宣传部、省社科联组织评出的"广东省优秀社会科学家"就是其中的杰出代表，他们以深厚的学识修养、高尚的人格魅力、

1

先进的学术思想、优秀的学术品格和严谨的治学方法，生动展现了岭南学人的使命担当和时代风采。

遵循自愿出版原则，"广东省优秀社会科学家文库"（系列三）收录了第三届广东省优秀社会科学家中9位学者的自选集，包括（以姓氏笔画为序）卢晓中（华南师范大学）、朱桂龙（华南理工大学）、李凤亮（南方科技大学）、李庆新（广东省社会科学院）、李宗桂（中山大学）、吴承学（中山大学）、何自然（广东外语外贸大学）、陶一桃（深圳大学）、程国赋（暨南大学）。自选集编选的原则是：（1）尽量收集作者最具代表性的学术论文和调研报告，专著中的章节尽量少收。（2）书前有作者的"学术自传"，叙述学术经历，分享治学经验；书末附"作者主要著述目录"。（3）为尊重历史，所收文章原则上不做修改，尽量保持原貌。

这些优秀社会科学家有的年事已高，有的工作繁忙，但对编选工作都高度重视。他们亲自编选，亲自校对，并对全书做最后的审订。他们认真严谨、精益求精的精神和学风，令人肃然起敬，我们在此表示衷心的感谢和崇高的敬意！

我们由衷地希望，本文库能够让读者比较方便地进入这些当代岭南学术名家的思想世界，领略其学术精华，了解其治学方法，感受其思想魅力。希望全省广大哲学社会科学工作者自觉以优秀社会科学家为榜样，始终胸怀"国之大者"，肩负时代使命，勇于担当作为，不断为构建中国哲学社会科学自主知识体系，为广东在推进中国式现代化建设中走在前列作出新的更大贡献！

丛书编委会
2024 年 11 月

目录

1

第三部分　　教育发展与教育现代化研究

我从事教育学的教学与研究已有 40 余年，研究领域主要涉及教育现代化理论、高等教育发展理论、国际比较教育理论、教师教育理论、区域教育发展理论及粤港澳大湾区教育合作发展等，先后作为首席专家主持承担国家社会科学基金重大招标项目、国家社会科学基金（教育学）重点招标项目、教育部人文社会科学重点研究基地重大招标项目等国家级、省部级项目 20 多项，发表论文 200 多篇。

考虑到篇幅有限，本自选集主要选择和收集了我关于粤港澳大湾区教育发展、教师发展与教师教育、教育发展与教育现代化这三个主题的部分研究论文。为了体现研究的连续性及超前性，我在每个主题中都选择了若干篇早期发表的论文，尽管这些论文发表时间比较久远（发表于 20 世纪90 年代），但我仍然认为当时提出的一些观点和认识至今还是有现实意义的。而且，这些早期发表的论文与后期发表的论文相对照，也能反映我对有关教育问题的思想认识的发展历程。正如恩格斯说过的，"历史从哪里开始，思想进程也应当从哪里开始，而且思想进程的进一步发展不过是历史过程在抽象的、理论上前后一贯的形式上的反映"①。

主题一　粤港澳大湾区教育发展研究

我对粤港澳教育的研究始于 20 世纪 90 年代中期。港澳教育是我近30 年持续关注的研究领域。我于 1994 年开始担任华南师范大学教育科学研究所比较教育研究室主任、比较教育研究生学位点负责人，当时华南师范大学比较教育研究的重点和特色就是港澳教育研究。我曾在 20 世纪 90

---

① ［德］恩格斯、马克思：《政治经济学批判》，载《马克思恩格斯选集（第 2 卷）》，人民出版社 1972 年版，第 122 页。

1

年代中期就作为主要成员承担国务院学位委员会办公室委托的全国哲学社会科学"八五"规划国家重点项目"台湾、香港、澳门学位制度和研究生教育研究",出版有关学术专著《台湾、香港、澳门学位制度与研究生教育研究》(中国人民大学出版社 1997 年版)、《亚洲"四小龙"教育发展战略研究——兼论中国教育发展问题》(广东人民出版社 1999 年版),发表相关论文《香港大学学位制度与研究生教育介评》(《现代教育论丛》1995 年第 2 期)、《试论香港教育发展战略》(《比较教育研究》1997 年第 5 期)、《澳门大学学位制度与研究生教育介评》(《学位与研究生教育》1997 年第 2 期)、《亚洲"四小龙"教育发展战略选择的比较与评析》(《教育导刊》1998 年第 10 期)。1998 年主持承担教育部哲学社会科学重大委托项目"回归前后澳门社会、经济、文化问题研究"(教育专题),相关研究报告《回归后澳门教育问题与对策》提交至教育部并被采纳,为澳门回归后的教育适应"一国两制"、保持澳门繁荣稳定做出了独特贡献。同时,还发表了《面向 21 世纪粤澳教育合作与交流的思考》(《现代教育论丛》1999 年第 3 期)、《简论澳门师资发展问题》(《华南师范大学学报(社会科学版)》1999 年第 4 期)等论文。近 5 年,在对广东、香港、澳门教育深入研究的基础上,我着重从与新时代"一国两制"相适应,港澳融入国家发展大局的角度对粤港澳大湾区教育发展与制度创新进行研究。

2019 年,粤港澳大湾区建设正式成为国家重大战略,为策应这一国家重大战略,近年来,我在对港澳教育长期研究的基础上,重点关注区域意义上的粤港澳大湾区教育发展问题。2020 年,我作为首席专家主持承担国家社会科学基金(教育学)重点招标课题"粤港澳大湾区教育一体化发展的问题与制度创新研究"并于 2024 年以"优秀"鉴定结果结题,这也是至今为止国内有关粤港澳大湾区教育主题的最高立项。围绕这一主题,我已在《高等教育研究》《中国高教研究》等重要刊物发表系列论文 10 多篇。尤其是从粤港澳大湾区教育一体化发展的角度对教育制度创新进行了比较深入的探讨,已取得系列重要成果,分别列举如下。

一是在国内较早提出粤港澳大湾区教育一体化趋势并做了"马赛克"式一体化模型的概念设计;同时,着眼于现代治理机制创建,提出建设创新湾区、活力湾区、法治湾区的新构想。粤港澳大湾区教育的合作发展应呈现一种多元、包容的合作样态,也就是教育合作发展必须遵循求同存异的原则，尤其是要注重保护大湾区的多样性和鼓励大湾区各区域张扬个性。教育合作发展固然需要求同，即着力寻求大湾区各方共同的核心价值及共同的核心利益，这是合作发展的重要基础，但异又是大湾区的一种客观样态，这里所说的"异"并非一种对立，更多地体现为一种多样性。面对大湾区教育这样一种客观样态，适当地存异对于推动教育合作发展来说，是一种智慧、一种策略，更是一种胸怀、一种真诚、一种尊重，这对于大湾区教育的合作发展和共同体建设尤为重要。只有适当地存异，才能促使大湾区教育合作发展减少阻抗而得以顺利推进；只有适当地存异，大湾区教育的优势互补才有可能发生，发展共同体、命运共同体才有可能真正形成。特别是存异也能为大湾区的创新提供适宜的人文环境，使得多样性真正成为大湾区教育合作发展及其共同体建设的"正资产"，这对于创新湾区建设具有极其重大的意义。在这样一种多元、包容的合作样态中，大湾区教育合作发展的整体有序与大湾区内部的丰富多彩相映成趣，最终形成一种和而不同的"马赛克"式的湾区教育合作发展新图景。

二是对粤港澳大湾区高等教育集群发展进行了系统、深入的研究，首次提出高等教育集群发展的特征是整体关联性、个体多样性、管理一体性，并从广东、香港、澳门的历史和现实情况出发，提出了管理一体化应根据实际分类进行制度统一、规则衔接、机制对接的观点，以及基于广东与香港、澳门高等教育管理体制和高校办学自主权的现实，进行了三地高校办学自主权衔接与对接的制度设计。有关思想观点以系列论文的形式在《中国高教研究》（2021 年第 4 期）、《大学教育科学》（2021 年第 4 期）、《兰州大学学报（社会科学版）》（2021 年第 5 期）、《中国社会科学报》（2021 年 4 月 28 日）上发表。

三是对粤港澳大湾区教育发展开展了扎实的国际比较研究。2019 年8—11 月，我带领团队深入美国旧金山湾区进行了为期近 3 个月的深入调研考察，研究成果《湾区高等教育的形成与发展——基于粤港澳大湾区与旧金山湾区比较的视角》发表在《高等教育研究》2020 年第 2 期（人大复印报刊资料全文转载）。该论文基于政府、市场、大学三者关系的视角，从湾区高等教育发展过程、湾区高等教育与科技创新的互动关系、湾区高等教育多样性的形成机制、湾区高等教育的政府角色四个维度比较分析两大湾区高等教育的形成与发展，发现两大湾区存在两种运行模式，即以市场驱动为主的模式与以政府主导为主的模式。很难简单认定哪种模式是最好的，任何一种模式都有其利弊，关键在于如何扬利抑弊，这就需要根据各自的管理体制、文化传统、市场环境等实际因素，选择一种适合湾区自身高等教育发展的模式，并对政府、市场、大学三者之间的关系适时做出动态调整。至于要如何对"以市场驱动为主""以政府主导为主"中的"主"做出一个某种意义上的界定，这不仅取决于市场和政府，更需要大学的智慧，即如何在政府、市场、大学三者关系的协调中真正做到"以大学自主为主"，这也是探索中国特色现代大学制度的湾区特色的意义所在。此外，中共广东省委机关报《南方日报》对本次调研考察成果连续做了5期系列报道。

主题二　教师发展与教师教育研究

也许是大学毕业后一直在师范院校工作的缘故，40年来我研究的一个重要方向和领域便是教师发展与教师教育。20世纪90年代我主要关注的是高等师范教育的改革和发展问题。比如，针对计划经济体制逐步向市场经济体制过渡这一新旧体制交替现象给某些高等师范学校（以下简称"高师"）专业发展带来的办学经费严重不足、部分专业毕业生分配困难、部分专业师资队伍不稳定以及非师范专业大量增加、一些师范院校有向综合性大学转向的倾向等困惑和问题，我提出了以下策略：①拓宽专业口径，设置主辅修专业和双专业，使之一方面适应某些农村中学一名教师要教多门课的实际需要，另一方面为职业技术教育的迅速发展提供专业课和技术指导课的师资；②对明显不适应中等教育改革和高考制度改革的专业要进行彻底改造，或拓宽专业口径，或进行相近专业之间的合并，或实行专业转型；③对一个地区的师范专业布点要统一规划、合理布局，避免因重复设置而造成人为的生源不足和办学效益低下。此外，还要适度发展非师范专业，并注意研究和克服发展过程中的一些问题与弊端。非师范专业的设置不应仅仅视作学校的财源，还应当把它看作学校与社会、经济密切联系的有效途径，使学校更好地适应社会、经济的发展需要；同时，也能促进师范专业的改革与发展，使之更好地贴近社会和经济实际。至于当时有观点认为今后高师的专业设置将逐步过渡到以非师范专业为主、师范专业为辅，并朝着综合性大学的方向发展，最终非定向型师范教育体制将取代定向型师范教育体制，我提出，从我国的国情看，在短期内不大可能出现这种情形，定向型师范教育将在相当长时期内存在，非师范专业只能作为它的一种补充形式。我国幅员广大、地域辽阔，教育发展水平不平衡。在一些地区和某些科目上，教师的需求量还很大；有些科目的教师虽然看起来似乎已饱和，但是如果按照《中华人民共和国教师法》新要求的各级教师的任职资格与条件来衡量，不合格教师的数量仍不少。所以培养和培训教师的任务非常繁重，需要由专门的师范教育机构来承担。这些观点经过近30年的历史检验，基本上还是对的。今天，在新的形势下，我依然坚持这一基本观点，并在新近发表的论文中结合新时代特征对这一问题做了进一步阐述。我也把近30年前发表的论文都收录进本书中，以表明对这一问题应当坚持什么，又需要与时俱进地发展什么。

进入21世纪以来，有三个影响教师高质量发展的重要事件：一是"师范教育"一词被"教师教育"所替代。二是将教师教育纳入高等教育体系。三是高水平非师范院校参与教师教育。这三大事件都着眼于教师高质量发展，实际上也都成为这一时期我选择教师发展与教师教育有关研究问题的重要线索或逻辑起点。随着教师教育作为一个专门的研究领域受到学界广泛的关注，2011年，教师教育学被国务院学位委员会列为教育学一级学科下15个方向领域之一。2024年1月发布的《研究生教育学科专业简介及其学位基本要求（试行版）》中，教师教育学被正式列为教育学下设的二级学科。我对教师教育的一些原理性基本问题给予了关注，并试图使教师教育方面的研究更加系统化。尤其是进入新时代以来，教育被提升到"国之大计、党之大计"这一前所未有的高度，教育强国建设成为当今中国教育的时代强音。相应地，教师发展和教师教育也受到了更多的重视，对教师和教师教育高质量发展提出了更高、更紧迫的要求。近年来出台了不少有关教师发展的政策，从"优师计划"到"协同提质计划"再到"强师计划""国优计划"等国家层面出台的教师发展政策，无疑将有利于全面提升教师教育的质量与水平，提升教师教育体系的供给能力和供给质量。我的研究也基本集中在教师教育如何服务于教育强国建设和教育高质量发展上，特别是教师教育联结教育强国建设的基础教育"基点"与高等教育"龙头"，为我进行教师教育研究提供了新视角。近年来，我对教师发展与教师教育的探讨主要包括用中国式现代化理论构建分析框架对教师教育高质量发展进行分析、人口变化对教师教育和师范院校的影响、高水平综合大学的身份认同对参与教师教育的影响、"国优计划"对师范院校的影响等维度。

此外，对教师发展问题的探讨，我没有局限于基础教育教师发展问题，而是对大学教师发展问题也进行了探讨，这在过去是受到一定程度的忽视的。因为在某些人看来，教师专业化主要是针对中小学教师而言的，大学教师并不存在专业化一说，大学教师的专业发展主要是指学术发展，甚至有人认为，学术水平高的教师就是一个好的大学教师。但在我看来，这是在认识上的一个不小的误区。为此，我从大学教师专业发展一体化的角度对有关问题进行了探讨。还有一个值得关注的问题是，近年来，青年教师在各高校教师队伍中所占的比重越来越大，为他们营造一个好的成长环境，关系到高校的未来和高等教育事业的健康发展。我在 2012 年就主持承担了国家社会科学基金一般项目（教育学）"大学青年教师的学术制度认同与学术发展"，从学术制度层面对不同类型高校青年教师在学术发展上的困惑及其原因等进行了深度分析，并从青年教师学术发展的角度提出了完善高校学术制度的若干策略。另外，大学教师荣誉制度也是一个需要深入探讨的现实问题。比如，在大学现行教师荣誉制度中出现的"被荣誉"与"被平庸"现象，荣誉过度与荣誉缺失并存，以及有荣誉制度、无荣誉制度体系等问题。为此，我在大学教师发展与荣誉制度构建方面也做了一些思考。

主题三 教育发展与教育现代化研究

我对于教育发展与教育现代化研究的兴趣缘于美国著名未来学家阿尔温·托夫勒的《第三次浪潮》。1980 年，托夫勒出版轰动世界的《第三次浪潮》，形成了自己的未来学思想体系。《第三次浪潮》"把注意力集中在人和社会在适应这些变化中的种种困难和障碍"，它强调人们如果不尽快适应这些转变，将付出沉重的代价，其还"对明天的社会"进行了认真的构思。《第三次浪潮》一书在国际上的影响是比较大的，仅从以下数据便可见一斑：持续热销 20 年，已被翻译成 30 余种语言，全球发行上千万册。此书被誉为"穿越时间和空间"的"一部给几代人指明未来方向的不朽经典"①。我早期的学术兴趣也在不同程度上受到此书的影响。不过，我真正把自己的学术研究领域确立为教育发展研究及后来专门做高等教育发展研究，则是基于我对"教育的本质是发展"这一认识的不断深入。

对任何一个概念，要给出科学的界定，首先必须明确其所属的科学范畴。因为，同一个语词在不同的科学范畴里被赋予的概念含义并不一致。而"发展"这一语词作为学科概念，最早出现在胚胎学，即所谓"发展"，指的是生物胚胎自然而然的演变和进化（evolution）过程。后来，遗传学家把"发展"解释为事物渐进过程的"中断"，即事物由旧的形态"飞跃"到新的形态。而在哲学的一般意义上，"发展"则被认为是指事物由小到大、由简到繁、由低级到高级、由旧质到新质的运动变化过程。

上述的"发展"是一个中性词，并没有给出一个价值预设，而在第二次世界大战（以下简称"二战"）后兴起的发展学里，"发展"作为一个正面的概念，是一个以现代价值为预设前提的现代语词，即"发展"指的是以经济增长为基础的社会政治、经济、文化等结构、体制的演进和变革，特别是指从传统社会向现代社会的转化和变迁。②"发展的最终目标必须是为了个人的福利持续地得到改进，并使所有人都得到好处。"③"发展意味着'良性'的成长与'可欲'的现代化。"④与胚胎学的进化相比较，"发展有别于进化之处在于它是有意识的行动。发展是社会或至少是那些有权代表社会的人们自觉努力的结果"⑤。一般来说，有些"进化"只涉及变异，并不包含"向更高形式不断进步"之义，而"发展"则蕴含着一种趋向更"好"目标的方向性含义。

基于发展学的角度来认识和研究教育发展问题具有特殊的适切性，因为教育的本质就是发展，不论是人的发展，还是教育对社会经济发展的影响以及教育自身的发展，这种发展始终着眼于应然的价值预设，无疑是积

---

① 朱晓艳、杜磊：《新技术革命思潮在中国——以〈第三次浪潮〉为例》，《科学学研究》2024 年 6 月 17 日，https://doi.org/10.16192/j.cnki.1003－2053.20240616.001。

② 参见庞正红等《当代社会发展理论新词典》，吉林人民出版社 2001 年版，第 80 页。

③ 肖枫：《西方发展学和拉美的发展理论》，世界知识出版社 1990 年版，第 14 页。

④ 庞正红等：《当代社会发展理论新词典》，吉林人民出版社 2001 年版，第 4 页。

⑤ ［埃］伊斯梅尔·萨布里·阿卜杜拉：《在联合国组织的关于"现代性和个性"的巴黎会议上的发言》，载《国际社会科学（中文版）》（第 7 卷），中国社会科学出版社 1990 年版，第 139 页。

学术自传

7

极、正面的。在有了这样一个基本认识以后，如何从发展学的角度去研究教育发展问题，自然就成为需要进一步思考的问题。

国外发展教育研究兴起于20世纪五六十年代，并初步形成了一个相对独立的研究领域。而在我国，从发展学的角度研究教育发展问题，则发轫于20世纪90年代比较教育学的发展教育。它是从国际比较的视野，试图对个案国或某一类国家（如发展中国家）的教育发展，以及教育与国家发展的关系等问题进行探讨。发展教育甚至被认为是当代比较教育学发展的两个重要方向之一。21世纪初，人们又提出从教育学原理的角度构建发展教育学[1]，即从教育的本质及其发展规律来探究教育发展问题。由此引发了我的另一个思考，即如何将比较教育学的视角与教育学原理的视角相联系，来寻求对教育发展问题的正确认识，进而建构教育发展研究的基本视角。在我看来，如果说比较教育学视角提供了人们认识教育发展问题的"宽度"，那么教育学原理的视角则提供了人们认识教育发展问题的"深度"，"深度"和"宽度"纵横两个向度就构成了教育发展研究的基本视角。

在确立了教育发展研究的基本视角以后，如何为教育发展研究建构一个适当的分析框架，就成为一个至关重要的问题。近年来，有关教育发展研究中普遍存在的一个问题就是缺乏一个明晰、合理的分析框架，如在各种各样的教育发展战略研究中，或是缺乏必要的理论指导，或是没有明确的理念引领。我认为，从理论与实践的关系角度，可以建构一个有关发展研究的基本分析框架：发展理论—发展理念—发展实践。在这一基本分析框架中，发展理论作为发展的理论基础，是发展实践的理论依据，对发展实践起指导作用。但发展理论对发展实践的指导作用往往难以直接实现，还需要通过一个中介，这个中介就是发展理念。发展理念是在发展理论指导下形成的，它实际上是发展主体对发展理论的一种主观认识和态度，对发展实践起直接的引领作用。[2]

---

① 参见江博《首都师大举起"发展教育学"旗帜》，载《中国教育报》2002年12月21日。

② 我曾提出发展研究的分析框架是"发展理论—发展理念—发展战略"。这实际上也是从理论与实践的关系而言的，发展战略是具有实践性特征的，如果说发展理论是对发展问题、发展实践从感性认识上升到了理性认识，那么发展战略则使发展理论以另一种精确的形式重新走向实践。参见许先春《走向未来之路——可持续发展的理论与实践》，中国广播电视出版社2002年版，第35页。

由此可见，发展理论对于发展研究来说居于核心地位。那么，发展理论对于教育发展而言，究竟应当包括哪些内容？一是教育自身的发展理论，如教育先行发展理论、教育民主化理论、教育终身化理论等。二是将一般发展理论应用于教育发展研究。这就出现了一个发展理论对教育发展的适切性问题，或者说发展理论的"教育化"问题，也就是作为主要研究社会发展问题的发展理论，它所确立的理论分析框架，以及与之相关的基本概念或术语等，是否仍然适用于教育发展研究？比如，不论是现代化理论，还是依附理论或世界体系理论，它们所确立的分析框架，诸如"传统—现代""中心—边陲""中心—半边陲—边陲"等，以及诸如"先发内生型""后发外生型"等概念或术语，是否能被合理地运用于对教育发展问题的探讨。对于这一问题，我们可以着重从研究对象和内容与理论分析框架的关系的角度来考察。由于研究对象和内容在很大程度上决定了理论分析框架，也决定了与之相关的概念和术语，这就需要考察运用发展理论所研究的社会发展问题与运用发展理论所研究的教育发展问题之间的关系。由于在不同时期、不同国家（地区）的社会发展与教育发展之间的关系不尽相同，因而有必要从时间和国（地）别这两个维度及与其相关联的角度，来考察社会发展与教育发展的关系。众所周知，教育是伴随着人类社会的产生和发展而产生和发展的，而人类社会发展和教育发展的进程，在一定程度上是由社会发展和教育发展的内在关系规律所决定的。自人类社会进入现代以来，教育发展与社会发展的关系，总体上呈现一种正向互动关系，也就是说，教育发展对社会发展起积极的推动作用，而社会发展反过来也推动着教育的发展，这也是从教育学原理的角度可以获得的一种认识。那么，这是不是意味着社会发展处在某种发展状态和水平，教育发展也必然处在同样或类似的发展状态和水平呢？我们似乎还很难简单地得出这样一个结论，而必须分析具体的国家或地区的情况，这就需要一种比较教育学（发展教育）的视角。比如，早期的后发外生型国家，其教育可能是后发内生型的，甚至是先发内生型的。德国通常被认为是后发外生型国家，但其教育在相当程度上被认为是先发内生型的。另有研究表明，教育规模扩大与经济发展之间并无多大联系。[①] 这一从比较教

---

① Sica A, Prechel H, "National Political-Economic Dependency in the Global Economy and Education Development," *Comparative Education Review*, 1981, 25（3）, pp. 384 – 402.

学术自传

9

育学（发展教育）视角获得的结论或认识与从教育学原理视角获得的认识似乎并不一致。这就涉及如何认识和处理普遍与特殊、本质与现象的关系问题，即教育学原理视角的"深度"更多的是揭示教育发展的普遍性，而比较教育学视角的"宽度"则时常反映的是教育发展的特殊性。特殊性可以是普遍性的个案，通常包括从个案归纳出来的普遍性和从普遍性演绎出来的个案；也可以是普遍性的例外，虽然这种情况并不多见，但却是值得高度关注的情况。普遍性所反映的通常是教育发展的本质，而作为普遍性例外的特殊性可能有以下两种情形：一是这种特殊性可能是教育发展的一种现象，深究其本质，与普遍性所反映的教育发展的本质并无二致；二是这种特殊性反映的也可能就是教育发展的本质。不论是何种情形，我们都需要"透过现象看本质"。这正是在教育发展研究中将教育学原理视角与比较教育学视角相联系、相结合的关键所在，也是发展理论"教育化"需要特别注意的地方。

就发展理论自身而言，任何一种发展理论运用于探讨发展问题，都有其合理和不足的地方，没有哪种发展理论是完美无缺的，何况它还受到具体国家国情的制约。比如，加拿大学者许美德就认为，依附理论和现代化理论并不适合中国的具体国情。[①] 诺亚和埃克斯坦对世界体系理论及其分析框架进行过抨击，认为世界体系分析这种方法源于依附理论，它是"新的简单化"（new simplicitude）。所以，对这些理论的运用本身就存在一个选择、修正和扬弃的问题。同样，对教育发展问题的探讨也将碰到类似的问题，即在探讨教育发展问题时运用何种发展理论或如何运用某种发展理论，以及综合运用发展理论的问题。

正是基于"教育的本质是发展"这一认识，近20年来，教育发展一直是我高度关注的主要研究领域。这20年来我分别在教育学原理、比较教育学、高等教育学等学科领域从事学术研究和研究生教学、指导工作，这也为我从教育学原理视角和比较教育学视角及其相互联系的视角来探讨教育发展尤其是高等教育发展问题提供了一定的学术基础和条件。我对教育发展问题的学术研究大致可分为三个方面：一是从教育学原理的角度关注现代教育发展的普遍趋势，发表了《教育发展一体化趋势简论》（《未来与发展》1991年第5期，《新华文摘》1991年第12期全文转载）、《还

---

① Hayhoe R, "A Chinese Puzzle," *Comparative Education Review*, 1989, 33 (2), pp. 155 –175.

原教育的本性——21 世纪教育的新走向》（《教育评论》1996 年第 5 期）、《超前的教育与教育的超前》（《未来与发展》1994 年第 3 期）、《论教育发展战略的若干特征》（《未来与发展》1997 年第 4 期）、《教育的创造——一个跨世纪的教育命题》（《未来与发展》1995 年第 3 期）等文章。二是从国际比较的角度关注世界教育发展和一些国家与地区的教育发展问题，发表了《世界教育的未来发展展望》（《未来与发展》1996 年第 3 期）、《简论教育现代化的标准化与特色化》（《比较教育研究》1998 年第 2 期）、《试论香港教育发展战略》（《比较教育研究》1997 年第 5 期）、《论新加坡教育发展战略的若干特征》（《外国教育研究》1997 年第 5 期）、《试论马来西亚的教育一体化》（《外国教育研究》1995 年第 3 期）等文章。三是关注高等教育发展的现实问题，发表了《自主权·竞争·特色化——高等教育未来发展的现实思考》（《教育研究》1995 年第 5 期）、《素质教育　高等教育不容忽视的命题》（《江苏高教》1998 年第 6 期）、《马来西亚高等教育改革与发展的新动向》（《外国教育研究》1996 年第 5 期）等文章。进入 21 世纪以来，我对高等教育发展研究及其体系建设问题给予了更多的关注，研究工作主要依据发展研究的分析框架从三个方面展开：一是现代高等教育发展的有关理论研究，包括对发展研究分析框架的探讨。二是现代高等教育发展理念研究。三是现代高等教育发展实践研究。先后承担了全国教育科学"十五"规划重点项目"新世纪高等教育发展理念及其整合和一体化研究"、全国教育科学"十一五"规划重点项目"现代高等教育发展的代价研究"、广东省哲学社会科学"十五"规划重点项目"新世纪广东高等教育发展战略及其制度安排研究"、广东省人文社会科学重点研究基地重大项目"现代高等教育战略管理研究"、广东省人民政府重大决策咨询项目"广东高等教育发展与师资队伍建设的对策研究"、广东省教育厅重大委托项目"广东省教师教育人才发展规划与培养模式研究"等，发表了《试论高等教育发展研究》（《高等教育研究》2007 年第 8 期）、《走向"社会的中心"——现代大学发展理念简论》（《教育研究》2002 年第 9 期）、《试论现代高等教育发展理念的整合》（《高等教育研究》2004 年第 1 期）、《对高等教育分层定位的若干思考》（《高等教育研究》2006 年第 2 期）等论文。入选 2006 年度教育部"新世纪优秀人才支持计划"，把"高等教育发展学"作为该计划的研究项目，试图建构高等教育发展研究的分析框架，探讨高等教育发展学的学科体系建设问题，这也成为我后来持续努力的研究方向。入选2016年度教育部"长江学者奖励计划"特聘教授，把现代高等教育发展理论的时代化作为重要研究方向。2017年入选中央宣传部"文化名家暨'四个一批'人才"和中央组织部等第三批国家"万人计划"哲学社会科学领军人才，又着重研究高等教育发展理论中国化问题。这一时期，我还发表了有关高等教育发展的系列学术论文，并出版了若干本专著和文集。近年我作为首席专家主持承担了国家社会科学基金重大项目"促进高等教育与科技创新、经济发展更好结合研究"、教育部人文社会科学重点研究基地重大项目"高等教育分类与转型发展研究"，这些实际上都是围绕高等教育发展问题展开的研究，已发表20多篇系列论文。

考虑到本自选集的篇幅有限，对于早期发表的有关教育发展问题的文章，我主要选择了几篇有代表性的。我在国内比较早提出了教育发展一体化趋势（1991年）、高等教育特色化发展（1994年）等观点，并对超前的教育与教育的超前关系（1994年）、教育现代化的特色化与标准化的关系（1998年）进行了比较深入的探讨。现在看来，这些思想观点并不过时，我便把这些早期发表的论文也都纳入本自选集中。在当今信息化浪潮席卷全球的大时代下，我也特地把我在2019年发表的文章《我国教育信息化发展的历史审思与未来路向——从教育信息化与教育现代化关系的角度》纳入本自选集，着重探讨教育现代化与教育信息化的关系。

卢晓中自选集

第一部分

粤港澳大湾区教育发展研究

推动粤港澳大湾区教育合作发展的思考

粤港澳大湾区建设是新时代国家重大战略，教育在这一重大战略中具有十分重要而特殊的使命和作用。2019年2月18日，中共中央、国务院印发的《粤港澳大湾区发展规划纲要》在"打造教育和人才高地"一节中提出"推动教育合作发展"。这既是为大湾区教育建设走"合作发展"之路定向，也是对粤港澳三地教育关系定调。也就是说，在大湾区建设这一新背景下，粤港澳三地的教育关系是合作关系，通过新时代的教育合作，谋求大湾区教育的高质量发展。

实际上，由于地缘相近、人缘相亲及文化同源等因素，粤港澳三地的教育合作交流久已有之，过去教育合作交流的主要特征包括：一是基于合作各方自身利益需要，着眼于"为我所用"的立场进行合作交流；二是大多数由民间（教育机构和个人）自发自主地开展合作交流，三地官方介入相对较少，更谈不上中央政府的强力主导；三是合作交流相对比较零散，缺乏全局性和长远性规划，更多的是局限于某个项目的合作交流，当该项目完结，合作交流往往也随之结束，没有持续性，且合作层次与水平普遍不高，尤其是缺乏政府主导的制度性安排。粤港澳三地在教育观念、体系、制度、质量管理等方面的差异甚至冲突，使得这样的教育合作交流实际推行起来障碍重重，其推行成效自然也难尽如人意。如教育的区域错位发展和协同发展的统筹协调明显不足，区域内高校、科研机构、企业的良性协同创新格局尚未形成，技术资源配置能力偏低，科技成果转化渠道不够通畅，创新体系整体效能有待进一步提升，等等。

建立新时代粤港澳大湾区教育的新型合作关系，确立"湾区意识"，推动大湾区教育合作发展，助推大湾区建设，是新时代粤港澳大湾区教育合作发展的新阶段。对粤港澳大湾区教育合作发展在新时代的新内涵、新特征，我们可从以下五个方面来认识。

一、粤港澳大湾区教育合作发展应当着眼于长远和全局

粤港澳大湾区教育首先要着力于合作发展的可持续性和长效性。大湾区建设是千秋功业，教育又是百年大计。而且，"世界级城市群"和"创新湾区""科技湾区""人文湾区"等大湾区建设的目标定位及性质特征，决定了教育在其中极其重要的战略地位和特殊的功能作用。这便要求大湾区教育必须摒弃过去那些短视、自我的立场和做法，按照合作发展这一路向从长计议，超前规划。同时，大湾区教育又须重视教育的全局发展。一方面，从教育本身而言，要促使高等教育、职业教育和基础教育等各级各类教育的协调发展；另一方面，大湾区教育合作的全局性发展，不仅要思考教育本身的全面和系统发展，而且要突出教育在大湾区全局的建设和发展中的重要战略地位与作用。如《粤港澳大湾区发展规划纲要》提出建设"国际科技创新中心"和"国际教育示范区"，这两者实际上有着内在的关联。国际科技创新中心建设需要高等教育培养高素质的创新人才和提供高水平的科技创新产品的支撑。而国际教育示范区也主要是，或在相当大程度上是通过高等教育为国际科技创新中心培养高素质的创新人才和提供高水平的科技创新产品来彰显其示范性的。尤其是通过引进世界知名大学和特色学院，推进世界一流大学和一流学科建设，打造国际教育示范区，来更好地服务于国际科技创新中心建设。同时，更加公平和更有质量的大湾区基础教育对于吸引和留住高层次优秀人才也是必不可少的，这也是《粤港澳大湾区发展规划纲要》把"打造教育和人才高地"一节置于"建设宜居宜业宜游的优质生活圈"一章的缘由所在。

二、粤港澳大湾区教育合作发展应当着眼于优势互补

粤港澳三地以往的教育合作更多的是合作各方立足于自身的利益，寻求对方的支持和帮助，这也是导致合作成效不彰且难以持续的重要因素之一。而粤港澳大湾区建设的重要意义就在于促进大湾区各方通过深度合作达成优势互补，从而取得最优的合作成效，在这个合作过程中，参与各方都是受益者。这也是"湾区意识"的核心。那么，如何才能真正做到合作各方优势互补？首先必须明晰合作各方真正的优势和不足究竟在哪里、

有哪些。如香港高等教育的国际化程度高，世界一流大学较多、整体水平较高，但科研成果的转化偏弱，科教融合、产教融合受到局限；澳门高等教育尽管体量较小、整体实力偏弱，但有一些适应区域需求的特色学科发展较好，澳门高等教育的"龙头"澳门大学（以下简称"澳大"）正呈现良好的发展势头；广东高等教育的体量较大、层次类型较全，与产学研的关系比较密切，可拓展的市场空间较大，但整体水平有待提升，国际合作交流有待加强。只有认清各自的优势和不足，才能通过适当的优势互补推动各自良性的发展。应当说，大湾区教育合作发展在当前及今后一个时期应倾力于协同推动，这对于各方优势的有效互补显得十分重要。所谓"协同"，指的是各方协调一致、和合共同。当前大湾区教育合作发展的协同亟须自上而下地推动，即通过政府主导的自上而下的协同来提升大湾区教育合作发展的质量和水平。值得注意的是，在重视政府主导的自上而下的协同的同时，不可忽视来自教育机构等基层的自下而上的协同，以及两者的相互呼应，尤其是要主动促进两者的相互转化与协动，从而形成自上而下与自下而上的协同效应，这对于深化大湾区教育合作发展无疑具有更为重要的现实意义。

三、粤港澳大湾区教育合作发展应当着眼于
现代治理机制的创建

粤港澳大湾区的一个突出特点是"一个国家、两种制度、三个关税区、四个中心城市"，这便决定了大湾区教育合作发展的治理机制也必有其特殊性，亟须创新，建立起符合大湾区特质的现代治理机制，如以契约精神引领体制创新。[1]"契约"一词在拉丁文中的原义为交易。契约是人类在相互交往中产生的，是商品经济的必然产物。而契约精神是商品经济发展到一定程度所形成的一系列原则和规范所凝聚而成的精神，其中契约自由原则、平等原则、权利原则是其核心内涵。[2] 这些契约原则和契约精

---

[1] 参见冯蕾《投融资改革：以契约精神引领体制创新》，载《光明日报》2015年8月4日第1版。

[2] 参见杨先保《政治视野中的契约精神——社会契约论的挑战与复兴》，载《华中科技大学学报（社会科学版）》2006年第3期，第30页。

神在大湾区教育合作发展及其现代治理机制的创建过程中同样也是需要遵循的。例如建立风险防范机制，大湾区教育合作发展的各利益主体可能面临来自共同体内部和外部的各类风险（如协议不完备风险和知识产权风险等），这就有必要通过建立风险防范和管理机制，强化对各行为主体的硬约束和软约束，确保大湾区教育合作发展的顺利推进。再如强化知识产权的保护机制，依托粤港、粤澳及泛珠三角区域知识产权合作机制，全面加强大湾区在知识产权保护、专业人才培养等领域的合作。[①] 这也将大大改善大湾区的创新环境，激发高校创新活力，助推活力大湾区建设。

值得指出的是，粤港澳大湾区教育合作发展的现代治理机制的创建，应当以相关法律法规的建立与完善为前提和基础。应当说，"一国两制三法域"制度是粤港澳大湾区与其他湾区的主要区别。从法律渊源的角度说，粤港澳合作的法律基础既不完全是国内法，也不是国际法或条约，而是包括港澳基本法、世界贸易组织框架制度、《内地与香港关于建立更紧密经贸关系的安排》，以及被严格定义为行政协议的《粤港合作框架协议》和《粤澳合作框架协议》在内的复合性规则体系。[②] 对于教育而言，在这一大的法律制度框架下，同样面临错综复杂的法律问题。因此，推动教育法律合作，对于大湾区教育建设和法治建设来说，是一项十分繁重和紧迫的工作。

四、粤港澳大湾区教育合作发展应当着眼于融合性发展

所谓融合性发展，就是指两个或者两个以上的不同资源或者个体，相互协作完成某一目标，达到共同发展的共赢效果。这是一种共存共荣的生存与发展模式，核心在于"共生"，即着眼于大湾区教育命运共同体的建设。大湾区教育合作发展的融合性意味着大湾区各区域主体的教育发展（尤其是高等教育发展），不仅需要摆脱过往那种着眼于各区域主体自身利益目标、以取长补短为特征的"合作发展"，而且要超越现今着眼于区

[①] 参见中共中央、国务院《粤港澳大湾区发展规划纲要》，见中华人民共和国中央人民政府网（http://www.gov.cn/zhengce/2019-02/18/content_5366593.htm#1）。

[②] 参见马化腾等《粤港澳大湾区：数字化革命开启中国湾区时代》，中信出版社2018年版，第183-184页。

域群体、以优势互补为特征的"合作发展"。大湾区教育合作发展的融合性更强调大湾区各区域主体寻求优势互补的利益共同点，通过体制机制创新，搭建融合平台（高校、政府、中小学互动模式），形成一体化的利益共同体、发展共同体，并以深化科教融合、产教融合机制为抓手，以高质量的知识与技术资源为中心，依赖政策推动融合平台建设。这是一种以"高校集群—科技创新—产业"为主导的融合发展模式。高校集群的形成既有高水平研究型大学之间的合作，又有应用技术型大学之间的合作，还有高职高专院校之间的合作，以及三者之间的合作。这是由大湾区的多样化需求所决定的，大湾区的科技创新，特别是国际科技创新中心建设，对高等教育的需求也是多层面的，既需要通过科教融合推动研究型的科学创新，同时也需要通过产教融合促进应用型的技术创新。通过产教融合、科教融合，深度参与科技创新共同体、科技创新载体和平台的打造。值得提及的是，这一融合发展模式叮充分运用现代信息技术尤其是大数据技术，促进高等教育融合发展的多样化、便捷化、精准化。

具体而言，大湾区教育合作发展的融合性可体现在以下三方面：一是交互性，指的是在融合"场域"关系中，各高等教育发展主体在获取资源、发展自我的同时，更关注共同体建设，即兼顾多个主体的利益，强化优势互补，做到交互关系建构的合理化、增值化。如粤港澳高校合作办学，联合共建优势学科、实验室和研究中心。还可充分发挥粤港澳高校联盟的作用，粤港澳三地高校探索开展相互承认特定课程学分、实施更灵活的交换生安排、科研成果分享转化等方面的合作交流。① 二是开放性，指的是多样化的主体参与高等教育，除融合汇集大湾区内的高等教育资源外，对国内外优质且互补性强的高等教育资源的引入也十分重要。如近几年深圳在培养创新型人才上主动而为、积极探路，筹建了一批特色学院。此类学院主要致力于培养深圳紧缺的高端创新型人才，吸引国内外一流高校资源来到深圳，依照"小而精"的原则办学。科技创新共同体和高新产业以主体形式直接参与高等教育，无疑有助于推动大湾区的高科技产业成长和科技创新，以及对各种资源进行高效聚集、整合和传播，真正实现参与主体快速发展。这也契合了大湾区高等教育的产教融合、科教融合的

① 参见中共中央、国务院《粤港澳大湾区发展规划纲要》，见中华人民共和国中央人民政府网（http://www.gov.cn/zhengce/2019 - 02/18/content_5366593.htm#1）。

导向和趋势。三是共治性，指的是建立政府主导、高校自主、社会参与、依法办学的高等教育融合发展的现代治理体系。如联合成立具有权威性、专业性的粤港澳大湾区教育合作发展治理委员会，成员包括大湾区各区域政府、学校和社会等各方人士。

应当说，粤港澳大湾区教育的合作发展从协同到融合，把大湾区教育建设成为发展的共同体，最终成为命运的共同体，是大湾区教育合作发展的新阶段，也是大湾区教育建设的全新境界和理想目标。

五、粤港澳大湾区教育合作发展应当着眼于包容性成长

粤港澳大湾区教育的合作发展应呈现一种多元、包容的合作样态，也就是必须遵循求同存异的原则，尤其是要注重保护大湾区的多样性和鼓励大湾区各区域张扬个性。粤港澳大湾区教育的合作发展固然需要求同，即着力寻求大湾区各方共同的核心价值及共同的核心利益，这是合作发展的重要基础，但异又是大湾区教育的一种客观样态，这里所说的"异"并不是一种对立，而更多地体现为一种多样性。面对大湾区教育这样一种客观样态，适当地存异对于推动教育合作发展来说，是一种智慧、一种策略，更是一种胸怀、一种真诚、一种尊重，这对于大湾区教育的合作发展和共同体建设尤为重要。只有适当地存异，才能促使大湾区教育合作发展减少阻抗而得以顺利推进；只有适当地存异，大湾区教育的优势互补才有可能发生，发展共同体、命运共同体才有可能真正形成。这也正如费孝通先生在 1990 年所说的"各美其美，美人之美，美美与共，天下大同"。特别是存异也能为大湾区的创新提供适宜的人文环境，使得多样性真正成为大湾区教育合作发展及其共同体建设的"正资产"，这对于创新湾区建设具有极其重大的意义。在这样一种多元、包容的合作样态中，大湾区教育合作发展的整体有序与大湾区内部的丰富多彩相映成趣，最终形成一种和而不同的"马赛克"式的湾区教育合作发展的新图景。

（原载《中国高教研究》2019 年第 5 期）

湾区高等教育的形成与发展

——基于粤港澳大湾区与旧金山湾区比较的视角

新时代我国高等教育改革发展呈现崭新局面，并出现了一些新趋势，其中一个重要趋势便是与国家重大战略高度关联，这主要体现在两个方面：一是高等教育改革发展成为国家重大战略的重要组成部分；二是高等教育改革发展主动策应或回应国家重大战略。而在政策设计和制度安排上则更多的是将两个方面联系起来。2019 年 2 月 18 日，中共中央、国务院发布了《粤港澳大湾区发展规划纲要》，其中高等教育在该规划纲要中不仅受到高度重视和特别强调，而且也体现了以上两个方面的密切联系。近2 个多月来，我们团队实地考察和调研了世界著名湾区旧金山湾区的高等教育及相关方面，并将其与粤港澳大湾区进行多维度比较分析，以寻求对湾区高等教育形成与发展的正确认识。

一、概念释义与理论框架

1. 何谓"湾区"

对"湾区"这个概念，通常可从两个层面来认识：一个层面是就自然意义而言，湾区是一个区域的概念，即围绕海域或江河自然形成的若干个区域相连的区域集合；另一个层面是从社会意义来说，即湾区除了拥有区域相连的自然特征，还赋予区域集合以社会意义。一个称得上湾区的区域集合，除了拥有区域相连的自然特征，更为重要的是其还拥有社会特征，即围绕某个或某些社会属性，诸如经济、文化、科技、教育等，区域集合中各区域之间是相互关联的，这种关联不是一元线性的，而是多维立体的，最终形成的是一个整体。由此可见，湾区的社会特征是多维立体的、整体性的。

从以上意义来讲，仅拥有自然特征的区域集合还不是一个湾区，只有在此基础上同时拥有了社会特征，该区域集合才能算是真正意义上的湾区。如果说湾区的自然特征是相对固定的，那么湾区的社会特征却是随着时代发展变化而形成和发展的，使湾区的社会特征随着时代发展变化而逐步形成和丰富发展，也是区域集合之所以为湾区的要义所在。

在湾区社会特征发生与形成的过程中，高等教育是湾区形成的一个十分重要的社会属性，其彰显出的社会特征是形成湾区的一个关键性要素，因为湾区的形成和发展离不开经济发展与科技创新，而这与高等教育所拥有的社会功能关系密切。湾区的社会特征又具有成长性，这一成长性是湾区形成和发展过程中的一个重要特性。

2. 理论框架

现代以降，一个国家或区域的高等教育的形成与发展往往围绕政府、市场、大学三者间的相互关系和作用而展开，而关于这三者间相互关系的探讨一直是高等教育研究中的一个重要论题，且产生了不少有影响力的理论。其中，最具影响力的当属 20 世纪 80 年代美国学者伯顿·克拉克提出的"三角协调模式"理论。该理论认为，当前高等教育的发展主要受政府、市场及学术权威三种力量的综合影响，这三种力量构成了一个三角形，三角形的每个角代表一种形式的极端情形和其他形式的最低限度，三角形内部的位置代表三个因素的不同程度的结合。他特别指出，不同国家高等教育的发展各有偏向，其在三角形内部所居的位置，代表的是上述三种力量的不同的结合样态。现实中并不存在一种理想的确定的三角模式，即"三角理想模式"。针对不同国家的不同情势，只可能存在一种"三角协调模式"。因此，从这个意义上讲，协调即理想。虽然该理论提供了对一个国家或区域高等教育发展的分析框架，有助于深入了解和准确研判其高等教育的发展状态和趋势，但该理论的不足之处也是显而易见的，主要表现在三个方面：一是该理论未能呈现各国文化、社会、政治和经济的变迁是如何导致政府、市场、大学三者关系的动态变化的；二是在理论层面并未能深入探讨政府在高等教育系统中所扮演的角色；三是三角协调模式对市场力量并没有给予足够的关注，以致难以对近 30 多年来日益受市场力量影响的高等教育现象作出合理的诠释。①

20 世纪 80 年代以来，伴随着全球经济一体化，市场力量对高等教育领域的影响日益增强，并成为主导高等教育最主要的力量之一，市场与高

---

① 参见彭湃《大学、政府与市场：高等教育三角关系模式探析——一个历史与比较的视角》，载《高等教育研究》2006 年第 9 期，第 103 页。

等教育的关系变得比过去更加密切，具体表现为高等教育开始以市场的方式配置高等教育资源，其基本特点是注重竞争，生产者与消费者之间存在交换关系。① 许多国家逐渐改变其对高等教育的管理方式，由以往的政府主导模式调整为政府监督模式，包括政府解除了对公立大学的过度管制，赋予其更大的自主权，同时引进市场机制，让价格与竞争来引导高等教育机构的发展，以提升高等教育的效率，"因为政府的过度管制使高等教育变得僵化、官僚化，高校与政府的关系恶化，其代价远远高于规章制度本身带来的益处"②。这种世界性的发展趋势使各国高等教育的三角关系发生了些许改变，用伯顿·克拉克所建构的"三角协调模式"已无法解释这一变化。正是在这一背景下，英国学者威廉斯（G. L. Williams）在《高等教育的市场化：高等教育财政的变革与潜在变化》（1995）一文中，基于高等教育经费分配的相关研究结果，在伯顿·克拉克建构的"三角协调模式"基础上进一步发展出六种图像化的细部模式。

在模式一里，就如同位于高等教育"三角协调模式"的中心点，政府、市场、大学三者之间的权利关系是平衡的，三者之间呈现良性制衡与互动发展。

在模式二里，市场和大学分别与政府朝不同方向发展，且其间的角度并不相等，它所显示的是政府不再与市场和大学只保持平衡关系，政府对于上述两者产生有限的影响，扮演着监督市场和大学运作的角色。可以用此模式广泛地描述美国和英国的高等教育中政府的传统角色，即大学拥有自主权，政府的主要责任在于提供经费，不直接介入大学的管理事务，而由中介机构负责向政府提供经费分配建议，规划高等教育相关事宜。

在模式三里，政府、市场与大学分别朝不同方向发展，但政府与大学的发展方向相近而与市场的发展方向相反。它意味着在市场势力日趋膨胀的情况下，政府欲与大学合作发展出制衡市场的力量。政府在供给大学经费资源或拟定相关的高等教育政策促进大学发展时，所扮演的角色更为积极，以与市场力量相制衡。

在模式四里，市场与政府、大学的发展方向是相反的。政府与大学的

---

① 参见将凯《高等教育市场及其形成的基础》，载《高等教育研究》2013 年第 3 期，第 10 页。

② 卓泽林：《美国公立研究型大学私营化：原因、路径及影响——以弗吉尼亚大学为例》，载《清华大学教育研究》2014 年第 5 期，第 50 页。

发展方向在某种程度上是重叠的，政府对大学全力支持，并供应大学之所需，成为高等教育的供应者，市场方向的强度则相对减弱。许多欧洲国家的高等教育发展传统上多符合模式三或模式四。

在模式五里，大学与政府、市场的发展方向相反，政府与市场的发展方向相近。政府支持市场运作，并呈现放任大学自由发展的趋势。但政府也进一步利用与市场之间的合作，支持消费者的选择权，以发展出牵制大学发展的力量，并进一步引导大学趋于市场化发展。

在模式六里，大学与政府、市场的发展方向依旧是相反的，但不同的是，政府提供资助大学的程度减弱，而对大学产品的消费能力提高。政府进一步以国家政策引导市场发展方向，且成为大学学术生产品的唯一消费者。大学在政府所运作的市场机制中，一方面需要自筹资金、自谋营生，另一方面需要与国家发展方向、社会市场需求相适应。此种模式并不十分明显地见于现今的国家体系中。[①]

基于以上分析，我们大致可以得出以下认识：一是如果将一个国家或区域的高等教育发展放在政府、市场、大学的三角关系中，政府、市场、大学三种力量总是处在一种博弈状态，同时它们之间也处于不断协调之中，包括权力的让渡与整合。而且在不同时期，同一个国家或区域的情况也并非一致，在不同国家或地区则可能会出现更大的差异。二是政府与市场作为高等教育发展的外在力量，往往通过政府"有形的手"和市场"无形的手"作用于大学，它们对高等教育及其主体大学的发展的影响往往是不同的，前者更为显性、主导，而后者则更为隐性、自然，但两者又是相互联系、相互依托的，如政府有时会借助市场这只"无形的手"来对高等教育产生影响和作用。不论政府和市场以何种方式作用于大学，大学都可能更适合或偏好于接受一种渐变而非剧变的影响。

以上有关高等教育发展的理论与认识能够为比较分析旧金山湾区和粤港澳大湾区高等教育的形成与发展提供可资参考的理论分析框架。

---

① 参见彭湃《大学、政府与市场：高等教育三角关系模式探析——一个历史与比较的视角》，载《高等教育研究》2006 年第 9 期，第 104 页。

二、两大湾区高等教育的比较

1. 湾区高等教育发展过程的比较

尽管美国民间关于旧金山湾区的提法可以追溯到19世纪甚至是更早，但当时的湾区之说更多的是就自然意义而言的。从社会意义上而言，最先是从经济的角度提出"湾区"概念，即"湾区经济"的，之后借助第三次科技革命的契机，率先形成了极具影响力的产业集聚，快速实现了区域内的产业升级。从萌芽到成熟，历经170多年，尤其是"二战"后硅谷的崛起，注重人力资本、研发投入与风险资本的发展，美国形成了以旧金山、奥克兰、圣何塞三大城市为发展核心，以周边腹地城市为支撑的先进性城市经济体，并正式名其曰"旧金山湾区"，湾区的社会意义才得以逐渐显现。综观旧金山湾区从自然意义到获得社会意义及其日益彰显的过程，可以说其在相当程度上是一个自然生成的先发内生的过程。而高等教育在旧金山湾区逐步获得其社会意义的历史过程中扮演着十分重要的角色，甚至被视为提升旧金山湾区经济硬实力和文化软实力的关键推动力和主要贡献者。[①] 比如，以旧金山湾区中的加利福尼亚大学（以下简称"加州大学"）系统为例，在2017—2018学年，加州大学系统在工资和福利等领域的支出约为315亿美元，而它所涉及的经济活动每年为旧金山湾区产生460亿美元的经济收益。总体而言，在旧金山湾区，纳税人为加州大学每投入1美元，就能产生14美元的经济产出。[②] 与此同时，高等教育通过科教融合与产教融合，与产业密切互动，特别是充分发挥高校的"集聚—溢出"效应，直接为旧金山湾区的发展输送人才，并且这些人才能够在最大限度上与旧金山湾区所提供的职位相匹配。如位于硅谷核心地带的圣何塞州立大学（San Jose State University）每年就为硅谷培养600～700名工程师，有些年份甚至突破了1000名。

由此可见，高等教育是旧金山湾区获得其社会意义的"动力站"，如

---

① 参见卓泽林、杨体荣《粤港澳大湾区高校集群建设的发展导向及其路径》，载《教育发展研究》2019年第11期，第16页。

② Douglass A，King C J，*The Role of Universities in Economic Competitiveness in California：A Case Study for the Catalan Association of Public Universities*，Association Catalan Universities Publiques，2018，p.38.

果缺乏高等教育这一"动力站"，旧金山湾区难以成为今天国际上如此知名的湾区。而在成就旧金山湾区的同时，旧金山湾区高等教育体系也得以形成并不断成熟和完善，两者形成了良性互动。对于旧金山湾区高等教育的形成过程，这里不妨用上述理论分析框架作归类分析。从旧金山湾区高等教育体系形成、成熟和完善的过程中，不难发现其中一个重要特征，便是这一过程的自然生成性，也就是说，旧金山湾区高等教育体系的形成、成熟和完善主要是在大学主动回应市场需求并与社会变迁的互动、磨合过程中自然渐进实现的。而在这一过程中起主要作用的是大学，同时市场力量这只"无形的手"，对旧金山湾区高等教育体系的形成、成熟和完善也起到了关键性助力作用。至于政府力量，加利福尼亚州（以下简称"加州"）政府在20世纪60年代主导制定的《加利福尼亚州高等教育总体规划》，对该州高等教育体系尤其是公立高等教育系统的形成与完善产生了很大影响，但当时该规划并非着眼于旧金山湾区，且在20世纪七八十年代以后，随着硅谷的形成与发展，该规划的实施与运行及调整主要是市场的力量和大学的选择发挥着关键性作用。应当说，旧金山湾区高等教育的形成和发展模式，是与美国高等教育管理体系相适应的。

对粤港澳大湾区而言，在具有社会意义的湾区概念还未正式提出之前，尚无统一的"粤港澳大湾区"这一提法。虽然1998年香港科技大学吴家玮曾提出"港深湾区"概念，2003年澳门科技大学黄枝连也借鉴旧金山湾区概念，提出建设"伶仃洋湾区"或"华南湾区"，但当时并没有相对统一的提法，更未形成广泛共识。直到2017年3月，时任国务院总理李克强正式提出研究制定粤港澳大湾区城市群发展规划，特别是2019年2月《粤港澳大湾区发展规划纲要》出炉，"粤港澳大湾区"才成为一个正式的概念和提法，其建设也成为国家重大战略并得以全面部署和大力推进。如《粤港澳大湾区发展规划纲要》颁布后不久，广东省委、省政府立即召开推进粤港澳大湾区建设发布会，并牵头起草了《中共广东省委 广东省人民政府关于贯彻落实〈粤港澳大湾区发展规划纲要〉的实施意见》《广东省推进粤港澳大湾区建设三年行动计划（2018—2020年）》等一系列配套文件，形成了广东推进粤港澳大湾区建设的"施工图"和"任务书"。香港特别行政区和澳门特别行政区政府也纷纷表态，将把握发展机遇，全力参与粤港澳大湾区建设，并分别成立"粤港澳大湾区发展办公室"和"建设粤港澳大湾区工作委员会"，以统筹和具体推进粤港澳大湾区建设。而大湾区高等教育同样也在政府的强力主导下呈现强劲的发展势头，且大湾区的整体性在高等教育发展上表现得日益明显。比如，由香港科技大学与广州市人民政府和广州大学合作建设的香港科技大学（广州）已经于2022年正式设立，成为自《粤港澳大湾区发展规划纲要》颁布以来首个获批的具有法人资格的内地与香港合作办学机构。此外，粤港澳三地政府正在设想联合筹建"粤港澳大湾区大学"。由此可见，粤港澳大湾区及其高等教育具有明显的政府主导特征。在政府的强势主导下，市场和大学也作出了积极的回应。比如，以高科技为特征的产业集群正在形成，企业的基础研究力度也在加大，澳门青年横琴创业谷、粤港澳（国际）大学生实习基地等各大创新创业平台逐步建立，香港大学（以下简称"港大"）、香港中文大学、香港科技大学等均开始在深圳和广州南沙设立科技成果转化基地，以及粤澳合作中医药科技产业园、粤港澳空间科学与技术联盟、粤港澳海洋科技创新联盟的成立等。

如果要比较以自然生成为主的旧金山湾区高等教育形成和发展模式与以政府主导为主的粤港澳大湾区高等教育形成和发展模式，很难简单地说哪种模式是最好的，或许正如人们通常所说的"适合的就是最好的"。而这个"适合"又是与阿什比所说的"任何类型的大学都是遗传与环境的产物"[①] 这一著名观点相联系的。对于旧金山湾区高等教育而言，其形成和发展模式是与美国高等教育的自治和市场化运行机制这一传统相关联的，而时代环境又使影响旧金山湾区高等教育的三种力量的关系也在不断适时调整。而对于粤港澳大湾区高等教育来说，其在相当程度上也是与粤港澳大湾区"一国两制，三种法律体系和三个关税区"的特殊区情和中国高等教育管理制度相适应的。在现有区情和制度框架下如何把握好政府主导的度，更加关注市场对粤港澳大湾区高等教育的影响，以及如何协调好粤港澳三地不同的高等教育体制及大学传统，是未来粤港澳大湾区高等教育必须面对和解决的关键问题。

2. 湾区高等教育与科技创新的互动关系比较

旧金山湾区的一个突出特点就是科技创新，这得益于大学与科技发展的良性互动关系，甚至可以说科技创新在很大程度上成就了旧金山湾区。

---

① 张建林：《大学遗传环境论——读 E. 阿什比〈科技发达时代的大学教育〉》，载《科学学与科学技术管理》2002 年第 10 期，第 16 页。

这一良性互动关系实际上体现了大学与市场的关系，主要表现在科教融合和产教融合两个方面。

对于科教融合而言，主要涉及研究型大学与科技创新的关系，其中斯坦福大学提供了一个典型案例。20 世纪 60 年代，当在旧金山湾区的公立大学加州大学伯克利分校在学术活动和学生运动上双双远近驰名之际，同在旧金山湾区的斯坦福大学却还默默无闻。由于是将用来培训优种赛马的农场拿出来作为学校的校园，加上那时在美国人眼中那里还是荒凉闭塞的边远西部，当时美国人亦把斯坦福大学称为"农场大学"。斯坦福大学的腾飞是 20 世纪 70 年代之后的事，这得益于斯坦福大学 8000 多英亩的大面积校园。实际上早在 1951 年，该校工程学院院长特曼（F. Terman）就提出过一个构想：将 1000 英亩地以极其低廉、只具象征性的租金，长期租给工商业界人士或毕业校友设立公司，再由他们与学校合作，提供各种研究项目和学生实习机会。正是这一构想及其后来的实施，使斯坦福大学成为美国首家在校园内成立工业园区的大学，并使其置身于美国的前沿：工业园区内企业一家接一家地开张，不久就超出了斯坦福大学能提供的土地范围，并向外发展扩张，形成了美国加州尖端科技聚集地、人才高地的硅谷。斯坦福大学被科技集团与企业重重包围，与高科技、商界，更与实用主义和开拓精神等建立密切的关联。随着美国西海岸高科技带的兴起，各家电脑公司，包括微软公司纷纷在此安营扎寨。20 世纪 70 年代以后，斯坦福大学的地位越来越举足轻重，逐步成为硅谷的核心，事实上也成为世界科技创新的中心。从斯坦福大学、硅谷和旧金山湾区三者的发展历史来看，先有硅谷后有旧金山湾区，而斯坦福大学又成就了硅谷，所以，从这一意义上讲，也是斯坦福大学成就了旧金山湾区；反过来说，硅谷和旧金山湾区也成就了斯坦福大学。对硅谷历史曾有过专门研究的科学史学者伦奥尔（T. Lenoir）认为，如果说在 1965 年以前，是斯坦福大学影响和塑造了硅谷，那么 1965 年后，斯坦福大学与硅谷之间就是一种盘根错节、相互交缠的关系，同样有趣的是，硅谷实际上也在塑造着斯坦福大学。[①]可以说，以硅谷为核心的旧金山湾区对其高等教育的形成和发展起着至关重要的作用，充分体现了大学与科技创新的相互依存、良性互动的关系。

---

① 参见阎光才《斯坦福的硅谷与硅谷中的斯坦福》，载《教育发展研究》2003 年第 9 期，第 90 页。

对于产教融合而言，主要指涉的是应用型大学与产业技术创新的关系。这里以圣何塞州立大学为典型案例。圣何塞州立大学坐落于硅谷核心地带，附近的旧金山—圣何塞地区为全美重要的科技中心。该校约有学生3万人，提供超过134种学士学位和65种硕士学位，吸引来自世界60多个国家的学生前来就读。其有名的科系如计算机科学、电子工程学、工商管理学、艺术设计和航空学等，深受肯定与好评；而各种大学学院和研究所的商学课程也吸引了众多不同国家的专业人士前来研究与学习。办学过程中，圣何塞州立大学有两个"坚定"：一是坚定地致力于教学并以此为荣；二是坚定地为当地服务，尤其是为硅谷服务，正如该校的校训就是"助力硅谷"（Powering Silicon Valley）。实际上，圣何塞州立大学输送到硅谷的毕业生比世界上任何一所大学都要多，而且毕业生起薪高。商学、计算机科学、工程学和其他专业领域毕业的学生，每年的平均起薪高达86000～114000美元。作为高科技人才聚集地的硅谷，还拥有全美最丰富的实习岗位，学生可以前往苹果、惠普、思科、甲骨文、微软、IBM等世界500强企业实习，甚至在毕业前就可以在硅谷工作，真正做到学以致用，且就业率极高。

　　从整体而言，旧金山湾区的科技创新以硅谷为起点，从大企业、孵化器、投资机构、高校，到专业的基础服务机构，整体构建出了科技创新生态闭环，每一环都为科技创新与发展贡献着卓越力量。[①] 而硅谷内的科技创新及发展又以高校为依托，包括以斯坦福大学和加州大学伯克利分校为引领，加州大学旧金山分校、西北理工大学、旧金山大学等的参与。正是因为硅谷周围有由诸多名校所构成的高校集群的存在，硅谷抑或旧金山湾区才能成为享誉全球的科技创新集群，并荣冠"科技之城"的美誉。也正是众多呈点状分布的微观社区所具备的强大辐射能力，才创造了今日旧金山湾区的辉煌成就。显然，当经济社会开始产业转型，高校人才培养及科技创新更需要适应产业转型，硅谷的高校率先与社会融为一体，与各主体合作运作，共同构建创新发展生态系统，尤其注重发挥科技创新人才培养和高校自身的科技创新等功能。旧金山湾区科技创新、金融支撑、产业互补、交通一体化等特色的慢慢形成，使其成为全球创新科技策源地和创

---

　　① 参见卓泽林《美国旧金山湾区高等教育整合动因及路径》，载《苏州大学学报（教育科学版）》2019年第2期，第29－36页。

业投资风险集聚中心,因此其也被称作"科技湾区"。[1]

科技之火在旧金山湾区一经点燃,便相继引发产业转型,企业需要越来越多可以直接支持产业革新的人才,进一步带动越来越多的大学重视自身科技创新人才的培养,以提升学生对环境的适应能力。许多高校也相继建立了技术转移办公室或创业园,帮助在校师生转化成果,而工程类的教师会直接参与到当地企业的项目中,同时,企业专家也积极为高校教师及学生传播创业理念与市场知识。作为全球经济发展的主要推动区域,旧金山湾区缺少不了来自顶尖大学的内部文化、治理和管理能力、研发投资模式、商业环境(包括以知识为基础的企业集中和风险资本的可得性),以及与知识产权有关的法律环境(包括促进私人研发投资的税法等的形成与发展)。[2] 事实也证明,在旧金山湾区的科技创新中心(硅谷)建设中,高校智力力量贡献突出,大学成果转化率平均达到了30%~40%,仅斯坦福大学毕业后创办企业的人或与斯坦福大学相关的企业就占到了整个硅谷总产值的50%~60%。

粤港澳大湾区,一个重要定位便是成为国际科技创新中心,即瞄准世界科技和产业发展前沿,加强创新平台建设,大力发展新技术、新产业、新业态、新模式,加快形成以创新为主要动力和支撑的经济体系,并通过打造国际教育示范区来助力国际科技创新中心建设。如果说粤港澳大湾区建设国际科技创新中心与旧金山湾区打造高科技的硅谷具有目标和思路上的相似性,那么不同的是,前者是先有大湾区建设这一国家重大战略的提出,后或同时提出建设国际科技创新中心和打造国际教育示范区,具有明显的政府主导色彩,而后者则是先有大学的助力,后有硅谷的形成,最后有旧金山湾区的"科技湾区"美誉,这与其自然生成性也是相一致的。显然,仅此而言,粤港澳大湾区具有比较突出的后发特征。而如何利用好这一后发优势是粤港澳大湾区建设需要深入思考和面对的问题。除了纳入国家重大战略并由政府强力主导推进的粤港澳大湾区国际科技创新中心建设所拥有的强大政府力量的优势,还可借鉴旧金山湾区硅谷形成的经验,

---

① 参见秦玉才、姜骁军《粤港澳大湾区融合发展规划研究》,浙江大学出版社 2018 年版,第 26－27 页。

② Douglass A, King C J, *The Role of Universities in Economic Competitiveness in California: A Case Study for the Catalan Association of Public Universities*, Association Catalan Universities Publiques, 2018, p.38.

加强大湾区高校与科技创新主体的关系，通过科教融合、产教融合分层推进产学研深度融合。特别要注重建立和形成机制，充分调动和持续激发高校与科技产业的内在主动性和积极性。同时，深度发掘并利用好粤港澳大湾区现有的科技创新的丰富资源也十分重要。应当说，粤港澳大湾区早已成为科技创新的沃土，集聚着一大批成熟的高科技企业，比如，在作为粤港澳大湾区中心城市之一的深圳，华为、中兴、腾讯、大疆、华大基因等企业的科技研发水平全球领先。而粤港澳三地的高校则拥有一大批优秀科学家，有很好的原始创新能力。此外，珠三角地区也尤其善于把科技成果转化成生产力。通过粤港澳大湾区建设，推动粤港澳三地优势互补、融合创新，共同打造一流的科技湾区。

3. 湾区高等教育多样性的形成机制比较

高等教育的多样性是伴随着高等教育大众化、普及化而出现的一种现实样态，甚至可以认为，多样性是现代高等教育发展的一个逻辑起点①，因为现代化的高等教育制度是一个能够满足现代社会发展对不同层次和不同类型人才复杂需求的制度，是一个能够满足人民对高等教育不同的、个性化的复杂需求的制度②。两大湾区的高等教育也是如此，高等教育的多样性是它们共有的一个特征，但具体而言，两大湾区高等教育的多样性从表征形式到形成机制等方面都有些许差异。旧金山湾区拥有教学型大学、综合型大学、研究型大学、社区学院、专业型机构，以及营利性机构等不同类型的高等教育机构。这种高等教育机构的多样化样态在很大程度上受市场力量的影响，且在市场力量的作用下动态变化与发展着。特别是旧金山湾区市场变化快，技能和产品更新换代快，基于大众对提升自身技能的需求，高校的类型与格局也在不断地发生变化。比如，圣塔克拉拉大学、斯坦福大学等就是在市场的影响下，通过增加专业学院和博士项目等，逐步转型成为现在的研究型大学。又如，在 20 世纪 60 年代，斯坦福大学抓住科技产业兴起之机遇，开辟产业研究园，在与社会互动的过程中逐渐激发出了师生的创新创业热情，成为当下重要的科技研发基地。

---

① 参见卢晓中《扎根中国大地办大学亟须高等教育发展理论中国化》，载《光明日报》2019 年 9 月 5 日第 13 版。

② 参见王英杰《刍论多样化高等教育制度建设》，载《比较教育研究》2019 年第 5 期，第 10 页。

旧金山湾区所处的加州，在 20 世纪 60 年代制定的《加利福尼亚州高等教育总体规划》规划出了三大公立高等学校系统，即研究型大学加州大学系统、教学型大学加州州立大学和两年制学院加州社区学院，从而明确了加州公立高等教育系统多层类发展的方向，是美国高等教育历史上对高等教育系统所作的最有影响力的一次规划。① 该系统内部也是丰富多彩的，三个层级并非毫无关联，它们之间实行着灵活的转学与升学机制，利用慕课等先进教育技术整合课程资源②，高校之间互相关联、自成一体。这既能为学生提供更广泛的教育选择和教育方式，满足不同类型学生的受教育需求，同时也使各高校不去求全求大，以致产生不必要的无序竞争。《加利福尼亚州高等教育总体规划》对旧金山湾区高等教育的多样性起到了非常重要的作用，而该规划研制的一个重要依据就是市场机制对高等教育的影响，高等教育必须更好地回应市场需求。正是在市场机制的作用下，加州三级高等教育制度不仅是纵向多样化的制度，而且是横向多样化的制度，在横向多样化的制度下，同一类型的高等教育机构可以相互竞争以达到卓越。③

在旧金山湾区，高校多样性也深受其文化多样性的影响。相关人口调查数据显示，旧金山湾区的人口为 7765640 人，最大的种族群体是白人，占 39.2%，第二大群体是亚洲人，约占 27.9%，④ 在这里，亚洲人、非洲人，甚至是一些少数族裔等共占比 60% 以上，这使得高等教育受到不同文化的碰撞和滋润，其文化的丰富性和多样性是其他地区所无法比拟的。旧金山湾区高校也在创建自己广阔的舞台，以自身卓越的教育、环境、文化等优势吸引更多的各国人才，比如校园能够跟真正的工业创新或者经济创新形成密切关系，吸引学生就读。

此外，在旧金山湾区，除了有斯坦福大学、加州大学伯克利分校等世

---

① 参见黄艳霞《美国加州高等教育总规划的过去与未来——约翰·阿布雷·道格拉斯博士访谈录》，载《大学教育科学》2009 年第 5 期，第 92 - 96 页。

② 参见张娴、邱法宗《区域性高等教育发展的协调性问题——美国加州高等教育发展的启示》，载《教育科学》2009 年第 4 期，第 67 页。

③ 参见王英杰《刍论多样化高等教育制度建设》，载《比较教育研究》2019 年第 5 期，第 14 页。

④ 《US Census breakdown:The largest racial group in each Bay Area county》，见 KRON4(https://www.kron4.com/news/bay-area/us-census-breakdown-the-largest-racial-group-in-each-bay-area-county/)。

界一流大学外，还有众多私立应用型高校和营利性或非营利性大学，这些高校从创办到运行的过程中，市场机制起到了关键性作用，所以其办学定位、专业设置、课程开设、教学形式等多姿多态，成为旧金山湾区高等教育多样性的重要组成部分。

粤港澳大湾区也是高等教育多样性最为丰富的区域之一。截至2019年，粤港澳大湾区内的高校共计199所①，高校类型多样，涵盖学术研究型高校、应用研究型高校、应用技术型高校以及应用技能型高校，人才培养层次囊括研究生、本科、专科人才等各个层次，各高校在发展规划上也各有侧重。随着《粤港澳大湾区规划纲要》的颁布及粤港澳大湾区建设成为国家重大战略，粤港澳大湾区对高等教育给予了更多的重视。以广东省为例，粤港澳大湾区所属各地对高等教育投入了极大的热情，同时借助国家、省发展高等教育重大政策，诸如国家的"双一流"建设、广东省的"双高"建设，投入巨大的财力、物力来发展高等教育，主要举措包括引进境外知名高校、按照国家和省的战略部署加强现有高校的建设等。比如，深圳正在大力着手引进一批先进高校，且致力于建设一流高水平大学；2018年佛山市相继颁发《佛山市引进和培育优质高等教育资源若干扶持政策》《佛山市高等教育高层次人才引进扶持办法》《佛山市促进高校科技成果服务产业发展若干扶持政策》，为佛山高等教育发展开辟了新动力；2019年中山市发布《关于建设中山市高水平综合性大学的建议》；等等。

应当说，这一时期广东高等教育的实力进一步增强，特别是高等教育的多样性也得以进一步丰富和发展，这无疑有助于发挥高等教育在粤港澳大湾区建设中的作用。值得注意的是，粤港澳大湾区（尤其是广东）高等教育多样性更多的是在政府的规划与制度安排下实现的，政府力量起着至关重要的作用。这与粤港澳大湾区建设的政府主导和我国高等教育管理体系及方式是相一致的。面对粤港澳大湾区对高等教育日益增长的多元化需求和我国进入高等教育普及化时代而带来的高等教育发展更具多样性的普遍趋势，尤其是粤港澳大湾区存在的"一国两制，三种法律体系和三个关税区"的实际，以及粤港澳三地自定格局的多样

---

① 数据来源于南方科技大学等发布的《粤港澳、京津冀、长三角地区高等教育与经济发展报告（2021）》。

化，如何在高等教育多样性方面平衡政府规划与市场调适、适当增强高等教育多样性的市场机制，更好地发挥高等教育多样性对粤港澳大湾区建设的支撑作用，以及完善高等教育自身体系，是当前值得深入探讨的课题。

4. 湾区高等教育的政府角色比较

对于美国高等教育发展的特征，德里克·博克曾用"高度的自治、激烈的竞争、对社会灵敏的反应"[1] 来概括，实际上，旧金山湾区高等教育发展的特征也是如此。也就是说，旧金山湾区高等教育发展主要是遵循市场竞争法则的自由开放运作模式和大学自主办学的原则。而政府则"顺势而为"，即顺市场之势，特别是顺科技创新之势、顺硅谷成长之势、顺现代高等教育发展潮流之势，通过法律、财经等手段来推动高等教育的变革与发展。具体来说，政府只是在政府采购、委托高校研发、立法和政策扶持、税收激励、移民政策和措施制定等方面扮演角色、发挥作用，尽量减少对高校过多的直接干预。公立高校一般由各州政府主要出资兴办并进行监督，政府主要负责学生资助与科研资助，但都以竞争为基础，并不由政府直接分配。一些顶尖的公立大学从州政府得到的资金只是极少的一部分，大部分资金来源于学费收入和校友支持。而私立高校从州政府直接获得的资金支持则更少，所以州政府通常就更不会过问它们的预算和学费情况了。[2] 在旧金山湾区，高校的运营权多由学校自行负责并实施教授治校，政府对高校的干预是不受学校支持的，高校的高水平发展本身就与其高度自治是密不可分的。

从硅谷的发展历程来看，其之所以成为创新的代名词，主要得益于斯坦福大学产业园的形成与高科技人员的自主创业，同时也是现有资源、地区的吸引力以及与工业界密切合作、高度自主的高校的共同作用使然，并不是美国任何一级政府的直接规划和干预的结果。而政府则通过立法在其中扮演着一个重要角色，如20世纪80年代美国《拜杜法案》颁布并实施，直接推动和促进了私人部门获取科研成果专利权、形成技术成果转化。近年来，在旧金山湾区，政府对大学放权、全力支持大学的科技发展

---

① ［美］德里克·博克：《美国高等教育》，北京师范大学出版社1991年版，第8、168页。
② 参见［美］德里克·博克《大学的未来：美国高等教育启示录》，中国人民大学出版社2017年版，第17页。

的现象越来越明显。由于大学的发展已经基本能满足自我经营，因而大学在日常运行和管理上拥有较大的自主权，可以基本规避政府的干预，而更多的是遵循市场需求办学，从而能够根据经济发展情势迅速找准自身发展定位。

粤港澳大湾区建设是在中央政府颁布的《粤港澳大湾区发展规划纲要》的指引和框架下展开的，而近年来在粤港澳大湾区高等教育方面，政府出台了有关政策和举措，推动《粤港澳大湾区发展规划纲要》有关政策措施的落实，表现出强烈的主动作为的态势，政府力量得到相当的彰显。可以预料，各级政府在未来粤港澳大湾区及其高等教育建设中将继续扮演"强势政府"的角色。

事实上，在湾区高等教育建设中政府究竟应当扮演什么样的角色，并没有定论，不论是"顺势而为"，还是"主动作为"，关键在于如何"为"。旧金山湾区之所以得到广泛的认可，在于政府能够审时度势，适当作"为"，扮演好一个"有限政府"的角色。而粤港澳大湾区高等教育建设是国家重大战略，同时又是在"一国两制，三种法律体系和三个关税区"下进行的，相对于旧金山湾区高等教育在同一区域内和在同一制度系统、法律体系下的发展，在一些方面必定要复杂得多。而且，粤港澳大湾区确立时间较短，其高等教育的共同市场并不太成熟，粤港澳三地大学的制度体系差异有待相互了解和认同。此外，虽然过去粤港澳三地高等教育也有较多的合作交流，但这些合作交流主要是由民间自发地根据市场需求展开的"非正式制度"合作，是粤港澳三地高校在各自利益驱动下的松散联系，"缺乏全局性和长远性规划，更多的是局限于某个项目的合作交流，当项目完结，高校之间的合作也往往随之结束，没有持续性，尤其是缺乏政府主导的制度性安排"①。需要指出的是，粤港澳三地过去的这些合作交流大多是没有"湾区意识"的合作发展，而现在粤港澳三地在"湾区意识"下的高等教育合作发展都将面临理念上、心理上的相互磨合和调适。所有这些，都决定了粤港澳大湾区高等教育建设中政府主动作为的必要性与重要性。现在关键是如何"为"，如果"为"的度把握不好，比如政府通过资金等形式过度地控制抑或"规划"高等教育的办学

---

① 卢晓中：《推动粤港澳大湾区教育合作发展的思考》，载《中国高教研究》2019 年第 5 期，第 54 页。

行为和学术活动，很有可能就会限制高校的创新动力和活力。

值得提及的是，无论在哪个国家，政府对高等教育的控制或干预在理论上应是为了公共利益①，但对高等教育的干预还需基于大学公共性的特征，清晰干预边界，局限于公共领域范围，遵循公益性、必要性与合法性原则，止步于高校应有的自治与学术自由②。换言之，无论对大学还是政府而言，它们都不可能寻找到一种理想的平衡，但正是这种不平衡的存在成了彼此对话和沟通的基础。在对话过程中，正如阎光才所指出的，理智的思路是"大学以现实作为理想实现的条件，而政府则应以大学的理想追求作为变革现实的依据和参照"③。

三、结语

通过对旧金山湾区与粤港澳大湾区高等教育的形成和发展过程的四个维度的比较可以发现，两大湾区存在两种运行模式，即以市场驱动为主的模式和以政府主导为主的模式，很难简单认定哪种模式就是最好的。比如，旧金山湾区高等教育形成与发展更多的是遵循市场驱动模式，虽然这种模式促进了旧金山湾区高等教育的良性形成与繁荣发展，但也面临着一些问题。斯坦福大学原校长卡斯帕尔（G. Kasper）不无忧虑地说道："在当代世界，教授、学生以及大学自身都不断地被干扰，让他们被干扰，甚至寻找干扰。诱惑是非常多的。大学及其附属机构被期待进行研究、教育及指导，为社会做贡献，使他们的专业能为实业所用，能加快创新速度，能变成经济的发动机，能参与社会环境的改善，能为高品质的生活做出贡献，能从外面拿到研究经费，等等。难怪大学已经变成一个有问题的机构。"④ 粤港澳大湾区高等教育的形成与发展遵循以政府主导为主的模式，从湾区意义上说，其还正处于起步阶段，该模式利弊优劣的显现尚需假以时日。应当说，任何一种模式都有其利弊，关键在于如何扬利抑弊，这就

① 参见王建华《探寻大学与政府的相处之道——〈美国"府学关系"问题研究——以权力边界为切入点〉评介》，载《大学教育科学》2019年第1期，第2页。

② 参见刘虹《控制与自治：美国政府与大学关系研究》，复旦大学出版社2012年版，第53页。

③ 阎光才：《识读大学——组织文化的视角》，教育科学出版社2002年版，第185、190页。

④ 北京大学：《21世纪的大学——北京大学百年校庆召开的高等教育论坛论文集》，北京大学出版社1999年版，第104页。

需要湾区根据各自的管理体制、文化传统、市场环境等实际因素，选择一种适合湾区自身高等教育发展的模式，并对政府、市场、大学三者之间的关系适时作出动态调整。至于要对"以市场驱动为主"和"以政府主导为主"中的"主"作出一个某种程度意义上的界定，就如同威廉斯的六种细部模式所作出的具体考量。实际上这不仅取决于市场和政府，更考验着大学的智慧，即如何在政府、市场、大学三者关系的协调中真正做到"以大学自主为主"，这也是探索中国特色现代大学制度的湾区"特色"的意义所在。

（原载《高等教育研究》2020 年第 2 期）

技术文化视域下粤港澳大湾区高等教育
一体化发展

粤港澳大湾区建设作为国家重大战略正在积极推进，目前对其目标定位是创新湾区、科技湾区、人文湾区，主要对标湾区是旧金山湾区。无论确立何种建设目标，各种建设目标间实际上都存在内在关联，且相辅相成，共同构成了"国际一流湾区和世界级城市群"的大湾区建设总体目标体系。从人文湾区的角度来审视大湾区建设，尤其是在粤港澳大湾区国际教育示范区建设背景下，技术文化如何推动大湾区教育一体化发展是当前值得深入探讨的一个重大课题。

一、新视域的技术：一种文化释义与分析框架

技术作为一种以改造社会为目的的人类实践和社会现象，最初体现在劳动手段和劳动技巧的不断改进与革新上。随着生产力的提高和消费需求的增加，社会向技术提出了更高的要求。尤其是随着技术社会化进程的不断深化，技术已逐渐走出其狭小的劳动和生产过程，向社会生活的各个方面渗透，从而影响着人们的生活规范和行为准则，并在价值观层面引发了一场前所未有的变革。这就使得技术成为一种文化现象，并不知不觉地得到人们的普遍认同，成为人类文化的重要内容和发展核心。由此可见，技术的这种文化化现象是技术本身与技术主体形成的一种关系，是对技术本身纯粹工具性的一种超越。

技术的文化化现象引起了一些思想家的忧虑，在他们看来，当代的劳动和生产对技术的过度强调，将会使人类成为技术的奴隶而非主人，导致人类创造的文明陷入危机。例如，在《规训与惩罚》一书中，福柯在探讨纪律产生的历史时便认为，技术赋予了权力物质的形式，并为实现人类主体的工具化服务，"与规训相关的那个历史时刻诞生了一种支配人体的技艺，其目标不仅仅是人体技能增长，亦非助长人体的惰性，而是要形成

一种关联性，并通过同样的机制让人体愈有用也愈顺从，反之亦然"①。而在《单向度的人》一书中，马尔库塞指出，工业社会里人类主体的创造性和多元性将因自由市场而遭遇一种前所未有的危机，这种危机恰恰是技术合理化所带来的，"一种舒适的、平稳的、合理的、民主的不自由将在发达的工业文明中盛行，这是技术进步的象征"②。

不可否认，诸如此类的观点虽然揭示了过于泛化的技术使用所暗含的风险，但却忽视了技术作为人类能动改造社会的最初工具，是人类实现主体性并推动文化发展的有效途径。尽管这些思想家们皆从辩证的视角探讨了技术所带来的可能性，但他们更强调文化在被技术化以后所导致的消极后果，而未能意识到人类在掌握技术的使用规律后将能以文化生产为目的，积极发挥技术的优势。正如本雅明在《机械复制时代的艺术作品》一书中探讨摄影技术时所指出的，技术的发展具备某种两面性：一方面，技术性的复制活动导致原作的"本真性"［即"光韵"（Aura）］的消失；另一方面，技术性的复制活动能通过不断显现的本土接受现象赋予作品现实的活力。③

综上所述，我们可把技术的文化化趋势称为"技术文化"，以便与上述学者们所担忧的"文化技术"即文化的技术化现象区分，从而使该概念能够表达技术本身与技术主体之间形成的一种辩证关系。这种辩证关系不但是对技术本身纯粹工具性的一种超越，更是对文化纯粹论的一种反思。与技术在当下社会发展中所占据的重要地位相比，当代中国的理论界对技术文化的研究却并不相称。以往的研究更倾向于把技术当作一个孤立的因素来看待，且仅仅从技术的工具性本质角度探讨社会议题，从而忽视了社会内部不同的因素相互作用、共同演进的过程。因此，为了揭示技术作为一种文化的即时价值与未来潜力，本文从本体论哲学的角度进一步审视技术文化概念的本质，从而在这一本质的观照下看待技术的创新性、通约性、进步性特征及其人文内涵。

在《艺术作品的本体论》一书中，英加登进一步发展了"纯意向性

① Foucault M, *Surveiller et Punir*: *Naissance De la prison*, Gallimard, 1975, p. 139.

② Marcuse H, *One-Dimensional Man*, Routledge, 2006, p. 3.

③ Benjamin W, *The Work of Art in the Age of Mechanical Reproduction*, Schocken Books, 1986, pp. 220 – 222.

客体"（purely intentional object）的概念，并借此概念指涉一类"文化客体"（cultural object）。^① 在他看来，"文化客体"之所以是"纯意向性客体"，是因为它们是这样一种本体性存在：一方面，物质使这类客体得以实存，并让它们随着时间的推移有所损耗；另一方面，这类客体在文化上的意义远远地超越了构成它们的物质，并随着时间的推移获得了某种意义上的永恒。以一所学校的校徽为例，构成校徽的物质性基础是木头或金属，但校徽在文化上具有象征意义，其作为学校精神和办学宗旨的代表，远远超越了它的物质性基础，因此，哪怕物质性存在会在漫长的历史中消亡，校徽还能因其具有的文化性而不断地被再现。

简单来说，这类客体的文化性内涵恰恰体现在英加登所谓的"纯意向性"上，即一种意识行动。这种意识行动不但能透过客体被我们的意识所捕捉到，还能借由触发更多的意识行动，使这类客体持续地存在。因此，我们可以认为，作为一种"纯意向性客体"，"文化客体"既受制于物质却又远超越它。在此，所谓的技术文化正是在上述逻辑下使技术成为某种"纯意向性客体"。在某种程度上，技术的实现必须依赖一定的实存物，但作为一种媒介，技术所创造的又不仅仅是物质，而且是物质能够不断被生产出来的意图（动机），这一过程恰恰是技术的创新性所在。换言之，在技术的文化化过程中，技术并不旨在生产一种自身以外的事物，而是在重复的劳作中革新自身，从而使自身成为创新的象征本身。

从另一个角度来看，在技术的文化化过程中，技术为使自身成为广泛的象征，恰恰需要产生一种可被重复作用在具体事物之上的普遍思维模式和基本逻辑，这一点无疑就是技术的通约性。我们可以认为，在物质性存在消失以后，一种可被重复验证的模式和逻辑正是技术所留下的"存在性本体论框架"（existential-ontological category）。在英加登看来，这种"存在性本体论框架"恰好是作为"纯意向性客体"的"文化客体"反向作用于实在的基本前提。^② 也就是说，技术的创造意图不仅仅驱使主体进行物质生产，还使主体反向思考建构一种可使技术得以持续存在的系统

---

① Ingarden R, *Ontology of the Work of Art: The Musical Work, the Picture, the Architectural Work, the Film*, Ohio University Press, 1989, pp. 256–260.

② Ingarden R, *Ontology of the Work of Art: The Musical Work, the Picture, the Architectural Work, the Film*, Ohio University Press, 1989, pp. 256–260.

性框架。

　　然而，我们是不是也可以认为，基于同样的事实，人类在使技术实现这样一种文化性的过程中亦被技术所奴役了呢？是否正如马尔库塞所意识到的那样，工业社会的技术自由反而导致了主体的不自由呢？换言之，这种奴役并非反映为物质上的依赖，而是技术在被当作工具使用的过程中，反客为主地把自身逐渐转化为一种具有超越性的思维模式，一种无所不在的"崇高"秩序。更何况，技术真正令我们担忧的是其具备颠覆现实的能力。例如，量子力学不仅改变了人类的生活和看待现实的方式，还在原子能的利用方面展现了它对现实的主宰力与摧毁性。在这样一种力量的震慑下，又如何借助技术从其自身那里重新夺回我们的现实呢？

　　不过，这样的逻辑似乎也能够从内部被颠覆。试想，在以上的过程中，物质的兑现不恰恰是一种使该种意图得以产生的承诺吗？不也正是这种承诺让意图转化为多样而具体的实践行动了吗？

　　于是，我们会看到，技术的进步性恰恰体现在意图通过实践兑现某种承诺的循环运动之中。一方面，具体现实向技术提出的要求，促使其必须永远处于创新的趋势之中；另一方面，创新无一例外地受到具体现实的制约，技术不得不通过突破这种限制而使其潜存的可能性持续地显现。因此，技术的进步性也就意味着一种终极的创新，在与具体现实交互的过程中，它使自身的可能性向具体的现实开放。

　　综上，通过从本体论的角度揭示技术的创新性、通约性与进步性特征，我们得以意识到，如果说"文化技术"意味着文化因为具体现实的限制而不得不抑制自身丰富的潜在可能，那么"技术文化"不但意味着文化赋予了技术某种意识形态功能，而且代表着技术通过超越该种限制重新使文化的绝对生产性得以释放。这无疑构成了技术文化的核心人文内涵，即技术实践和文化反思之间的一种辩证以及在该种辩证下生成的新社会。该种辩证也让我们得以重返本雅明所发现的技术的两面性，并思考这样一个问题：一种本土文化现象是否能够在形成其独特的技术文化的过程中，成为文化重获生产性、技术重夺现实性的一种途径呢？美国旧金山湾区的技术文化与高等教育之间的相互关系，也许能够带给我们些许借鉴和启示。

二、可借鉴的经验：技术文化对旧金山湾区高等教育发展的影响

任何一种文化在很大意义上不仅仅是某个地域的自然环境所造就的，更是后期人为建构的结果。因此，历史和文化也就构成了一个地域区别于他者的某些典型特征。就以硅谷为核心的旧金山湾区而言，由于该湾区对技术的特殊定位及其相应的发展历程，技术不仅促成了旧金山湾区在美国乃至在世界范围里独特的地位，而且造就了这一地域的独特文化。

早在 20 世纪 90 年代初，美国加州圣何塞州立大学人类学教授英格里斯-卢克（J. A. English-Lueck）及其合作者就启动了一个后来被称为"硅谷文化项目"的宏大研究计划，尝试揭示旧金山湾区尤其是硅谷高科技人才集聚的原因。经过长达 10 年的田野研究，她出版了《硅谷文化》（*Cultures @ SiliconValley*）一书。在此书中，她借助人类学视域，把"文化"视为一个由行动的跨社群、跨区域传播所促成的动态网络，而非由人的一致性属性组合而成的固态结构。在这种趋势下，技术的普及与身份的差异正在成为当代全球化文化图景中的两个要素，而这两个要素恰恰是硅谷文化的重要体现。在她看来，硅谷之所以能够吸引和聚集世界各地最优秀的高科技人才，是因为除了硅谷无比的创新活力及优越环境，技术还在人们的生活中发挥了重要的黏合作用，她将这一现象称为"技术渗透"（technological saturation）。① 尽管这些高科技人才都不可避免地带有其原生文化和文明的烙印，但是技术的通约性可以在相当程度上填补不同文化和文明之间的鸿沟，从而不仅使因文化和文明的多样性而可能造成的冲突减少，而且使这种多样性成为硅谷保持创新活力不可或缺的因素。笔者在硅谷考察时就发现②，硅谷诸多人群间的文化身份如种族、阶级与性别等的差异使他们通过对技术的基本逻辑即创新、进步的指认建立起共同的文

---

① English-Lueck J A, *Cultures @ SiliconValley: Second Edition*, Stanford University Press, 2017, p. 45.

② 2019 年 8—11 月，笔者与团队成员陈先哲教授、卓泽林副教授对美国旧金山湾区进行了为期近 3 个月的深度调研和考察，形成了系列成果，本文中有关部分参考了该系列成果。

化信念，从而规避了这种差异可能带来的冲突①。

旧金山湾区的高等教育与硅谷文化的形成关系密切。可以说，在相当程度上旧金山湾区的高等教育成就了硅谷，反过来，硅谷也成就了旧金山湾区的高等教育，二者之间的互动正是以技术为主导因素的硅谷文化的典型代表。因此，笔者将观照技术文化特征在旧金山湾区高等教育发展过程中所发挥的重要影响与作用，探讨技术文化对粤港澳大湾区高等教育发展的启示和意义。

1. 技术文化的创新性特征对旧金山湾区高等教育创新发展的影响

在地处美国西海岸的旧金山湾区崛起之前，地处美国东海岸的纽约湾区早已借助传统工业的优势和占有的发展先机而成为世界金融中心。纽约湾区也是美国教育重镇，众多美国东部的传统名校聚集于此，但美国的历史发展进程和文化传统一直充满着开拓、勇往直前与冒险精神，这些精神在技术的文化化过程中成为其创新特质的基础。伴随着旧金山湾区因赶上信息技术时代的大潮而迅速崛起，美国乃至世界经济社会与科技的发展已经发生了重大转向。如果说以金融产业为标志的纽约湾区代表了美国过去和现在的荣光，那么以技术产业为标志的旧金山湾区则意味着未来世界的发展已从以物质的代币为特征的货币时代向以代币的代币为特征的数字时代转移。也就是说，一方面，当货币的积累而非物质的交换成为生产的目的，创造就意味着不断地产出物质的替代品；另一方面，当作为物质实在的消费对象被一种文化象征所取代时，创造则意味着生产"创造性"本身。例如，我们购买数码产品并不是为了购买数码产品所代表的实在物，而是为了购买数码产品所承诺带给我们的无限可能。旧金山湾区技术文化的创新性充分体现在后者上。在旧金山湾区形成的过程中，苹果公司创始人乔布斯、谷歌（Google）创始人佩奇和布林、脸书（Facebook）创始人扎克伯格以及特斯拉创始人马斯克等人被塑造为该地域的一种文化象征。在他们的成果叙事中，冒险和开拓，以及对探索未知世界的近乎偏执的热情和疯狂是永恒的主题，这些叙事作为创新性的具现，无一不影响到其公

---

① 2019 年 9 月笔者一行访谈英格里斯 - 卢克教授时，《硅谷文化》一书的第二版正在发行，虽然第二版较第一版充实了许多内容，但技术文化这个内核却没有丝毫改变。而且经过多年，英格里斯 - 卢克教授也更加坚定地认为技术文化就是联接和黏合旧金山湾区方方面面的核心文化。

司乃至整个行业的走向。

技术文化的创新性导向对旧金山湾区产业的影响，在相当程度上直接或间接地影响了旧金山湾区高校的人才培养方向。这种影响是通过产教融合和科教融合实现的。在产教融合、科教融合等实践方面，硅谷与周边高校的深度合作是技术文化时代高等教育发展的典范。一方面，上述这些精神和观念很容易作为文化渗透进旧金山湾区的高校中，促使高校改革者们的教育理念适应这一地区对各种类型创新型人才如研究型创新人才、应用型创新人才的需求，尤其是培养善于进行"破坏式创新"、有发展潜力的人才，而不是培养只会读书考试的人。比如，在产学研结合的过程中，高校自觉或不自觉地融入创造氛围之中，在这种氛围中，乔布斯与佩奇等人所象征的进步与发展前景成为学生努力的动机和目的。另一方面，产教融合与科教融合成为高校培养创新型人才的重要模式和途径。旧金山湾区高等教育在产教融合、科教融合方面的另一个重要体现，就是重视学生的实践性学习和教师研究成果的转化与推广。事实上，实践性学习不仅是旧金山湾区高等教育共同体的一个重要特征，也是美国高校的一个重要特征。在美国，研究型大学都非常重视给包括本科生在内的学生参与研究项目提供机会。一项针对加州大学本科生就读经验的调查结果显示，该校每 3 位本科生中就有 1 位参加过教师的研究项目，这个比例在斯坦福大学的本科生中更高。① 在 2017 年的一项排名②中，斯坦福大学和加州大学伯克利分校培养的最具企业家精神的本科生人数分别名列第一和第二，培养的最具企业家精神的工商管理硕士人数分别位居第二和第九。③ 旧金山湾区的这两所世界一流大学当年也正是坚持和强化产学研结合的模式，并着力营造鼓励创业、包容失败的文化氛围，才走出了一条创新型人才培养的道路。应当说，与美国东部的传统名校相比，旧金山湾区的高校更热衷于变革，都将学生创新能力的培养以及鼓励科研创新视为大学的神圣使命。笔者在

① 参见屈廖健《研究型大学本科生就读经验的中美比较研究》（学位论文），南京师范大学教育科学学院，2012 年。

② 该项排名指 PitchBook 发布的"培养风投支持企业家的前 50 所大学"（The top 50 universities producing VC-backed entrepreneurs），见网址 https://coller. tau. ac. ic/sites/coller. tau. ac. il/files/media_server/Recanati/management/marketing/PitchBook. pdf。

③ 参见常桐善《美国旧金山湾区高等教育共同体的发展特征——兼谈对成渝地区双城经济圈高等教育发展的启示》，载《重庆高教研究》2020 年第 9 期，第 24 页。

访谈斯坦福大学著名组织社会学家斯科特（W. R. Scott）时，他认为斯坦福大学和加州大学伯克利分校这样一类世界一流大学的学生总会产生一些疯狂的想法，很大程度上正是来自这种技术文化的创新性熏陶和该地域文化象征的精神感召。

值得提及的是，旧金山湾区技术文化的创新性更注重一种"破坏式创新"，即对既定逻辑范式的颠覆。换言之，创造"创造性"湾区的技术文化并不以生产新的物质和金钱的获得为目的，而是旨在颠覆支配物质和货币的旧生产框架。例如，脸书早期有一句格言是"快速突破，破旧立新"（Move Fast and Break Things），其所表达的意思是，脸书并不怕你犯错，反而担心你突破和创新的速度不够快导致错失良机。也就是说，相对于"维持式创新"，脸书更主张"破坏式创新"，即创造能够改变"游戏规则"的颠覆性前沿技术。这种前沿技术的创新通常具有两个共性：一是对单一学科原理的创新性发现；二是在既成的学科基础上进行一种跨学科、跨领域的非线性集成创新。前者的代表有苹果智能手机，即在原始智能手机基础上的突破性发展；后者的代表则是脸书，即融合了通讯、论坛、相册与流媒体播放平台等功能的集成性创新，实际上，这已成为脸书一种根深蒂固的技术文化①。

这种技术文化的创新性特征，让旧金山湾区的高校非常注重培养具备"破坏式创新"潜力的个体。在他们看来，旧生产框架的颠覆并不是自上而下而是自下而上的过程：生产者处于旧生产框架的内部，在长期从属于旧生产框架的过程中，生产者既逐渐习得了旧生产框架的运作机制及其基本规则，又进而发现框架内部尚待革新的内容。在该前提下，培养能够产

---

① 笔者一行访问脸书的时候，接待我们的是一位华人小伙，他年纪轻轻就已经升到与脸书最高职级差不多的工程师职位了。他介绍了脸书开展员工评价和管理层决定谁能获得升职一事，即如果两个员工都取得比较好的业绩，通常情况下公司会让其中一个不那么努力的员工升职。其依据的是脸书的理念：这个员工工作不太努力就能取得比较好的业绩，说明他有能力和潜力去承担更大的责任，如果让那个很努力的员工升职，很可能会影响到公司的可持续发展，也对他本人不利，因为能取得目前的业绩可能已经达到他的极限了，让他升职去承担更重的责任很可能会对个人和公司都不利。对于我国文化中更加主张"天道酬勤""态度决定一切"等，这一理念似乎有些不太好让人理解，即便理解了也难以在实践中推行。事实上，旧金山湾区很多高科技公司都是如此。所以说，旧金山湾区的贡献不但在于提供世界领先的科技产品，还在于因其对技术文化的极致推崇而引发的精神和观念上的颠覆。具体参见陈先哲《技术文化为湾区大学创新人才培养带来了什么？》，见华南师范大学新闻网（https://news.scnu.edu.cn/27329）。

生创新动机的内部生产者也就成为旧金山湾区高校的任务和使命，即大学不仅是为了适应世界而培养人才，更是为了改变世界而培养人才。事实上，硅谷高科技领域的发明创新无不体现在跨学科、交叉学科的教育和研究成果上。比如，加州大学伯克利分校本科毕业生完成的总学分中非专业学分高达54%，这也说明，学校给学生跨学科学习提供了丰富的机会，学生通过跨学科学习取得了一定的成就。①

2. 技术文化的通约性特征对旧金山湾区高等教育融合发展的影响

英格里斯－卢克认为，旧金山湾区的"技术渗透"在一定程度上有助于解决因身份差异而导致的文化冲突，这一点恰恰与技术文化的通约性相关。一旦创新、进步的技术被认为是该区域的文化象征，那么由国家、肤色、人种、文化差异所导致的冲突也就能因技术的普遍模式和基本逻辑所奠定的共识而在一定程度上得到解决。这种解决方式不以消解差异为前提，而是体现为一种从兼容到融合的过程。英格里斯－卢克通过人类学调查发现，在硅谷生活的个体形成了一种独特的存在境况：一方面，这些个体对技术所带来的某些共同的生活习惯保持认同；另一方面，这种认同又使一些复杂的差异性事实如人种、肤色和国家的差异得到保留。② 值得注意的是，这里所谓的融合，并非指涉一种文化的同化现象，而是意味着差异不再以一种限制性的身份构成对立关系，也就是以属性的方式在对话中显现。这正是在构成关系网络的社会中融合的内涵，即个体在对话中不断相互渗透，从而借由主动指认特征建构自我。因此，融合代表的是一个尚待完成的过程，而非一项既定的事实。

技术文化的融合性特征具体体现为旧金山湾区在鼓励和包容多样性的基础上对相互协作、实现共赢精神的提倡。例如，在旧金山湾区，除了主要核心科技产业，一些与之相关的重要行业如中介、金融业、服务业等也为当地居民和外地移民创造了大量的工作机会，使旧金山湾区的技术产业不但扮演了一种"连接器"的角色，还实现了对这一地区其他产业的反

---

① 参见常桐善《美国旧金山湾区高等教育共同体的发展特征——兼谈对成渝地区双城经济圈高等教育发展的启示》，载《重庆高教研究》2020年第9期，第24页。

② 在《硅谷文化》一书中，英格里斯－卢克开篇就描述了几位硅谷技术人员在硅谷的日常生活，他们的共同特征主要是，虽然来自不同的国家或地区，却因在硅谷工作和生活以及硅谷公共设施的建设分享相似的生活习惯。English-Lueck J A, *Cultures@ SiliconValley: Second Edition*, Stanford University Press, 2017, pp. 1–4.

哺。这正是旧金山湾区最值得借鉴之处，即其不仅仅注重高精尖前沿技术的研发，还建构了适宜技术投入应用的良性市场环境。

毫无疑问，旧金山湾区的高等教育在这一过程中发挥了积极作用。硅谷的形成不仅需要技术的创新，还需要一大批负责与市场对接的专业性服务。旧金山湾区的有效经验便是高校培育了一大批创新活动的间接参与者，如律师、会计师、项目指导师、培训者孵化器以及非政府组织等。其中，律师提供专业法律服务，在最大程度上规避创业和进入市场的风险；会计师提供专业会计服务，有效监测成本与运营风险；投融资公司则对项目的转化进行专业指导，从而帮助公司存活和成长，将破产的风险降到最低。这些专业的链条式服务为企业创新提供了保障，并有效地提高了企业创新的成功率。另外，旧金山湾区高校不只培养工程师，还鼓励人文学科的学者积极介入对未来科技的设想和反思。值得一提的是，笔者在旧金山湾区访问了很多人文社会科学学者，他们都很自豪地说，在硅谷工作丝毫没有感受到人文与技术的对立，技术发展在某种程度上反而为人文社会科学提供了更好的工具并成为他们孕育思想的温床。更重要的是，技术应用过程中产生了很多新的社会问题，需要他们提出更加专业的解决方案，人文与技术其实是互相受益、相得益彰的。

高等教育通过产教融合、科教融合，与产业紧密互动，促使教育链、人才链与产业链、创新链有效衔接，促进了人才培养供给侧与产业需求结构要素的全方位融合，特别是通过发挥"科产教"融合的高等教育集群功能，直接为旧金山湾区发展输送了其所需的各层次人才，并提供引领方向的高科技产品。高等教育的融合发展，也使得大学培养的人才能够在最大程度上与旧金山湾区所提供的职位相匹配、相适应。例如，位于硅谷核心地带的圣何塞州立大学每年为硅谷培养 600～700 名工程师，有些年份甚至突破了 1000 名。值得提及的是，高等教育的融合发展体现了高等教育体系的整体性特征，反映了高等教育集群发展的现代趋势。①

与技术文化的融合性特征相关联的是多样性。在旧金山湾区，很多人对硅谷都有一个比较一致的观点：硅谷的技术文化精髓并不只集中于微软、谷歌、脸书等大公司，还反映在旧金山湾区内成千上万个可能只有三

① 参见卢晓中《探究粤港澳大湾区高等教育集群发展》，载《中国社会科学报》2021 年 4 月 28 日第 1 版。

五个员工的小公司。这些名不见经传的小公司可能鲜为人知，但它们拥有极大的创造潜力，是改变时代发展方向的不可忽视的能动因素。现在很多国家为了复制旧金山湾区的成功经验，总是选择一些已具备稳定体系的、成功的大公司入驻，而忽略了那些擅长发现潜在可能的小公司，在这方面，他们也许误读了真正的技术文化。所以，硅谷技术文化的多样化非常突出，而不仅仅是单一的精英式文化。这种多样化的技术文化直接或间接地影响着旧金山湾区高等教育的发展选择，即高等教育的分类发展。在旧金山湾区高等教育系统中，各高校在科技的理论研究和应用实践上分工明确，具体表现在高校的类型、层次及创新人才培养的多样性上。例如，既有加州大学伯克利分校、斯坦福大学等世界一流大学负责"发现"，为旧金山湾区培养和提供拔尖的创新人才与最新的科技理念，使之能始终立足于国际科技发展的最前沿，引领世界科技的发展方向；也有众多像圣何塞州立大学、旧金山州立大学等这样的应用型大学及社区学院①负责"行动"，它们既为科技理念的潜在可能和创造性提供实践场域，又成为孕育新的科技理念的"母体"，即发现旧框架所暗含的潜在可能的场域，它们对推动旧金山湾区的成长和壮大发挥着极其重要的作用。笔者在访问圣何塞州立大学时，好几位受访者都自豪地说他们培养的学生是硅谷的"塔基"力量。一方面，该校的地理位置比其他任何学校都更靠近硅谷，学生能第一时间接触到硅谷的前沿技术与理念；另一方面，该校的产教融合做得非常好，每年都能为硅谷输送大量的适用型人才。由此可见，在高等教育的发展问题上，前文所说的融合并不意味着旧金山湾区的高等教育必然趋同，其所促成的结果更多的是一种"马赛克"式的有机体系，即旧金山湾区高等教育的整体性与内部的多样性相映成趣。实际上，这也从另一种意义上体现了现代高等教育发展的总体特征与趋势。

3. 技术文化的进步性特征对旧金山湾区高等教育超前发展的影响

技术文化的进步性特征是与创新性特征相关联的，具有一种未来性特质。这种未来性特质具有两个显著的意蕴：一是未来不仅是超前的，而且是不确定的，充满着无限的可能性，所以是可以改变和创造的；二是凡事预则立，不预则废，因此，任何事物都需要超前谋划和引领，这样才能勇

---

① 旧金山湾区的社区学院有23所，在校学生数多达20万人，这意味着在旧金山湾区生活和工作的每100人中就有3人在社区学院学习。

立潮头、永立潮头，这实际上也是事物的先进性与创新性的本质使然。这两个意蕴在旧金山湾区表现得尤为明显，并影响了旧金山湾区产业的文化特质和布局。事实上，硅谷文化对任何尚未成功的创新实践的积极鼓励和倡导，都反映了技术文化的进步性特征。该种进步性意味着硅谷文化并非主张一种创造未来的探索，而是倡导一种改变历史的实践。换言之，硅谷的创造者们意识到，现有的实践总是建立在尚待改善的生产框架上，他们的实践目的并不是根据旧框架生产更多重复的新产品，如大公司的成熟生产链，而是在达成旧框架所预设的目的的过程中，通过实践的效果反馈，发现旧框架内部的潜在可能，从而改变固有的生产模式。

由此可知，旧金山湾区技术文化的进步性与创新性具有一种历史性①内涵，从而让旧金山湾区高等教育具备某种超前的意识。任何的超前意识皆与一个地区的创造者和教育者所认识的现在与过去以及二者之间的联系有关。因此，这种具备历史性特质的超前意识具有双重内涵：一是对旧事物的潜在可能性的挖掘，从而在旧事物的内部发现无限新未来；二是对旧事物的重新表达，以使旧事物适应特定时代的现实需求。这两重内涵在旧金山湾区表现得尤为明显，并影响到了整个旧金山湾区高等教育的发展，尤其是促进了旧金山湾区高等教育的超前发展。在旧金山湾区，不论是新大学、新学科、新专业的创立，还是一些不适应时代发展的老大学、老学科、老专业的退出，无不与这一超前意识密切相关，并主要表现在大学的课程设置和人才培养模式的确立上。比如，圣何塞州立大学提供 60 多种硕士学位，来自世界 60 多个国家的学生在此就读，其最有名的学科如计算机科学、电子工程学、工商管理学、艺术设计和航空学等就是在一些原初学科的基础上发展起来的新兴学科；同时，该校各学院和研究所着眼于市场需求开设的商学课程也吸引了众多国家或地区的专业人士前来学习与研究。又如，在 20 世纪 60 年代，斯坦福大学抓住科技产业兴起之机遇，开辟产业研究园，在与社会互动的过程中激发出了师生的创新创业热情，经历一个时期后，这逐渐成为斯坦福大学一种独具特色的人才培养模式。

----

① 这里的"历史性"与伽达默尔提出的"效果历史"有着一定的关联。伽达默尔认为，任何对于当下的理解都建立在我们对历史的理解之上，不存在纯粹客观的历史事实，只有历史意识及其对理解历史带来的影响效果。因此，"现在"取决于我们对于"过去"的意识，而"未来"则暗含于这种整体性的理解之中。

在考察了技术文化对旧金山湾区高等教育发展的影响后，我们必须回到最初的问题，即技术文化的形成是否有助于身处其中的实践者们能动地改造现实？总体而言，我们对该问题的答案持基本肯定的态度，即技术的通约性使实践者们在对话中实现一种差异化的融合，并能够在共识的基础上进一步产生独特的创造意图，创造意图作为实践的动机，使生产框架能够适应时代的需求并通过进一步创造需求促使其不断地进步，而进步的趋势也能反过来进一步加强融合。

不过，正如英格里斯－卢克所意识到的那样，这种积极的现实在一定程度上遮蔽了另一些事实：尽管硅谷促成了不同种族、肤色和文化间个体的融合，但硅谷文化本质上是一种精英文化，那些文化程度较低的本地居住者、外来移民在该地区被日益边缘化。① 此外，就技术文化本身而言，如果没有融合性在其中发挥辩证功能，那么技术文化对进步性和创新性的强调很容易陷入极端的状态中，即一种排他的、不可持续的发展。这里的融合性不仅仅意味着不同阶级的个体之间的融合，还包括个体与环境之间的融合。说到底，我们在探讨技术文化时不仅仅要考虑到发展的人文性问题，还要思考存在的人文性问题，这也是已经成熟的旧金山湾区向正在建设的粤港澳大湾区的高等教育提出的一个重要问题，即在粤港澳大湾区高等教育一体化的过程中，应如何处理不同地域间的历史问题、不同教育间的资源合理分配问题以及不同群体间的互惠互利问题。

三、新场域的探索：技术文化推动粤港澳大湾区高等教育一体化发展

所谓事物的一体化，指的是"将两个或两个以上的互不相同、互不协调的事项，采取适当的方式、方法或措施，将其有机地融合为一个整体，形成协同效力，以实现组织策划目标的一项措施"②。显然，这是一个与事物的整体性相关的概念。从系统论的观点出发，当事物的构成要素

---

① English-Lueck J A, *Cultures @ SiliconValley*：*Second Edition*，Stanford University Press，2017，p.45.

② 《集约型一体化管理体系创建与实践》编委会：《集约型一体化管理体系创建与实践》，中国石化出版社 2010 年版，第 9 页。

之间相互联系、相互制约时，有机的整体才能得以形成，即所谓"牵一发而动全身"。因此，高等教育的一体化同样是与有机的整体性相关联的概念。在华勒斯看来，高等教育一体化本质上是一个认识到区域间教育合作的重要性并建立一个"知识共同体"的过程，也是一个既旨在促进区域内的流动和就业机会与互动，又承认该地区高等教育体系和文化的多样性，从而寻求建立一个"共同教育空间"的过程。① 区域高等教育体系的整体性，更强调组成区域的地域之间的高等教育的关联性。如果说过去高等教育的地域关联并不必然，那么在地域之间的经济往来日益紧密的今天，特别是在国家实施区域发展战略的大背景和设立大湾区城市群建设目标的条件下，与经济社会密切相关的高等教育，其地域关联既是一个必然要求，也是一个需要主动建构和追求的过程。大湾区的高等教育一体化发展是一种高质量的集群发展样态，包括大湾区组成各地域高等教育的高质量集群发展和整个大湾区的高等教育高质量集群发展两大意蕴。高等教育一体化将通过粤港澳三地高等教育之间的合作，推动高等教育高质量集群发展，从而形成高等教育一体化发展的样态与格局。2020 年 12 月教育部、广东省联合印发的《推进粤港澳大湾区高等教育合作发展规划》特别提出，建立健全大湾区高等教育合作发展体系，强化互联互通的体制机制创新，强化粤港澳高等教育优势互补，强化高等教育交流合作，到2025 年，"大湾区高等教育规模、结构、布局更加协调"，"人才协同培养体制机制基本确立"，"区域高校协同发展格局基本形成"。

值得提及的是，大湾区高等教育一体化并非一样化或同化，二者不能混为一谈。一样化是指粤港澳三地无差异化和完全的同质化，而一体化则主要指的是大湾区各地域的协同和有序化，其核心是将维持、保障各地域进步与发展的价值观念体系统合起来，容纳不同的文化。一体化的结果并不是少数同化于多数，而是一种新文化的诞生。② 另外，从市场角度而言，推动一体化而非一样化是因为粤港澳三地的历史文化差异对高等教育一体化发展造成了一定的阻碍，同时，形成一样化容易将三地的特点和优

① Wallace H, "Europeanisation and Globalization: Complementary or Contradict or Trends," *New Political Economy*, 2011, 5 (3), pp. 369 – 382.

② 参见米特《多元文化教育：跨学科研究中的一些基本设想》，载《展望》1993 年第 1 期，第 29 – 37 页。

势抹平，无法发挥大湾区建设作为国家重大战略的应有作用。大湾区在建设和发展过程中，就是要发挥各个地域的优势。就大湾区的五大战略定位来看，不管是世界级的城市群、国际科技创新中心、"一带一路"建设的重要支撑还是内地与港澳深度合作示范区、宜居宜业宜游的生活圈，从来都不可能一样化，一定是有它的特点，它毕竟是一个世界级的城市群①。

应当说湾区发展与当地的历史文化关系密切。旧金山湾区的迅速崛起得益于美国的移民文化，从"五月花"号驶入北美大陆到"淘金热"，来到美洲大陆的世界各地移民既缺乏与土地之间的天然联系，也缺乏血缘宗族秩序的制约，为了整合生产者，并使他们向共同的目标努力，美国形成了以新教思想为核心的进取观，主张朴素的生活态度和有规律的发展。②粤港澳大湾区的历史文化与旧金山湾区截然不同，粤港澳大湾区各城市之间文化语言相近，历史上长期存在着跨地域间的流动现象，并在这一过程中形成了一种亲缘关系。但是，近代的一些历史事件造成了粤港澳大湾区各城市之间当下的差异化的存在。如何在当前的发展进程中既保持这种差异性，避免一样化的倾向，又重新建立起互惠互利的联系，是粤港澳大湾区建设需要思考的问题。近年来，粤港澳三地的合作不断深化，基础设施、投资贸易、金融服务、科技教育、休闲旅游、生态环保、社会服务等领域的合作成效显著，已经形成了多层次、全方位的合作格局。此外，随着 2019 年 2 月《粤港澳大湾区发展规划纲要》的印发，中央政府将粤港澳大湾区建设列为国家重大战略，这无疑已成为粤港澳大湾区建设的制度与政治上的优势和特色。应当说，所有这些都为粤港澳大湾区高等教育一体化发展奠定了坚实的基础。然而，从现实状况看，粤港澳大湾区高等教育的一体化和高质量集群发展尚未完成，为了实现这一目标，大湾区高等教育不仅要延续文化传统和过往的合作历史，致力于将"一国两制"等制度和政治优势有效转化为大湾区高等教育一体化治理优势，更需要寻求一种新的文化元素以便兼顾上述情况，而技术文化便是这样一种十分重要的文化元素。

---

① 2021 年 5 月 20 日，广东省省长马兴瑞在谈及粤港澳大湾区建设时特别指出一体化不是一样化，推动粤港澳三地共同建设大湾区，所要推动的是一体化而非"一样化"。参见《广东省省长接受专访谈大湾区建设：一体化不是"一样化"》，见微信公众号"深圳卫视深视新闻"（https://mp.weixin.qq.com/s/IVk5h63epg6vDtcP73DIKw? Scene =25#wechat_redirect）。

② Weber M, *The Protestant Ethic and the Spirit of Capitalism*, Routledge, 2012, pp. 103 – 125.

1. 技术文化带来教育价值观念的转变

如前所述，技术文化诸特征对旧金山湾区高等教育的影响正是从教育价值观念的转变和新教育价值观的确立开始的，并与当时旧金山湾区经济社会发展及高等教育的实际状况密切联系。同样，对于粤港澳大湾区而言，要分析技术文化诸特征对大湾区高等教育的影响，特别是要确立适宜的、获得广泛认同的高等教育价值观来引领大湾区高等教育一体化发展，也需要结合大湾区经济社会与高等教育的发展状况及特点。值得提及的是，尽管粤港澳大湾区与旧金山湾区的建设和发展目标都是着眼于创新湾区、科技湾区，但今天粤港澳大湾区建设所面对的环境与当初旧金山湾区崛起时相比存在巨大的差异，特别是技术的进步使得教育要面对的未来的不确定性愈加显著，而且技术在价值观念上的"双刃剑"效应日益突出，即技术在赋能教育、发挥正向功能的同时，也给学校教育带来了不少困扰，其所引发的负面效应不可忽视。凡此种种，在推动粤港澳大湾区高等教育一体化和高质量集群发展时都需要我们树立正确的教育价值观念。

（1）教育要面向不确定的未来。面向未来是教育的一个基本属性，也是其核心价值和理念。那么，今天的教育究竟要面向一个什么样的未来？又该如何面向未来？这是值得高度关注的课题。在笔者看来，今天的教育要面向的未来既是不确定的，又存在某种确定性。确定性表明任何教育都建立在对未来某种"存在的社会"的预设之上，而不确定性意味着伴随信息时代的来临，我们需要在教育中应对更多复杂的文化事实和教育现象。因此，就价值导向而言，教育应当从长期以来的适应性面向转变为引领性面向，这一教育价值观也是与技术文化的先进性和创新性相一致的。今天人们常常用"未来已来"来表达信息时代的迅疾，对此我们要"莫等闲"。但从未来的不确定性来看，未来仍然"未"来，我们要"时刻准备着"。具体到人才培养，教育应当从适应性培养向引领性培养转变。所谓适应性培养，即学校培养的人要适应当下或未来。不论是当下还是未来，它们都具有确定性特征：当下的确定性是显而易见的，未来的确定性则是将未来视作一个预设的"存在的社会"，这个预设同样是确定的，或者说是一个确定性的未来。学校就是为这样一个预设的确定性的当下或未来适应性地培养人。所谓引领性培养，则更关注和强调未来的不确定性，甚至是不可预见性，它充满着无限的可能和机遇，学校就是要着眼于未来的这种不确定性来引领性地培养人。实际上，早在 1972 年，联合国教育、科学及文化组织（以下简称"联合国教科文组织"）发表的报告《学会生存——教育世界的今天和明天》就指出，教育"在历史上第一次为一个尚未存在的社会培养新人"，"替一个未知的世界培养未知的儿童"①。该报告同时指出，未来是一个尚未存在的社会、未知的世界，或者说是一个不确定、不可预见的未来，也是一个充满无限可能和机遇的未来，它需要学校培养出新人主动面对未来的不确定性，并从容应对未来的不可预见性，最终奋力创造美好未来。显然，这里的"主动面对""从容应对""奋力创造"都是人的引领性品格素质特征。对于高等教育而言，过去更多的是从适应性角度来建构人才培养体系。比如，高校非常重视学生就业能力的培养，培养目标、专业与课程设置、培养模式以及评价标准等都是围绕学生能更好地就业来进行的。现有工作岗位的确定性（有限性）使高校的人才培养体系存在相当大的局限性，未来工作岗位的不确定性亟须创新高校人才培养模式。早在 20 世纪 90 年代，联合国教科文组织就提出过一个非常重要的观点，即"不仅要使我们的毕业生成为现有工作岗位的求职者，而且要成为未来工作岗位的创造者"②。这是教育价值观上的一个重大变化与创新，对今天我们审视高校人才培养模式仍有重要的现实意义。

在创新高校人才培养模式方面，技术扮演着一个十分重要的角色。教育信息化自 20 世纪八九十年代起就对教育领域产生日益重大的影响，这个影响主要包括两个方面：一是教育信息化的维持性创新，即以技术重塑学校教育；二是教育信息化的"破坏式创新"，即以技术替代学校教育。比如，在公共高等教育系统外，技术正在显示其强大的"破坏性"威力，不断形塑实体大学的生存环境。未来是否将如凯文·凯里所预言的那样：大学的时代即将终结，泛在大学正在兴起？③ 这种推理看起来是合理的，但当前的事实却像克里斯坦森所描述的那样，"大学是颠覆性框架无法解

---

① 联合国教科文组织国际教育发展委员会：《学会生存——教育世界的今天和明天》，上海译文出版社 1982 年版，第 38 页。

② UNESCO：《Policy Paper for Change and Development in Higher Education》，见联合国教科文组织数字图书馆网（https://unesdoc.unesco.org/ark:/48223/pf0000098992）。

③ 参见［美］凯文·凯里《大学的终结：泛在大学与高等教育革命》，人民邮电出版社 2017 年版，第 37 页。

释的一种异常现象"①。高等教育领域之所以出现这种不同寻常的现象，虽然有教育企业规模小、技术不成熟、慕课质量参差不齐、招生与学位制度壁垒等外部原因，但根本原因在于高等教育信息化的"破坏式创新"将新兴技术作为高等教育"去学校化"的论据使用，企图建立不受任何类型、资金、供给或规则干扰的理想高等教育组织模式。然而，技术不是解决 21 世纪高等教育一切问题的灵丹妙药，当前，大学仍是高等教育的责任与权利主体，主张以技术替代学校教育是有风险的。与其反对学校教育的整体概念，还不如思考一些在技术文化时代更加显著的教育问题，即如何调和公共高等教育系统和校外教育企业发展之间的共生关系，既发挥教育企业在提供个性化教育服务、扩大高等教育学习机会方面的重要作用，又通过公共高等教育系统满足人们对普惠性和公平性的高等教育的需求。这就要求我们明晰高等教育各创新主体的角色与功能，利用主体间的非零和博弈实现合作共赢，兼顾维持性创新和"破坏式创新"的双重属性，最终走向混合式创新②。

（2）适合的教育就是最好的教育。适合的教育就是最好的教育，这是现代高等教育多样性的重要体现。从高等教育的现代发展来看，多样性是现代高等教育发展的逻辑起点，也是当前乃至今后相当长一个时期中国高等教育发展的基本样态。相应地，多样化日益成为现代高等教育发展的主流趋势。与传统高等教育发展不同，现代高等教育发展的一个最为普遍也最为本质的现象即多样性，这既与教育的价值追求即满足每个人的教育需求和社会对教育的多样化需求有关，同时也是高等教育发展到现代以降的阶段性特殊现象。应当说，高等教育多样性既是高等教育发展到现代的结果性现象，同时又是现代高等教育发展出现的种种新现象、新特征和新问题的原因或根源所在，或可称之为原因性现象。现代高等教育发展理论需要解释这一现象，回答多样性带来的高等教育发展过程中的种种问题。当高等教育进入普及化阶段，这种多样性特征就会更加明显，且因同时面临新的外部环境而变得更加错综复杂。比如，"互联网＋"时代的到来以

---

① ［美］克莱顿·M. 克里斯坦森、亨利·J. 艾林:《创新型大学：改变高等教育的基因》，清华大学出版社 2017 年版，第 7 页（前言）。

② 笔者曾就我国高等教育信息化发展走向混合式创新问题与所带的博士生王胜兰进行深入探讨，并认为这是我国高等教育信息化发展的新路径。

及人工智能正以人们难以预料的势头迅速发展，在这样的背景下，很多创新型的新业态会不断涌现，为适应新业态的发展，高校的办学模式很可能出现一些颠覆性的变化，近年来出现的新型研究型大学、创新型大学、创业型大学等似乎都昭示了这种变化趋势。无疑，尊重高等教育的多样性是尊重高等教育规律的重要体现。

社会需求的多样化决定了高等教育的多样化，现代技术的先进性与创新性不仅促成了更为多样化的社会需求，同时也为高等教育更好地回应这种需求提供了技术条件。实际上，高等教育分类发展所体现的核心价值就是适合，既包括宏观层面上的高等教育体系结构与社会发展多样化需求更好的适合，也包括中微观层面上的高校学科专业及课程的适合，尤其是与学生个体的个性化、多样化需求更好的适合，从而使每一个学生都能选择最适合自身的教育。

（3）以人的全面发展作为教育的根本宗旨。人的全面发展在新的历史条件下有了新的教育内涵，这种教育着眼于学生可持续发展和对美好生活的价值追求。技术社会作为以生产力和技术发展水平及与此相适应的产业结构为标准划分的一种社会形态，对教育造成的一个重要影响就是，学校教育更多的是使学生学会生存，学会一种谋生的手段，而疏于教育学生学会生活。值得提及的是，《国家中长期教育改革和发展规划纲要（2010—2020 年）》特别提出要使学生"学会生存生活"，这里将生存与生活既分开又联系起来，一个重要意蕴就在于，学校教育不仅仅是为了解决学生就业谋生的问题，更要让他们懂得生活和正确理解幸福生活的真正意义，也就是说，教育要为学生的终身幸福奠基。

需要关注的是，对人文素养的重视已成为当代教育的重要特征，也被认为是人的全面发展不可或缺的重要内容。2015 年联合国教科文组织发布的报告《反思教育：向"全球共同利益"的理念转变?》便是以人文主义为基础，并成为未来教育发展的逻辑起点。[1] 这在新技术革命兴起的今天显得尤为重要。技术发展尤其是人工智能对教育教学的影响可能引发教育制度、学校制度的巨大变革，已受到广泛的关注，而人文主义在其中的重要性也已得到重视。2019 年联合国教科文组织发布的报告《北京共

---

① 参见顾明远《对教育本质的新认识》，见人民网（http://theory. people. cn/n1/2016/0105/c49157 – 28012466. html）。

识——人工智能与教育》就提出，"人工智能赋能教学和教师"，"人工智能促进学习和学习评价"，必须深刻认识到"人工智能对于未来工作和技能培养的潜在影响"及"其在重塑教育、教学和学习的核心基础方面的潜力"。这深刻表明了人工智能给教育带来的影响不仅是重大的，而且是拥有无限的可能的。对于如何面对这一重大的影响和无限的可能，该报告特别强调了在人工智能使用方面的人文主义取向："以期保护人权并确保所有人具备在生活、学习和工作中进行有效人机合作以及可持续发展所需的相应价值观和技能。"①

2. 技术文化推动教育制度机制的变革

推动大湾区高等教育一体化发展无疑会涉及高等教育管理的变革和治理结构的调整，这与高等教育管理一体化是相互关联的。高等教育管理一体化除了是高等教育一体化的重要方面和内容，同时还对整个高等教育一体化有着特殊的重要性，也存在一些亟待破解的难题。这是由大湾区建设要求和"一国两制，三种法律体系和三个关税区"的特殊区情及粤港澳三地高等教育管理体制不同的历史与现状所决定的。可以说，没有高等教育管理一体化，就谈不上大湾区高等教育一体化，也不可能实现大湾区高等教育集群的高质量发展，更遑论"成为世界高等教育合作发展和创新发展先进典范"和"打造高质量发展的典范"。那么，应当如何推动大湾区高等教育管理一体化？关键在于规则衔接和机制对接。正如习近平同志在深圳经济特区建立 40 周年庆祝大会上所指出的，"要抓住粤港澳大湾区建设重大历史机遇，推动三地经济运行的规则衔接、机制对接"。对于大湾区高等教育一体化和高质量集群发展而言也是如此。有学者认为，粤港澳大湾区发展的关键在于统一规则，并进一步推动中国规则走向国际。在内循环方面，要做好规则制度的衔接；在外循环方面，要使中国的规则国际化。大湾区要有竞争力，首先内部规则一定要统一起来，只有如此，才能强化内部的竞争力，才能更好地走向世界。如果内部规则不统一起来，大湾区发展就会受阻，从而影响竞争力的提升。② 实际上，在推动大

① 联合国教科文组织：《北京共识——人工智能与教育》，见中华人民共和国教育部网（http://www.moe.gov.cn/jyb_xwfb/gzdt_gzdt/s5987/201908/t20190828_396185.html）。

② 参见郑永年《大湾区推动内部规则统一比任何时候都要迫切》，见全球化智库网（www.ccg.org.cn/archives/62250）。

湾区高等教育一体化和高质量集群发展的过程中，要做到粤港澳三地内部规则的完全统一并非易事，更为切合实际的做法是，能够统一的尽可能做到统一，并通过法制化过程予以确定，重点要放在规则的衔接和机制的对接上，要以求同存异、优势互补、互利共赢为基本原则，强化大湾区高等教育互联互通的体制机制创新，力图在制度设计、政策保障、环境营造上下功夫，在畅通渠道、搭建平台、配置资源上持续用力，创新合作政策措施，拓展合作领域和空间，促进粤港澳三地高等教育充分发挥各自的特色和优势，在提高人才培养质量、促进科研成果转移转化、提升国际交流合作能力等方面各展所长，建立健全大湾区高等教育合作发展体系，探索建立大湾区高等教育协同发展体系①，最终促进大湾区高等教育一体化，成为高质量的发展共同体。

对于大湾区而言，规则的统一或衔接及机制的对接，都需要着重探讨一个问题，即如何通过技术创新突破和克服"一国两制，三种法律体系和三个关税区"所带来的制度壁垒，推动高等教育管理一体化，实现制度创新，最终达成大湾区高等教育一体化和高质量集群发展的目标。

作为制度主义学派的创始人，凡勃伦关于技术创新与制度创新关系的理论是其制度变迁理论的核心内容。他在《有闲阶级论》一书中详细阐述了技术创新与制度创新的关系，特别是技术创新对制度创新的决定性作用，概括起来有以下四点：其一，制度是由物质环境（技术）决定的，因而制度必然随着物质环境的变化而变化；其二，技术是不断变化的，制度的变化无论如何也赶不上技术的变化；其三，制度总是"保守"的，"人们对于现有的思想习惯，除非是出于环境的压迫而不得不改变，一般总是要想无限期地坚持下去，因此遗留下来的这些制度，这些思想习惯、精神面貌、观点、特质以及其他等等，其本身就是一个保守因素"；其四，技术变化引起制度变迁的机制有两种，一是通过对人们形成压力而引起制度变迁，二是通过影响人们的生活便利程度而引起制度变迁。② 上述观点为我们分析技术创新对推动大湾区高等教育管理一体化和制度创新、推动高等教育一体化和高质量集群发展提供了一种视角。

---

① 参见教育部、广东省人民政府《推进粤港澳大湾区高等教育合作发展规划》，见广东省人民政府网（https://www.gd.gov.cn/zwgk/zcjd/snzcsd/content/post_3145724.html）。

② 参见［美］凡勃伦《有闲阶级论》，商务印书馆1983年版，第140页。

（1）技术创新与制度创新的互动关系。技术创新与制度创新的互动关系主要包括两方面：一是技术创新需要制度创新提供保障；二是技术创新推动制度创新，也就是助力制度创新。当今技术创新的价值主要体现为颠覆性创新，这对制度创新提出了更为迫切的需求。从制度创新为技术创新提供保障来看，当前面临的问题很多。徐匡迪院士曾不无感慨地说，颠覆性技术创新在目前的制度下（主要指行政审批和评审制度）是难以实现的，这是由颠覆性技术创新的本质决定的。行政审批和评审制度等制度的制约对高校技术创新的影响同样很大，也常为人们所诟病，亟须进行制度创新。对于大湾区高等教育管理一体化来说，这种制度创新不仅更为迫切，而且因大湾区特殊的区情而更为复杂和不易。基于制度统一、规则衔接、机制对接的制度创新作为大湾区高等教育管理一体化发展的主导方向，兼具凡勃伦所说的制度变迁的两种机制。而制度变迁的方式，按新制度主义的观点，既有自上而下的强制性变迁，也有自下而上的诱致性变迁。基于粤港澳三地高等教育体制的特征及大学制度的现实，特别是大湾区高等教育一体化和高质量集群发展的建设目标，当前可能更需要一种自上而下的强制性制度变迁。在这一制度变迁过程中，法治思维是必不可少的，法制是不可缺席的，包括统一的国家法律如港澳两个基本法，以及大湾区法规，如正在研制的《粤港澳大湾区合作办学条例》、各校章程等。这是大湾区高等教育治理体系和治理能力现代化的努力方向。至于技术创新是如何推动制度创新的，关键在于技术如何克服制度"保守"的一面。今天我们在论及教育信息化与教育现代化的关系时，常表述为"教育信息化支撑引领教育现代化"，与以往所说的"教育信息化带动教育现代化"不同的是，技术对教育现代化的支撑引领已从过去的外在加持转变为内在赋能，而且这种支撑引领是主动的、积极的。这是大湾区高等教育管理一体化和现代化需要探讨的重要课题。

（2）技术创新跨越各地制度的时空差异。从历史的角度来看，人类社会经历了农耕社会时代、工业社会时代、信息社会时代，这三大时代的最大差异就是制度形态差异。值得注意的是，即便是处于同一个"大时代"，各个国家和地区也都在不同程度上存在"时代差"，即一个国家或地区可能处于工业社会时代，另一个国家或地区可能还处在农耕社会时代，甚至在同一国家或地区的不同区域所处的"小时代"也会有一定的差异。在信息社会时代，技术将会在不同程度上缩小这种制度形态的鸿沟和差异。比如，一个国家或地区处于前工业社会时代，另一个国家或地区处于工业社会时代，随着信息社会时代的到来，两个国家或地区时空维度上的差异将在一定程度上得以缩小或消除，从而使不同制度形态中的人处在同一起跑线。这也是信息社会时代给人类带来的最大"红利"。对于大湾区来说，技术可在不同程度上缩小大湾区内各地域的制度差异，有利于各地域在制度上求同存异，这就为通过技术打破粤港澳三地过往的制度壁垒和克服现今的制度障碍提供了有利的条件与基础。尽管粤港澳三地制度的时代差异并不明显，但空间差异还比较大，如何借助技术优势克服阻碍大湾区高等教育管理一体化与高质量集群发展的障碍、破解制度变革与创新的难题，建立大湾区高等教育协同发展体系，是当前亟待深入探讨的问题。

3. 技术文化超越教育物理空间的约束

大数据技术是提升高等教育治理能力的重要手段，是促进大湾区高等教育一体化和高质量集群发展的有力引擎。通过大数据驱动，有助于提升制度建设的灵活性、科学性和适切性，在大湾区内实现统筹规划，提高区域内高等教育资源配置的合理性，建立大湾区高等教育协同发展体系，从而有效推进大湾区高等教育一体化和高质量集群发展。

（1）共享资源。与过去粤港澳三地高等教育合作交流以自我发展为出发点不同，大湾区高等教育合作的着眼点是建设发展共同体，特别是通过互鉴互利实现资源的高度共享。大数据技术使得互鉴互利更为便利，特别是有助于促进高等教育优质资源的高度共享，如助推资源要素自由流动机制、人才协同培养体制机制和高校科研协同创新机制的建立等。

（2）科学评价。以数据驱动的方式建立大湾区教育评价指标体系，从而实现科学、精准、动态测评的目标。教育评价指标体系是大数据技术与教育治理目标有效融合的基础，也是大湾区高等教育实现一体化发展的前提与依据。通过采用专家研制与大数据测算相结合的方式，充分考虑粤港澳三地教育发展的共通之处与各自特色，兼顾教育基础理论与数据支撑，构建大湾区教育发展多级评价指标体系，以期科学、客观地展现大湾区教育发展的现状与问题。随着大湾区教育的不断发展，教育治理的任务也会与时俱进，教育评价指标体系需要进行动态调整以适应真实数据，同时，在不同的应用场景下，评价指标体系也需要进行动态调整或生成。因此，需要研究一种数据驱动的动态生成和更新的教育评价模型，以便较为精准、动态、科学地衡量各指标的重要性，借助大数据技术构建的评测模型应满足增减指标的需求，以适应大湾区教育治理动态变化的需要。

（3）预警预测。大湾区教育治理的监测评价与预测预警问题也可以利用大数据技术解决。监测评价是教育治理的重要功能，目的是及时了解大湾区教育发展的状况并剖析存在的问题。大湾区涉及地区范围广，各类数据复杂多样，如何对这些数据进行深度挖掘，构建更加系统化的教育监测模型亟待研究。同时，粤港澳三地教育发展存在差异性，应用大数据技术准确把握区域教育发展动态以及影响其均衡发展的关键因素，从教育环境、教育资源、教育机会等方面推进教育的协同发展，缩小地域间的教育差距，帮助不同地域根据自身环境条件、经济状况以及发展需要形成各具特色的教育发展路径，也值得探讨。预测预警是高等教育治理亟待发挥的重要功能，大数据为预警大湾区教育治理中存在的问题、预测教育发展方向提供了有效的手段。我们可以利用大数据技术解决大湾区教育治理的科学预警问题和教育发展方向的科学预测问题，深度挖掘教育教学活动的规律及趋势。

（4）创新模式。大数据技术和人工智能作为一种渗透性很强、具有颠覆性的通用技术，对教育的巨大影响和变革作用日益凸显。一方面，人工智能的出现和发展使教育必须面对一些新的问题，如教师与人工智能教师的协同；另一方面，以人工智能解决教育难点问题，增强国家竞争力，已成为国际共识。近年来，中国相继发布《新一代人工智能发展规划》《中国教育现代化 2035》等一系列纲领性文件，加快实施《教育信息化 2.0 行动计划》，以教育信息化支撑引领教育现代化。在课程教学领域，教育信息化的支撑引领作用主要体现在四个转变上。[①] 一是转变学生的学习方式。人工智能对生活的深层次介入正在改变人们的能力观、知识观和学习观，单纯"消化"书本知识的学习方式将成为过去式，线上线下结合的体验式学习、项目制学习、小组合作学习及弹性学习和自主学习正逐渐成为主流学习方式。二是转变教师角色。人工智能时代教师的角色将发生明显变化，其知识性的教学角色或将部分被人工智能取代，教师将从批改试卷、作业等繁重的重复性劳动中解放出来，把更多的精力投入对学生

---

① 参见雷朝滋《智能技术支撑教学改革与教育创新》，载《中小学数字化教学》2021 年第 1 期，第 5 – 6 页。

的个性化引导和培育中，教师与人工智能的优势互补、高度协同将成为未来的大趋势。三是转变课堂形态。利用人工智能实现对传统教学的重构，近年来，各类基于新技术的教学创新不断涌现，包括远程专递课堂、网络空间教学、异地同步教学、翻转课堂、双师教学、校园在线课程、基于设计的学习、引导式移动探究、协同知识建构、能力导向式学习等。这样的课堂将提高学生的学习兴趣、学习主动性和学习效率，帮助他们实现个性化成长和全面发展。四是转变评价体系。基于数据驱动和数据创新是信息社会时代的教育区别于传统教育的重要特征。利用教育大数据全程采集、记录、分析学生的学习过程，能够改变过去单一的评价模式，有助于实现德智体美劳全面发展的素质教育，同时有助于破除应试教育对教育整体跃迁的阻碍，释放智能教育对创新人才培养的巨大潜能。

（原载《高等教育研究》2021 年第 10 期）

区域约束力视域下粤港澳大湾区高等教育合作发展的制度框架

粤港澳大湾区作为国家重大战略而被确立的一个重要意义就是使粤港澳从一个地域概念成为一个区域概念。成为区域概念的粤港澳大湾区与其他区域究竟有什么不同，尤其是反映在高等教育上又有什么特征？这是研究粤港澳大湾区高等教育需要关注的重要问题。本文从政策分析的角度，以区域约束力这一概念为逻辑起点，对粤港澳大湾区高等教育合作发展的政策导向与制度框架作一探讨，以求教于方家。

一、区域、区域性与区域约束力

所谓区域，通常指的是依据一定标准划分的人类社会活动的一定地域空间。从不同的学科角度划分区域有着不同的划分标准。如从自然地理学角度划分的自然区域，以土地类型、气候、植物等自然特征为标准；从经济学角度划分的经济区域，以人类经济活动的空间分布规律为标准；从政治学角度划分的行政区域，以行政权力覆盖的范围为标准；从文化学角度划分的社会文化区域，以纯粹的文化因素如语言、宗教、民族、文化等为标准。区域的划分也可兼顾多个标准，即以某个标准为主要依据，同时参照其他标准。无论按哪种方式划分，区域都具有两个共性：一是区域内某种事物的空间连续性，如行政区域在权力延伸上的连续性、经济区域在经济活动联系上的连续性等；二是区域内某种事物的共同性，区域内的同类性总是高于区域外的同类性。① 区域的划分标准往往是相互联系、互为依据的。比如，行政区域的划分标准与自然区域的划分标准是相关联的，行政区域的构成与自然区域的构成往往体现出很高的一致性，所以，行政区域大多在地域上彼此毗邻，具有显著的自然区域特征。不可否认，行政区域是区域存在的主要形式，也是区域划分的主要依据和理由，我们通常所

---

① 参见张金锁、康凯《区域经济学》，天津大学出版社 1998 年版，第 97 页。

称的区域往往也是行政区域的简称。作为社会管理的一种方式，行政涉及社会、经济、文化等诸方面，因此，一个行政区域常常兼具某些社会、经济、文化的属性标准。正如美国区域经济学家胡佛（E. M. Hoover）所认为的，"区域是基于描述、分析、管理、计划或制定政策等目的而作为一个应用性整体加以考虑的一片地区"①。

从目前一个国家内部区域的存在方式来看，有以行政区划为单位形成的区域，如省（州）域、市域、县域等，这些都是以行政权力覆盖的范围为划分标准的；也有跨行政区划形成的区域，这类区域除了在地域上彼此毗邻，还通过建立具有一定行政性质与功能的某种规划或某些规则、机制而形成，如我国的长江三角洲区域（跨省市域行政区划）、粤港澳大湾区（不仅跨行政区划，而且跨境）、京津冀区域（跨省市域行政区划）、成渝双城经济圈区域（跨省市域行政区划）等，现在都已被列入国家区域发展规划，成为国家区域发展的重大战略。单从组织架构与实施运行而言，上述二者无疑存在较大的差异，后者通常比前者要松散一些。当然，区域这一概念也并不局限于一个国家内部，它还可以是跨国的国际区域，如东盟、欧盟、非盟以及"一带一路"倡议所构成的区域等，显然，这类区域的组织架构与实施运行的差异就更大。

区域性是一个与区域划分标准相关联的概念，指的是一个区域的构成方式体现出来的自然属性（如地理空间等）和社会属性（如政治、经济、文化、宗教等）。区域区别于地域，此区域区别于彼区域，很大程度上就在于区域性的不同。因此，区域性是区域存在的理由。衡量区域性强弱的一个重要表征便是区域的约束力。所谓约束力，本是物理学的一个概念，指的是物体受到一定场力（仅由空间位置决定的力叫场力）限制的现象，限制物体位置和运动的条件称作物体所受的约束，实现这些约束条件的物体称为约束体，受到约束条件限制的物体叫作被约束体，约束对物体的作用力即为约束力。② 区域作为一种特定的场域空间，约束力越强，区域性越强；反之，约束力越弱，区域性也越弱。

区域约束力与区域的自然属性和社会属性有密切的关系，涉及政治、

---

① ［美］E. M. 胡佛、弗·杰莱塔尼：《区域经济学导论》，上海远东出版社1992年版，第239页。

② 参见贾名《工程力学》，天津大学出版社1998年版，第9页。

经济、文化及地理空间等因素。区域约束力首先来自政治、经济、文化、宗教等，它们往往通过建立组织或机制来形成约束力。同时，区域约束力也与地理空间相关联，受地理空间的影响，如地理空间邻近的区域，其约束力往往会更大，反之亦然。需要指出的是，区域是否建立，主要取决于区域约束力是否建立，仅地理空间邻近而没有约束力的地域，并不构成区域，只有具有约束力的地域才能称为区域，且强约束力决定了强区域性，弱约束力决定了弱区域性。通过约束力建立起来的区域，借助地理空间邻近的加持，会使区域的区域性得到强化。从这一意义上看，地理空间无疑也是一种约束力因素。

区域约束力与区域的存在方式有关。比如，以行政区划为单位形成的区域，往往通过行政效力形成行政约束力，其区域约束力会较强。而跨行政区划形成的区域，其约束力往往相对较弱。即使是同一区域，约束力也是多样化的，某些方面的约束力会强一些，而某些方面的约束力则会弱一些。

区域约束力不仅仅来源于行政效力的"硬约束"（这种"硬约束"通常是通过形成制度机制实现的），还与信念、习俗等文化传统因素密切相关，这些因素可称为"软约束"。区域约束力虽然也受自然因素及文化传统因素的影响，但受区域性中的政治、经济等因素的影响最大。在诸多因素中，政治、经济因素往往是强约束力，而自然、文化因素往往是弱约束力。这实际上表明区域约束力可以分为强约束力、中约束力和弱约束力。而且，这种区域约束力是一个历史范畴，也就是说，不同时期可以有不同的约束样态，同样一种区域约束力，有时可能是强约束力，有时可能是中约束力甚至是弱约束力。如同组织生命周期理论所阐释的，在组织成长的不同时期，组织管理模式是有差异的，在组织成立初期往往更多的是权威型管理模式（强约束力），而随着组织的成长和成熟，更适宜的管理模式是逐步向民主型的管理模式（中约束力、弱约束力）过渡。[①]

一个区域之所以成为区域，是因为其拥有区域目标、具有区域功能并确立了区域运行规则，由此体现出区域的主动建构性。这与列斐伏尔

---

① 参见［美］拉瑞·格雷纳《组织成长中的演变和变革》，中国社会科学出版社 1985 年版，第 254 – 269 页。

（H. Lefebvre）在《空间的生产》一书中所阐述的空间的"生产性"相似。[①] 区域约束力很多时候取决于区域主动建构时的主观意图。一个区域的目标与功能实现情况如何，与区域约束力有相当大的关联。作为一个区域，区域约束力是一种不可或缺的存在，如果完全没有约束力，区域就不能成为一个区域。但这并不意味着，区域约束力越强，就能越好地实现区域目标与功能。对于不同的区域目标与功能，尤其是区域目标与功能所涉及的主体存在差异，无论从应然还是实然的角度来看，区域约束力都必定存在差异。也就是说，对于有的区域目标与功能而言，更有赖于强约束力，而有的区域目标与功能则并不需要或不适合一个强约束力，可能一种弱约束力更适合。对于区域目标与功能来说，一方面需要加强区域的约束力来强化实施，另一方面则需要适当弱化区域的约束力来增强区域的活力。因此，如何设计一种适宜的、多元多维的制度机制，对于实现区域目标与功能而言十分重要。

综观林林总总的区域形成过程可以发现，它往往是一个从自然生成到主动建构的过程，即先经历一个自然演变的阶段，然后进行主动建构，最终成为一个区域。判断某地域是否能真正成为一个区域，主要有两个依据：一个是自然属性如地理空间等，地理空间是区域的基本要素，而且一个区域常常是由相邻的地理空间构成的；另一个是社会属性如政治、经济、文化、科技及教育等，这些社会属性是形成区域以及区域性特征必不可少的因素。实际上也存在这样一种情形：有些地域尽管地理空间未必相邻，甚至相距甚远，但并不影响它们一起构成一个区域，关键取决于政治、经济、文化、科技及教育等社会属性。由此可见，区域之所以成为区域，社会属性是决定性的力量。而基于社会属性，在地理空间邻近等自然属性的加持下，往往区域的区域性会得到强化。

对于主动建构的区域，我们还需回答一个问题，即什么才是"最有用"的区域。所谓"最有用"，简言之，就是区域的构成意图（目标）与功能达成度和实现度最高。胡佛曾提出，"最有用的区域分类，也就是那些遵循行政管理范围的边界划分而成的区域了"[②]。实际上，他所说的"最有用"的区域最有可能是以行政区划为单位而形成的区域，强调行政

---

① 参见［法］亨利·列斐伏尔《空间的生产》，商务印书馆 2021 年版，第 10 页。
② ［美］E. M. 胡佛：《区域经济学导论》，商务印书馆 1990 年版，第 172 页。

管理及效力（行政约束力）对区域发展尤其是区域经济发展的有效性。在他看来，"最有效"的行政约束力是成就"最有用"区域的关键。

既然行政约束力对于区域发展如此重要，是不是就必然意味着，行政约束力最强，区域才有可能成为"最有用"的？这就涉及以下两方面的问题：其一，行政约束力是否就等于区域约束力（区域性）。虽然从总体上说，行政约束力在区域约束力中起着极其关键性甚至主导性作用，但并不能简单地把行政约束力等同于区域约束力，除行政约束力之外，经济、文化、科技及教育等约束力对于区域性的影响也是不可忽视的，对区域"最有用"与否同样产生重要的影响。至于行政约束力与其他约束力的关系，无论行政约束力起着"关键性作用"还是"主导性作用"，都会随着区域的性质不同而不同。即使在同一区域，对于不同领域，行政约束力所起到的作用也是不一样的，如在经济、文化、科技及教育等领域，行政约束力的作用与效力显然不同。必须指出的是，区域经济、文化、科技及教育等的发展既受制于行政约束力，同时其本身也成为约束力。其二，行政约束力的强弱对区域"最有用"与否的影响。是不是行政约束力越强，区域就越"有用"呢？这就涉及行政约束力的有效性与否与行政约束力强弱的关系问题。一般而言，行政约束力弱的区域，很难存在有效的行政约束力，故而也难以成为一个"最有用"的区域。实际上在当今时代，这种"无为而治"的区域并不多见。但这并不意味着，行政约束力最强，区域就一定是"最有效"或"最有用"的。这需要结合具体的区域或区域的具体方面进行更细致深入的分析。

二、粤港澳大湾区的区域特点对区域约束力的影响

湾区是一个区域，但又不同于一般的区域，它有其自身的特点。从自然属性而言，湾区是海岸带地区一种特定的地域单元，通常包括一个或若干个海岸线向内陆凹陷的海湾、与海湾接壤的陆域地区以及相邻岛屿共同组成的区域。[①] 同时，湾区海岸带地域的自然属性又决定了其社会开放程度较高、开拓创新意识较强等。

---

① 参见《蓝绿交汇演绎什么样的生态逻辑？——关于我国重点湾区生态文明建设的报告》，载《中国生态文明》2016 年第 2 期，第 23 页。

国际知名湾区如纽约湾区、旧金山湾区、东京湾区等都具有一些共同的特点或由其自然属性"溢出"的特征。如这三大湾区都以开放性、创新性、宜居性和国际化为其最重要的特征，具有开放的经济结构、高效的资源配置能力、强大的集聚外溢功能和发达的国际交往网络，发挥着引领创新、聚集辐射的核心功能，已成为带动全球经济发展的重要增长极和引领技术变革的"领头羊"。①

粤港澳大湾区是由广州、深圳、珠海、东莞、佛山、中山、江门、肇庆、惠州9个地级市和香港、澳门2个特别行政区组成的城市群，其中广州、深圳、香港、澳门是4个中心城市。在2017年3月5日召开的十二届全国人大五次会议上，李克强总理在政府工作报告中提出，要推动内地与港澳深化合作，研究制定粤港澳大湾区城市群发展规划，发挥港澳独特优势，提升在国家经济发展和对外开放中的地位与功能。2019年2月中共中央、国务院出台的《粤港澳大湾区发展规划纲要》开宗明义，进一步指出，"建设粤港澳大湾区，既是新时代推动形成全面开放新格局的新尝试，也是推动'一国两制'事业发展的新实践。为全面贯彻党的十九大精神，全面准确贯彻'一国两制'方针，充分发挥粤港澳综合优势，深化内地与港澳合作，进一步提升粤港澳大湾区在国家经济发展和对外开放中的支撑引领作用，支持香港、澳门融入国家发展大局，增进香港、澳门同胞福祉，保持香港、澳门长期繁荣稳定，让港澳同胞同祖国人民共担民族复兴的历史责任、共享祖国繁荣富强的伟大荣光"。由此可见，粤港澳大湾区建设目标的确立在相当程度上是一种顺势（顺湾区的自然属性与社会属性之势）而为的主动建构。这种"势"既包含湾区共同的"势"如开放性、创新性、国际性等，同时又包含粤港澳大湾区自身的特殊性。粤港澳大湾区自身的特殊性主要体现在以下几方面：

第一，粤港澳大湾区不同于一般的行政区域，它不是以某一个行政区域为单位形成的，而是包括3个大的行政区域，其中广东区域又包括9个独立的次行政区域，也就是说，大湾区是一个跨单一行政区域的区域。但与其他一些行政约束力偏弱的非行政区域相比，大湾区具有较强的行政约束力，主要因为它是习近平总书记亲自谋划、亲自部署、亲自推动的国家

---

① 参见汤丽霞《建设国际化湾区名城——深圳国际化城市建设比较研究报告Ⅱ》，中国发展出版社2015年版，第303页。

重大战略，中央政府对大湾区建设给予了高度重视和强力主导。从 2019 年到 2022 年，国家专门针对大湾区相继出台了《粤港澳大湾区发展规划纲要》《中共中央、国务院关于支持深圳建设中国特色社会主义先行示范区的意见》《全面深化前海深港现代服务业合作区改革开放方案》《横琴粤澳深度合作区建设总体方案》《广州南沙深化面向世界的粤港澳全面合作总体方案》等纲领性文件。此外，《中国教育现代化 2035》《中华人民共和国国民经济和社会发展第十四个五年规划和 2035 年远景目标纲要》等重要文件也都有专门针对大湾区的部分。这些文件共同为大湾区建设提供了方向指引和政策保障，也提出了统筹要求。比如，《粤港澳大湾区发展规划纲要》提出，"加强对规划实施的统筹指导，设立粤港澳大湾区建设领导小组，研究解决大湾区建设中政策实施、项目安排、体制机制创新、平台建设等方面的重大问题。广东省政府和香港、澳门特别行政区政府要加强沟通协商，稳步落实《深化粤港澳合作推进大湾区建设框架协议》与本规划确定的目标和任务。鼓励大湾区城市间开展多种形式的合作交流，共同推进大湾区建设。中央有关部门要结合自身职能，抓紧制定支持大湾区发展的具体政策和措施，与广东省政府和香港、澳门特别行政区政府加强沟通，坚持用法治化市场化方式协调解决大湾区合作发展中的问题。广东省政府和香港、澳门特别行政区政府要在相互尊重的基础上，积极协调配合，共同编制科技创新、基础设施、产业发展、生态环境保护等领域的专项规划或实施方案并推动落实。国家发展改革委要会同国务院港澳办等有关部门对本规划实施情况进行跟踪分析评估，根据新情况新问题研究提出规划调整建议，重大问题及时向党中央、国务院报告"。在如此短的时间里如此密集出台如此高规格的专门文件，或在文件的专门部分对一个区域进行如此周密、系统的政策设计和保障，应当说在我国是不多见的，从中也可以看出中央政府对大湾区建设的强力主导。在中央政府的强力主导下，中央有关部委、大湾区各地方政府主动而为，积极配合和落实，也推出了不少政策文件。由此可见，大湾区的行政约束力并不弱，这为其成为一个"最有用"的区域奠定了前提条件和政治基础。

第二，大湾区建设战略目标的一个重要定位是创新湾区、科技湾区，即打造"具有全球影响力的国际科技创新中心。瞄准世界科技和产业发展前沿，加强创新平台建设，大力发展新技术、新产业、新业态、新模式，加快形成以创新为主要动力和支撑的经济体系；扎实推进全面创新改革试验，充分发挥粤港澳科技研发与产业创新优势，破除影响创新要素自由流动的瓶颈和制约，进一步激发各类创新主体活力，建成全球科技创新高地和新兴产业重要策源地"。因此，大湾区的区域约束力必须处理好自上而下的政府主导与自下而上的主体活力之间的关系，使二者之间保持必要的张力。

第三，大湾区一个最突出的特征便是"一国两制，三个关税区和三种法律体系"，这是其他湾区或区域所没有的。不可否认，从历史与现实的角度来看，粤港澳三地的区域约束力尤其是行政约束力及其效能存在较大的差异和异质性。要在区域约束力差异较大的粤港澳三地建立起整体的区域约束力，无疑会遇到复杂的情况，特别是会受到大湾区内要素自由流通的制约。例如，科研资金跨境使用受行政区域的限制，科研人员资格和专业技能人才资格互认、人才评价体系存在制度约束。[①] 尤其是在财政科研经费管理上，香港注重信用监管，仅要求最后出具严格的审计报告，而内地重视过程管理，对科研资金使用有较为严格的规定。又如，在知识产权保护方面，内地与香港、澳门具有不同的知识产权法律体系，在保护对象、保护期限、权利取得方式、执法模式等方面存在较大的差异，而且三地的知识产权权利不能自动获得相互承认。[②] 因此，要全面、准确地贯彻"一国两制"方针，坚持中央全面管治权和保障特别行政区高度自治权相统一，充分认识到"一国"原则愈坚固则"两制"优势愈彰显的深远意义，并根据这一重要认识设计好区域的行政约束力，使大湾区真正彰显最大的治理优势和治理效能，推动大湾区行稳致远，成为"最有用"的区域。

第四，大湾区是我国开放程度最高、经济活力最强的区域之一，在国家发展大局中具有重要的战略地位，也是国家区域重大战略和区域协调发展战略的重要组成部分。充分发挥粤港澳综合优势，深化内地与港澳合作，进一步提升大湾区在国家经济发展和对外开放中的支撑引领作用，是国家赋予大湾区的历史使命。同时，作为地处改革开放最前沿的大湾区，

---

① 参见孙久文、殷赏《"双循环"新发展格局下粤港澳大湾区高质量发展的战略构想》，载《广东社会科学》2022 年第 4 期，第 20 页。

② 参见杨丽《关于推进粤港澳大湾区建设、支持香港更好融入国家发展大局的思考和建议》，载《港澳研究》2022 年第 1 期，第 66 页。

还要继续在国家深化改革、扩大开放中肩负开路先锋、示范引领的重大责任。香港、澳门作为自由开放的经济体，广东作为改革开放的"排头兵"，依托它们的优势，深入探讨基于使命和责任的大湾区治理模式，尤其是充分考虑作为国家重要且特殊的区域的约束力，切实将其中的制度优势真正转化为治理效能，对于推动国家区域发展战略中的治理体系和治理能力现代化具有重要的现实意义。大湾区的上述特征决定了对该区域的约束力的探索既要大胆假设、勇于创新，同时又须小心求证、行稳致远。

第五，粤港澳地域毗邻，且文化同源、文脉相亲、人缘相承、民俗相近，大湾区建设在充分考虑行政约束力等区域约束力的同时，也要高度重视文化约束力的作用。这也是大湾区把"社会文明程度达到新高度，文化软实力显著增强，中华文化影响更加广泛深入，多元文化进一步交流融合"的人文湾区建设作为重要目标之一的旨趣所在。文化约束力弥散在大湾区政治、经济、教育等方方面面，是一种有形又无形的存在样态与方式。在构建大湾区的区域约束力时，文化向度的思考是必不可少的，无论构建何种区域约束力，文化因素都是极其重要的依据。因此，应通过文化的弥散和渗透，最终使区域约束力不仅成为区域发展的一种硬实力，而且成为区域繁荣的一种软实力。

综上所述，虽然大湾区从理论上已具备了成为一个"最有用"区域的约束力条件和行政基础，但这并不意味着它在现实中就一定能成为"最有用"的区域。要使理论上的"最有用"区域真正变为现实中的"最有用"区域，就要对大湾区的区域约束力的特殊性有一个深入的认识，并据此确立适宜的政策制度。

三、区域行政约束力下粤港澳大湾区高等教育政策导向与制度框架

如前所述，成就"最有用"区域的"最有效"的区域约束力是行政约束力，而行政约束力又与政策密切相关。所谓政策，指的是国家政权机关、政党组织和其他社会政治集团为了实现自己所代表的阶级、阶层、集团的利益与意志，以权威形式标准化地规定在一定的历史时期内的奋斗目标、行动原则、重要任务及工作方式、具体措施等。其实质是阶级（阶

层、集团）利益的观念化、主体化、实践化反映。① 政策研究范式中有两个重要概念，即政策工具和政策类型，实际上这两个重要概念亦构成了分析区域（行政）约束力的两个维度。

1. 政策工具、政策类型与区域约束力

（1）政策工具。对于政策工具这一概念，人们从不同的角度给出了各自的界定。尼德姆（D. B. Needham）认为，工具是"公共机构可以合法获得的统治可能性"②。霍格威尔夫（A. Hoogerwerf）认为，"工具是行动者能够使用或潜在地加以使用，以便达成一个或更多目标的事物"③。林格林（A. B. Ringeling）将工具定义为"致力于影响和治理社会过程的具有相似特征的一系列政策活动"④。莱斯特（J. P. Lester）和斯图尔特（J. Stewart Jr.）认为，政策工具是政策执行的技术。⑤ 国内学者也对政策工具作出了不同的界定：有的认为政策工具是实现政策目标或结果的手段⑥；有的认为，政策工具是政府将其实质目标转化为具体行动的路径和机制，是政府治理的核心，没有政策工具，便无法实现政府的目标⑦。综上所述，虽然人们对政策工具的界定并不尽一致，但这些界定都体现了政策工具共同的基本属性——公共政策主体在执行政策和达成政策目标过程中所采取的手段、方法和途径。结合以上界定，本文采用如下定义：政策工具是政策制定主体研制与选择并具体加以运用以执行政策、解决政策问题、实现政策意图、达成政策目标的途径和手段。⑧

科臣（E. S. Kirschen）最早对政策工具加以分类，他整理出了 64 种工具，但只列举而未做系统化的分类。罗威（T. Lowi）、达尔（R. A.

---

① 参见《中国大百科全书》（简明版），中国大百科全书出版社 1998 年版，第 6139 页。

② ［美］B. 盖伊·彼得斯、弗兰斯·K. M. 冯尼斯潘：《公共政策工具：对公共管理工具的评价》，中国人民大学出版社 2007 年版，第 204 页。

③ ［美］B. 盖伊·彼得斯、弗兰斯·K. M. 冯尼斯潘：《公共政策工具：对公共管理工具的评价》，中国人民大学出版社 2007 年版，第 13—14 页。

④ ［美］B. 盖伊·彼得斯、弗兰斯·K. M. 冯尼斯潘：《公共政策工具：对公共管理工具的评价》，中国人民大学出版社 2007 年版，第 14 页。

⑤ 参见［美］詹姆斯·P. 莱斯特、小约瑟夫·斯图尔特《公共政策导论》（第二版），中国人民大学出版社 2004 年版，第 108 页。

⑥ 参见陈振明《公共政策分析》，中国人民大学出版社 2002 年版，第 49 页。

⑦ 参见张成福、党秀云《公共管理学》，中国人民大学出版社 2001 年版，第 62 页。

⑧ 参见陈潭《公共政策学原理》，武汉大学出版社 2008 年版，第 32 页。

Dahl）和林德布洛姆（C. E. Lindblom）等将工具分为规制性工具和非规制性工具两大类。萨拉蒙（L. Salamon）在此基础上又加上了开支性工具和非开支性工具两种类型。相较而言，胡德（C. C. Hood）则提出了较为系统化的分类框架，他认为所有的政策工具无一例外地都会使用到信息、权威、财力和可利用的正式组织四种资源中的任一种或几种。[①] 麦克唐纳（L. M. McDonnell）和艾莫尔（R. F. Elmore）则根据所要求达到的目标将工具分为四类：命令型工具、激励型工具、能力建设型工具和系统变迁型工具。[②] 施耐德（A. Schneider）和英格拉姆（H. Ingram）等的分类方法与之有些类似，他们认为政策工具可分为激励型工具、能力建设型工具、符号与规劝型工具和学习型工具四类。[③] 以上分类方法目前在国内应用较广。另外，范德狄龙（V. Doelen）的分类方法在西方也受到推崇，他将政策工具分为法律工具、经济工具和交流工具三类，后来又给出了更新的分类方法，即将政策工具分为管制性工具、财政激励工具和信息转移工具三类。[④]

需要指出的是，加拿大公共政策学者霍莱特（M. Howlett）和拉梅什（M. Ramesh）根据政策工具的强制性程度将政策工具分为强制性工具、自愿性工具和混合性工具。[⑤] 相对而言，此种分类方法更具解释力，也更加合理。由于政策工具的强制性程度与区域（行政）约束力的强弱是一个接近或同类的概念，本文将主要借鉴和依据霍莱特和拉梅什的有关政策工具的分类方法。

（2）政策类型。政策类型有不同的划分依据，按照政策内容来分，可分为政治政策、经济政策、社会政策、科技政策、教育科学文化政策；按照政策功能来分，可分为分配性政策、规制性政策、再分配性政策、物质性政策、程序性政策、象征性政策；按照制定主体来分，可分为执政党

---

① Hood C C, *The Tools of Government*, The Macmillan Press Ltd, 1983, pp. 1 – 15.

② McDonnell L M, Elmore R F, "Getting the Job Done: Alternative Policy Instrument," *Educational Evaluation and Policy Analysis*, 1987, 9（2）, pp. 133 – 152.

③ Schneider A, Ingram H, "Behavioral Assumptions of Policy Tools," *The Journal of Politics*, 1990, 52（2）, pp. 510 – 529.

④ 参见陈振明《公共政策分析教程》，中国城市出版社 2004 年版，第 55 页。

⑤ Howlett M, Ramesh M, *Studying Public Policy: Policy Cycles and Policy Subsystems*, Oxford University Press, 2009, p. 239.

政策、立法决策、行政决策；按照纵向层次来分，可分为中央政策、地方政策、基层政策；等等。① 根据研究对象与研究问题，本文采取依据政策层次的分类方式，将政策分为元政策、基本政策、具体政策。元政策是相对于基本政策和具体政策而言的一种基础政策，或称"政策的政策""母政策"，主要是规范与指导政策过程中政策制定、政策执行及政策评估行为的准则或指南，侧重于价值陈述，旨在为所有的政策提供价值评判的标准。基本政策是相对于具体政策而言的主导性政策，它确定具体政策所应采取的态度、所应依据的假设以及所应遵循的原则，侧重于目标陈述，为具体政策规定总目标。具体政策从广义而言是指除基本政策和元政策以外的所有政策，包括实质性政策、战略与措施、规则与程序等；狭义的具体政策则专指为针对某一特定问题贯彻基本政策而制定的具体行动方案。②

实际上，政策类型的划分具有一定的相对性。比如，某一个政策可能在这个政策文本里面是基本政策，而在另一个政策文本里面则是具体政策；可能某个政策文本相对于另一个政策文本是具体政策，但就其自身涉及的政策问题而言又是一个基本政策；同一个政策文本里面也可能既包括元政策，又包括基本政策及具体政策。

（3）区域约束力和政策工具的关系。区域约束力尤其是区域行政约束力与政策工具及政策类型高度相关。也就是说，公共政策主体在执行政策过程中为达成政策目标所采取的手段、方法和途径，在相当程度上决定了区域约束力的强弱。根据霍莱特和拉梅什对政策工具的分类，可把区域约束力划分为强约束力、中约束力和弱约束力。其中，强约束力对应的是强制性工具，即强制或直接作用于政策对象；弱约束力对应的是自愿性工具，在这种情形下，政府干预很少或几乎没有干预，是在自愿的基础上完成预定任务；中约束力对应的是混合性工具。混合性工具更多地表明针对不同的政策意图和政策境况而采取与选择不同的政策工具，兼具自愿性工具与强制性工具的特征，即有的采取强制性工具，也有的选择混合性工具，还有的选择自愿性工具。

对于跨行政区划形成的区域而言，为了维系区域性，需要从政策制度

① 参见蒋建军《公共政策》，中国发展出版社 2002 年版，第 51 页。
② 参见宁骚《公共政策学》，高等教育出版社 2000 年版，第 137 页。

的角度建立起区域约束力，可以分为以下情况：强约束力对应于区域政策制度的统筹与统一，中约束力对应的是各地政策制度的衔接与对接，而弱约束力则更倾向于各地政策制度的自愿与自主。

2. 大湾区高等教育政策设计与制度框架

高等教育作为区域社会属性的一种存在，形塑了区域的政治、经济、科技、文化等其他社会属性，并适应性地进行自我形塑，这是由教育的内外部关系规律所决定的。同样，高等教育作为大湾区这样一种特殊区域的社会属性的存在，也形塑了大湾区的其他社会属性并进行自我形塑。它在形塑大湾区的其他社会属性时是一种约束力，而在进行自我形塑时则是一种"被约束"的力量，这种"被约束"的力量，除了其他社会属性因素的约束力，最大也最为重要的是行政约束力。比如，中央政府强力主导，中央有关部委、大湾区各地方政府主动作为，出台了一系列与大湾区行政约束力构建有关的政策文件。由于大湾区正在积极推进建设中，本文主要依据中央和地方政府 2019 年后出台的有关大湾区高等教育政策制度这一"最有用"的行政约束力因素，对大湾区高等教育政策制度导向（包括已经实施的政策制度和政策制度导向）进行梳理和分析。值得提及的是，这些政策大多是综合性政策，其政策着力点是明确大湾区建设与发展的价值和方向，其中也有涉及大湾区高等教育的内容。在这一意义上，这些综合性政策更多的属于大湾区高等教育的元政策和基本政策。

最具大湾区元政策意义的是 2019 年 2 月出台的《粤港澳大湾区发展规划纲要》。该纲要提出要建立"内地与港澳深度合作示范区"，"依托粤港澳良好合作基础，充分发挥深圳前海、广州南沙、珠海横琴等重大合作平台作用，探索协调协同发展新模式，深化珠三角九市与港澳全面务实合作，促进人员、物资、资金、信息便捷有序流动，为粤港澳发展提供新动能，为内地与港澳更紧密合作提供示范"，"深化区域创新体制机制改革，鼓励科技和学术人才交往交流。允许香港、澳门符合条件的高校、科研机构申请内地科技项目，并按规定在内地及港澳使用相关资金。支持粤港澳设立联合创新专项资金，就重大科研项目开展合作，允许相关资金在大湾区跨境使用。研究制定专门办法，对科研合作项目需要的医疗数据和血液等生物样品跨境在大湾区内限定的高校、科研机构和实验室使用进行优化管理，促进临床医学研究发展。香港、澳门在广东设立的研发机构按照与内地研发机构同等待遇原则，享受国家和广东省各项支持创新的政策，鼓励和支持其参与广东科技计划。开展知识产权证券化试点"。在关于推动高等教育合作发展方面，该纲要则提出，"支持粤港澳高校合作办学，鼓励联合共建优势学科、实验室和研究中心。充分发挥粤港澳高校联盟的作用，鼓励三地高校探索开展相互承认特定课程学分、实施更灵活的交换生安排、科研成果分享转化等方面的合作交流。支持大湾区建设国际教育示范区，引进世界知名大学和特色学院，推进世界一流大学和一流学科建设"。由此可见，这一关于大湾区建设的元政策，在涉及高等教育改革发展方面兼具元政策的价值性、方向性和程序性。此外，《粤港澳大湾区发展规划纲要》也有一些关于高等教育合作发展的具体政策，如"鼓励港澳青年到内地学校就读，对持港澳居民来往内地通行证在内地就读的学生，实行与内地学生相同的交通、旅游门票等优惠政策"。

2021年3月出台的《中华人民共和国国民经济和社会发展第十四个五年规划和2035年远景目标纲要》特别提出，"支持北京、上海、粤港澳大湾区形成国际科技创新中心"；"加强粤港澳产学研协同发展，完善广深港、广珠澳科技创新走廊和深港河套、粤澳横琴科技创新极点'两廊两点'架构体系，推进综合性国家科学中心建设，便利创新要素跨境流动"；"积极稳妥推进粤港澳大湾区建设，扩大内地与港澳专业资格互认范围，深入推进重点领域规则衔接、机制对接。便利港澳青年到大湾区内地城市就学就业创业"。这一政策涉及大湾区高等教育的内容并不多，更多的是阐述与大湾区国际科技创新中心建设相关联的政策意图，如粤港澳产学研协同发展、专业资格互认及规则衔接、机制对接等相关方面，具有比较明显的基本政策和某些具体政策的色彩。

为进一步落实与推进上述大湾区元政策和基本政策，国家又分别出台了四个重要政策文件。一是2019年8月印发的《中共中央、国务院关于支持深圳建设中国特色社会主义先行示范区的意见》。该意见强调深圳先行示范区要和大湾区联动，形成"双区"驱动，同时发挥创新驱动、先行示范作用，如"加快实施创新驱动发展战略。支持深圳强化产学研深度融合的创新优势，以深圳为主阵地建设综合性国家科学中心，在粤港澳大湾区国际科技创新中心建设中发挥关键作用"。该意见同时特别提出要支持深圳在教育体制改革方面先行先试，充分落实高等学校办学自主权，加快创建一流大学和一流学科；建立健全适应"双元"育人职业教育的体制机制，打造现代职业教育体系。

二是 2021 年 9 月印发的《全面深化前海深港现代服务业合作区改革开放方案》。该方案提出要坚持系统观念，更好统筹发展和安全，以制度创新为核心，在"一国两制"框架下先行先试，推进与港澳规则衔接、机制对接，丰富协同协调发展模式，打造大湾区全面深化改革创新试验平台，建设高水平对外开放门户枢纽，不断构建国际合作和竞争新优势，特别在"建设高水平对外开放门户枢纽"部分提出在前海合作区引进港澳及国际知名大学开展高水平合作办学，建设港澳青年教育培训基地。

三是 2021 年 9 月印发的《横琴粤澳深度合作区建设总体方案》。该方案的重要指导思想是"着力构建与澳门一体化高水平开放的新体系，不断健全粤澳共商共建共管共享的新体制，支持澳门更好融入国家发展大局，为澳门'一国两制'实践行稳致远注入新动能"。合作区的战略定位是丰富"一国两制"实践的新示范和推动大湾区建设的新高地。与高等教育有关的具体举措包括：布局建设一批发展急需的科技基础设施，组织实施国际大科学计划和大科学工程，高标准建设澳门大学、澳门科技大学等院校的产学研示范基地，构建技术创新与转化中心，推动合作区打造大湾区国际科技创新中心的重要支点。该方案以一体化高水平开放的新体系构建为引领，强调产教融合和科教融合，服务和支撑大湾区国际科技创新中心建设。"一体化"① 对澳门在大湾区建设中作出了新定位，要求澳门率先在改革开放重要领域和关键环节大胆创新，推进规则衔接、机制对接。

四是 2022 年 6 月印发的《广州南沙深化面向世界的粤港澳全面合作总体方案》。该方案提出，"稳步推进粤港澳教育合作。在南沙划定专门区域，打造高等教育开放试验田、高水平高校集聚地、大湾区高等教育合作新高地。支持依法合规引进境外一流教育资源到南沙开展高水平合作办学，推进世界一流大学和一流学科建设"。从中可以看出，在把大湾区打

---

① 一体化并非一样化或同化，一样化是粤港澳三地无差异化和完全的同质化，而一体化则主要指的是大湾区各地域的协同和有序化，其核心是将维持、保障各地域进步与发展的价值观念体系组合起来，容纳不同的文化。一体化的结果并不是少数同化于多数，而是一种新文化的诞生。

造成为教育对外开放新高地和高水平高等教育合作办学的典范，从而建成国际教育示范区的过程中，广州南沙担负着特殊的使命和任务。

以上四个综合性政策文本在涉及高等教育方面，有一些是基本政策，但更多的是具体政策，具有相当强的实践操作性。比如，《广州南沙深化面向世界的粤港澳全面合作总体方案》提出，"深化粤港澳高等教育合作，充分发挥粤港澳高校联盟等作用，鼓励三地高校探索开展相互承认特定课程学分、实施更灵活的交换生安排等方面的合作交流。完善在南沙设立的大学对港澳考生招生机制，参考中山大学、暨南大学自主招生方式，进一步拓宽港澳籍学生入学渠道"。

作为有关大湾区高等教育的一项专门性的具体政策，2020年11月教育部和广东省人民政府联合印发的《推进粤港澳大湾区高等教育合作发展规划》提出了五大任务：突出体制机制改革，探索"学校＋"办学模式，努力开展高等教育办学创新试验；突出互联互通，探索建立大湾区高等教育协同发展体系，加强协同育人；突出创新引领，强化大湾区高校科研协同创新，服务支撑国际科技创新中心建设；突出高端引育，深化人才交流合作，携手建设世界一流师资队伍引育高地；突出互学互鉴，打造高等教育对外交流合作枢纽，促进人心相向相通。该规划对大湾区高等教育合作发展进行了顶层设计，提出要使粤港澳三地各展所长，全面推进大湾区高等教育合作办学、合作育人、合作创新、合作服务，立足于大湾区经济社会繁荣发展的需要，持续推进高等教育合作发展，把大湾区打造成为国家深化高等教育体制机制改革试验区、教育服务"一带一路"国际合作的重要枢纽，以及内地与港澳教育全面合作发展的生动典范，建成世界领先水平的高等教育体系和国际教育示范区。该规划还注重强化四个方面的特色：一是强化粤港澳高等教育互联互通的体制机制创新。在制度设计、政策保障、环境营造上下功夫，在畅通渠道、搭建平台、配置资源上持续用力，创新合作发展政策措施，拓展合作发展领域和空间。二是强化粤港澳高等教育优势互补，互利共赢。充分发挥粤港澳三地高等教育特色优势，在提高高校人才培养质量、促进科研成果转移转化、提升高等教育国际交流合作能力等方面各展所长，建立健全大湾区高等教育合作发展体系。三是强化高等教育交流合作。通过全面推进粤港澳三地高校之间的合作办学、合作育人、合作创新、合作服务，加强文化交流。四是强化高等教育对科技和产业的服务支撑作用。促进大湾区教育链、人才培养链与产业链、创新链有效衔接，促进大湾区高等教育结构布局调整优化和质量、特色、效益提升，与经济社会协同发展。① 从综合性政策与专门性政策关系的角度来看，单从高等教育本身而言，如果说《推进粤港澳大湾区高等教育合作发展规划》是一个关于大湾区高等教育的具体政策，那么它同样兼具大湾区高等教育的元政策、基本政策和具体政策的特点与功能。

无论是元政策、基本政策还是具体政策，从大湾区高等教育政策与区域约束力关系的角度来看，至少可从以上政策文本中得出如下四点认识。

第一，大湾区高等教育合作发展的定位与目标要求适当增强区域约束力。大湾区高等教育发展定位于合作发展，即《推进粤港澳大湾区高等教育合作发展规划》提出的四个"合作"。不论何种合作，只要合作就必然对区域约束力提出诉求。同时，大湾区高等教育合作发展确立的目标包括"到2025年，粤港澳大湾区高等教育规模、结构、布局更加协调，科教融合、产教融合发展特色更加鲜明，资源要素自由流动机制取得突破，人才协同培养体制机制基本确立，区域高校协同发展格局基本形成，综合实力、创新能力和国际声誉显著提升，支撑国际科技创新中心建设的能力明显增强"；到2035年，大湾区"成为世界高等教育合作发展和创新发展的先进典范"。没有适当的区域约束力是难以达成这些政策目标的，而且这些政策目标本身便意图形成区域约束力。

第二，要彰显大湾区的区域特点尤其是粤港澳三地高等教育各自的特色，同时实现优势互补，亟须加强区域约束力。粤港澳三地高等教育各自的优势、特点及不足，是在长期的历史演变过程中业已存在和形成的。过去粤港澳三地的高等教育合作交流主要基于各方自身利益的需要，着眼于"为我所用"的立场，且大多由民间（教育机构和个人）自发自主地开展，官方介入相对较少，更谈不上中央政府的强力主导；大多数合作交流相对比较零散，缺乏全局性和长远性规划，没有持续性，且合作层次不高，尤其是缺乏政府主导的制度性安排。在当前大湾区建设背景下需要通过加强区域约束力来推动粤港澳三地高等教育的深度合作，强化优势互

---

① 参见教育部、广东省人民政府《推进粤港澳大湾区高等教育合作发展规划》，见广东省人民政府网（https://www.gd.gov.cn/zwgk/zcjd/snzcsd/content/post_3145724.html）。

补，从而取得最优的合作成效。在这个深度合作的过程中，粤港澳三地都将是受益者。同时，通过建立健全基于区域约束力的大湾区高等教育合作发展体系（不是零散、个别的合作发展），以系统思维不断强化粤港澳三地高等教育优势互补、互利共赢，从而充分发挥三地高等教育的特色和优势，在提高人才培养质量、促进科研成果转移转化、提升高等教育国际交流合作能力等方面各展所长。

第三，中央支持大湾区形成国际科技创新中心，建设综合性国家科学中心，这是对大湾区建设的一个重要定位，同时也是大湾区高等教育集群发展的战略选择。集群发展即综合性集群发展，包括高等教育系统内部的集群发展（如各级各类高校的集群发展），高校内部学科专业的集群发展，以及高等教育与经济、科技、文化等诸方面的集群发展（如产教融合、科教融合等）。大湾区高等教育系统内部的集群发展应该是一种多元的合作样态，既有研究型大学之间的合作，又有应用技术型大学之间的合作，还有高职高专院校之间的合作，以及三者之间的合作。这是由大湾区的多样化、多层面的需求所决定的，尤其是大湾区要成为国家科学中心和国际科技创新中心，既要通过综合性集群发展的科教融合推动研究型的科技创新，同时也要通过产教融合来促进应用型的科技创新。上述大湾区高等教育集群发展战略选择的基本路向必然对区域约束力提出诉求。

第四，大湾区高等教育合作发展注重粤港澳三地共同体的构建，以达到共同发展的共赢效果。这是一种共存共荣的生存与发展模式，核心在于"共生"，即着眼于建设命运共同体。大湾区各区域主体的高等教育发展，不仅要摆脱过往那种着眼于各区域主体自身利益、以取长补短为特征的合作发展，而且要着眼于区域群体利益、以优势互补为特征的合作发展，后者更强调大湾区各区域主体的利益共同点，通过制度创新，搭建融合平台，形成一体化的利益共同体和发展共同体。

值得特别提及的是，大湾区高等教育合作发展并不同于融合发展[①]，而是依据求同存异的原则注重保护大湾区的多样性，鼓励大湾区各地域彰

[①] 在大湾区目前的发展阶段，粤港澳三地高等教育还是以合作发展为主。在大湾区未来发展的新阶段，粤港澳三地高等教育将会进入融合发展阶段。参见陈子季《推动粤港澳大湾区高等教育融合发展》，载《学习时报》2019年3月1日第5版。

显个性。高等教育合作发展需要求同，自然会对区域约束力提出诉求。而异是大湾区的一种历史与客观样态，且这种异更多的体现为一种多样性，而不是一种对立。存异，对于大湾区高等教育而言，不仅是一种智慧，更是一种胸怀、一种真诚和一种尊重。只有适当地存异，大湾区高等教育优势互补才可能发生，发展共同体才可能真正形成，才能为大湾区的创新提供适宜的人文环境。[①] 因此，从制度安排层面来说，区域约束力的构建应为存异留有适当的空间，从而使多样性成为大湾区高等教育合作发展的"正资产"。

基于以上认识，可将大湾区高等教育的区域（行政）约束力分为强约束力、中约束力和弱约束力，并与具体的政策制度设计相关联。也就是说，大湾区高等教育政策制度设计应采用元政策、基本政策、具体政策三个层类的划分依据。基于大湾区高等教育合作发展的特殊区域性，有的需要体现强约束力，做到制度的统筹与统一[②]；更多的则是中约束力，做好制度的衔接与对接（即规则的衔接与机制的对接），这种衔接与对接不是强调衔接谁与对接谁，而是强调衔接与对接的相互性。此外，自愿与自主的弱约束力也是必不可少的，它能为粤港澳三地发展的多样性提供一定的空间。在政策类型的每一个层类，大湾区高等教育的区域约束力与制度的关系框架都可作如下表述：强约束力——制度的统筹与统一，中约束力——制度的衔接与对接，弱约束力——制度的自主与自愿。无论是元政策、基本政策还是具体政策，大湾区高等教育每一类政策都包括着眼于制度的统筹与统一（体现强约束力）、制度的衔接与对接（体现中约束力）、制度的自主与自愿（体现弱约束力）三个方面，最终构成大湾区高等教育制度体系（图1）。

---

① 参见卢晓中《推动粤港澳大湾区教育合作发展的思考》，载《中国高教研究》2019 年第 5 期，第 56 页。

② 参见郑永年《大湾区推动内部规则统一比任何时候都要迫切》，见全球化智库网（ht-tp://www.ccg.org.cn/archives/62250）。

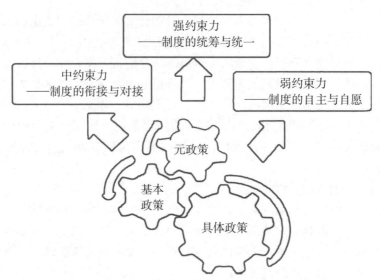

图1 大湾区高等教育区域约束力与制度关系框架

应当说，在中央政府的强力主导和大力支持，以及粤港澳三地政府与社会各界的共同努力下，大湾区建设的统筹协调机制和政策体系已初步构建，关于大湾区高等教育合作发展的政策制度的"四梁八柱"也已基本搭建起来，尤其在元政策和基本政策供给方面还是比较充分和有力的，当前和未来一段时间亟须进一步加强和完善具体制度的有效供给。同时，大湾区高等教育合作发展在加强政策引导的同时应加快推进立法规范，形成制度权威，这种区域立法形式是具有强约束力的（具体的法律条款可以是具有强约束力、中约束力或弱约束力的），它将有助于政策制度的实施和落实。目前大湾区的高等教育立法相对滞后。比如，港澳高校到内地合作办学主要依据的是2003年通过的《中华人民共和国中外合作办学条例》，但该条例制定的历史背景与大湾区的现实差异较大，这使得合作办学存在一定的制度性障碍，既增加了合作办学的风险，也不利于合作的深入展开，因此，亟须针对大湾区国际教育示范区建设，研究并制定专门的法规条例，通畅合作办学机制。需要提及的是，相对于一般跨行政区划形成的区域，大湾区具有"一国两制，三个关税区和三种法律体系"的区域特征，在这一关系框架中，当前大湾区政策制度设计应更关注和重视政策制度的衔接与对接以及自主与自愿，完善大湾区高等教育合作发展的现代治理机制，通过建立自上而下与自下而上的谐动机制，尤其是自下而上的治理机制的构建与完善，激发高校的内在活力，调动高校依法自主办学的积极性、主动性和自觉性。

需要指出的是，再好的政策制度架构都有赖于好的组织实施，实际上这本身也是政策制度架构的应有之义。大湾区治理主体是多元的，涉及中央政府、具有法定管理权限的中央有关部门、单一制国家结构形式下的副省级城市和地县级城市，以及两个享有高度自治权的特别行政区，这些治理主体的权责不同，从而产生了错综复杂的治理关系。因此，大湾区建设首先要协调好治理主体之间的复杂关系。目前，中央层面已经成立了"粤港澳大湾区建设领导小组"，广东省以及广州市、深圳市等省市级层面分别成立了"推进粤港澳大湾区建设领导小组"，香港、澳门特别行政区政府也分别组建了相应的办公室，但在具体执行层面，仍然缺少一个涵盖粤港澳三地、负责大湾区建设日常工作的实体机构，也缺乏一个常态化的协调机制就协同发展中遇到的障碍拿出解决方案。① 《中共中央、国务院关于支持深圳建设中国特色社会主义先行示范区的意见》首次提出了"综合授权"的概念，即清单式、批量式的申请和授权，就是在重要领域和关键环节，把解决一些重大体制机制问题需要的权力真正交给地方（深圳）。如果地方全面推进市场化改革和更高水平的对外开放，就将具有全面的责任和全面的改革自主权。这种授权旨在更好地解决改革的体系性和全局性问题，为推动规则衔接、机制对接提供有利条件。深圳乃至大湾区应当充分利用开展综合授权改革试点②的政策红利，勇于和善于进行制度创新，破除种种体制机制壁垒。对于大湾区高等教育而言，需要认真研究这种综合授权对高等教育制度创新的意义、价值和影响，寻求政策制度突破的自主空间，研制综合授权改革试点的高等教育方案，从而促使粤港澳三地高等教育政策制度更好地衔接与对接，形成共存共荣、优势互补、各展所长的发展共同体，持续推动大湾区高等教育高质量发展。

（原载《高等教育研究》2022 年第 7 期）

---

① 参见杨丽《关于推进粤港澳大湾区建设、支持香港更好融入国家发展大局的思考和建议》，载《港澳研究》2022 年第 1 期，第 66 页。

② 深圳的综合授权改革试点对整个大湾区都将产生影响，可以预料，中央对大湾区的综合授权也将会随着大湾区建设的不断深入推进而逐步扩大。当前，落实好并利用好综合授权是大湾区需要认真思考和解决好的政策与实践问题。

粤港澳大湾区高等教育集群发展：
理论审思与实践策略

　　粤港澳大湾区建设是习近平总书记亲自谋划、亲自部署和亲自推动的国家重大发展战略。2019 年 2 月 18 日中共中央、国务院印发的《粤港澳大湾区发展规划纲要》，以及同年 2 月 23 日中共中央、国务院印发的《中国教育现代化 2035》，都明确提出粤港澳大湾区高等教育需要做出重要贡献，深化粤港澳高校合作交流，促进教育资源特别是高等教育相关的人才、科技、信息等要素在粤港澳大湾区高效流动。这其中的一个核心问题便是推进大湾区高等教育集群建设，提升高等教育服务区域发展战略水平。习近平总书记曾强调："要立足服务国家区域发展战略，优化区域教育资源配置，加快形成点线面结合、东中西呼应的教育发展空间格局，提升教育服务区域发展战略水平。"本文在区域高等教育集群发展的相关理论认识和研究的基础上，重点关注粤港澳大湾区高等教育集群发展，对其发展态势和发展中面临的问题进行具体分析，并据此探讨粤港澳大湾区高等教育集群未来升级发展的实践策略。

一、区域高等教育集群发展的理论认识与学术关注

（一）区域高等教育集群发展的理论认识

　　这里首先必须弄清楚何谓集群。集群（clusters），通常指的是计算机的一项新技术，即一组相互独立的、通过高速网络互联的计算机，彼此构成了一个组，并以单一系统的模式加以管理。通过集群技术，可以在付出较低成本的情况下获得在性能、可靠性、灵活性方面的相对较高的收益，而系统任务调度则是集群中的核心技术。① 从这一概念界定中我们可归纳

---

① 参见张志友《计算机集群技术概述》，载《实验室研究与探索》2006 年第 5 期，第607 页。

72

出集群所具有的一个视角和三个特征，即"成本—收益"的视角和整体关联性、个体多样性、管理一体性的特征。

　　基于集群的"成本—收益"视角，学者们将集群一词广泛应用于经济学中，尤其是提出了"产业集群"的概念。1990 年，美国的迈克尔·波特教授在《国家竞争优势》一书中，将"集群"作为该书的核心理论概念之一，认为"集群即指在某一特定区域下的一个特别领域，存在着一群相互关联的公司、供应商、关联产业和专门化的制度和协会"①。在波特看来，集群是基于一个特定区域而言的概念。他强调这种集群现象与国际竞争力的成长之间的联系，认为"集群已经成为促进经济发展的一种新的思维方式"②，而且作用不容小觑，在实践中"又是引起变革的一种手段"③。波特还提出用产业集群一词来定义在某一特定领域中，大量产业联系密切的企业以及相关支撑机构在空间上集聚，并形成强劲、持续竞争优势的现象。从产业集群整体关联性来看，其是指集群内的企业处在相同或是相近的产业链上，具有前向、后向、横向的产业联系。这既包括有形关联［市场关联、生产关联、技术关联、基础设施关联（财务、法律、人力资本等）］，也包括无形关联（不同价值链之间管理技巧和知识技能的共享）以及竞争性关联。④ 从产业集群个体多样性来看，由于网络刚性、功能同构、政府缺位及创新氛围缺失等，传统产业集群前向和后向的联系较强，但横向辐射和互动不足；与之相比，知识经济时代的创新集群具有更强的主体互动性和网络、知识的共享性，有利于促进集群个体多样性。⑤ 从产业集群管理一体性来看，产业集群不但要注重"聚集"，更要注重"联合"，需要从战略层面到操作层面的全方位、深层次协同管理。通过建立系统性的协同管理形成机制、运行机制和群体决策机制，可使产业集群发挥最大的关联效应和协同效应。⑥

---

　　① ［美］迈克尔·波特：《国家竞争优势》（上），中信出版社 2012 年版，第 Ⅱ 页（序言）。

　　② ［美］迈克尔·波特：《国家竞争优势》（上），中信出版社 2012 年版，第 XIX 页（序言）。

　　③ ［美］迈克尔·波特：《国家竞争优势》（上），中信出版社 2012 年版，第 XXII 页（序言）。

　　④ 参见胡大立《产业关联、产业协同与集群竞争优势的关联机理》，载《管理学报》2006 年第 6 期，第 710 页。

　　⑤ 参见曾明星、冯强《创新集群多元主体互动及其利得模型研究》，载《决策咨询》2016 年第 3 期，第 66 – 68 页。

　　⑥ 参见朱传宝《中小企业产业集群的协同管理研究》，载《科技进步与对策》2010 年第 8 期，第 64 – 65 页。

如果将"集群"一词用于高等教育领域，便是区域高等教育集群发展。根据上面提到的集群的三个主要特征，我们同样可以推演出区域高等教育集群发展的三个特征：第一，区域高等教育集群发展关注整体性，集中体现在其结构性关系上。如从宏观层面来看，有区域高等教育规模与布局结构、高等教育的层次结构和科类结构等。这个层面的高等教育集群发展需要从高等教育与经济社会发展的关系方面来认识，比如加强产教融合、科教融合，以及促使教育链、人才链与产业链、创新链的有效衔接，促进人才培养供给侧与产业需求结构要素全方位融合。① 第二，区域高等教育集群发展同时又具有多样性特征，也就是说高等教育集群内部丰富多彩、个性纷呈。我们通常从宏观、微观意义上论及的高等教育特色发展实际上表明的正是高等教育集群发展的这种多样性特征。无论何种集群（高等教育集群或高校学科集群）皆是如此，这也是由经济社会多样化、集群化的发展需求和当代科学高度分化、高度综合的发展趋势所决定的，反映了高等教育发展在集群意义上的整体关联性与个体多样性的高度一致。第三，使区域高等教育集群发展的这种整体性与多样性形成一种内洽的机制，并达成高度一致，最终成为一个高质量的高等教育体系，有赖于管理的一体化，也就是现今特别强调的要用系统思维来建设高质量高等教育体系。而这一高质量高等教育体系便是一种整体关联性与个体多样性高度一致的"马赛克"式的图景。

（二）国际三大湾区高等教育集群发展的学术关注

如今，关于区域高等教育集群的研究已经开始受到学界重视。尤其是在关于国际三大湾区——旧金山湾区、纽约湾区和东京湾区的研究中，已有一些学者关注到其高等教育集群的形成和发展状况。由于国际三大湾区区域地理情况与粤港澳大湾区较为接近，因此本文更聚焦国际三大湾区高等教育集群发展的研究。较早如萨克森宁（Saxenian）对美国东西部两个主要高新技术产业区进行系统调查后发现，旧金山湾区的产业集群和高等

---

① 参见杜玉波《适应新发展格局需要推进高等教育高质量发展》，载《中国高教研究》2020 年第 12 期，第 2 页。

教育集群的兴起密不可分。① 同样地，萨森（Sassen）在比较旧金山湾区、纽约湾区和东京湾区内外差异和竞争的情况下，强调创新系统内各主体之间的互动主要包括大学群和产业群之间的合作，即促进知识创造部门与作为创新主体的企业间的互动。② 道格拉斯（Douglas）等的研究则指出：构建全球高等教育中心以吸引全球范围内高端人才可成为湾区可持续发展的主要发展战略，旧金山湾区已经成为全球高等教育中心之一，并成为吸引全球人才的"磁石"。③ 事实上，目前国际三大湾区布局比较完整的高校集群也可为此提供佐证。在粤港澳大湾区成为国家重大战略之后，我国学者也愈发关注国际三大湾区高等教育集群发展。如有学者研究国际三大湾区高等教育集群类型，认为旧金山湾区属于"多中心互补"式大学集群，纽约湾区属于"多中心+轴线"式大学集群，东京湾区属于"中心+边陲"式大学集群。④ 有学者认为，国际三大湾区高等教育集群的发展呈现地理临近、组织临近、文化异质、规模效益、竞争优势明显、产教融合等特征。⑤ 还有研究从技术、地域和组织等多重逻辑与互动机制，探讨旧金山湾区高等教育集群的崛起和发展奥秘。⑥ 整体而言，多年来国内外学术界在湾区高等教育集群与区域创新系统协同发展等领域累积了较为翔实的研究成果。从国际三大湾区的发展经验来看，湾区高等教育集群发展既涉及集群内部的互补发展，又涉及与外部产业集群等诸要素的互动协调发展，还涉及区域各城市之间的角色定位与分工合作。粤港澳大湾区高等教育集群发展也同样面临着这些复杂的情况，亟须予以理论回应。

---

① 参见［美］安纳利·萨克森宁《地区优势：硅谷和128公路地区的文化与竞争》，上海远东出版社1999年版，第4页。

② Sassen S, *The Global City*：*New York*，*London*，*Tokyo*（2nd ed），Princeton University Press，2001.

③ Douglass J, Edelstein R, Hoareau C, "A Global Talent Magnet: How a San Francisco/Bay Area Global Higher Education Hub Could Advance California's Comparative Advantage in Attracting International Talent and Further Build US Economic Competitiveness," *Center for Studies in Higher Education*, 2011（1），pp. 1 – 25.

④ 参见欧小军《世界一流大湾区高水平大学集群发展研究——以纽约、旧金山、东京三大湾区为例》，载《四川理工学院学报（社会科学版）》2018年第3期，第83页。

⑤ 参见许长青、郭孔生《粤港澳大湾区高等教育集群发展：国际经验与政策创新》，载《高教探索》2019年第9期，第10页。

⑥ 参见陈先哲《多重逻辑下的旧金山湾区高等教育集群崛起》，载《比较教育研究》2020年第10期，第12 – 16页。

二、粤港澳大湾区高等教育集群发展的态势
与面临的问题分析

高等教育集群发展成为粤港澳大湾区高等教育发展的一种重要战略选择，是由粤港澳大湾区建设的定位（即创新湾区与科技湾区）所决定的。《粤港澳大湾区发展规划纲要》提出的大湾区建设的第一条基本原则便是"实施创新驱动发展战略，完善区域协同创新体系，集聚国际创新资源，建设具有国际竞争力的创新发展区域"。而粤港澳大湾区高等教育集群发展的态势如何？面临着哪些方面的现状性和发展性问题？下文将从以上关于区域高等教育集群的三个理论维度对此来进行分析。

（一）粤港澳大湾区高等教育集群发展整体性分析

如上所述，区域高等教育集群发展的整体性更多地体现为结构性关系，而集群的结构关系并不是孤立的，通常还是要对区域高等教育规模、结构、质量等重要维度中与经济社会发展关系密切的指标进行综合分析。本部分主要对粤港澳大湾区高等教育大数据研究中心、广州日报数据和数字化研究院（GDI 智库）于 2020 年发布的《粤港澳、京津冀、长三角地区高等教育与经济发展报告》里的三个重要指标进行比较分析：一是规模指标——区域校均人口规模指标，是衡量区域人口素质和人力资源开发水平的重要指标；二是结构指标——区域普通高校培养层次结构比例，是衡量普通高等教育与经济产业需求匹配的关联指标；三是质量指标——高校研究与试验发展（research and experimental development，R&D）经费与所在地区国内生产总值（Gross Domestic Product，GDP）的比值，是 R&D 经费投入强度的衡量指标，能反映不同区域在经济发展的过程中对高校研发的投入力度。[①]

1. 规模指标分析

一般而言，校均人口规模越大，每所高校则需要承担更多人口的高等

---

① 参见粤港澳大湾区高等教育大数据研究中心、广州日报数据和数字化研究院《粤港澳、京津冀、长三角地区高等教育与经济发展报告》，见读特新闻网（http://huodong. dutenews. com/H5/0618report/index0615. html? from = singlemessage&isappinstalled =0）。

教育责任。自 1999 年全国性高校扩招之后，各区域的高校数量快速增多，校均人口规模也随之迅速下降。粤港澳地区从 1999 年每 131 万人拥有一所高校下降至 2018 年每 71 万人拥有一所高校；京津冀地区从 1999 年每 66 万人拥有一所高校下降至 2018 年每 42 万人拥有一所高校；长三角地区从 1999 年每 104 万人拥有一所高校下降至 2018 年每 49 万人拥有一所高校（表 1）。粤港澳地区校均人口规模仍远大于京津冀地区和长三角地区，但校均人口规模下降又相对比较显著，这得益于扩招以来高校数量的大幅增加。

表 1　三大区域校均人口规模

单位：万人/所

年份	粤港澳地区	京津冀地区	长三角地区
1999	131	66	104
2008	73	40	50
2018	71	42	49

资料来源：粤港澳大湾区高等教育大数据研究中心、广州日报数据和数字化研究院：《粤港澳、京津冀、长三角地区高等教育与经济发展报告》。

2. 层次结构分析

从 2018 年三大区域普通高校培养层次（普通专科、普通本科、研究生）结构比例来看，粤港澳地区研究生占比为 8.1%，远低于京津冀地区（26.2%），略低于长三角地区（11.7%）；而其普通专科生占比为 37.6%，明显高于其他两大区域（京津冀地区占比为 21.2%，长三角地区占比为 33.2%）。三大区域中普通本科生占比在 50%～55%。可见，研究生比例小而高职高专比例大是粤港澳地区高等教育集群的一大特点（表 2）。

表 2　2018 年三大区域普通高校培养层次结构比例

单位:%

培养层次	粤港澳地区	京津冀地区	长三角地区
普通专科	37.6	21.2	33.2
普通本科	54.3	52.6	55.0
研究生	8.1	26.2	11.7

资料来源：粤港澳大湾区高等教育大数据研究中心、广州日报数据和数字化研究院：《粤港澳、京津冀、长三角地区高等教育与经济发展报告》。

3. 高校 R&D 经费投入强度

从表 3 可知，2009 年至 2018 年，粤港澳地区 R&D 经费投入与 GDP 的比值从 0.15% 提高到 0.20%，提升了 0.05 个百分点，在三大区域中高于长三角地区（从 0.15% 提高到 0.16%），但远低于京津冀地区（从 0.27% 提高到 0.38%）。可见，粤港澳地区高等教育集群如要扮演更重要的角色，R&D 经费投入强度方面还需要持续增强。

表3　三大区域高校 R&D 经费投入与 GDP 的比值

单位:%

年份	粤港澳地区	京津冀地区	长三角地区
2009	0.15	0.27	0.15
2018	0.20	0.38	0.16

资料来源：粤港澳大湾区高等教育大数据研究中心、广州日报数据和数字化研究院：《粤港澳、京津冀、长三角地区高等教育与经济发展报告》。

综上观之，尽管粤港澳大湾区高等教育集群在一些核心指标上与京津冀、长三角地区相比较还有一些差距，但从纵向比较来看，这个区域高等教育整体发展进步明显。尤其是近 10 年来，粤港澳大湾区充分利用地理区位优势和经济实力优势推动高等教育快速发展，产生了显著的人才"虹吸效应"，特别是科研产出与创新增速强劲。从高等教育集群发展的整体性来看，粤港澳大湾区已经成为高等学校聚集的核心区域，目前已形成各种粤港澳高等教育合作联盟，且产学研资源日益丰富，区域高等教育集群发展的基础和条件较成熟。[①] 另外，粤港澳三地高等教育发展各有所长，互补性很强，即便与国际三大湾区相比也不处下风：珠三角地区拥有广东省最多、最优质的经济资源，科技创新发展后劲十足，港澳高校在学生国际化发展以及师资配备等方面表现优异。[②] 珠三角地区的高等职业教育一直走在全国前列并具有突出的产教融合特色，而在当前国家大力推动职业教育大发展的战略背景下，这方面的优势会更加凸显。因此，粤港澳

---

① 参见孙丽昕《粤港澳大湾区高等教育集群发展：基础、差距与赶超策略》，载《东莞理工学院学报》2020 年第 4 期，第 113 – 114 页。

② 参见曾志嵘、王慧、师璐《基于世界大学第三方指数评价的粤港澳大湾区高等教育竞争力态势分析》，载《高教探索》2020 年第 12 期，第 84 – 92 页。

大湾区高等教育集群的整体关联度较高，尤其是通过资源的共建共享，有望能更好地促进大湾区高等教育的互补式发展。

（二）粤港澳大湾区高等教育集群多样性分析

1. 高等教育集群空间布局：以四大城市为中心的团块状发展与不均衡共存

从空间布局看，粤港澳大湾区四大中心城市显然同时也是高等教育集群的中心。从大学的质量上看，集群中的高水平大学主要分布在香港、澳门、深圳、广州四大中心城市。尤其是香港，尽管其大学数量并不算多，但香港大学、香港科技大学、香港中文大学等5所高校皆位列世界大学排名①前两百强。广州是大湾区拥有高等学校数量最多的城市，特别是中山大学、华南理工大学等已成为广东省高等教育的龙头高校，具备很强的综合实力。深圳在"双区"驱动下对高等教育大手笔投入，高起点打造的高校不断涌现，尤其是南方科技大学和深圳大学发展势头迅猛。而澳门高校近年来的发展也很明显，几所高校在世界大学排名中的位次不断上升。可见，大湾区的高等教育集群是以广州、深圳、香港、澳门四大城市为中心向周边辐射，形成团块状发展的新格局。

但是，由于大湾区内各城市经济发展水平差异较大，尤其是珠江东岸城市发展速度普遍高于珠江西岸城市，受其影响，各地在高等教育发展方面也呈现不均衡状态。一方面，虽然珠三角九市的大学数量多于港澳两地，但是对比粤港澳三地人口数量，珠三角九市与香港、澳门每10万人拥有的高校数量分别为0.18所、0.29所、1.47所，可见港澳居民的大学占有度远高于珠三角九市。②另一方面，珠三角九市除广州和深圳外，其他各市的高校发展水平整体上还不强，尤其是江门和肇庆等地市的经济发展水平和高校发展水平都还偏薄弱。

2. 高等教育集群架构：层次架构基本成型，但层次类型转换和互认还有障碍

广东高等教育近10年来发展较快，加上《粤港澳大湾区发展规划

---

① 此项排名指2019年度泰晤士高等教育世界大学排名。

② 参见粤港澳大湾区高等教育大数据研究中心、广州日报数据和数字化研究院《粤港澳、京津冀、长三角地区高等教育与经济发展报告》，见读特新闻网（http://huodong.dutenews.com/H5/0618report/index0615.html？from＝singlemessage&isappinstalled＝0）。

纲要》的政策契机对粤港澳三地高等教育协同发展的有力推动，使得粤港澳大湾区事实上已经初步形成了一个"研究型大学—应用型大学—高职院校"的高等教育集群架构。研究型大学的阵营主要包括位列世界大学排名前两百强的 5 所香港高校，澳门的澳门大学，广州的中山大学、华南理工大学，以及深圳的南方科技大学等，这些大学在服务国家区域发展战略中起主要支柱作用。应用型大学则主要为大湾区的制造业和服务业提供人才与技术支持。近年来，佛山、东莞、珠海等地市的应用型大学发展迅猛。高职院校则事实上早已形成各有特色的产学研合作模式，为社会提供了大量技能型人才。比如深圳职业技术学院早已起到先行示范作用，顺德职业技术学院、番禺职业技术学院等也因与当地产业有很好的人才培养对接而闻名全国。[①]

尽管大湾区高等教育集群层次架构已经比较清晰并已成型，但由于高等教育资历框架的构建还处在初步阶段，各级各类学校定位不同、标准不一，容易造成基础教育、职业教育、高等教育等各类教育之间的衔接沟通缺乏共同参照的依据。不同学校学生的学习成果认定转换缺乏统一的标准和规则，难以实现等值互认，致使学校间课程学分互认转换工作难以推进。不管是高职院校通过"3 + 专业技能课程证书"（普通高中学业水平考试语文、数学、英语 3 科考试 + 专业技能课程证书）招收中职毕业生高职院校，还是本科院校通过"专升本"招收高职毕业生作为本科插班生入读本科院校，都还存在学生过往学习成果无法认定、重复学习、难以提高学生学习成效的问题。[②] 尤其在国家层面将职业高等教育明确为一种类型之后，各种层次类型高等教育之间的沟通衔接机制亟须建立和完善。

（三）粤港澳大湾区高等教育集群管理一体性分析

粤港澳三地在根源上同属岭南文化区域，三地的空间地理位置十分接近，有利于三地交流合作，加之国家政策的不断推动，大湾区高等教育集群的共同体愿景和管理一体性意识都逐步增强。《粤港澳大湾区发展规划

---

① 参见陈先哲《广东高等教育的几次"先行一步"》，载《光明日报》2020 年 11 月 3 日第13 版。

② 参见郑文、吴念香、杨永文《广东终身教育资历框架建设的实践与思考》，载《中国职业技术教育》2019 年第 27 期，第 25 页。

纲要》确立的战略定位之一就是建设"具有全球影响力的国际科技创新中心",而且 2021 年 3 月发布的《中华人民共和国国民经济和社会发展第十四个五年规划和 2035 年远景目标纲要》又专门强调"支持北京、上海、粤港澳大湾区形成国际科技创新中心"。这些显然有助于推动大湾区高等教育集群发展,因为创新发展区域和国际科技创新中心的建设,关键在于有足够多的高层次人才和充分的智力支撑,这都对粤港澳大湾区高等教育集群发展提出了更高要求,同时也将助推以集群发展为特征的大湾区高等教育的现代发展。

但作为行政区划各异的区域主体,粤港澳三地拥有各自不同的利益诉求。目前,基于各方利益上的合作共享机制未能有效发挥引导高水平大学向集群方向发展的功能。具体来说,在管理制度层面,由于粤港澳三地在教育管理制度和评价体系上存在较大的差异,粤港澳大湾区高等教育集群发展的长效治理机制和政策环境尚未建立,当前尤其需要研究突破粤港澳大湾区高等教育从各自地方性的行政管理到共同治理的难点和路径;在组织制度层面,尽管《粤港澳大湾区发展规划纲要》已经实施,但是粤港澳大湾区内的相关高等教育主体仍然处于自发性、项目式的合作阶段,尚缺乏高等教育集群发展层面的针对性战略规划和宏观指导;在动力机制层面,粤港澳大湾区高等教育集群发展还存在"上面热,下面冷"的情况。因此,要使粤港澳三地的高等教育主体充分表达自己的利益诉求,并在高等教育决策的过程中有效地协商整合这些诉求,充分调动粤港澳大湾区高等教育整体建设的积极性,还需付诸更大努力。

三、粤港澳大湾区高等教育集群未来升级发展的实践策略

以上从区域高等教育集群发展的整体关联性、个体多样性、管理一体性三大理论维度出发,审视粤港澳大湾区高等教育集群发展情况,大致可做出以下几点研判:集群整体关联度较高,但在规模、结构和质量上都还需进一步提升;在个体多样性上,集群架构已经基本成型并各有所长,空间布局以四大城市为中心的团块状发展与不均衡共存;在管理一体性上,集群虽具有共同目标愿景,但还需完善能满足各方利益的合作共享机制,以有效发挥集群功能。因此,基于上述三大理论维度,结合粤港澳大湾区高等教育集群的主要特征,我们可以从强化其优势和破解其局限这一思路

出发，探索其未来升级发展的实践策略。

（一）加强高等教育集群整体关联性：明确打造"科—产—教"融合的高等教育集群发展模式，大力推进不同类型高校与不同区域、产业之间的衔接互动

区域高等教育集群发展和传统高等教育发展不同，前者更加注重高等教育集群与产业集群的互动。京津冀、长三角地区的高等教育发展具有先发优势，类似于美国东部的传统名校群落。而粤港澳大湾区高等教育集群，则类似于美国西部的旧金山湾区高等教育集群，应当积极探索走出一条超越现状的道路。因此，需要从政策上厘清定位，明确打造"科—产—教"融合的高等教育集群，为粤港澳大湾区城市群的现代化、国际化、创新性发展提供强力支撑。要积极探索与当地主要产业高度融合、能更加充分发挥各种创新要素作用的教育发展模式，推动大湾区高校与科研院所、企业等协同创新的人才培养模式。要积极推进珠三角与港澳科研机构、高校共同组建联合研究枢纽、粤港澳联合实验室、国际合作实验室，面向港澳开放广东省科技计划专项及资金，建立海外人才离岸创新创业基地等，保障大湾区人、财、物在教育科研领域的顺畅流通。

在明确打造"科—产—教"融合的高等教育集群的战略定位基础上，还需在战术安排上明确高等教育集群应为打造国际科技创新中心提供人才和技术支撑，大力推进不同类型高校与不同区域、产业之间的衔接互动。粤港澳大湾区是着眼于全球的发展战略，特别是《粤港澳大湾区发展规划纲要》提出将粤港澳大湾区打造成为国际科技创新中心，2020年党的十九届五中全会又提出"支持北京、上海、粤港澳大湾区形成国际科技创新中心"，其战略地位尤其明显。因此，大湾区高等教育集群发展要服务于为打造国际科技创新中心，探索一种和主要产业高度融合、更加充分发挥各种创新要素作用的高等教育模式。但在具体战术安排上，要区分区域和高校特色分类推进。一方面，高水平大学走"开放式创新"之路，主要与珠江东岸的科技创新行业和金融业同频共振。"开放式创新"意味着大湾区高等教育不应只是依靠高校内部系统"单打独斗"，而应充分吸引外部的创新因素，让大学、科研机构、企业、创业者、中介组织以及政府之间形成一个强大的创新技术"蓄水池"，使各种创新因子相互作用，实现融合创新。另一方面，应用型大学和高职院校走产教融合创新之路，

主要为珠江西岸制造业提供支持。要创设互联互通、高度融合的创新型产学集群，并打造新型产业学院模式，让产教融合的理念和体系真正贯穿职前职后教育。

（二）加强个体多样性：大力构建中心城市以点带面、全面铺开的空间布局，大力推进大湾区创新型大学的建设，促进高等教育集群的多样性

一方面，在空间布局上，应大力推进中心城市以点带面、全面铺开的空间布局。从现实基础来看，目前香港、澳门、广州、深圳四大中心城市的高等教育基础较好，高等教育层次类型更加完整，并拥有大湾区所有的研究型大学，在大湾区高等教育集群中理应起到核心引领和龙头作用；而珠海、佛山、惠州、东莞、中山、江门、肇庆等珠三角七市的高等教育布局更偏重于应用型大学及高职院校，其和四大中心城市的高等教育的关系，更类似于处于高等教育供给侧同一供应链条上的上下游关系。由于这两者处于高等教育供给侧同一链条上，利益趋同，且又有明确的错位和侧重点，因此更容易产生互补性的合作需求。四大中心城市可通过空间"溢出"效应自然地实现核心引领作用，比如从政策上鼓励四大中心城市的名校通过在珠三角七市建设新校区或共建科技产业园区、联合实验室等，实现"多点开花"、以点带面。同时，也可发挥大湾区人才培养层次类型的互补优势，比如珠三角七市高校可以为四大中心城市的学术型和应用型研究生教育提供更加优质的本专科生源，并可在此基础上签订更多大湾区内部的人才定向合作培养协议。

另一方面，应大力推进大湾区创新型大学的建设，以个体多样性推动高等教育集群的延展性。受益于国家战略和各级政府投入高等教育的动力与热情，粤港澳大湾区近几年新增了很多高校。但高等教育集群和产业集群有一个类似之处：新增者容易因制度同构而仅仅主要是满足了规模扩张的需要，集群的多样化和网状辐射显得不足。因此，应特别考虑创新型大学的建设，其具有更强的主体互动性和网络、知识的共享性，有利于促进高等教育集群的多样性。比如正在筹建的大湾区大学，将定位于致力培养适应未来快速变化、支撑和引领大湾区科技创新发展的高端人才，对接港澳科技创新加快成果转化，建立多渠道投入机制，并采用灵活多样的人才招引机制。总之，应根据市场需求创新体制机制灵活办学。长期以来，高

度市场化的产业对大学的需求是非常多样且灵活多变的，而受制于相对僵化的行政管理体制的大学难以对此做出积极主动的回应，也就是说"主动适应经济建设和社会发展需要的自我发展、自我约束的运行机制"还没有真正地建立起来。这也是至今科教融合、产教融合之所以难"融"的一个重要原因。粤港澳大湾区建设定位是创新湾区、科技湾区，打造国际科技创新中心，而高等教育集群和产业集群与其则是相辅相成的。因此，亟须在大学、政府、市场三者之间的良性互动中加强创新型大学建设，并切实促进教育链、人才链与产业链、创新链有效衔接，促进粤港澳大湾区高等教育结构布局调整优化，具有特色，使其质量、效益得到提升，与经济社会协同发展。

（三）加强管理一体性：充分利用"一国两制"优势和大湾区特色，大胆先行先试，积极探索高等教育合作办学的湾区道路

区域发展一体化不是一样化，区域发展一体化主要从市场的一体化和市场要素的角度去推动。粤港澳大湾区作为国家的一项重大战略，更重要的是要发挥每个区域的优势，而不是通过一样化把粤港澳三地的优势（包括特点）抹平。从区域高等教育集群或一体化的未来远景看，粤港澳大湾区高等教育也"要实现资源互补、内外贯通、整合联动、有机发展的高等教育生态格局"[1]，注重系统共生性。因此，从管理一体性而言，其远景也应是大湾区教育合作发展的整体有序与湾区内部的丰富多彩相映成趣，最终形成一种和而不同的"马赛克"式的湾区教育合作发展的新图景。[2]而大湾区的优势在于既可以与国外名校合作办学，又可以激发区域内高校合作产生的"化学反应"。尤其是香港的几所名校通过在珠三角办学，既可以发挥香港名校的基础科研优势，又能在珠三角广大腹地产生应用的加速度，推进"科—产—教"融合模式的落地。

因此，在遵守"一国两制"和《中华人民共和国教育法》等相关法律规定的前提下，应立足于大湾区合作办学的特殊性，制定相关政策措

---

① 董云川、常楠静：《区域高等教育一体化的远景与近为》，载《大学教育科学》2020年第5期，第23页。

② 参见卢晓中《推动粤港澳大湾区教育合作发展的思考》，载《中国高教研究》2019年第5期，第56页。

施，给予大湾区高等教育合作办学先行先试的特殊灵活的积极支持政策，探索高等教育合作办学的湾区模式。2020 年底，教育部、广东省人民政府已经联合印发《推进粤港澳大湾区高等教育合作发展规划》，提出把粤港澳大湾区打造成为国家深化高等教育体制机制改革试验区，明确了粤港澳大湾区高等教育合作发展的方向。粤港澳大湾区应在此基础上进一步落实和探索，给予香港高校、澳门高校以及珠三角九市所在地高校在合作伙伴、学科专业设置以及办学模式等方面更多的选择，发挥高校办学的主体作用，充分落实高校办学自主权，尤其是要加强粤港澳三地高校办学自主权的衔接与对接，为大湾区高等教育的合作和集群发展打下规则衔接与机制对接的制度基础。要加强大湾区内外合作办学，将佛山、东莞、珠海等地市建设成为国内一流的应用型高等教育强市，培养更多创新型及应用型人才。要重点支持珠海横琴建设"粤澳深度合作区"，积极推进产学研一体化国际研究院的建设。另外，珠三角九市还应与港澳积极探索并共同推动粤港澳大湾区资历框架构建，建立大湾区高等教育、职业教育与技能培训学分互认机制，实现高等教育、职业教育、技能培训等值。粤港澳大湾区要着力推进建立第三方高等教育、职业教育共享平台和质量评估机制，制定区域教育资源共享的准入条件和方案；由行业企业组织主导建立核心技能框架，形成基于核心技能框架的资历框架。

（原载《大学教育科学》2021 年第 4 期）

粤港澳大湾区高等教育集群发展的战略选择与基本路向

　　2019 年 2 月，中共中央、国务院印发《粤港澳大湾区发展规划纲要》，粤港澳大湾区正式成为我国的一个区域概念。作为不同于我国的一般行政区划，且有"一国两制，三种法律体系和三个关税区"特征的一个特殊区域，粤港澳大湾区如何建设与发展是一个值得关注的新论题，也是当前实施国家区域发展战略必须高度重视的重大课题。就教育而言，《粤港澳大湾区发展规划纲要》提出要把粤港澳大湾区打造成教育和人才高地，推动大湾区教育合作发展，建设国际教育示范区，这与大湾区建设与发展的总体定位——"建设富有活力和国际竞争力的一流湾区和世界级城市群，打造高质量发展的典范"[①] 是相一致的。由于高等教育与粤港澳大湾区建设、发展目标的关系更为密切和更加直接，因此本文侧重于对粤港澳大湾区高等教育集群发展的战略选择与基本路向问题作一探讨，以求教于方家。

一、粤港澳大湾区高等教育集群发展的战略选择

　　集群，通常指的是计算机的一项新技术，即一组相互独立的、通过高速网络互联的计算机，彼此构成了一个组，并以单一系统的模式加以管理。[②] 通过集群技术，可以在付出较低成本的情况下获得在性能、可靠性、灵活性方面的相对较高的收益。[③] 从集群的概念界定中，我们可以归纳出它具有的一个视角和三个特征，即"成本—收益"的视角和整体关

[①]　中共中央、国务院：《粤港澳大湾区发展规划纲要》，见中华人民共和国中央人民政府网（http://www.gov.cn/zhengce/2019–02/18/content_5366593.htm#1）。

[②]　参见张志友《计算机集群技术概述》，载《实验室研究与探索》2006 年第 5 期，第 607 页。

[③]　参见吴兴勇《实用网络技术》，中国农业大学出版社 2015 年版，第 225 页。

卢晓中自选集 LU XIAOZHONG ZIKUANJI

86

联性、个体多样性、管理一体性的特征。[①]

基于"成本—收益"视角，将"集群"一词运用于经济学中，经济学家提出了产业集群的概念。如迈克尔·波特认为"集群已经成为促进经济发展的一种新的思维方式"[②]，在实践中"又是引起变革的一种手段"[③]，并提出用产业集群一词来定义大量上下游产业联系密切的企业以及相关企业和机构在空间上集聚，逐渐形成强劲、持续竞争优势的现象。如果将此概念用于高等教育领域，便是高等教育集群发展。类似地，如何使之成为促进高等教育发展的"一种新的思维方式"和实践中"引起变革的一种手段"，是思考把集群概念应用于高等教育领域的一个重要理路。基于这一理路，我们便可以推演出高等教育集群发展的规律性问题和类似特征。[④]

第一，高等教育集群发展普遍具有整体性特征。从结构性关系上看，宏观上高等教育的布局结构、层次结构和科类结构及以上诸结构性关系之间的结构性关系，不仅是高等教育系统内部的关系，而且与高等教育系统外的社会经济发展也密切关联。微观上则涉及高校内部各要素的结构性关系，如学科与学科、专业与专业、学科与专业、专业与课程、学科与课程、课程与课程之间及以上诸结构性关系之间的结构性关系，等等。而宏观意义上的结构性关系与微观意义上的结构性关系又是相互的。同时，我们还可从教育内外部关系的角度对这一整体性特征作一考察。一方面，高等教育的集群发展需要从高等教育与经济社会发展的相互关系来认知。例如，加强产教融合和科教融合，以及在此基础上促使教育链、人才链与产业链、创新链的有效衔接，从而有效促进人才培养供给侧与产业需求侧结构要素之间的全方位融合。[⑤] 显然，这从宏观意义上体现了高等教育集群发展的一种理想样态。另一方面，高等教育的集群发展反映在高等教育系

---

① 参见卢晓中、陈先哲《粤港澳大湾区高等教育集群发展：理论审思与实践策略》，载《大学教育科学》2021 年第 4 期，第 13 页。

② ［美］迈克尔·波特：《国家竞争优势》（上），中信出版社 2012 年版，第Ⅱ页（序言）。

③ ［美］迈克尔·波特：《国家竞争优势》（上），中信出版社 2012 年版，第ⅪⅩ页（序言）。

④ 参见卢晓中、陈先哲《粤港澳大湾区高等教育集群发展：理论审思与实践策略》，载《大学教育科学》2021 年第 4 期，第 13 - 16 页。

⑤ 参见杜玉波《适应新发展格局需要　推进高等教育高质量发展》，载《中国高教研究》2020 年第 12 期，第 2 页。

统内部，则体现在各高校之间及高校内部的诸要素形态上，如就学科而言的学科交叉融合、学科组群、学科集群建设等，或者说高等教育的集群发展有赖于各高校之间及高校内部的学科交叉融合、学科组群、学科集群建设。以上两个方面之间又是相互联系、相辅相成的，遵循教育的内外部关系规律。实质上这两个方面及其相互之间的诸关系都体现了高等教育集群发展的整体性特征。

第二，高等教育集群发展具有显著的多样性特征。也就是说，高等教育集群发展的不同方式可能形成不同的高等教育发展集群。我们通常所论及的高等教育特色发展，实际上就是高等教育集群发展的多样性特征。由于经济社会多样化、产业集群化发展的现实需求，以及当代科学高度综合的发展趋势，高等教育的集群或者高校学科的集群，都充分体现出高等教育发展在集群意义上的整体性特征与多样性特征的高度一致性，这两者并不矛盾。

第三，高等教育集群发展具有管理一体化特征。正是由于高等教育集群发展的整体性特征与多样性特征高度一致，因此，需要从管理上建立调和两者发展的内洽机制，最终使高等教育集群真正成为一个高质量的高等教育体系。此时，系统思维就尤为重要①，这种系统思维实际上反映了高等教育集群发展的管理一体化特征。而这一高质量高等教育体系便是一种高等教育集群发展的整体性特征与多样性特征高度一致的"马赛克"式图景。②

从一般意义所论及的高等教育集群发展，如果具体到某个区域，则需要结合该区域的区情来观照，对于有着不同区情的区域，其高等教育集群发展又会有各自的特殊性。从目前一个国家的区域存在方式来看，有以行政区划为单位形成的区域，如省域、市域等；也有跨行政区划的区域，这类区域除了地域毗邻外，还通过某种规划或某些规则、机制而形成，如我国的长江三角洲区域、京津冀区域、成渝双城经济圈区域、粤港澳大湾区等，这些区域现都被列入了国家区域发展规划，成为国家区域发展重大战

---

① 参见卢晓中《围绕建设高质量教育体系，统筹推进教育改革》，载《南方日报》2021 年 3 月 30 日第 A20 版。

② 参见卢晓中《推动粤港澳大湾区教育合作发展的思考》，载《中国高教研究》2019 年第 5 期，第 56 页。

略。跨行政区划的区域的发展，与以行政区划为单位形成的区域的发展相比，单从组织架构与实施运行而言，都会存在较大的差异。当然，区域这一概念并不局限于一个国家内部，它还可以是跨国跨境的区域，如东盟、欧盟合作机制形成的区域概念等，这类区域的发展的差异就会更大。当前，我国正在大力推进国家区域发展战略，无疑，粤港澳大湾区在国家发展大局中具有举足轻重的重要战略地位，而高等教育则无疑是支撑这一重要战略地位的关键性因素。因此，如何为粤港澳大湾区高等教育选择和确立一个适切的发展战略就显得尤其重要。从粤港澳大湾区高等教育发展的顶层设计、政策导向，以及现状与趋势来看，作为"一种新的思维方式"和"引起变革的一种手段"，高等教育集群发展战略选择已获得广泛共识。高等教育集群发展成为粤港澳大湾区高等教育的一种重要战略选择，主要取决于以下三个因素。

一是粤港澳大湾区经济社会发展的"湾区"性质使然。何谓"湾区"？可以从两个层面来认识湾区。从自然意义上来说，湾区是围绕海域或江河自然形成的若干个区域相连的区域集合，是一个区域概念；而从社会意义上来说，一个称得上湾区的区域集合，更重要的是其所拥有的社会特征，即围绕经济、文化、科技、教育等社会属性，各区域之间相互关联，这种关联不是线性的，而是立体的、外在的，更是内在的，最终形成一个整体的、一体化样态。① 因此，湾区最为突出的社会特征是整体性。仅有自然特征的区域集合还不能称其为湾区，只有同时拥有了明显的社会特征，该区域集合才能成为真正意义上的湾区。根据以上认识，高等教育无疑是湾区一个十分重要的社会特征。湾区的自然特征与社会特征都需要且有助于高等教育集群发展，对于具有湾区意义的粤港澳大湾区来说，无疑也是如此。

二是由粤港澳大湾区建设的创新湾区与科技湾区的定位所决定的。《粤港澳大湾区发展规划纲要》指出，"实施创新驱动发展战略，完善区域协同创新体系，集聚国际创新资源，建设具有国际竞争力的创新发展区

---

① 参见卢晓中、卓泽林《湾区高等教育的形成与发展——基于粤港澳大湾区与旧金山湾区比较的视角》，载《高等教育研究》2020 年第 2 期，第 91 页。

域"①。其中确立的战略定位之一就是建设"具有全球影响力的国际科技创新中心"。应当说，粤港澳大湾区与国际一流湾区相比，最大的差距在科技创新，最大的潜力也在科技创新。因此，坚持把创新发展作为大湾区建设的首要任务已成为大湾区建设的主导方向。值得关注的是，继《粤港澳大湾区发展规划纲要》发布后，2021 年 3 月发布的《中华人民共和国国民经济和社会发展第十四个五年规划和 2035 年远景目标纲要》又特别提出"支持北京、上海、粤港澳大湾区形成国际科技创新中心"②。因此，无论是"建设具有国际竞争力的创新发展区域"，还是"形成国际科技创新中心"，都有赖于且极大地有助于大湾区高等教育集群发展。创新发展区域和国际科技创新中心的建设，关键在于能获得足够满足社会发展需求的高层次人才和充分的智力支撑，特别是当前和未来科技创新的一个重要特征是跨学科、跨领域的集成创新，它越来越多地发生在交叉学科领域，这也正是国家 2020 年将交叉学科新列为第 14 个学科门类的重要原因。国际科技创新中心建设的需要和科技创新的以上重要特征都对粤港澳大湾区高等教育，尤其是高等教育集群发展提出了新的重大需求，同时这个重大需求也将进一步助推以集群发展为特征的大湾区高等教育的现代发展，最终将大湾区建设"成为世界高等教育合作发展和创新发展先进典范"③。由此可见，粤港澳大湾区高等教育集群发展的战略选择有其时代必然性。

三是粤港澳大湾区国际教育示范区建设目标所要求的。《粤港澳大湾区发展规划纲要》提出，"支持大湾区建设国际教育示范区，引进世界知名大学和特色学院，推进世界一流大学和一流学科建设"④。关于国际教育示范区，目前有不同的认识，其中有一种观点认为，该示范区建设目标主要指的是国际教育的示范区，也就是在国际教育方面粤港澳大湾区取得

---

① 中共中央、国务院：《粤港澳大湾区发展规划纲要》，见中华人民共和国中央人民政府网（http://www.gov.cn/zhengce/2019 – 02/18/content_5366593.htm#1）。

② 中华人民共和国中央人民政府：《中华人民共和国国民经济和社会发展第十四个五年规划和 2035 年远景目标纲要》，见中华人民共和国中央人民政府网（https://www.gov.cn/xinwen/2021 – 03/13/content_5592681.htm）。

③ 教育部、广东省人民政府：《推进粤港澳大湾区高等教育合作发展规划》，见广东省人民政府网（https://www.gd.gov.cn/zwgk/zcjd/snzcsd/content/post_3145724.html）。

④ 中共中央、国务院：《粤港澳大湾区发展规划纲要》，见中华人民共和国中央人民政府网（http://www.gov.cn/zhengce/2019 – 02/18/content_5366593.htm#1）。

具有示范意义的建设成果，而建设成果的这种示范意义，则表明建设成果的高质量、高水平、高影响力，至于这种示范意义是在什么范围里的示范，尚未明确。显然，在这一语境下的国际，主要指的是教育中的国际教育方面。另一种观点则认为，该示范区建设目标所着眼的是大湾区整个教育方面，重点是高等教育领域诸方面，而不仅仅指的是国际（高等）教育，换句话说，大湾区的教育建设目标是国际的教育示范区，这里的"国际"，更多的是表明一种示范范围，即在国际范围里具有示范意义。实际上，这也体现了对示范区建设成果的高质量、高水平、高影响力的更高要求。笔者比较赞同后一种理解，因为从教育与经济社会发展的互动关系而言，这一关系体现在粤港澳大湾区，就是《粤港澳大湾区发展规划纲要》提出的两个"国际"，即一个是国际科技创新中心，另一个便是国际教育示范区。这两个"国际"实际上有着内在的关联，比如国际科技创新中心建设需要高等教育培养高素质的创新人才和提供高水平的科技创新产品的支撑，而国际教育示范区也主要是，或在相当大程度上是通过大学为国际科技创新中心培养高素质的创新人才和开发高水平的科技创新产品来彰显其示范性的。因此，国际科技创新中心和国际教育示范区中的两个"国际"是相辅相成、相互成就的。仅仅从国际教育来理解和定位大湾区的国际教育示范区建设，不足以支撑具有全球影响力的国际科技创新中心建设，也难以助力达成创新湾区、科技湾区的建设目标。唯有大湾区教育整体性的高质量、高水平、高影响力，才能够为国际科技创新中心建设提供有力支撑，为创新湾区、科技湾区建设打下坚实基础。那么，大湾区教育如何才能建设成为具有国际示范意义的教育示范区呢？就高等教育而言，与国际科技创新中心和创新湾区、科技湾区建设相关联，着眼于粤港澳大湾区高等教育的集群发展无疑是一种重要的战略选择。

二、粤港澳大湾区高等教育集群发展的基本路向

综上所述，高等教育集群发展不仅体现了当代高等教育发展的主流趋势，而且高质量的高等教育集群发展也是粤港澳大湾区国际教育示范区建设的重要表征和国际科技创新中心建设的有力支撑。因此，为粤港澳大湾区高等教育集群发展确立一个适切的路向无疑尤为关键。下面基于高等教育集群发展的三个主要特征和粤港澳大湾区的实际对此作一探讨。

（一）建构自上而下与自下而上协同的大湾区高等教育集群发展的整体性

粤港澳三地高等教育的交流合作由来已久，但多为民间自发推动。而当粤港澳大湾区概念被提出并成为国家重大战略后，中央政府及各地方政府强力主导和推动粤港澳三地在"大湾区概念"下的交流合作，粤港澳三地高等教育合作发展同样也进入"大湾区时刻"的新阶段。从历史、现实和未来的角度看，粤港澳大湾区高等教育集群发展有以下两种基本的路向与方式：一种是自上而下的高等教育集群发展，即由中央政府强力主导，布局高等教育集群发展格局；各地方政府也主动而为，着力构建高等教育集群发展的新格局，形成高等教育发展共同体。另一种是自下而上的高等教育集群发展，即各高校基于自身的内在发展需求，着眼于优势互补，最终形成众高校集群发展样态。对于粤港澳大湾区的实际而言，既有政府强力主导粤港澳大湾区建设而形成的自上而下的高等教育集群发展态势，也有粤港澳三地历史形成的自下而上的高等教育集群发展的基础。从粤港澳大湾区自上而下的高等教育集群发展来看，我们可从中央政府给大湾区的创新湾区、科技湾区的定位及其与高等教育的关系来考察。如前所述，由《粤港澳大湾区发展规划纲要》提出并在《中华人民共和国国民经济和社会发展第十四个五个规划和 2035 年远景目标纲要》中得到重申的是，粤港澳大湾区国际科技创新中心建设与高等教育集群发展的关系密切。因为在当今时代，大学无疑是科技创新的主力军，而科技创新，尤其是颠覆性创新技术，是一种跨学科、跨领域的集成创新，并非设计、材料、工艺领域的"线性创新"，有赖于高等教育集群发展。实际上，在粤港澳大湾区成为国家重大战略后，高等教育集群发展的提法多次出现在教育部主管领导的相关讲话或文章中。如在 2018 年 3 月举办的粤港澳大湾区创新创业教育研讨会上，教育部高等教育司司长吴岩指出，在世界范围内新一轮科技革命与产业变革扑面而来的时代背景下，粤港澳大湾区大学集群发展能够充分发挥"集聚—溢出"效应，有力支撑协同发展的产业体系，持续深化"一带一路"倡议，加快建设国际创新中心，打造世界性高等教育新高地，探索区域高等教育发展的新模式。[①] 这已清晰表明国家教育主管部门主导推动粤港澳大湾区高等教育集群发展的基本立场，显然这是一种自上而下推动的高等教育集群发展方式，也反映了我国高等教育管理体制的重要特色。

当前，要进一步推进和深化粤港澳大湾区高等教育的高质量集群发展，应当更加关注自下而上推动的高等教育集群发展方式。这是因为，一方面，由于粤港澳大湾区的区域特点（"一国两制，三种法律体系"），自上而下的政府治理方式有着某种局限，对于政府主导推动的粤港澳大湾区高等教育集群发展也是如此；另一方面，自下而上推动的高等教育集群发展方式有助于激发高校的内在活力，调动高校自主办学的积极性、主动性，推动高质量的集群发展。值得提及的是，自下而上推动的高等教育集群发展的一个重要前提或基础是高校拥有较大的办学自主权[②]，因为只有拥有办学自主权的高校，才能根据自身的实际主动并适当地回应高等教育集群发展的趋势和需要。

（二）发展大湾区高等教育集群发展的多样性

从高等教育的现代发展来看，多样性是现代高等教育发展的逻辑起点，也是当前乃至今后相当长一个时期中国高等教育发展的基本样态。与此相应地，多样化日益成为现代高等教育发展的主流趋势。与传统高等教育发展不同，现代高等教育发展的一个最为普遍也最为本质的现象即多样性，这既与教育的价值追求（满足每个人的教育需求和社会对教育的多样化需求）有关，同时也是高等教育发展到现代以降的阶段性特殊现象。应当说，高等教育多样性既是高等教育发展到现代的结果性现象，同时又是现代高等教育发展出现的种种新现象、新特征和新问题的原因或根源所在，或可称之为原因性现象。当高等教育进入普及化阶段，这种多样性特征更加明显，而且因为面临新的外部环境而变得更加错综复杂。比如"互联网＋"时代已经到来，人工智能正以人们难以预料的势头迅速发

---

① 参见华南理工大学《粤港澳大湾区将打造世界级高等教育集群》，见东莞理工学院高等教育研究所网（https://gjyj.dgut.cn/info/1030/1220.htm）。

② 参见卢晓中、秦琴《高等教育集群发展视域下粤港澳大湾区高校办学自主权研究》，载《中国高教研究》2021年第4期，第57页。

展，在这样的背景下，很多创新型的新业态会不断涌现，为了适应这些新业态的发展，大学的办学模式很可能出现更加多样化的变化，如近年来出现的新型研究型大学、创新型大学、创业型大学等，似乎也预示了这种多样化的变化趋势。必须指出的是，尊重高等教育的多样性是尊重高等教育规律的重要体现，这也是现代高等教育发展的重要特征。

如果把现代高等教育发展聚焦到高等教育集群发展上，也就是把现代高等教育发展的多样性集中体现在高等教育集群发展的多样性上，对高等教育集群的多样性的保护，尤其是发展（发展实际上内含了保护），是现代高等教育发展方向和规律的重要表征。值得特别提及的是，高等教育集群发展的多样性并不排斥其发展的整体性。而且，高等教育集群发展整体性的两大基本特征就是优势互补的整合效应和丰富多彩的"马赛克"式图景，基于优势互补、丰富多彩的角度，发展高等教育集群的多样性，不仅不会破坏高等教育集群发展的整体性，而且恰恰是促使高质量高等教育集群发展的重要途径。

具体而言，高等教育的多样性有其自然生成和历史传统的因素，同时也有主动建构因素。对于自然生成、历史传统的高等教育多样性，对待其的正确态度与方式就是尊重和保护高等教育的多样性。对于高等教育多样性的主动建构，则需要在促进高等教育集群发展的"一种新的思维方式"和"引起变革的一种手段"下不断丰富和发展高质量高等教育体系建设所需的多样性。

从大湾区的社会性来考察，尽管香港、澳门与珠三角九市地域相连，文化同源，人缘相亲，民俗相近，往来密切，粤港澳三地有许多相同或相似之处，但不可否认的是，由于历史、政治、文化等多方面的交叠影响，粤港澳三地又呈现很大的差异性。这种差异性有自然生成、历史传统的因素，同时也有主动建构的因素。对于高等教育而言也是如此，粤港澳三地高等教育体现出相当的差异性，从而构成了大湾区高等教育多样性样态。

当前，值得思考的一个问题是，大湾区高等教育具有多样性样态，究竟是有利于高等教育集群发展，还是一种障碍？从前文所述的高等教育整体性与多样性的关系，并不难回答这一问题，即如果能够正确认识和适当把握这种多样性样态，将有利于高等教育集群发展，特别是集群功能的放大，甚至成为大湾区高等教育集群发展的"正资产"。但这毕竟是一种应然的答案，也就是有前提条件的，即"正确认识"和"适当把握"。如若不能"正确认识"和"适当把握"这种多样性，则其可能走向事物的反面，成为一种"负资产"。而且，大湾区的特殊性对"正确认识"和"适当把握"赋予了特别的区情内涵。从总体来说，这种"正确认识"和"适当把握"包括两层意蕴：一是从尊重历史与现实的角度保护大湾区高等教育集群发展的多样性；二是从优势互补和丰富多彩的角度"变革性"地发展大湾区高等教育集群的多样性。就大湾区的特殊性而言，重视并"变革性"地发展高等教育集群的多样性，对于大湾区高等教育的未来发展显得特别重要。

（三）推动以规则衔接与机制对接为重点的大湾区高等教育集群发展的管理一体化

如果说高等教育集群发展的整体性特征与多样性特征高度一致有赖于管理一体化，那么对于粤港澳大湾区而言，这种管理的一体化既有其重要性，也存在一些亟待破解的特殊难题。这是由大湾区建设要求和"一国两制，三种法律体系和三个关税区"的特殊区情及粤港澳三地高等教育不同的管理体制的历史与现状所决定的。可以这样说，没有大湾区管理的一体化，就不可能实现大湾区高等教育集群的高质量发展，更遑论"打造高质量发展的典范"和"成为世界高等教育合作发展和创新发展的先进典范"。

如何来推动大湾区高等教育集群发展的管理一体化呢？这里首先需要厘清"一体化"这一概念。所谓"一体化"，指的是"将两个或两个以上的互不相同、互不协调的事项，采取适当的方式、方法或措施，将其有机地融合为一个整体，形成协同效力，以实现组织策划目标的一项措施"[①]。值得特别提及的是，它与一样化不同，一样化是无差异化和完全的同质化。2021 年 5 月 20 日，广东省省长马兴瑞在谈及大湾区建设时专门指出，一体化不是一样化，从现在推动粤港澳三地来共同建设粤港澳大湾区，所要推动的是一体化，而不是一样化。推动一体化，主要是从市场的一体化角度和从市场要素的角度去推动一体化，而不能够形成一样化。因

---

① 《集约型一体化管理体系创建与实践》编委会：《集约型一体化管理体系创建与实践》，中国石化出版社 2010 年版，第 101 页。

为形成一样化，容易把粤港澳三地的优势包括特点抹平，无法发挥粤港澳大湾区作为国家重大战略的应有作用。大湾区作为国家重大战略，就是要发挥每个区域的优势，比方说中央确定的粤港澳大湾区有五大战略定位，不管是世界级城市群、国际科技创新中心，还是"一带一路"建设的重要支撑、深度合作的示范区，抑或是宜居宜业宜游的生活圈，从这五大战略定位来看，粤港澳三地不可能变成一样化，各地一定有其特点，最终大湾区将成为一个世界级的城市群。①

推动粤港澳大湾区高等教育集群发展的管理一体化的关键在于规则衔接和机制对接。正如习近平总书记在深圳经济特区建立40周年庆祝大会上指出的，"要抓住粤港澳大湾区建设重大历史机遇，推动三地经济运行的规则衔接、机制对接"②。即立足"一事三地""一策三地""一规三地"，坚守"一国之本"，善用"两制之利"，推动三地规则机制的联通、贯通和融通。③ 也有学者认为，粤港澳大湾区发展的关键在于统一大湾区的内部规则，并进一步推动中国规则走向国际。在内循环方面，要做好规则制度的衔接；在外循环方面，要使中国的规则国际化。如果内部规则不统一，大湾区发展就会受阻，从而影响竞争力的提升。④ 对于推动粤港澳大湾区高等教育集群发展而言，同样需要基于特殊区情及三地高等教育不同的管理体制的历史与现状来建构管理的一体化。实际上，推动粤港澳大湾区高等教育集群发展，要做到三地内部规则的完全统一并非易事，更为切合实际的做法是，能够统一的规则尽可能做到统一，并通过法制化的过程给予确定，但工作的重点要放在规则衔接和机制对接上。大湾区高等教育集群发展的规则衔接与机制对接要秉持求同存异、优势互补、互利共赢的原则，强化大湾区高等教育互联互通的体制机制创新，探索建立大湾区

---

① 参见广东省省长接受专访谈粤港澳大湾区如何做到"一体化"而非"一样化"，见腾讯视频网（https://v.qq.com/x/page/j3247qxxu8o.html）。

② 习近平：《在深圳经济特区建立40周年庆祝大会上的讲话》，见央广网（https://www.gov.cn/xinwen/2020−10/14/content_5551299.htm？eqid＝c3d7e0d5000073ec0000000664619dcf）。

③ 参见广东省人民政府办公厅《关于印发中国（广东）自由贸易试验区发展"十四五"规划的通知》，见广东省人民政府网（http://www.gd.gov.cn/zwgk/jhgh/content/post_3533836.html）。

④ 参见郑永年《大湾区推动内部规则统一比任何时候都要迫切》，见全球化智库网（http://www.ccg.org.cn/archives/62250）。

高等教育协同发展体系①，最终使大湾区高等教育集群发展成为高质量的发展共同体。

（原载《兰州大学学报（社会科学版）》2021 年第 5 期）

---

① 参见教育部、广东省人民政府《推进粤港澳大湾区高等教育合作发展规划》，见广东省人民政府网（https://www.gd.gov.cn/zwgk/zcjd/snzcsd/content/post_3145724.html）。

高等教育集群发展视域下粤港澳大湾区
高校办学自主权研究

2019 年 2 月《粤港澳大湾区发展规划纲要》发布，粤港澳大湾区正式成为我国的一个区域概念。作为不同于我国一般行政区划，且有"一国两制，三个关税区"特征的一个特殊区域，如何治理大湾区是一个值得关注的新论题，也是当前实施国家区域发展战略必须高度重视的重大课题。关于教育，《粤港澳大湾区发展规划纲要》提出要把大湾区打造成为教育和人才高地，推动大湾区教育合作发展，建设国际教育示范区。近年来，大湾区教育发展常常被表达为合作发展、一体化发展、协同发展、融合发展、集群发展等。实际上对大湾区来说，以上诸种表达均可各自释义，或针对教育的不同层类进行表达，如集群发展主要针对的是高等教育层次；或对各种表达的关系做出厘清，如合作发展表达为大湾区教育的一种发展方式，一体化发展则主要是指一种发展样态，协同发展往往表达的是一种发展原则，融合发展可理解为一种发展阶段。① 不管是何种表达或作何种释义，大湾区教育发展的一个终极目标就是形成发展共同体这一新格局，实现高质量发展，建设成为国际教育示范区。这与大湾区建设的总体定位"建设富有活力和国际竞争力的一流湾区和世界级城市群，打造高质量发展的典范"是相适应和相一致的。不论是教育发展方式、教育发展样态，还是教育发展原则、教育发展阶段，实际上都是与国家治理模式相关联的。总体而言，作为国家区域发展战略的重要且特殊的组成部分，国家治理大湾区教育的一个重要特征就是中央政府强力主导、各地方政府及各教育主体具体实施、社会相关利益主体主动参与。而对于大湾区教育的不同层类而言，国家治理则会面临不同的问题。本文主要从大湾区高等教育集群发展的角度，对高校办学自主权这一涉及国家治理高等教育的重要论题作一探讨，以求教于方家。

---

① 参见许长青、卢晓中《粤港澳大湾区高等教育融合发展：理念、现实与制度同构》，载《高等教育研究》2019 年第 1 期，第 28－36 页。

一、高等教育集群发展是大湾区高等教育发展的战略选择

大湾区教育一体化发展样态体现在高等教育领域，便是高等教育集群发展，这已形成了广泛的共识，并成为一种战略选择。高等教育集群发展成为大湾区高等教育发展的一种重要战略选择，主要取决于以下两个因素。

一是大湾区经济社会发展的"湾区"性质使然。对于湾区通常可以从两个层面来认识：一个是从自然意义而言，湾区是一个区域的概念，即围绕海域或江河形成的若干个区域相连的区域集合；另一个是从社会意义来讲，湾区除了区域相连的自然特征外，更为重要的是其所拥有的社会特征，即围绕某个或某些社会属性诸如经济、文化、科技、教育等，区域集合中各区域之间是相互关联的，这种关联不是线性的，而是立体的，最终形成一个整体的、一体化样态。由此可见，湾区的社会特征是一个整体的概念。从以上意义上讲，仅有自然特征的区域集合还不是一个湾区，只有同时拥有了社会特征，该区域集合才能算是真正意义上的湾区。如果说湾区的自然特征是相对固定的，那么湾区的社会特征则是随着时代的变化发展而形成和发展的。如何使湾区的社会特征随着时代的发展变化而逐步形成和发展，也是区域集合之所以为湾区的关键。根据以上认识，高等教育无疑是湾区一个十分重要的社会属性，其彰显出的社会特征是成就湾区的一个关键性要素。而湾区的这一社会特征又是具有成长性的，这一成长性是湾区形成和发展过程中的一个重要特性。由此可见，湾区的自然属性与社会属性都需要并有助于高等教育集群发展。这对大湾区来说也是如此。

二是由大湾区建设的创新湾区与科技湾区的定位所决定的。《粤港澳大湾区发展规划纲要》提出的大湾区建设的第一条基本原则便是"实施创新驱动发展战略，完善区域协同创新体系，集聚国际创新资源，建设具有国际竞争力的创新发展区域"。而确立的战略定位之一就是建设"具有全球影响力的国际科技创新中心。瞄准世界科技和产业发展前沿，加强创新平台建设，大力发展新技术、新产业、新业态、新模式，加快形成以创新为主要动力和支撑的经济体系；扎实推进全面创新改革试验，充分发挥粤港澳科技研发与产业创新优势，破除影响创新要素自由流动的瓶颈和制约，进一步激发各类创新主体活力，建成全球科技创新高地和新兴产业重

要策源地"。2020 年《中共中央关于制定国民经济和社会发展第十四个五年规划和 2035 年远景目标的建议》提出"支持北京、上海、粤港澳大湾区形成国际科技创新中心"。无论是"建设具有国际竞争力的创新发展区域",还是"形成国际科技创新中心",都有赖于且有助于大湾区高等教育集群发展和国际教育示范区建设。创新发展区域和国际科技创新中心的建设,关键在于获得足够的高层次人才和充分的智力支撑,这些都对大湾区高等教育,尤其是高等教育集群发展乃至国际教育示范区建设提出了不可或缺的重大需求,同时这个重大需求无疑将助推以集群发展为特征的大湾区高等教育的现代发展和国际教育示范区的形成。

　　由此可见,大湾区高等教育集群发展的战略选择有其时代必然性。这里有必要对高等教育集群发展的内涵作进一步阐释。不妨先对集群一词作一释义。集群,通常指的是计算机的一项新技术,即一组相互独立的、通过高速网络互联的计算机,彼此构成了一个组,并以单一系统的模式加以管理。通过集群技术,可以在付出较低成本的情况下获得在性能、可靠性、灵活性方面的相对较高的收益。这至少包括三个意蕴:一是整体关联性,二是个体多样性,三是管理一体性。其样态为整体性与多样性的结合,即"马赛克"式的整体发展样态。① 经济学家则将其用于经济学中,提出了产业集群概念。1990 年美国的迈克尔·波特教授在《国家竞争优势》一书中,将"集群"作为该书的核心理论概念之一。他认为,"集群即指在某一特定区域下的一个特别领域,存在着一群相互关联的公司、供应商、关联产业和专门化的制度和协会"②。波特教授强调了这种集群现象与国际竞争力的成长之间的联系,认为"集群已经成为促进经济发展的一种新的思维方式"③,而且作用不容小觑,在实践中"又是引起变革的一种手段"④。波特还提出了用"产业集群"一词来定义在某一特定领域中,大量产业联系密切的企业以及相关支撑机构在空间上集聚,并形成强劲、持续竞争优势的现象。

　　如果将集群一词运用到高等教育领域,那么我们可从高等教育的内外

<hr/>

① 参见卢晓中《推动粤港澳大湾区教育合作发展的思考》,载《中国高教研究》2019 年第 5 期,第 54 – 57 页。

② ［美］迈克尔·波特:《国家竞争优势》(上),中信出版社 2012 年版,第 XVI 页(序言)。

③ ［美］迈克尔·波特:《国家竞争优势》(上),中信出版社 2012 年版,第 XIX 页(序言)。

④ ［美］迈克尔·波特:《国家竞争优势》(上),中信出版社 2012 年版,第 XXII 页(序言)。

部关系规律的角度来对高等教育集群发展的特征作一考察：一方面，高等教育的集群发展需要从高等教育与经济社会发展的关系来认识，如加强产教融合、科教融合，以及促使教育链、人才链与产业链、创新链的有机衔接，这实际上体现了高等教育集群发展的一种理想样态；另一方面，高等教育的集群发展又是与高校内部的学科交叉融合、学科集群建设相关联的，或者说高等教育的集群发展有赖于各高校之间及高校内部的学科交叉融合和学科集群建设。以上两个方面是密切关联的，遵循高等教育的内外部关系规律。实质上，这两个方面及其相互之间的关系所体现的都是高等教育集群发展的整体性特征。与此相对应的是高等教育集群发展的另一个重要特征，即高等教育集群发展的多样性特征，无论是何种集群（高等教育的集群或高校学科集群）皆如此，这也是由经济社会多样化、集群化的需求和当代科学高度分化、高度综合的趋势所决定的，反映了高等教育发展在集群意义上的整体关联性与个体多样性的高度一致。

应当说，高等教育集群发展体现了当代高等教育发展的主流趋势，而高质量的高等教育集群发展也是大湾区国际教育示范区建设的重要表征。大湾区高质量的高等教育集群发展有两种路向可以选择：一种是自上而下的高等教育集群发展，即由中央政府强力主导，布局高等教育集群发展格局；同时，各地方政府也主动而为，着力构建高等教育集群发展的新格局，形成高等教育发展共同体，这属于高等教育的政府治理范畴。另一种是自下而上的高等教育集群发展，即各高校基于自身的内在发展需求，着眼于优势互补，最终形成众高校集群发展样态，这涉及高校内部治理问题。对于大湾区的实际而言，既有政府强力主导大湾区建设而形成的自上而下的高等教育集群发展态势，也有粤港澳三地历史形成的自下而上的高等教育集群发展的基础。从大湾区自上而下的高等教育集群发展来看，我们可从中央政府给大湾区的创新湾区、科技湾区定位及其与高等教育的关系来考察。由《粤港澳大湾区发展规划纲要》提出并在《中共中央关于制定国民经济和社会发展第十四个五年规划和2023年远景目标的建议》中得到重申的是，大湾区国际科技创新中心建设与高等教育集群发展的关系密切。因为在当今时代，大学无疑是科技创新的主力军，同样，科技创新，尤其是颠覆性创新技术是一种跨学科、跨领域的集成创新，有赖于高等教育集群发展。实际上，在粤港澳大湾区成为国家重大战略后，高等教育集群发展的提法多次出现在教育部主管领导的有关讲话或文章中。如在

2018 年 3 月举办的以"创新创业——成长的力量"为主题的粤港澳大湾区创新创业教育研讨会上，教育部高等教育司司长吴岩作了题为《推进粤港澳大湾区大学集群发展，打造中国高质量发展新的增长极》的主题报告。他指出，在世界范围内新一轮科技革命与产业变革扑面而来的时代背景下，大湾区大学集群发展能够充分发挥"集聚—溢出"效应，有力支撑协同发展的产业体系，持续深化"一带一路"倡议，加快建设国际创新中心，打造世界性高等教育新高地，探索区域高等教育发展的新模式。高等教育创新是大湾区更基础、更持久的动力源泉。大湾区高等教育类型丰富、互补性强，大学集群发展得天独厚，必须坚持以政府为主导推进"顶天"规划、以科教创新推进动力集聚、以市场机制推进共建共享，真正实现相对于区域经济社会的先导发展。① 这些观点均表明了国家教育主管部门主导推动大湾区高等教育集群发展的基本立场，显然这是一种自上而下的高等教育集群发展的未来路向。

当前，要进一步推进和深化大湾区高等教育的高质量集群发展，应当更加关注自下而上推动的高等教育集群发展方式。这是因为，一方面，由于大湾区的区域特点（"一国两制，三种法律体系"），自上而下的政府治理方式受到某种局限；另一方面，自下而上推动的高等教育集群发展方式有助于激发高校的内在活力，调动高校自主办学的积极性、主动性，推动高质量的集群发展。如大湾区建设的创新湾区、科技湾区定位，打造国际科技创新中心，亟须产教融合、科教融合。其中，大学、政府、市场三者之间的良性互动必不可少。长期以来，高度市场化的产业对大学的需求是非常多样且灵活多变的，而受制于相对僵化的行政管理体制的大学难以对此做出积极主动的回应。这也是至今科教融合、产教融合之所以难"融"的一个重要原因。

二、粤港澳三地高校办学自主权差异分析

自下而上的高等教育集群发展的一个重要前提和基础是高校拥有较大的办学自主权，因为只有拥有办学自主权的高校，才能根据自身的实际主

---

① 参见华南理工大学《粤港澳大湾区将打造世界级高等教育集群》，见东莞理工学院高等教育研究所网（https://gjyj.dgut.edu.cn/info/1030/1220.htm）。

动回应高等教育集群化发展的趋势和需要。对于大湾区来说，粤港澳三地高校办学自主权的情形不尽相同，甚至相差较大。港澳高校办学自主权较大且较广泛。具体而言，香港的大学在办学理念与教学方法上一定程度上受英国大学模式的影响。香港法例中《第279章教育条例》对高校的地位及有关高等教育办学行为进行了总体的法律规定。此外，香港各高校均制定了专门的法律条例并依据法律条例行事。香港的法律条例明确规定高校是独立的社会法人团体，董事会是高校最高的权力机构，在法律框架内，学校在专业设置、课程开发、选拔学生、开展学术研究、教职员工聘任及薪酬福利制度等方面，都享有相当大的自主权。在高等教育管理方面，香港特别行政区政府不直接干涉高校的日常事务，而是通过大学教育资助委员会（以下简称"教资会"）这一中间机构对大学实行间接的宏观管理。在政府赋权下，教资会定期对各大学进行教学及研究评审，并根据评审结果对各大学教育经费进行核定和划拨。通过法律、拨款及评审制度，香港实现了学校自治、国家干预和市场调节诸种力量的均衡互动。

澳门的高等教育尽管起步较晚，规模也不大，但是在多元的文化交融和开阔的国际视野下，澳门的高校一直坚持自主办学，并营造了深厚的自由学术氛围。澳门于1991年出台了《高等教育法》，回归祖国后，澳门高等教育管理日趋规范。2017年，澳门颁布了新的《高等教育制度》，之后又接连颁布了《高等教育委员会》《高等教育基金》《高等教育素质评鉴制度》《高等教育学分制度》《高等教育局的组织及运作法规》等一系列相关行政法规，在赋予高校更大的自主性和灵活性的同时，进一步优化了院校办学质量，促进了澳门高等教育发展更趋多元。在高等教育管理方面，高等教育辅助办公室作为澳门特别行政区政府专责处理高等教育事务的机构，在管理协调高等教育事务、理顺政府与公立高校之间的关系、扩大公立高校办学自主权上也有所突破。大学章程针对大学各个治理机构职权、组成和运作等方面都有详细而清晰的表述，为高校的自治权益提供了保障。如"第14/2006号行政命令"核准的新《澳门大学章程》以法律形式赋予澳门大学在学术、行政和财务上更大的办学自主权。在不断完善教学管理和科研管理制度的同时，澳门各高校纷纷以国际性的质量管理认证机制来优化校园管理和行政运作。

总体而言，港澳高校治理中，高校拥有较大的办学自主权，且办学自主权受到法律保障，从而能得到较好的落实。

广东省高校的办学自主权一直是理论与实践关注度比较高的问题。依法扩大和落实高校办学自主权自 20 世纪 80 年代中期以来便是高等教育体制改革努力的方向，到今天，高等教育治理体系和治理能力现代化的一个重要目标，仍然是"进一步落实和扩大高校办学自主权、完善高校内部治理结构"。

大湾区高等教育集群发展所关涉的方面较多，制约因素也较复杂。如由于社会制度和宏观管理体制的不同，粤港澳三地高等教育管理体制存在较大差异，因此三地在开展教育合作时，管理模式和手段常常无法有效对接。加之大湾区高等教育机构在合作中有时缺乏"湾区"意识，各自为政，以致"集而不群"。其中还有一个重要因素就是高校办学自主权的缺失，以致难以形成高等教育集群发展各主体"主动而为"的内在动力。自 1993 年发布的《中国教育改革和发展纲要》提出"逐步建立政府宏观管理、高校面向社会自主办学的体制……使高校真正成为面向社会自主办学的法人实体"，到 2010 年通过的《国家中长期教育改革和发展规划纲要（2010—2020 年）》提出"落实和扩大学校办学自主权"，再到 2013 年通过的《中共中央关于全面深化改革若干重大问题的决定》提出高等教育要"深入推进管办评分离，扩大省级政府教育统筹权和学校办学自主权，完善高校内部治理结构"，上述政策文件的出台旨在促进政府监管职能的履行与大学办学自主权的行使之间形成良性的互动关系。而实际上，由于权力下放的不彻底、行政授权被上一级部门截留，以及大学对于办学自主权运用不当等问题，高等教育改革尽管层层深入，却有时陷入"放乱收死"的怪圈。政府层面权力适当下放的自上而下的改革与大学办学自主权恰当行使的自下而上的改革之间，暂时未能形成上下协同的良性互动机制。[1] 从大湾区高校集群发展的现实情况来看，内地高校办学自主权有待进一步提高具体表现在以下 7 个方面。

（1）合作办学的自主权有待进一步提高，难以适应大湾区高等教育集群发展的需要。合作办学是促进大湾区高等教育集群发展的重要途径。目前，粤港澳合作办学适用《中华人民共和国中外合作办学条例》及其实施办法，完全按照中外合作办学进行管理，无论是合作办学项目的外事

---

[1] 参见卢晓中《国家基础权力视域下的我国大学办学自主权》，载《大学教育科学》2020 年第 4 期，第 46 页。

审批程序，还是办学过程的外事管理规定都比较繁复，既不能适应大湾区高等教育集群发展的新形势，也不符合"一国两制"的"一国"前提。自2006年以来，教育部相继发布了一系列文件以进一步规范中外合作办学的秩序，如《教育部关于当前中外合作办学若干问题的意见》《教育部关于进一步加强高等学校中外合作办学质量保障工作的意见》等，广东省政府也出台了相应的政策，如广东省物价局、广东省教育厅和广东省财政厅联合印发的《广东省高等学校中外合作办学收费管理办法（试行）》，广东省发展改革委员会、广东省教育厅和广东省财政厅联合印发的《广东省发展改革委 广东省教育厅 广东省财政厅关于高等教育中外合作办学收费管理的办法》等。这些文件对大湾区合作办学在招生录取、培养过程、证书颁发、质量保障，尤其是学费定价等方面做了严格而详细的规定，在一定程度上加强了对合作办学的质量监控和秩序管理，但未能在合作办学专业布局整体规划或其他自主性发展领域提供更多的支持，而且由于多部门管理反而加大了合作办学的难度，存在行政因素过度渗入、管得过死、开放度不够等问题。[①]

（2）高校章程缺乏对办学自主权的切实保障，导致内地高校在寻求与港澳合作时出现政策和管理上难以有效对接的问题。章程作为高校的"宪法"，其中一个最主要的功能就是厘清大学内外权力的归属和边界，保障大学的自治权益。尽管目前内地各公立高校基本做到了"一校一章程"，但在内容上，许多高校章程看似丰富、无所不包，实际上在有关决策的权力和结构即治理架构上并不清晰，许多高校将行政职能机构、教学科研单位、直属单位等混杂在一起，缺少治理内涵与边界。在功能与地位上，章程普遍只是作为一种部门规章，并未上升为法律法规，不仅在法律效应和约束范围上大打折扣，而且不能保障大学的合法权利和彰显大学的办学自主权。此外，许多高校章程的一些必备要素并不明确甚至未涉及，如在涉及高校外部关系方面对高校的自主权内容少有涉及，抑或语焉不详而难以实施，这与一些港澳高校章程中有关大学自治权权力归属、决策结构和实施过程等的清晰表达形成了鲜明的反差。许多高校章程在产权关系上的界分不明确，大学的独立地位自然无法凸显，由此而产生的利益分配

① 参见陈丽萍、朱玉成《中外合作办学省级政府教育统筹的问题归因与对策研究——国家教育体制改革试点调研报告》，载《中国高教研究》2015年第10期，第18–19页。

的归属和支配利用划分不清等问题，都会影响投资主体的积极性，从而给粤港澳三地高等教育合作的长期可持续发展带来不利影响。

（3）内地高校招生自主权不足，广东省高校对港澳地区生源的吸纳能力未得到充分释放。争取更多的港澳学生来广东高校升学就读，既是大湾区高等教育集群发展之要求，同时也是增强港澳青年国家认同意识的重要举措。以香港为例，据统计，截至2019年6月，共有1.57万名香港学生在内地300多所高校和科研院所学习①，同时，教育部公布参与免试招收香港学生计划的内地高等院校增加至109所②，港澳台侨联招考试的招生院校也已增加到336所③。目前，香港的高校可以提供的学位不足，更多的香港学生在选择到内地求学时更愿意到广东省内高校就读，这除了与通过广东省高水平大学建设和国家"双一流"建设广东省高校的水平提升较大有关，还与粤港两地文化、语言相近相通和过去的合作传统，以及当前业已形成的港珠澳"一小时生活圈"、粤港澳"三小时生活圈"等因素密切相关。但目前广东省内参与免试招收香港学生计划的院校主要集中在中山大学、暨南大学等"双一流"建设高校，招生名额有限，远不能满足香港学生的需求。虽然广东省有40所高校可以通过全国联招招收港澳台学生（2019年）④，但由于粤港两地的教育模式和文化背景不同，内地大学全国联招考试的内容与香港学生所学的知识存在差异，增加了香港学生报考内地高校的难度。此外，由于香港的副学位与内地的大专文凭并无互认机制，因此，香港的副学士/高级文凭毕业生一般不能到内地高校插班就读。上述问题的存在在一定程度上减少了香港学生向内地流动的机会。

（4）广东省高校经费配置方式与管理使用的自主权不足，影响大湾区高校的有效合作。财政拨款作为公办高校办学经费的主要来源，其配置方式在很大程度上影响着高校的发展。内地高校基本办学经费来源以财政

---

① 参见《香港学生在内地："这里的生活让我感到很幸福"》，载《人民日报》2019年9月2日第4版。

② 参见中华人民共和国中央人民政府《2019年内地109所高校将免试招收香港学生》，见中华人民共和国中央人民政府网（https://www.gov.cn/xinwen/2018 – 10/08/content_5328610.htm）。

③ 参见《2019年全国联招招生院校名单》，见微信公众号"广东省教育考试院"（https://mp.weixin.qq.com/s/iyhBEFI4S – oyDQLIWUwHcw）。

④ 参见《2019年全国联招招生院校名单》，见微信公众号"广东省教育考试院"（https://mp.weixin.qq.com/s/iyhBEFI4S – oyDQLIWUwHcw）。

拨款为主，其现有的配置方式多为专项资源配置方式，中央政府及省政府以各种工程、项目、计划等形式进行拨款配置。在这种统一的财政管理体系中，一笔财政拨款从申请、审核到最终使用一般都是一个漫长的过程。专款专用的规定，因缺少灵活性从而大大降低了资金的使用效率，并且高校财务预算在确定之后一般很难改动，造成高校的财务预算和实际办学需要不能很好地契合。尽管近些年中央政府及广东省政府鼓励和支持港澳高校以单独或联合内地高校的方式参与有关工程、项目、计划，但开放程度受限，制约条件诸多。同时，由于办学理念及管理方式的差异，港澳高校参与的意愿也不足。内地高校寻求联合港澳高校申请的项目，往往受制于高校项目经费管理的种种限制而难以实际推进。

（5）高校学科和专业设置自主权不足，影响大湾区高等教育集群发展并制约国际科技创新中心的建设。2012 年，教育部修订并发布了《普通高等学校本科专业目录（2012 年）》和《普通高等学校本科专业设置管理规定》，规定了专业设置和调整实行备案或审批制度。按照文件要求，"高等学校依据高等学校本科专业目录，在核定的专业设置数和学科门类内自主设置、调整专业以及高等学校设置、调整专科专业由学校自主确定"，而目录外专业均需政府部门的核定、审定、审批、批准。对于有利于学术思想交融和跨学科研究开展的"交叉学科"设置问题，尽管2021 年国务院学位委员会、教育部印发了《关于设置"交叉学科"门类、"集成电路科学与工程"和"国家安全学"一级学科的通知》，但在量和面上仍然十分有限，难以满足需求。大湾区国际科技创新中心的战略定位旨在瞄准世界科技和产业发展前沿，加强创新平台建设，大力发展新技术、新产业、新业态、新模式，加快形成以创新为主要动力和支撑的经济体系，建成全球科技创新高地和新兴产业重要策源地。这就要求大湾区高校围绕以上战略定位进行学科专业的调整，特别是加强与新技术、新产业、新业态、新模式相适应的学科专业的融合、交叉和再造，这也是大湾区高等教育集群发展的需求和方向，因为高等教育集群发展的实质是学科专业的集群化。但从目前大湾区高校学科专业设置的现况来看，大湾区不同层次、不同类型的高校间尚未形成学科专业集群式、互补式、特色化发展之势，与国际科技创新中心建设需要的高校学科专业的集群化要求还有差距，尤其是缺乏对冷门学科、基础学科和交叉学科的长期稳定支持的机制。大湾区高校在实施关键领域核心技术紧缺人才自主培养方面，亟须支持高校设置跨学科人才培养项目，在专业布局和学科动态调整方面应更具超前性并积极主动适应经济社会发展的需要，从而为大湾区科技创新和产业升级培养更多的适应性人才。

（6）广东省高校人事制度"双轨并行"制约了高校人事自主权，薪酬体系及待遇等对海外优秀人才的吸引力不够。无论是大湾区国际科技创新中心的形成，还是国际教育示范区的建设，都需要高质量的国际化师资来培养具有国际视野的高素质、创新型人才。高等教育集群发展的关键要素是人，大湾区人才资源的共建共享最为重要。目前广东省高校教师管理主要实行的是"双轨制"，一部分教师（在校年资较长的教师和新引进的学科带头人）有编制，而近年来新进教师则实行无编制的聘任制。"双轨制"可能造成同工不同酬及队伍不稳定等问题。尤其是由编制的相对固化而带来的教职人员"能进不能出，能上不能下"以及聘任制改革中暂时未建立起相应的支持性制度环境等问题，都反映出长期实行的编制管理所形成的诸多弊病无法消除，也影响了高校进人用人的灵活性。① 同时，这也与港澳高校教师管理制度不一致，从而给大湾区高校师资资源的共享和流动带来影响。如对引进外籍专家的薪酬待遇、社保等方面的限制，制约了国际化师资队伍的建设和大湾区教师的流动。

（7）科研自主权不足，高校及其科研人员参与原始创新研究动力不足，科技服务产业的"全链条"尚未形成。大湾区虽然已经具备了研发、转化、生产各环节所需的产业体系，形成了一定的产学研基地与平台，但从科技服务产业的"全链条"来看，无论是涉及基础与创新研究、人才培养和引进的"上链"，还是诸如科技产业化和商品化的"下链"，粤港澳三地在湾区的空间格局中尚未找到各自的定位。究其原因，科研自主权的缺失可以说是其中之一。目前，内地公办高校的科研经费绝大多数来源于政府支持，为了获取科研经费，或者出于规避研究风险的目的，部分科研人员往往遵从政府意愿、追逐社会热点，或热衷于周期更短、见效更快的应用研究，重复、扎堆研究现象严重；而对于基础研究，尤其是原始创新性研究，受其自身特点影响（如路径的不确定性），需要长期积累，取得成果的周期较长，实用价值并不能立刻显现，因此不受大部分研究者青

---

① 参见鲍威、戴长亮、金红昊等《我国高校教师人事制度改革：现状、问题与挑战》，载《中国高教研究》2020年第12期，第23-25页。

睐。在科研项目管理上，国家科研课题经费管理刚性较强，一旦确定了具体计划一般很难进行调整，且科研项目管理验收各环节、各种程序繁琐，这些问题都消耗了研究者大量的研究精力，降低了研究资金的使用效率与科研质量。此外，在科研成果的管理和成果收益的分配方面，研发者的利益有时不能得到很好的保护、科研成果创造者的权益有时受到不公待遇等也挫伤了科研人员的积极性。大湾区要打造国际科技创新中心，需要实现科技科研成果的商品化和产业化，建立创新生态系统和创业文化。因此，一流的教育水平和基础研究能力、完善的知识产权保护制度和法治环境、高度自由的全球信息咨询、人才流动以及活跃的中介服务等条件不可或缺，而赋予高校及其科研人员更大的自主权、为科研人员创造安心稳定的科研环境、创造有利于基础研究和原始创新性研究开展的制度体系与文化土壤是其重要的前提和基础。

以上高校办学自主权的种种缺失在过去粤港澳三地相对松散的合作交流中矛盾或许还不突出，但在大湾区建设背景下寻求三地高等教育紧密合作、融合发展的集群化态势则成为必须解决的"瓶颈"问题。尤其是《粤港澳大湾区发展规划纲要》出台后，大湾区加强了政府对高等教育的统筹协调。如何处理好政府统筹协调与高校自主办学的关系，变"一国两制，三种法律体系"的特殊性为大湾区高等教育的治理优势，真正变"制度之异"为"制度之利"，是当前扩大和落实高校办学自主权亟须破解的难题。

三、关于扩大和落实高校办学自主权的若干思考

针对当前制约大湾区高等教育集群发展所存在的高校办学自主权缺失问题，笔者提出以下思考。

（1）加强政策制度供给，赋予大湾区高校更大的合作办学自主权。自主性是一种迅速应对外部挑战的能力，以及快速发生内在变化的工具，也是一份责任。[①] 面对 21 世纪的挑战，高校亟须努力增强创造力、贡献力、影响力和竞争力，需要获得进行教育试验的权力，获得采用新的、突

---

① 参见［俄］谢尔盖·沙赫赖《中外合作大学治理的热点问题》，见中国高等教育学会网（https://www.cahe.edu.cn/site/content/13987.html）。

破性的教学技术和教学大纲的自由。合作办学的发展离不开政府的管理和监督，但是更需要政府给予高校支持和引导。鉴于大湾区高等教育合作办学的特殊性，亟须专门制定粤港澳大湾区高等教育合作办学的有关条例，在办学申请、审批条件、办学形式等整个"入口"上对大湾区合作办学（项目）实行特别管理。如授权大湾区一些合作办学机构通过自主招生的方式招收本科生，并在不低于国家大学的普遍标准并与之相匹配的前提下，允许办学机构根据自己制定的教学标准和教学大纲开展教学。为适应广东省引进世界高水平大学合作办学的需要，应适当扩大高校国（境）内外合作办学收费自主权，改变"一项一批"的做法，简化审批程序，赋予高校国（境）内外合作办学收费自主权。可考虑由省级人民政府有关部门根据经济水平和物价情况制定收费基本原则框架，各办学机构遵照执行。在对国（境）内外合作办学（项目）的质量评价政策方面，进一步推行"管、办、评"相对分离，大力推动社会评估和第三方认证等形式，鼓励参加国际评估，使合作办学（项目）的质量评价的水准与世界接轨，形成政府、学校、社会权责分明、三方联动的现代高等教育质量保障体系，助推国（境）内外合作办学（项目）更高质量的发展。

（2）修订广东省高校章程中有关高校自主办学的条款，并确保章程的行使效力。一是确立大学章程的法律地位，将大学章程由部门规章上升为法律法规，以增强大学章程的法律效力和扩大大学章程的约束范围。即在章程中明确规定大学作为面向社会依法自主办学的法人实体地位，既要约束大学严格按大学章程办学，也要约束政府部门的大学管理行为，甚至要约束所有与大学打交道的法律主体。① 二是适当增加广东省高校与国（境）外高校合作办学、合作开展研究，以及为社会、公众服务方面的内容，进一步明确高校章程的"校法"地位。同时，港澳高校根据大湾区建设实际及自身的角色定位，在其章程中适当增加针对大湾区建设和高等教育集群发展的内容，如增加与内地高校交流合作、服务大湾区建设，以及促进粤港澳三地教育融合创新等方面的内容。

（3）进一步扩大广东省高校对港澳地区生源的招生自主权，并建立符合港澳实际的招生机制。具体措施包括：取消本科生录取的省份配额限

① 参见张应强、唐宇聪《大学治理的特殊性与我国大学治理体系现代化》，载《清华大学教育研究》2020 年第 3 期，第 13 页。

制，赋予广东省高校在港澳招生时享有自设专业、自主招生和自定学费等方面更大的自主权，其招生计划单列；建立学分累积和转换机制，建立粤港澳三地高校相互承认的学历资格框架；实施更灵活的交换生安排，建立香港地区副学位与内地专科文凭互认机制，招收在香港地区获得副学位的学生赴大湾区高校就读；扩大广东省高校免试招收港澳籍学生的范围和比例，对于选择在内地升读大学的港澳学生，实施专项资助政策，如"国家资助金项目"，对于参加奖学金项目的学生，除了能获得政府提供的奖学金，还可增加他们在大湾区一流大学学习的机会。

（4）扩大和落实高校学科与专业设置自主权，破解人才供给侧与产业需求侧的矛盾。目前，大湾区要围绕湾区的支柱产业、新兴产业、未来产业，重点支持与发展世界科技前沿新兴交叉学科和粤港澳三地高校薄弱空白紧缺的学科专业，尤其是在人工智能、物联网、能源，以及保障大湾区民生和产业发展的自然科学与工程科学领域，开展形成与大湾区建设相适应、有世界影响力和竞争力的产教深度融合的一流学科群，并组建与学科发展布局相匹配、结构合理的学科发展队伍。因此，建议进一步扩大高校学科与专业设置自主权，放权部分具备条件的高校自主开展新增博士硕士学位授权点评审，探索设置新兴交叉学科学位点；鼓励大湾区高校有计划、有重点地设置和建设一批符合大湾区经济社会发展的特色学科专业；根据《粤港澳大湾区发展规划纲要》倡导建立的"紧缺人才清单制度"，可以从高校人才培养的角度建立相应的学科（专业）建设计划，凡人才清单所列专业人才的培养，高校的学科专业设置可不受学科标准限制。此外，还可鼓励部分有实力的大学实行大类招生，以大湾区行业经济结构变化为依据，以支柱产业和高新技术产业发展为重点，突破单一学科式设置模式，实行按大类专业招生、小专业（专门化）施教，设置柔性专业方向，为大湾区经济建设提供更多的高素质、复合性、创新型人才。

（5）根据高校差异化发展的特殊需求，扩大高校经费管理与使用的自主权。政府要在财政拨款机制及额度评估指标体系上进行更深入的研究，考虑高校差异化发展的特殊需求，提高大湾区各级各类高校经费资助额度。如在涉及与港澳合作的项目上，要有更长远的经费划拨计划。在拨款配置方面减少专项安排，整合细小专项为综合专项，给予高校更多的安排空间，发挥项目的最大效益，以"打包形式"整合学科建设、科学研究、人才培养等建设经费。此外，在适当条件下，政府也可考虑根据高校发展水平和发展潜力，增加绩效评估拨款方式，将现行的"综合定额"经费划分为"基础定额"经费和"绩效评估"经费两部分，其中，"基础定额"经费用于保证学校的正常运转，"绩效评估"经费则经由中介机构对高校的办学质量、经费使用效能等方面进行综合评估后，按评估结果予以拨付，不设上限及下限，以此激发高校的办学积极性和主动性，提高办学自主权。①

（6）取消高校教师管理"双轨制"，先行先试统一的聘任制，并建立更灵活的人事和薪酬制度。进一步扩大高校人事自主权，取消对高校年初统一下达增人计划的管理模式，由用人单位自主编制当年增人计划需求，包括人才引进的数量、类型、方式和时间等；粤港澳三地联动，建立大湾区内大学联合办学相关的人事管理制度，支持三地高校教师互聘。为此，政府应提供充足的财政经费支持并搭建相应的支持性制度，解决教职人员在三地高校流动难的问题。同时，落实高校薪酬分配自主权，鼓励高校根据发展需要灵活设计薪酬制度。如引进高层次人才时，广东省高校可根据当时的市场经济发展水平、市场价格确定薪酬水平，工资单列，为海内外优秀人才提供优越的薪酬体系。此外，在外事管理审批方面，探索高校国际会议分类审批的管理办法，授予部分高校（如"双一流"建设高校）一定的外事审批权，方便三地高校教师以及行政人员在内部治理、科研管理、教学管理等方面的交流与培训，促进三地教师更密切的交流和合作。

（7）进一步探索面向世界前沿科技和颠覆性技术的科研支持与管理机制，扩大高校在科研合作中的自主性。对于国家科技工作整体发展和长远发展而言，基础研究和应用基础研究应摆在更加重要的位置。为促进科研健康快速发展，科研管理部门要改革和完善项目形成机制，进一步探索面向世界科技前沿的原创性科学问题的发现和提出机制，建立对非共识项目与颠覆性技术的支持和管理机制，进一步加大基础研究投入，优化投入结构，加大对冷门学科、基础学科和交叉学科的长期稳定支持。在科研管理过程中，应进一步简化科研项目管理流程，高校层面应赋予科研人员更大的预算调剂自主权，减少科研经费报销各类证明材料，切实解决"报销繁"问题；对于科研急需的设备和耗材，需落实特事特办的采购机制，

① 参见张红峰、谢安邦《高等教育投资模式的分类、比较与思考》，载《中国高教研究》2008 年第 5 期，第 24 – 27 页。

解决"程序多、审批慢、购买慢"的问题。此外，鉴于大湾区大学所面临的特殊挑战，还可考虑在大湾区设立一个由本地著名学者、社会活动家和其他各界代表组成的科学委员会，负责确定关键课题和优先事项，通过在最具突破性的科学前沿领域组建一些科研团队，合理研制科研项目资助计划，把粤港澳三地的科研力量集中到重要方向上。

综上所述，大湾区高等教育集群发展需要粤港澳三地高等教育机构的紧密合作，构建协同发展、共同提升的整体规划机制。这就要求三地高校在内外部治理方面加快现代化建设的步伐，形成政府依法管理、学校依法自主办学，以及社会各界依法参与和监督的现代高等教育治理格局。近年来，随着我国高等教育领域"放管服"改革的推进和高校内部控制能力建设，高校的办学自主权也得以逐步落实和扩大。但我们应该清醒地认识到，高校办学自主权的落实和扩大不是单个层面或某个方面的体制机制障碍的突破，而是一项综合性的改革。目前，随着大湾区建设进入全面推进实施阶段，我们需要解决更深层次的问题，需要突破不同区域、不同管理体制，以及不同部门管理之间的障碍和壁垒。在政策层面，为粤港澳三地依法治教和依法治校的法律依据制定可共同遵循的法律法规，创造有助于改革顺利推进的支持性制度环境；在高校层面，建立内部管理制度的精细化设计，做好高等教育管理体制机构各个方面的综合改革。只有这样才能真正推进我国高等教育治理体系和治理能力现代化建设，促进大湾区高等教育集群发展，实现粤港澳三地高等教育资源共享，提升大湾区高等教育的国际竞争力。

值得特别提及的是，在大湾区高等教育集群发展背景下，广东省高校办学自主权不单是落实和扩大的问题，更为重要的是，如何与港澳高校办学自主权进行协调的问题，这其中也包括港澳在高校办学自主权上如何做出适当的调整，并与落实和扩大广东省高校办学自主权做出良性互动。虽然由于大湾区特殊的区情，在大湾区推动高等教育内部规则完全统一有相当的难度①，但围绕高等教育的高质量集群发展建立起粤港澳三地高校办学自主权的协调机制，从而使三地高校对接却是必须且可能的，而这又有赖于自上而下的政府主导，因为高校办学自主权的权力来源于法律赋权和

---

① 参见郑永年《大湾区推动内部规则统一比任何时候都要迫切》，见全球化智库网（http://www.ccg.org.cn/archives/62250）。

行政授权。通过自上而下与自下而上的协同与谐动，确保在"一国两制，三种法律体系"的框架下，粤港澳大湾区高校能够依法自主办学，真正成为一个发展共同体，这对于粤港澳大湾区高等教育的高质量集群发展和国际教育示范区建设都是至关重要的。

（原载《中国高教研究》2021 年第 4 期）

高等教育集群何以促进人才高地建设

——基于粤港澳大湾区与旧金山湾区的比较

2019 年 2 月，中共中央、国务院印发《粤港澳大湾区发展规划纲要》，对粤港澳大湾区的战略定位为"具有全球影响力的国际科技创新中心"，并支持大湾区建设"国际教育示范区"[①]；2021 年 9 月，习近平总书记在中央人才工作会议上强调，要加快建设世界重要人才中心和创新高地[②]。由此可见，粤港澳大湾区在国家发展中具有重要的战略地位，肩负建设国际教育示范区、国际科技创新中心、世界高水平人才高地的三大建设重任，并作为与教育强国、科技强国、人才强国三大强国建设相对应的重要支撑。如何根据三大建设所具有的内在一致性和相互支撑性，把三者有机结合起来、一体统筹推进，形成推动大湾区高质量发展的倍增效应，是当前值得深入探讨的重大课题。本文在厘清人才高地与高等教育集群关系的基础上，通过比较大湾区与旧金山湾区高等教育集群服务人才高地建设的状况，对大湾区高等教育集群发展推动人才高地建设提出若干思考。

一、人才高地与高等教育集群

人才高地是人力资源理论中"人才"概念和地理学上"高地"概念的组合，因而可以从"人才"和"高地"两个角度去理解。

人才有广义和狭义之分。从广义的角度来看，人才是指具有一定的专业知识和专门技能，进行创造性劳动并对社会做出贡献的人，是人力资源

---

① 中共中央、国务院：《粤港澳大湾区发展规划纲要》，见中华人民共和国中央人民政府网（http://www.gov.cn/zhengce/2019 – 02/18/content_5366593.htm#1）。

② 参见《习近平出席中央人才工作会议并发表重要讲话》，见中华人民共和国中央人民政府网（http://www.gov.cn/xinwen/2021 – 09/28/content_5639868.htm）。

中能力和素质较高的劳动者。① 该界定对人才的性质和特征做了原则性的说明。而从狭义的角度来看，依据不同标准，人才又可分为不同层次和类型。比如以行业为划分依据，人才可分为党政人才、企业经营管理人才和农村实用人才等；从理论与实践的角度划分，人才可分为知识型人才和技能型人才；从人才层次来看，人才按照学历职称、专业技能、社会贡献可以划分为初级、中级、高级，市级、省级、国家级等人才；人才还可按素质水平分为拔尖创新人才、创新人才、一般人才等。人才高地作为人才高度聚集之地，通常涵盖上述各层类人才，呈现人才"金字塔"的理想结构，并将人才活力以相对优势体现出来，即彰显聚集效应。聚集效应既要通过规模体现，又要诉诸创新引领，这意味着，人才高地不仅要有足够数量的人才作为"塔基"，还需要处于人才高地"头部"的高素质创新人才作为"塔尖"。这些"头部"人才是名副其实的"关键少数"，通过其创新维持着区域的竞争优势。

　　"高地"是对地面凸起部分的统称，主要应用于地理学和军事学。"人才高地"中的"高地"是中心、标杆的类似表述，常见于中国政策话语，并非国际通行的术语。② 国际上，与人才发展相关的表述常有科技中心（technology center）和教育枢纽（education hub）等。比如，英国科学家贝尔纳（J. D. Bernal）在其著作《历史上的科学》中首次提出科学技术中心的说法，并梳理总结了自人类起源至20世纪50年代历史上出现的技术和科学中心。③ 日本科学史学者汤浅光朝（ゆあさみつとも）在对"世界科学活动中心"在世界范围内周期性转移（即"汤浅现象"）的描述时指出，当一个国家在一段时期内的科技成果产出超过全球总数的25%时，该国就成为世界的科学中心。④ 加拿大学者简·奈特（Jane Knight）则提出了教育枢纽的概念，所谓教育枢纽就是国家通过计划和努

---

① 参见中共中央、国务院《国家中长期人才发展规划纲要（2010—2020年）》，见中华人民共和国人力资源和社会保障部网（http://www.mohrss.gov.cn/SYrlzyhshbzb/zwgk/ghcw/ghjh/201503/t20150313_153952.html）。

② 参见陈先哲《从竞争到竞合：粤港澳大湾区高等教育集群发展》，广东高等教育出版社2022年版，第134页。

③ 参见[英]约翰·德斯蒙德·贝尔纳：《历史上的科学》，科学出版社2015年版，第1页。

④ 参见萧鸣政、应验、张满《人才高地建设的标准与路径——基于概念、特征、结构与要素的分析》，载《中国行政管理》2022年第5期，第52页。

力，将自己打造成区域内外著名的高等教育和研究中心。教育枢纽可以涉及所有类型的教育，但高等教育是其焦点。[①] 由此可见，简·奈特所指的教育枢纽就是教育中心。实际上，教育枢纽的出现是与高等教育的全球化紧密相连的。需要提及的是，不论是科技中心还是教育枢纽，都相应成为我们所说的人才高地，这是由当代科技、教育与人才的关系所决定的。

　　总之，人才高地是因人口流动汇聚而形成的人才资源极化、开放程度高、产业集聚与人才集聚互促互融、创新效能及社会价值远高于周边的活力区域。而所谓高等教育集群，主要指的是在特定区域，各高校通过有形的契约系统与无形的价值和文化系统，建立起有机的耦合关系，在基于共同利益的合作中实现更优化发展[②]，并具有结构整体性、内部多样性、管理一体化等特征的高等教育发展模式[③]。高等教育集群通过人才培育和人才吸引推动人才高地的形成及其结构优化。而当产教融合、科教融汇成为当代高等教育与科技创新结合的主导走向，高等教育集群与产业集群相融无疑将促使人才高地的形成。特别是人才高地本身就具有人才集群的涵义，与高等教育集群、产业集群存在内在的关联和映射。比如，高等教育集群无论从聚集人才还是培育人才的角度，都与人才集群形成存在关联和映射。而人才集群与高等教育集群的一个很重要且共同的关联和映射对象便是产业集群。这种关联和映射又往往通过产教融合和科教融汇得以实现。

二、高等教育集群与人才高地建设：
旧金山湾区与粤港澳大湾区的比较

　　旧金山湾区作为世界一流湾区和著名的科技创新湾区，与大湾区的发展定位具有相当的相似性。同时，旧金山湾区作为世界著名高端人才聚集地，拥有一流的高等教育系统，对粤港澳大湾区建设高水平人才高地具有

---

　　① Knight J，"Education Hubs：Afad，a Brand，an Innovation？" *Journal of Studies in International al Education*，2011，15（3），pp. 221 –240.

　　② 参见张继明《高质量高等教育体系语境下合作型高校校际关系的建构》，载《高校教育管理》2022 年第 4 期，第 26 页。

　　③ 参见卢晓中、武一婷《粤港澳大湾区高等教育集群发展的战略选择与基本路向》，载《兰州大学学报（社会科学版）》2021 年第 5 期，第 10 页。

一定的借鉴价值。下面从与旧金山湾区比较的角度，对大湾区高等教育支撑人才高地建设的现状与问题作一简要分析。

1. 人才高地生发逻辑的比较

旧金山湾区位于美国加利福尼亚州北部，其演进过程大致分为淘金期、工业化时期和创新经济时期三个阶段。[①] 19世纪40年代末，金子的发现吸引了大批淘金人涌进美国西部湾区。在自然资源和市场经济的推动下，美国西部很快进入工业化时期。工业的发展亟须完善的交通网络，美国政府颁布了许多优惠措施来吸引移民。大规模的移民为美国西部地区的工业发展提供了劳动力，也加快了西部地区的城市化进程。第二次世界大战后，美国政府持续加大对西部地区产业的扶持，使得这里的电子信息产业、原子能技术和航天产业领先于全美国，硅谷的成功就是典型代表，硅谷又因其发达的科技产业和创新生态迅速成为全球科技人才的热门聚集地。

旧金山湾区人才高地的发展是天时、地利、人和的结果，前期依靠自然资源和区位优势集聚人才，后期通过政府、市场、大学三者的互动强化发展动能，发展过程与整个湾区崛起相吻合，具有明显的先发内生特征。就政府、市场、大学三者的角色而言，政府所起的作用较小，"小政府，大市场"是美国人才高地发展的真实写照，联邦制下联邦政府对各州没有集中控制和管理权，为各州政府自行处理本州人才、教育事务预留了空间。其中影响深远的就是《加利福尼亚州高等教育总体规划》，其既为不同层次类型的高等教育之间建立了比较灵活的连接机制，也满足了产业多元化、集群化带来的人才需求。旧金山湾区人才高地的崛起，更多的是受益于高校与市场的良性互动。20世纪50年代，斯坦福大学通过三项制度创新与当地产业界形成良好互动：一是成立斯坦福研究院；二是通过荣誉合作项目向当地公司开放课堂；三是推动斯坦福工业园区的发展。[②] 高等教育通过产教融合和科教融汇，与企业密切互动，发挥高校"集聚—溢出"效应，聚集大量的科技创新人员，形成"技术学者社区"，为旧金山

---

① 参见伍凤兰、陶一桃、申勇《湾区经济演进的动力机制研究——国际案例与启示》，载《科技进步与对策》2015年第23期，第34页。

② 参见［美］萨克森宁《地区优势：硅谷和128公路地区的文化和竞争》，上海远东出版社1999年版，第26页。

湾区科技创新提供了人才和智力支持，同时也奠定了高校与企业紧密互动的发展模式，两者相互支撑、相互成就。时至今日，旧金山湾区仍然是高校与企业协同创新的典范。

相比之下，粤港澳大湾区人才高地因应国家和区域发展的需求而出现，具有明显的后发特征。虽然粤港澳三地人才流动和教育、科技合作交流等由来已久，但这些流动、合作交流大多因自身利益需要，以民间短期的合作为主要形式，缺乏区域整体意识。《粤港澳大湾区发展规划纲要》出台后，以"大湾区"把粤港澳作为一个整体上升到国家发展战略层面，并用了"四个有利于""五个战略定位"说明其在国家发展大局中具有的重要战略地位和重大战略意义。遵循建设社会现代化强国离不开人才，而人才高地的建设离不开高等教育的支持的逻辑，《粤港澳大湾区发展规划纲要》将"建设教育和人才高地""支持粤港澳大湾区建设国际教育示范区"这两个内容放在了同一章节。2020年，教育部又先后出台《关于加快和扩大新时代教育对外开放的意见》和《推进粤港澳大湾区高等教育合作发展规划》，明确了粤港澳大湾区高等教育合作和对外开放的发力方向，以此加快推进我国教育现代化和培养更具全球竞争力的人才。在国家强有力的主导下，为加快推进高等教育发展，各区各市相继出台一系列政策文件并落地实施，粤港澳大湾区高等教育集群和人才集群取得阶段性成效。

值得注意的是，依靠政府推动粤港澳大湾区协同发展的高等教育集群模式与中国的国情和大湾区的特殊区情是分不开的。不同于旧金山湾区，大湾区具有"一个国家、两种制度、三个关税区"的特殊区情，加之历史原因，使粤港澳三地构建共同体意识并非易事。虽然粤港澳大湾区的大学通过合作交流已初步达成了高等教育集群发展模式的共识，但目前还处于"集而不群"的状态。尤其是港澳大学和内地大学在办学自主权、办学理念、文化传统等方面存在差异，使得推进粤港澳大湾区高等教育集群发展存在不少障碍。例如，粤港澳大湾区高校在课程学分互认、学生交换、科研成果分享转化方面还缺少"湾区标准"[①] 和对接机制，影响了三

---

① 2023年4月，粤港澳三地共同公布110项"湾区标准"，广东省市场监督管理局、香港特别行政区工业贸易署、澳门特别行政区经济及科技发展局三方共同签署了《关于共同促进粤港澳大湾区标准发展的合作备忘录》，本次公布的"湾区标准"以粤港澳三地高共性、易融合的重点民生领域为切入点，旨在促进粤港澳大湾区规则衔接，推动大湾区融合发展、扩大标准制度型开放。但在这110项"湾区标准"中没有教育方面的标准。

地人才资源优化配置。

2. 高等教育集群对人才吸引的比较

高校作为"人才蓄水池"和集散地，主要通过培养人才和吸引人才，实现人才聚集，这是由大学人才培养和发展科学研究的职能所决定的。而从高校与社会的关系来看，高校通过提供直接或间接的就业岗位来吸引人才，因为谋求更好的职业发展是人才流动和集聚的主要动机之一。

从高校数量和质量来看，2020年旧金山湾区的高校数量为81所，粤港澳大湾区拥有183所①，旧金山湾区的高校数量虽不及粤港澳大湾区，但拥有斯坦福大学、加州大学伯克利分校等世界顶尖大学。虽然近年来，粤港澳大湾区高校世界大学排名一直在进步，但仍然与旧金山湾区的高校存在差距。例如，在2023年QS世界大学排名中，粤港澳大湾区位列世界前100强的高校仅有5所②，且集中分布在香港，广东高校并未上榜。

从高校人才培养来看，2021年旧金山湾区25岁以上人口中有49%拥有学士学位，是全美受教育程度最高的地区，远高于33%的美国平均水平。③粤港澳大湾区人口整体受教育程度也高，且人口规模较大。近几年，粤港澳大湾区又通过合作办学等方式不断创设新的学院招纳新生。2021年广东省高等教育毛入学率就由2020年的53.41%增加至57.65%，招生人数高达75万人。④近年来，旧金山湾区的高等教育入学率则呈下降趋势，比如，从2019年到2021年，旧金山湾区本科入学率下降了21%，研究生入学率下降了8%。⑤从学历结构来看，粤港澳大湾区的研究生人数占在校生人数比为9.36%，而旧金山湾区则为12.88%（表1）。

---

① 参见南方科技大学粤港澳大湾区高等教育大数据研究中心、深圳报业集团深新传播智库《粤港澳、京津冀、长三角地区高等教育与经济发展研究报告（2022）》，见微信公众号"GBA DCHE"（https://mp.weixin.qq.com/s/G2OcFAxIRbOxmowmSNdMig）。

② 参见QS Top Universities《QS世界大学排名2023》，见QS中国网（https://www.qschina.cn/university-rankings/world-university-rankings/2023）。

③ 参见Bay Area Council Economic Institute《Economic Profile 2020》，见湾区议会经济研究所网（http://www.bayareaeconomy.org/report/economic-profile-2020-the-evolution-of-the-bay-area-higher-education-system-in-the-wake-of-covid-19/）。

④ 参见《广东统计年鉴2022》，见广东统计信息网（http://stats.gd.gov.cn/gdtjnj/content/post_4035145.html）。

⑤ 参见《Where Are All the Undergrads?》，见旧金山标准网（https://sfstandard.com/2022/09/16/college-student-population-in-sf-drops-by-10000/）。

可见，粤港澳大湾区高层次创新人才培养力不足，人口受教育程度与科技创新和产业转型升级所需的高素质人才相比还有一定差距。

表1　粤港澳大湾区与旧金山湾区在校生和研究生情况

人才培养情况	粤港澳大湾区	旧金山湾区
在校生人数	234 万人	59.4 万人
研究生人数	21.91 万人	7.65 万人
研究生占比	9.36%	12.88%

资料来源：南方科技大学粤港澳大湾区高等教育大数据研究中心、深圳报业集团深新传播智库《粤港澳、京津冀、长三角地区高等教育与经济发展研究报告（2022）》。

从高校就业情况来看，一方面，高校设置了以教职人员和科研人员为主的大量的招聘岗位，促进了人才直接就业；另一方面，高校通过产教融合、科教融汇与产业紧密互动，推动科研成果在当地转移转化、孵化高新技术产业，从而衍生就业岗位。但是，粤港澳大湾区内的部分高校在岗位设置上表现出灵活度低和多重引进壁垒的问题。高校人事管理方面，内地高校主要实施"双轨制"，即一部分教师（在校年资较长的教师和新引进的学科带头人）有编制，而近年新进教师实行无编制的聘任制。[1] 加之近年来内地很多高校开始引进终身教授机制，使新进教师既失去了"铁饭碗"，同时又面临各种考核压力。在中国，这种终身教授制对汇聚世界一流青年人才是否有利，还需更多的研究和探讨。从研究型大学孵化创新型企业来看，两个湾区的研究型大学创业能力不同。根据麦肯锡公司对Pitchbook的分析，2009 年至 2017 年，斯坦福大学和加州大学伯克利分校的毕业生总共创办了 2948 家公司。[2] 同为区域高校"领头羊"的香港大学，其毕业生在 2005 年到 2022 年初创/衍生公司只有 89 家。[3]

---

[1]　参见卢晓中、秦琴《高等教育集群发展视域下粤港澳大湾区高校办学自主权研究》，载《中国高教研究》2021 年第 4 期，第 60 页。

[2]　参见 Bay Area Council Economic Institute《Economic Profile 2020》，见湾区议会经济研究所网（http://www.bayareaeconomy.org/report/economic-profile-2020-the-evolution-of-the-bay-area-higher-education-system-in-the-wake-of-covid-19/）。

[3]　参见香港大学《初创/衍生公司》，见香港大学官网（https://www.tto.hku.hk/startups/hku - startup - spin-off-companies）。

3. 高等教育集群与产业集群互动的比较

高等教育置身于区域社会和体制背景中，对社会发展起到重要作用。从高等教育集群与人才集群来看，要通过产教融合和科教融汇构建科产教共同体，促进产业集群的发展。

从人才供应链来看，旧金山湾区大部分高校能对企业的用人需求快速做出回应。贡献最为突出的就是《加利福尼亚州高等教育总体规划》，其将加州高等教育分为三个层级，且明确了不同层级高校的人才培养定位：第一层级为加州大学，以研究生教育和专业教育为主；第二层级为加州州立大学，其首要职能是为本科生和通过硕士学位的研究生提供教学，侧重于应用研究领域；第三层级为加州社区学院，主要为转学四年制院校提供课程教学、职业技术教学及艺术课程教学。[①] 虽然该总体规划对加州高等教育人才培养进行了定位，但大部分高校培养人才并不保守。例如，圣何塞州立大学将"助力硅谷"（Powering Silicon Valley）作为自己的校训，从人才培养理念、内容和运作方式等方面力求贴近硅谷的发展特色。在人才培养上，为了避免大学教学内容的陈旧和僵化，美国大学在一般的课堂教学之外，还单独设立了前沿课程（special topics）。这类课程从本科开始设置，主要介绍和讨论某个专业领域的最新研究进展和理论知识。[②] 课程内容的不断更新使得大学科技创新人才的培养具有前瞻性，保证了学生所学与实际需要接轨。而粤港澳大湾区部分高校不同程度地存在定位不够清晰、人才培养与产业脱节、专业滞后于市场需求等问题。比如，珠江西岸作为家电、服装、机械制造业中心，对优秀技术人才和技术型工匠有大量需求。但是从毕业生从业占比来看，2019—2021届就业于零售业、教育、建筑业的高职毕业生的比例持续保持在高位，在家电、机械制造、软件开发等现代制造业就业的高职毕业生的占比走低[③]，人才培养供需失衡。深圳的发展目标是加快建成现代化国际化城市，努力成为具有世界影响力的

---

① 参见吴思、卢晓中《国际一流湾区高等教育集群发展的结构优化及对粤港澳大湾区的启示》，载《北京教育（高教）》2022年第11期，第7页。

② 参见李祖超、王甲旬《美国研究型大学培养科技创新人才的经验与特色》，载《清华大学教育研究》2016年第2期，第36页。

③ 参见南方科技大学粤港澳大湾区高等教育大数据研究中心、深圳报业集团深新传播智库《粤港澳、京津冀、长三角地区高等教育与经济发展研究报告（2022）》，见微信公众号"GBA DCHE"（https://mp.weixin.qq.com/s/G2OcFAxIRbOxmowmSNdMig）。

创新创意之都，但从目前来看，深圳的高等教育存在明显短板，缺少高质量研究型大学以及世界级的基础性、前沿性研究平台，使得高校整体实力难以适应区域经济发展需要。

从产学研协同创新程度来看，旧金山湾区形成了高校、科研院所、企业多主体的协同创新机制。以硅谷为例，硅谷有一个以地区网络为基础的工业体系，在网络体系中，公司内各部门职能界限相互融合，各公司之间的界限、公司与大学等当地机构之间的界限也被打破①，呈现高度开放和灵活的状态。旧金山湾区众多研究能力较强的世界名牌大学和各类研究机构，它们通过与企业之间的合作，参与科技企业创新创业，成为湾区科技创新的源头。高科技企业又为大学提供充足的科研资金、试验场地和高端设备，并以大学、实验室为依托，通过孵化育成、吸收引进、成果转化等方式，发展和培育一系列创新型企业。② 同时，旧金山湾区"高校—风险投资—创业者"的创业生态系统在促进高科技产业集聚发展方面比较成熟。例如，加州大学伯克利分校（及其附属的哈斯商学院）和斯坦福大学关于企业社会责任或非营利管理的讲座是这两所学校教育计划的一部分。自 2000 年以来，这两所学校都成立了新的研究机构，即社会创新中心（斯坦福大学）和负责任商业中心（哈斯商学院），专注于研究社会商业和社会问题的创新解决方案。同时从 2000 年以来，哈斯商学院的学生一直在举办社会风险竞赛，参赛者在竞赛中介绍新的商业计划及其作为风险投资的潜力。③ 风险投资公司会尽力挑选最具发展潜质的初创企业，为其融资、提供学习机会和嵌入当地网络体系。新兴科技产业与金融业相互配套形成了独特的"双轮"运转结构，加之产学研无缝对接，让旧金山湾区科技创新飞速发展。

近年来，虽然粤港澳大湾区依托良好的区位优势和金融基础、实力雄厚的制造业及高度集聚的创新主体，已形成了高水平的产业集聚和完整的产业链，聚集着丰富的高等教育资源和科研创新机构，但彼此未能形成良

---

① 参见［美］萨克森宁《地区优势：硅谷和 128 公路地区的文化和竞争》，上海远东出版社 1999 年版，第 4 页。

② 参见黎友焕《旧金山湾区政产学研协同创新对粤港澳大湾区的启示》，载《华南理工大学学报（社会科学版）》2020 年第 1 期，第 1—11 页。

③ Kanji T，Masaatsu D，"Social Innovation Cluster in Action：A Case Study of the San Francisco Bay Area，" *Hitotsubashi Journal of Commerce and Management*，2007，41（1），pp. 1–17.

好互动。长期以来，政府作为高校的举办者，高校的科研经费大部分由政府提供，许多教育活动对政府负责，所以高校和研究人员很多时候不需要过多寻求政府以外的科研支持，高校与企业很多时候处于相对隔离的状态。尽管随着粤港澳大湾区整体意识不断增强，城市之间、校企之间的合作交流逐渐增多，但合作交流主要靠政府驱动，自发行为较少，更多的是依托项目开展技术交流与合作，一旦项目结束，双方的技术合作与创新也就结束。大学与企业之间的这种缺乏制度型开放合作状况使得大学的基础科研难以进行成果转化，也难以为企业转型升级提供良好支持。

三、高等教育集群发展推动粤港澳大湾区人才高地建设的现实选择

高等教育服务支撑人才高地建设主要涉及"育"与"引"两大方面。"育"的意义主要在于高等教育发挥育人功能、作育人材，而"引"的意义则主要在于高等教育发挥功能、资源、平台等方面的优势吸引人才聚焦。下面从"育"与"引"两条主线出发，寻求高等教育集群发展推动大湾区人才高地建设的创新路径。

1. 优化高等教育集群体系提升人才高地育才水平

从高等教育集群促进人才高地建设来看，构建与人才高地相适应的高等教育集群体系至关重要，因为人才高地是否稳固的关键在于高校人才支撑能力强弱。

首先，要构建一个层类交错的粤港澳大湾区现代高等教育体系。虽然旧金山湾区的政府在人才高地建设中表现低调，但是其建立的公私并立、分工明确、层级贯通的加州高等教育体系一直以来都在为产业发展提供源源不断的人才支撑。因此，要纵向贯通粤港澳大湾区各层次职业教育，构建起"高职—职业本科—专业型硕士—专业型博士"的职业高等教育体系。同时，要横向融通职业高等教育与普通高等教育，在"职""普"两个体系之间构建灵活的转学与升学机制，加强不同层类高等教育之间的沟通衔接。当前，粤港澳大湾区已初步形成"职业高等教育（本科、专科）—应用型大学—研究型大学"的高等教育集群架构，但在层次类型转换和学分互认方面还存在一些障碍，需加快推进大湾区资历框架体系建设和开展粤港澳三地高校学分互认工作，以完善高等教育衔接与对接机

制。最终构建职业高等教育与普通高等教育既相对分离，又并行不悖、相互融通、层类交错、有机统一的高质量高等教育体系，从而为粤港澳大湾区的人才高地建设提供更加坚实的高等教育支持。

其次，要构建合理的高等教育层次与科类结构以优化人才高地的结构。从层次结构来看，粤港澳大湾区虽然拥有大量高校和学生，但是在人才质量和层次上有待提高，以致人才高地不"高"，远不能适应和满足科技湾区、创新湾区建设定位，国际科技创新中心形成，综合性国家科学中心和高水平人才高地建设的需要。以广东为例，广东高等教育在输出高层次人才上后劲不足。对此，要加快高水平大学建设，加快研究生培养力度，培养拔尖创新人才，着力提升高等教育质量。同时，可以通过合作办学和新办大学的方式来弥补高水平大学较少、国际化人才不足的缺陷。从科类结构来看，科技湾区、创新湾区的建设定位又决定了粤港澳大湾区高等教育应加大理工农医类专业人才培养。随着产业转型升级，大湾区传统产业逐渐向先进制造业以及产品研发、现代服务业等价值链高端延伸，对高端人才需求大大提升。高校应结合大湾区支柱性产业和战略性新兴产业发展特点，加强特色学科（学院）和新兴学科建设，发展与大湾区先进制造业、现代服务业需求相契合的电子信息、石油化工、人工智能、金融、贸易等专业；同时，缩减一些不适应产业结构、就业率低、重复性高的专业，从而构建与大湾区产业结构相适应的科类结构，培养满足产业升级需要的专业人才，提升高等教育对产业升级的贡献能力。特别是大湾区应顺应学科交叉融合的学科发展趋势，回应拔尖创新人才、战略科技人才培养的国家和大湾区重大需求，加强基础学科、新兴学科、交叉学科建设，加快建设中国特色、世界一流的大学和优势学科，从而不断优化粤港澳大湾区人才高地结构。

2. 通过制度型开放增强人才高地聚才吸引力

打造国际教育示范区、国际科技创新中心、世界高水平人才高地，都与开放紧密关联，同时又具有一流的意蕴。显然，这既有水平意义又有方法意义，也就是说打造的是国际的教育示范区和科技创新中心及世界的高水平人才高地，而这些国际的、世界的一流示范区、中心、高地的打造和建设离不开开放，尤其是制度型开放。与要素流动开放不同，制度型开放是以规制、规则、标准开放为主的开放，具有全面、系统、稳定特征，是一种更高层次、更高水平的开放。

首先，要进一步加大粤港澳大湾区与世界其他国家和区域的制度型开放。在人才引进的软硬件方面注意对标国际通行规则，多措并举形成引才合力。粤港澳大湾区高校可以依托国家战略，加强与"一带一路"沿线国家之间的交流合作，与沿线国家建立更多的教育合作项目，包括学生交流、教师互访、联合课程开发等，吸引国际科学家、工程师及研究人员前来学习和工作，并通过设置在线门户网站提供关于工作机会、研究项目、科研团队、学术会议等方面的信息，以吸引更多国际一流人才的关注和申请。而高校间国际活动的开展、人才的流动、教育共同体的构建离不开国际制度的维护。为此，要建立和完善国际化的人才引进规章制度，明确人才引进的资格条件、申请流程、评价标准、薪酬待遇、社会保障、子女教育等方面的"湾区标准"，以确保引进人才能够依法享受有关政策和待遇。同时，制度型开放也为反思粤港澳大湾区引才过程的不足提供镜鉴。例如，在签证制度方面，美国的 H-1B 签证计划允许雇主聘用外国科研专业人员到美国工作，还提供了初创企业家签证（如 H-1B 的创业者版）和投资者签证（如 EB-5），鼓励国际创业家和投资者在美国创办企业。持有 H-1B 签证的人士可申请永久居民绿卡。这一政策鼓励国际专业人才留在美国，持续为美国作出贡献。同时，针对留学生，美国提供了 Optional Practical Training（OPT）和 STEM OPT Extension 等工作签证，允许国际留学生毕业后继续留在美国工作。这一系列签证制度既简化了特殊人才到美、留美的程序，又体现了对人才的高度重视。而粤港澳大湾区部分高校在人才引进中还存在诸如年龄限制、考核繁琐等不利于人才流入的制度壁垒。为此，要找准这些痛点和难点深化改革，以更开放的姿态吸引国际人才。

其次，粤港澳三地之间的制度型开放也极为重要。粤港澳大湾区要积极依据教育强区、科技强区、人才强区的内在一致性和相互支撑性，把三者有机结合起来、一体统筹推进，形成推动粤港澳大湾区高质量发展的倍增效应。继 2020 年 11 月教育部与广东省人民政府联合印发《推进粤港澳大湾区高等教育合作发展规划》后，2023 年 8 月 24 日香港特别行政区政府教育局与广东省教育厅又签署了《关于加强粤港教育交流与合作框架协议》，旨在加强两地的教育协作，支持粤港澳大湾区高质量发展。该协议内容包括继续鼓励粤港高等院校开展办学合作、人才联合培养和科技交流合作；加强粤港职业教育合作，进一步深化粤港资历框架合作；推进粤港两地姊妹学校建设，促进各类交流活动，提高活动交流质量；继续支持两地教师协作与培训交流；等等。这些都是深化粤港澳三地制度型开放的重要举措。当前，粤港澳大湾区亟须建立高等教育领域的"湾区标准"，促进人才资源共享与流动的机制对接和规则衔接，为粤港澳大湾区人才高地建设奠定制度基础。

3. 产教融合、科教融汇推动人才、科技、产业融合

虽然高等教育集群、人才高地形成于特定的地理区域，但它并不意味着封闭。这就要求高等教育集群、人才高地与产业集群、科技创新集群紧密相融，发挥产教融合、科教融汇作为中间桥梁的作用，让"育""引"的人才与产业、科技发展契合。

首先，高校人才培养要适应产业、科技融合的趋势。虽然粤港澳大湾区已经拥有一定体量的高水平大学及相当数量的应用技术类院校和职业类学院，并与政府联合、与行业协作、与企业合作搭建了多种形式的产教融合、科教融汇平台，如产业学院、职教集团、产学研联盟、新型研发机构等，这是粤港澳大湾区高等教育集群发展的一大特色，但仍应看到大湾区部分高校不同程度地存在专业结构与产业结构不"合"、人才培养不"新"、科技创新难"用"的痼疾。在新时代产教融合、科教融汇的价值导向下，大湾区高校专业设置要及时跟上科技发展步伐，与产业同频共振。为实现这一目标，可以依托大数据、云计算等现代科学技术建立起"产业—专业—就业"信息发布平台。这个平台可以对产业趋势、需求分析、专业设置、课程安排以及就业机会等信息进行整合，帮助高校根据企业需求灵活地调整人才培养方案和专业设置，促进教育链、产业链、人才链深度耦合。同时，随着科技不断发展，知识结构呈现不同学科交叉融合、新旧专业更替的态势，高校要打破原来的学科界限，采用"学域""枢纽"等方式推动学科交叉融合。依托产科教平台，以产科教一体化育人为切入点，将产业需求纳入课程设计和教育计划，借助"互联网＋""挑战杯"等创新创业活动，以研促学、以产助学，深化创新创业教育和实践。

其次，高校要运用人才加速产业、科技的融合。高校除了要在"育人端"满足企业需求，也要从"科技端""创新端"急企业之所急，解决企业的后顾之忧。相比旧金山湾区，粤港澳大湾区起步较晚，高校更要以产业需求为发力点，运用企业、学校、社会的人才力量，联合开展科技攻

关、产品研发、技术改造。高校可以组建跨院系、跨专业、跨校企的异质性混编的教师教学团队和科研创新团队，以产科教平台为载体，将分散的教师资源、科研力量聚合成群，共同开展重大核心技术攻关。对于初创和微小企业，高校一方面可以设立专门的支持机构或孵化器，提供技术指导、资源共享、资金支持等服务，以促进这些企业的科技创新和成长；另一方面，也可以借鉴斯坦福大学通过"荣誉合作项目"向当地的公司开放课堂的经验，为企业工程师提供继续教育的机会，同步最新科学和技术知识，或者鼓励教师以到企业兼职的方式参与企业生产实践，帮助企业技术技能革新，助力企业发展壮大。这种互促互融的模式将有助于高等教育集群、人才高地和产业集群之间形成良性闭环，提升教育、科技、人才和产业之间的协同效应。

（原载《国家教育行政学院学报》2023 年第 10 期）

试论香港教育发展战略

一、香港教育发展战略的演变过程

教育发展战略要成为现实，主要取决于政府和社会力量两个主体，它们根据社会发展的需要、顺应教育自身的逻辑发展规律及教育发展可能的条件来确定并实施教育发展战略。下面主要依此来考察"二战"以后香港教育发展战略的演变过程。

"二战"后，英国复占香港，港英当局一方面忙于做稳定局势的工作，另一方面也逐渐将对教育的不干预政策改变为"积极不干预政策"。香港当局开始通过制定法规及经济等手段，较多地介入教育事务；同时香港社会也开始更多地关注教育问题。正是在这多方面合力的作用下，特别是随着香港经济、社会的发展，香港的教育发展呈现出全局战略性。综观"二战"以来香港教育发展战略的演变过程，大致可以分为以下三个阶段。

1. 恢复和发展阶段 （"二战"后至 20 世纪 60 年代）

"二战"结束时，香港教育面临人口激增、学龄儿童失学率高的严峻形势，在 1950 年仅登记的失学儿童就已超过 2.3 万人。战后香港最紧迫的任务是稳定社会秩序和恢复经济，但教育状况如此显然会使这一任务难以完成。为此，香港政府在 1950 年 10 月特邀英国曼彻斯特首席教育官菲沙（N. G. Fisher）来港考察，并于翌年 12 月发表了《菲沙报告书》。该报告提出的主要建议是大力发展小学教育。根据此建议及香港的实际，扩充小学学额、解决学龄儿童失学问题便成为香港 20 世纪 50 年代教育发展战略的重点。由于校舍及师资等方面的限制，而在短期内又不可能通过建新校来满足不断增长的小学学位需求，为此，1949 年 9 月香港当局首先在官立学校推行"二部制"①，从而大大增加了学校的容生量。与此同时，

---

① "二部制"，又称葛雷制（Gary Plan）、分团学制、双校制，是一种教学制度，即将全校学生一分为二，一部分在教室上课，另一部分则在体育场、图书馆、工厂、商店以及其他场所活动，上下午对调，以此解决学校少、供不应求的矛盾。

香港当局还鼓励其他类型的学校也实行这一教制。为了解决校荒问题，1951年香港政府拟订了一个《十年建校计划》。后因该计划仍难适应发展需要，香港政府又在1954年重新制定了一个《小学扩展七年计划》。此计划做出"集中所有资源和人力，发展小学教育"的决策，并采取"按部就班，分层解决"的策略，确定先小学后初中，再高中、大学的投资目标和发展步骤。20世纪50年代香港小学教育的发展更多的是为了解决失学儿童太多并可能造成社会问题这一难题，故而带有被动调应的应急色彩。

20世纪50年代后期特别是进入60年代以后，随着经济的发展，香港虽然仍把发展和普及小学教育作为重点，但更多的是为了满足香港发展劳动密集型加工工业要求从业人员掌握一定的文化科学知识的需求，这是一种主动的适应，是一种自觉行为，同时也表明香港小学教育开始步入较为有序发展的轨道。1965年4月，香港政府发表《香港教育政策白皮书》，指出"所有教育政策的最终目标，必须以家长及社会能负担之费用，为每个儿童提供其所能接受的最佳教育"。这样实际上正式把普及小学义务教育作为未来几年的教育目标，并确立了通过资助学校以达到发展教育的原则。香港政府还推行私立学校津贴学位计划，为所有欲获公费学位的儿童提供小学学位。为了确保普及义务教育的质量，这一时期香港加强了师资培训，主要是将3所师范学校升格为教育学院，以提高小学师资的培养档次。

在重视小学教育发展的同时，香港各级各类教育也有了相应的发展，中学及预科学生由1961年占12～18岁人口的16.1%，上升为1971年的22.9%。特别是职业技术教育，早在1951年发表的《菲沙报告书》中就建议"扩充工业学校，发展多工艺教育"。当时香港只是在现代中学、技术中学的基础上参照英国的做法，开办了一些实用中学、工业中学。进入20世纪60年代以后，随着香港加工工业的蓬勃发展，职业技术教育开始受到真正的重视，并成为香港教育的另一个发展的重点。根据《教育政策白皮书》的建议，对于20%～30%完成小学学业而不能升入中学者，鉴于其未到就业年龄及工业发展的需要，当局或增设各种职业训练课程，或通过提供津贴鼓励其他机构开办职业训练课程，同时进一步扩大原有的职业学校，兴办工业中学和一些中等职业训练学校。另外，在20世纪60年代初还由教会及一些热心教育的社团创办了一种属中等教育的三年制职业先修学校，也主要是为由于初中学位不足和付不起私立学校较高的学费而不能升学且又未达到法定劳工年龄的小学毕业生而设。这类学校的课程内容是普通科学、工艺及实用科目各占一定比例。从此形成了香港中等教育的基本构架——"三轨制"：文法中学、工业中学和职业先修学校。

在高等教育方面，1963 年 10 月 17 日，香港政府宣告成立香港中文大学。香港中文大学创办的原因，一是 20 世纪 60 年代起，香港学生回内地升学的人数骤减及预科教育的发展，学生升学问题便成为香港政府的一种压力；二是 20 世纪 50 年代以来一批学者南下香港等待就业。此外，香港社会工商业处于全面恢复和发展时期，对高层次人才也有长远的需求，加之已有崇基学院、新亚学院、联合书院等作为基础。

2. 提高与发展阶段（20 世纪 70 年代）

进入 20 世纪 70 年代，香港社会、经济发展面临新的形势，出现了两个明显的变化：一是香港的工业从过去的低档次、劳动密集型，向高档次、技术密集型转型；二是为了应付 20 世纪 70 年代出现的世界性贸易保护主义给香港经济带来的冲击，香港推行经济多元化的政策。在教育上，1971 年由立法局及财务小组批准通过实施免费小学教育，并同时通过《1971 年教育法案》，以立法的形式确保小学免费义务教育的顺利实施。至此，香港在官立、补助及津贴三类中文小学（不包括英童学校及私立学校）全面推行 6 年小学免费义务教育。因此，在 20 世纪 70 年代，香港教育发展战略重点开始逐渐上移并更注重为经济建设服务。

其一，根据"按部就班，分层解决"的基本战略思想，着重发展中等教育。这集中反映在 20 世纪 70 年代发表的众多报告书、白（绿）皮书上。如 1973 年 1 月，香港政府委任一个教育委员会来提出一项中等教育扩展政策，并发表绿皮书；1974 年 10 月又发表经立法局会议通过的《香港未来十年内中等教育白皮书》，主要规划实施 9 年免费义务教育、取消中学入学试等有关中等教育的发展政策。实际上，通过发展资助中学、扩大官立中学、购买私立中学初中学位和采用浮动班上课等办法，到 1978 年，香港比原规划提前一年实行 9 年免费义务教育，并在同年取消中学入学试，代之以中学学位分配办法。1978 年发表《教育政策白皮书》，对香港未来 10 年扩充中等教育特别是高中教育做了进一步的规划与调整，如把 1974 年发表的《香港未来十年内中等教育白皮书》确定的为 40% 的 15 ~ 16 岁的儿童提供官立或资助高中学位提高到 60%。同年

10月又发表《高中及专上教育发展白皮书》，其中一个重要内容就是增加高中学位，包括采取执行建校计划，扩建现有学校，在未设高中班级的实用中学增设中学四、五年级班级，以及向私立学校购买学位等措施。

其二，职业技术教育作为教育发展战略的另一重点得到进一步发展和完善。1972年成立专上性质的香港理工学院，并先后建立中专层次的5所工业学院。此外，还新办了10多所工业中学、职业先修学校以及10多个职业训练中心。为了保证工业教育师资供应，1974年开办了香港工商师范学院。至此，香港形成了从中等到高等的以工业教育为主的职业技术教育体系。

这一时期香港高等教育也有了一定的发展，除新建香港理工学院外，香港政府还认可和资助了树仁学院、岭南学院2所专上学院。

3. 全面发展与完善阶段（20世纪80年代以后）

一方面，进入20世纪80年代，由于世界经济的不景气，国际贸易保护主义日盛，国际市场的竞争愈演愈烈，这就迫使香港经济加速由劳动密集型向技术密集型转型，以便提高其产品的附加值和增强其在国际市场的竞争力；另一方面，20世纪70年代末以来，中国内地实行改革开放的基本国策，也为香港经济的稳定与发展，特别是其经济的全面转型提供了非常有利的条件和可能。尤其在20世纪80年代中期，香港利用毗邻广东珠三角地区的地理优势，把一些劳动密集型的工厂或生产基地迁入内地（主要是珠三角地区），而香港则保留和发展高技术密集型产业。

香港经济的全面转型，迫使香港教育重新进行自我定位和调整其发展战略。1981年，香港政府邀请4位外地教育专家组成顾问团，对香港教育制度进行全面检讨，并于1982年拟就《香港教育透视——国际顾问团报告书》。这是一份涉及香港教育方方面面的报告书，对香港教育未来发展提出了非常详尽的建议。根据该报告书的建议，为了全面统筹香港的教育事业，1984年香港成立了教育统筹委员会，它的职权包括：订立整体教育目标，制定政策；统筹及监察各教育阶段的策划和发展工作；推动教育研究工作。综观这一时期香港教育的发展，有一个明显的取向，就是在进一步加强初、中等教育的同时，其教育发展的重心开始逐渐上移，高等教育的发展成为香港教育发展的重中之重。这是与香港经济发展和转型的需求相一致的。同时，香港的经济发展又为其高等教育的发展提供了物质条件。这一时期香港高等教育的发展贯彻的是"主要是一种以达到经济职业目的的实用主义的途径"的教育发展思想，对理工教育给予更多的重视。正是在这一战略的主导下，香港高等教育特别是理工教育在 20 世纪 80 年代以后得到了较快的发展。1984 年 1 月 1 日，香港第二所理工学院——香港城市理工学院开办；1986—1987 年，3 所工业学院先后开办；1988 年，香港科技大学创立。至此，工业学院已发展到 8 所。特别值得一提的是，香港公开进修学院筹备委员会于 1988 年 1 月 1 日成立，主要是为失去常规大学教育程序机会的人士提供在职学位。这一方面可以缓解高等教育学位供求之间的突出矛盾，另一方面也是高等教育办学思想与办学形式上的一个新突破，因应了香港社会、经济发展的需要。因而，其一出现立即受到社会人士的热烈欢迎。

在 20 世纪 80 年代末期，香港实行扩张型高等教育发展策略。1988 年，香港政府宣布把大学首年学额由当时占适龄人口的 7%，在 7 年内（至 1995 年）增加到 13%。1989 年，香港总督在施政报告中又提出了二个急剧扩充大学学额的理由，即家长的期望、香港未来经济发展的需要和移民造成的人才短缺，并把 1995 年的大学学额指标由 13% 增加到 18%。这实际上意味着大学学额在 1990—1995 年将增加约 1 倍，相当于 25% 的适龄青年享有接受高等教育的机会。这已达到了高等教育大众化程度。在高等教育大力扩张的同时，进入 20 世纪 90 年代，一些专上学院的升格也在紧锣密鼓地进行。1993 年 9 月，柴湾工业学院升格为香港科技学院（柴湾）和另建一所香港科技学院（青衣）。1994 年 9 月，罗富国教育学院等 4 所教育学院和工商师范学院合并升格成立香港教育学院；同年，香港理工学院、浸会学院均升格为大学，岭南学院、树仁学院也要求成为学位颁发机构。

人们对上述香港高等教育的扩张和升格发展策略的制定与实施的有效性及可行性存疑颇多，主要有：由于大学成本高昂，这种扩张型的高等教育发展，必然需要大量的经费投入，香港经济是否能承受？或者是否会影响教育其他方面的发展？如近年来香港政府的教育计划开支中，高等教育经费已占教育总经费的 30% 左右，这势必影响对基础教育的投入；大量扩充学额必然要降低入学标准，这样就会影响到高等教育培养人才的质量。例如，香港政府为了增加中六学额，将中学生升读中六的比例由 33% 提高到 45%，并取消高级程度会考成绩必须两科 C 级的标准。这就使 2 年中六预科教育由过去的激烈竞争变为毫无竞争。另外，高等教育扩张发展的突然性，使人们没有理由不怀疑港英政府是否另有企图。

在高等教育扩张发展的同时，其他阶段教育也在不断的发展和完善之中。幼儿教育较前受到了更多的重视；9 年免费义务教育得到进一步巩固；小一入学实施统筹办法，按较公平的方法分配适龄儿童就近入学，消除入学激烈竞争给儿童带来的压力；官立和资助中学的初中学位不断增加，购买私立初中学位逐年减少；对高中阶段教育加强了资助，扩展了资助学校，使高中阶段教育有了很大发展。由于高中阶段教育的发展，1985 年，初三结业学生通过初中成绩评核考试，有 70% 左右可升上官立或资助学校的高中，其余 30% 左右也有机会到私立中学读高中，或在职业技术学校就读。实际上从此时开始基本上普及了两年制高中教育。因此，从 1987 年起香港便取消了初中成绩评核考试，使初中升高中免除了不必要的考试。

以工业教育为主的职业技术教育在这一时期也得到进一步发展与完善。除专上教育层次的职业技术教育发展迅速外，职业先修学校、工业中学也有了较大的发展。至 1994 年，香港共有职业先修学校 25 所、工业中学 20 所。此外，1982 年香港政府还成立了职业训练局、工业教育及职业训练署，专门负责工业教育和工业训练。

二、香港教育发展战略的主要特征与经验

（1）经济的发展与变化对于教育发展战略的制定有着举足轻重的影响。任何一种战略的制定，都必须注意到两个因素：一是超前性，即可预见性，也就是对未来社会、教育将发生的变化、状态及走向做出正确的预测；二是可行性，其对一个超前教育发展战略而言也是不可缺少的。在香港教育发展战略中，这两个因素实际上转化成了以下两方面的问题：一是教育如何去适应经济发展的需要，二是经济发展为教育发展提供了哪些可能与条件。就前者而言，如 20 世纪 60 年代，香港从以转口贸易为主的经济结构转变为以发展加工业为主的经济结构，在教育方面对此做出了配合，把普及六年制小学教育列为发展目标。20 世纪 70 年代以后，香港廉价劳动力状况已不适应当时世界经济发展的需要，为提高其经济竞争能力，当务之急就是提高劳工的劳动技能和文化知识水平。为此，香港政府着意扩展中学教育，继 1971 年普及 6 年小学免费教育之后，于 1978 年又

实施了 9 年免费义务教育。进入 20 世纪 80 年代，面对新的世界经济形势和高技术大量应用于生产领域，香港教育把其发展重点定位在高等教育，特别是高等科技教育。由此可见，香港教育发展战略的确定及实施，反映了经济跳动的脉搏，这与 20 世纪 60 年代以来香港确定发展实用型教育的战略指导思想是分不开的。就后者而言，经济为教育提供的可能与条件在香港教育发展中也表现得特别突出。香港教育在 20 世纪七八十年代的发展，与其经济良好发展所提供的优越物质条件是密切相关的。如 20 世纪 70 年代初，基础教育经费才近 4 亿港元，至 70 年代末教育经费已增至 15.8 亿港元，几乎是 20 世纪 70 年代初的 4 倍，这为 20 世纪 70 年代香港顺利普及小学、初中义务教育奠定了坚实的基础。还有 20 世纪 80 年代末，香港高等教育扩张型的发展，与经济良好的发展势头并为高等教育所提供的物质条件有直接关系。

（2）国际专家在教育发展战略的确定中扮演着十分重要的角色。每每在香港教育发展面临重要关头的时候，香港当局总是求助于一些国际专家，来对香港的教育发展进行策划。如 1950 年香港政府延聘英国曼彻斯特的首席教育官菲沙先生来港考察并发表《菲沙报告书》；1963 年英国教育专家马殊和森浦逊应邀来港考察教育，并在 1965 年发表《香港教育政策白皮书》；1981 年香港政府邀请 4 位国际教育专家组成顾问团，全面检讨香港的教育制度，并发表《香港教育透视——国际顾问团报告书》；等等。应当说，这些考察及其报告书，对香港教育发展战略的确定和香港教育发展的影响是极其深远与持久的。这就使得香港教育的发展能够立足于国际大视角，顺应国际教育发展的潮流与趋势，而且"旁观者清"，这些专家、学者能够比较客观地看待香港的教育及其问题，并提出适当的建议。但是，由于所邀请的专家、学者大都来自英国本土，因此其局限性也是显而易见的。

（3）教育的战略发展重点与教育的全面发展相结合。在香港教育的每一个发展时期，都有其战略发展重点，如 20 世纪五六十年代重点发展初等教育、20 世纪 70 年代重点发展中等教育、20 世纪 80 年代重点发展高等教育，等等。这一方面是由于社会、经济发展的需要，另一方面也是因为财力上的限制而只能采取突出重点的发展战略。在突出教育的战略发展重点的同时，对其他方面的教育并没有完全忽视，而是在原有的基础上不断完善，或有了较大的发展。这一方面是因为教育系统的各子系统本身就是相互联系、互为基础的；另一方面，社会、经济对教育的需求也是多方面的。香港在确立教育发展战略时能比较好地认识这一教育发展的基本规律，并在教育发展的实践中处理好教育的战略发展重点与教育的全面发展的关系。

（4）注重教育战略实施的配套发展。为了使教育发展战略落到实处，香港在确定和实施教育发展战略的过程中，比较注意其配套与协调发展。如在20世纪五六十年代确立将初等教育作为发展重点，其中面临的一个很大的问题就是师资短缺。为此，在这一时期，香港十分重视师范教育的发展，同时，还注重教育管理的加强与完善，以及教学设施的发展与改善。

（5）教育发展战略的稳定性与弹性相结合。香港教育发展战略在确定后保持了其相对的稳定性，如众多的有关教育问题的报告书、白皮（绿皮）书（诸如1965年发表的《香港教育政策白皮书》、1982年发表的《香港教育透视——国际顾问团报告书》），实际上都涉及香港教育的未来发展，是带有战略意义的，从香港教育发展中处处可以见到受其影响之痕迹。与此同时，香港的教育战略又保持了一定的灵活性和弹性，一旦形势发生变化，则可即时变通。如1952年发表的《香港高等教育研究委员会报告书》曾建议利用香港大学已有设备发展以中文为授课语言的课程，不主张成立一所新的中文大学。实际上随着形势的变化，香港于1963年建立了香港中文大学。再如20世纪60年代初期的小学改制，也因不合时宜，遭到众多人的反对而进行策略调整。此外，1982年发表的《香港教育透视——国际顾问团报告书》提出的关于建立类似英国公开大学的"不设校舍的大学"一事，1985年的教育统筹委员会第一号报告书认为这不适合于香港而暂时被搁置下来。

（6）教育咨询机构及教育社团在教育发展战略的制定与实施中起重要作用。香港的教育咨询机构有教育统筹委员会、教育委员会、职业训练局、大学及理工教育资助委员会以及私立学校检讨委员会、家庭与学校合作事宜委员会等数十个，还有各类学校的咨询机构。这些教育咨询机构在不同层次和不同类别上对教育政策、教育措施提供意见，对一些有待解决的教育问题进行调查研究，提出解决办法。这些教育咨询机构的成员有较广泛的代表性，反映了社会参与教育事务，体现了教育决策的民主化；同时，香港教育当局在进行教育决策、确立教育发展战略时也比较注意吸取教育咨询机构的建议。如在统一预科及专上教育学制、废除中三评核试等问题上，教育统筹委员会的建议在香港教育当局进行决策时起到了决定性的作用。

对香港教育发展战略产生影响的还有上百个教育社团，这些教育社团主要通过以下途径影响教育发展战略的制定与实施：一是经常就当局已提出的教育计划、教育政策和教育措施提出意见和建议，起咨询及顾问的作用；二是对教育当局已提出的计划的执行情况提出批评，起监督作用；三是出钱出力创办学校，这在教育发展战略实施中扮演了一个重要角色，成为教育发展战略得以成为现实的不可缺少的因素。据估计，通过教育社团设立的中小学占全港中小学的 70% 以上。此外，这些教育社团也经常举办教育及教学问题研讨会，促进教育界交流经验和研究问题，这对教育发展战略的制定与实施无疑也是有一定影响的。

三、香港教育发展战略存在的问题及未来走向

（一）存在的问题

（1）教育发展战略缺乏长远性，甚至对教育发展战略（规划）重视不够。在"二战"后相当长的一段时期内，香港教育发展更多的是被眼前的事情所牵引，或者说处于一种被动"应急"的状态，而缺少从战略高度长远考虑和规划教育发展问题。正如香港大学前校长黄丽松博士曾经指出的：香港教育制度的发展缺乏全盘计划，历年来只是零零碎碎地加以增补。从英国人的传统思想或民族性来说，有人总结如下几点："组织则求其合用而不求有条理、系统化；制度则求其适应事实而不斤斤于整齐划一、名称一致；思想则求其缓进而不求其急进，求其会通而不求其彻底；因袭则求其顺情而不求其合逻辑，求其无碍而不求其理论一元化。"① 正因如此，表现在教育方面，便是教育发展战略（规划）的缺乏，教育发展只是根据实际需要，而缺少完整、系统的考虑。实际上，早在 20 世纪30 年代，著名比较教育学家坎德尔从历史因素分析的角度，就英国的民族性所造成的英国教育制度的现状做过深刻的剖析。他认为"英国的教

---

① 王齐乐：《香港中文教育发展史》，香港波文书局 1982 年版，第 16 页。

育制度不是根据一定的理论和周密的计划制定的"。这种事实来源于英国人不喜欢考虑行动计划或做事项的准备工作的国民性。作为曾经被英国殖民统治过的香港，在教育方面可能也会表现出这种缺乏计划性的倾向。在20世纪70年代以后，特别是进入80年代，随着这种倾向受到诸多指责，以及社会、经济发展不断对教育发展提出更多、更高的需求，它才开始在一定程度上得到纠正和克服。如香港在20世纪80年代成立教育统筹委员会，负责对教育发展战略（规划）提出意见和建议。

（2）教育发展战略注重经济功能，忽视教育功能。教育作为一种培养人的社会现象，无疑与社会经济发展有着密切的联系，脱离经济、社会发展的教育发展必然是往死胡同里走，这已为世界许多国家与地区的教育发展事实所证明。但教育发展也不能过于功利实用化，一切被工商业的发展所左右，仅注重教育的经济功能而忽视教育的其他功能。如香港政府当时推行"中三试"时曾持有这样的论点："香港工业对工人的需求主要为操作或非熟练工人，高中教育对工人没有什么益处。"至于香港教育发展战略偏重于经济取向而给香港社会所带来的人文问题，也一直为人们所反思、检讨。香港有关人士曾指出，香港的学校教育"实际上是一种以实业投资为出发点的教育，是一种纯讲求实效的教育"，学校简直"不是培养人的智慧，陶冶人的精神"的地方，而是一种"操练"的场所。长此以往，必然会导致人的素质下降，无法实现人的全面发展，因而将是教育的大倒退，最终也就无法推动社会的全面进步。

（3）教育发展战略与其实施存在一定程度的脱节。在香港教育发展战略制定以后，如何实施便成为一件非常重要的事情。然而，由于种种原因，有的教育发展战略决策并没有真正落地于香港的教育，这既有前面曾提到过的对不合适的教育发展战略的调整与变通，也有因实施不得法，致使一些好的教育发展战略没有行之有效地付诸实践。对此，香港教育统筹委员会前主席范徐丽泰曾不得不发出这样的感慨："政策无论多好，还是要靠实施得法，才能带来真正的进步。"①

（4）教育发展战略的制定尚缺乏充分的论证，行政干预过多。近年来，香港教育发展战略决策过程中存在缺乏充分论证和行政干预过多的现

---

① 香港教育工作者联会：《集思广益 香港教育与1997研讨会论文集》，教育工作者联会1993年版，第39页。

象。其中一个例证是关于大学学制年限问题。长期以来香港的大学实行两种学制，如香港大学过去是实行三年制（招收预科二年的考生），香港中文大学则是实行四年制（招收预科一年的考生），两种学制同时并存，给香港教育的发展带来了许多问题。大学统一学制问题一直为香港高等教育界所争议。香港大学、香港科技大学曾都要求改为或实行四年制，但香港政府则以改四年制经费过巨为理由，主张全港大学统一为三年制，并于1989年1月正式通过了大学改制为3年的决议。虽然通过行政手段表面上统一了大学学制，但矛盾依然存在。特别是大学三年制的不合时宜性是显而易见的。香港教育界普遍认为，利用这种强制性的行政手段来推行一项没有取得广泛共识的教育决策，是对教育决策民主化的一个沉重的打击。

（二）未来走向

展望香港教育发展战略的未来走向，必须首先考虑到可能影响香港教育未来发展的四大因素：第一，社会政治变迁。香港1997年回归在即，这必将给香港社会、经济、文化和教育带来巨大影响。香港教育发展战略无疑要回应这一历史性的巨变。第二，世界范围内的产业结构调整、科技革命和信息化社会的到来，对香港这样一个国际性城市可能带来的影响。香港教育发展战略无疑要着眼于这一形势。第三，香港自身的社会经济变化与发展。香港教育发展战略要去适应这种变化与发展。第四，香港的教育目前存在的种种问题及教育现实。这也将影响和制约教育发展战略的制定。下面根据这四大因素来分析香港教育发展战略的未来走向。

（1）教育发展战略将引起更多的重视。香港从20世纪80年代以来对教育发展的战略性问题给予了越来越多的重视，特别是1984年成立的教育统筹委员会，在规划香港的教育发展问题上发挥着日益重要的作用。由于教育在香港的经济、社会发展中扮演愈来愈重要的角色，以及在瞬息万变的现代信息社会中规划（战略）对一项事业的成功至关重要，可以预料，教育发展战略将会引起更多的重视。如在1994年夏，香港教育及人力统筹科发表了一份"2001年人力再探"报告书，通过分析香港产业结构面临的调整，对香港教育未来发展如何去适应这种调整进行了规划。鉴于香港1997年回归所面临的新形势，香港教育界一再呼吁要根据这一变迁及早规划教育的发展，使之一方面更好地为"一国两制"下的香港的社会发展服务，另一方面在新的环境里其自身也有一个更光明的前景。

（2）在普及教育的基础上确保教育质量的提高，将是香港教育发展战略的一项重要内容。香港在 20 世纪 70 年代先后普及了初、中等教育，在 80 年代基本普及了高中教育，在 80 年代末、90 年代初又开始着手扩展高等教育。由教育的扩张发展而带来的教育质量问题是不容忽视的。对此，香港在考虑其未来教育发展战略时已注意到这一问题。如在 1990 年，由 10 多个教育团体组成的"检讨九年义务教育委员会"发表了一份建议书，对如何提高普及九年义务教育的质量问题提出了建议；1990 年底，课程发展委员会开始制定一套从幼稚园到中六各阶段的完整的教学目标。至于高等教育扩张可能带来的教育质量下降等问题，香港许多有识之士认为不可等闲视之。

（3）褪去殖民色彩，将是香港教育发展战略需要重视的一个问题。长期的殖民统治，使香港的教育弥漫着浓厚的殖民色彩，如从教育制度、培养目标、教学内容到教学用语，都不同程度地存在着殖民主义。香港回归后，一方面要严格遵守《中华人民共和国香港特别行政区基本法》，注意保留作为人类优秀文化遗产的一部分，以及过去在香港教育发展上行之有效的政策、法规及管理方法等；另一方面，应摒弃与《中华人民共和国香港特别行政区基本法》和"一国两制"政体相抵触、带有殖民色彩的东西。诚如一位香港教师所说，"我们必须扭正教育发展的方向，使教育发展与香港的前景紧密联系起来，与政制开放，与民族文化互相结合起来"①。

（4）加强香港与内地的教育合作和交流，是香港教育发展的一个重要战略选择。面临香港回归的形势，香港教育界在考虑其未来的教育发展战略时形成了一个共识：一方面，加强与内地的教育合作和交流；另一方面，香港将利用其国际化的优势，为中国教育融入国际教育圈做出其独特贡献。正如香港学者贝磊认为的"这一点应予肯定"。卢嘉爵士（Lugard）在最初设立香港大学时就要求香港大学像为香港服务一样为整个中国的发展服务。"现在随着香港回归，应对这一问题予以认真的考

---

① 杨奇：《香港概论》（续编），中国社会科学出版社 1993 年版，第 224 页。

虑了。"①

（5）寻求科学教育与人文教育之间的一种平衡和整合。香港教育自20世纪60年代以来一直是沿着以科学教育为特征、以经济为主导的实用主义教育这一主线发展的。这在香港经济的发展过程中起到了十分重要的作用。可以预料，一方面，香港经济的未来发展仍然有赖于大力发展科学教育，特别是与高科技、信息化社会相适应的科学教育；另一方面，香港人愈来愈感到人文教育对香港社会良性发展的重要性，并把努力寻求科学教育与人文教育的一种平衡和整合作为重要的教育发展战略取向之一。

（原载《比较教育研究》1997 年第 5 期）

---

① 杨锐：《香港学者论回归对香港教育的影响》，载《汕头大学学报（人文科学版）》1997年第 1 期，第 74 页。

香港大学学位制度与研究生教育介评

一、香港大学学位制度与研究生教育概况

香港大学（以下简称"港大"）的学位结构及其管理，主要以英国的学制为基础。在港大的 9 个学院中均设有学士学位课程及研究院课程。其中研究院的高级学位课程分为两类：一类是以研究为主的，授予哲学硕士、外科硕士及哲学博士、医学博士学位；另一类是学生修毕指定课程后颁发的课程学位，此类仅限于硕士学位。港大还可以根据申请者条件直接颁授文学博士、理学博士、法学博士、社会科学博士学位，此类学位无须在校学习，可直接申请，但需要具备一定资历和符合有关的条件。此外，港大亦开设了多种研究生文凭及证书课程。

（一）学士学位课程

港大各学院开设的学士学位课程随年略有不同（主要是逐年增加）。1993 年开设的学士学位课程有：建筑学院包括建筑文学士和测量学理学士、建筑学学士学位课程，文学院包括文学士学位课程，牙科学院有牙外科学士学位课程，教育学院包括教育学士（含全日制和兼读制）和理学士（言语及听觉）学位课程，工学院包括工程学士和计算机科学理学士学位课程，法学院有法学士学位课程，医学院包括医学士、外科学士及生物医学士学位课程，理学院有理学士学位课程，社会科学学院包括工商管理学士、财会工商管理学士、经济学士、社会科学学士及社会工作学士学位课程。

由于报考人数众多而又受学额限制，港大学士学位的学额竞争激烈，入读率很低，平均入读率一般只有 1：6.51，有的学士学位课程竟是 14 名报读者中只能录取 1 人。

港大参加香港 6 所大专院校的联合招生。为了甄选适当的学生，港大还对欲读港大的学生确定了以下最低的入学条件。

（1）在香港举行的有关考试①中，要求：

a. 凡参加香港教育证书会考者，必须获得 7 科 E 级或以上成绩，且其中应有 6 科在同一次会考中获得，英国语文科（一）成绩则要求在 C 级或以上。一门应是英国语文（大纲 B）考试，成绩在 D 级或以上；或英国语文（大纲 A）考试，成绩在 B 级或以上。还应包括数学和中国语文（或除英国语文外的其他语文科目）。

b. 参加香港高级程度会考者，在 AS 的英语科目上获得 D 级或以上成绩和在 AS 的中国语言文化科目上获得 E 级或以上成绩。同时，在 AL 的两个科目上获得 E 级或以上成绩，或在 AL 的一个科目和 AS 的两个科目（除英国语文和中国语言文学科目外）上获得 E 级或以上成绩。

（2）未参加以上考试者必须具备以下资格之一：

a. 通过了英联邦任何一个大学的学士学位入学考试。

b. 年满 25 岁。

c. 提供被大学评议会认定的关于其已达到（1）中的要求的证明。

除了以上最低的一般要求外，各个学院还根据各自学位课程的情况设立了一些特殊、具体的要求。

港大所有全日制学士学位课程，除五年制的外科学士、医学士、牙医学士和生物医学士（在学习前面学位课程 2 年的基础上再学习 3 年）以及四年制教育学士（全日制和兼读制）、言语及听觉科学理学士学位课程外，其他均为三年制。1986 年 11 月 14 日，港大教务扩大会议上曾通过决定，实行"三改四制"，这引起社会舆论的很大反响，后终因资源问题当局表示不支持，同时公众对此褒贬不一，特别是部分中学校长因担心改制会影响中学之发展而强烈反对，以致改制未能付诸实行。现香港政府已统一学制，实行中七入学，三年学制问题已不复存在。

授课语言中除中文系部分学科用中文授课外，所有其他课程都以英语授课及进行考试，这也是港大对学生入学的英语水平要求较高的重要原因之一。港大以学年制为主，部分院系实行学年学分制（如法学院等）。通常每年 9 月 1 日开始一个新的学年。三年制的整个课程覆盖 3 个学年，并

---

① 比如，香港教育证书考试（Hong Kong Certificate of Education Examination，HKCEE）；香港高级程度会考（Hong Kong Advanced Level Examination，HKALE），包括高级程度补充考试（Advanced Supplementary Level，AS）、高级程度水平考试（Advanced Level，AL）。

设立 3 次考试，考试一般在每年的 5 月份举行。每次考试都按科目内容分为若干份试卷。根据第三次考试得出的最终成绩，学生可分别被授予一级荣誉学士学位、二级（一类）荣誉学士学位、二级（二类）荣誉学士学位、三级荣誉学士学位，以及通过。如果在第三次考试中有任何一份答卷的成绩不获通过，即使以后重考通过都将不能授予荣誉学位，除非特殊情况经大学评议会特准。

港大非常重视学生对基础知识的掌握，各院系均规定了学生必修的核心课程，如文学士学位英国研究方向就规定学生必须在第二、第三学年至少必修 4 门核心课程。同时，港大对学生的英语学习也很重视，要求较高。除入学方面的要求外，在第一学年还规定所有学生必须选修英语提高课程（文学院），且须进行评估，直至达到大学规定的标准。为了拓宽学生的知识领域，促使学生自我发展，各院系还开设了许多选修课程，而且在教学计划上也鼓励学生选修课程。为了确保学生选修课程的质量及帮助学生搭建合理的知识结构，学生选修的课程须与有关院系领导商讨和获得批准，并报学院的教务委员会认定。考虑到学年制存在的弊端，港大亦正为跨科修读课程推行较灵活的安排，其中包括采用单元制。

为了确保教学质量，各个学院都进行课程评估，通过评估来改进教学计划和引进一些新的课程。近年来，各学院在课程上进行了一系列改革，引入了一些富有各自特色的新课程。如文学院在本科生中引入了一些强调区域研究方面的课程，像美国研究、澳大利亚文化、东南亚文学等课程；牙科学院则认可牙外科学士学位课程中的临床课程，目的在于使学生在毕业前最后一年能关注临床技能的巩固，进而帮助牙科学生实现从过去那种接受过多监督的工作向完全独立的工作和实践的转变；教育学院通过使用标准化教育程序使其资源得到最大限度的利用，同时也为学生选择课程科目提供很大的灵活性；等等。与此同时，包括一些新的教学和评估技术在内的革新的教学方法及音像呈现被大量使用，计算机教学软件也被引入教学中。如建筑学院着手的"CAAD 播音室"计划，该计划通过电信和远距离会议作为联络手段，将与美国哥伦比亚大学、华盛顿大学、哈佛大学和麻省理工学院共同实施。

除了校务委员会对新的学习计划进行仔细审视，以及对教学方法和学位课程计划组织定期评估外，港大还采取了一些新的措施来确保教学质量，如校外考评系统在保持高质量标准和建立稳定的国际联系上的作用显然被加强。对课程和教学的学生评估在 1992—1993 学年度起开始实行。评估的目的主要在于收集有关学生对课程设计和课程结构及教学的看法，以供设计新的课程及对已有课程的评估和发展作参考。评估由各个学院组织进行，并将有关评估结果报告给院务委员会。1992—1993 学年度港大建立了一个大学"教学发展中心"，该中心主要用来为教师更新与改进教学方法提供建议和帮助，同时对如何评估教学能力提出建议。

正是在教学方面的认真态度和严格要求及得力的措施保证，港大授予的学位资格在世界范围的有关学术机构获得广泛认可。如建筑、经济管理、牙科、工程、法律、医学、社会科学（包括心理和社会工作）、测绘和城市规划等专业的学位均得到有关专业机构的认可。

由于港大在香港乃至国际上享有良好的声誉，其毕业生出路一般较好，被雇用率较高。有些学生在考毕业试之前便已被私人公司录用。港大现任校长王赓武博士非常自信地说："他们（港大毕业生）找工作的能力远胜其他地区的大学毕业生，尤其是本港的移民问题和人才流失使港大毕业生甚至比从前更吃香。"

港大学费随年略有变化，1993—1994 学年度为每年 17000 港元，此外还有申请费、保证金、重修课金、补考金、毕业金等费用。同时，港大设有种类繁多的各种奖学金、贷学金，以鼓励学生刻苦学习从而取得优异成绩和帮助有经济困难的学生。这些奖学金和贷学金既有全校性的，也有各个学院的；既有经常性的，也有临时性的；既有专门用于本科生的，也有用于更高级学位学生的；既有来自政府的，也有来自私人、企业及社团的。此外，为了解决学习及生活费用问题，学生还可以利用课余及假期到校内外兼职打工。

（二）硕士学位课程和博士学位课程

1. 硕士学位课程

港大早在 1915—1916 学年即设立了工程学硕士、文科硕士及外科硕士等高等学位。由于种种原因，"二战"前，在港大进修高等学位者多为外籍学生及东南亚侨生。

自 20 世纪 50 年代后期以来，香港经济起飞并不断繁荣，特别是 20 世纪 70 年代的经济转型，增加了对高层次人才的需求，于是，港大研究生教育开始经历一个较快发展的时期，在校后学士人数从 1972 年的 740

人，迅速增加到 1986 年的 2483 人（其中博士生、硕士生共 1383 人，各种文凭及证书研究生共 1100 人），将近占全校学生总数的 1/3。时至今日，港大已有 17 个修课类硕士学位课程，并在 9 个学院均设有研究类哲学硕士学位课程。学生多来自香港本地，另外还有一些其他地区的学生。

入学的一般要求：不论是研究类硕士学位还是课程硕士学位，报读者必须具有港大荣誉学士学位或获得经认可的其他高等教育机构同等学力的证明，符合所报读学院的有关要求，必要时还须参加并通过有关的入学考试。

对于没有学士学位或没有获得其他高等教育机构同等学力的报读者，必须提供其具有从事研究生水平的学习与研究能力的足够证据，并通过有关入学考试。入学考试主要是测试报读者的学术水平与能力和从事有关研究的能力，可以是笔试、面试或两者并重。对于具体报读的专业方向，有的还有一些与专业方向有关的特殊要求。

对于香港以外地区的报读者，如原接受的教学语言或考试是非英语的，则要求其托福考试成绩在 550 分以上。除托福考试成绩外，报读文学院的哲学硕士学位，还要求在英文写作测试（Test of Written English，TWE）中获得 4 分以上的成绩（中文系除外）。

研究类硕士学位：对于哲学硕士学位，申请攻读者必须根据各院系有关的研究方向，选择其中一个研究方向并递交一份详细的研究计划。根据该研究计划及其他有关条件，申请者或被接受或转为攻读哲学博士学位，抑或不被接受。对于已被接受的哲学硕士生，至少有一名教师作为其指导教师，负责指导和帮助其完成研究计划。

哲学硕士学位期限除特殊情况要求延长或缩短外，一般最短不少于 2 年，最长不超过 4 年。在学习研究期间，要求学生每年将研究计划的研究进展情况呈送报告，如可能的话还要求学生就自己的有关研究领域做出一个或更多的研究汇报。这类研究生在学习、研究期间还可以被要求选修一些课程，并达到所修课程的要求。如研究没有取得令人满意的进展，校方有权中断其研究。研究生最迟要在考核答辩前 3 个月申请论文题目以获得批准。在学习结束时，研究生必须按规定格式提交 4 份打印好的论文作为考核答卷。研究生的考试主要包括论文和有关论文的口头或书面的答辩。考试通过者将被授予哲学硕士学位。未通过考试者，或被要求修改论文并重新提交，或被要求修改和重新提交论文并在某一时间再举行考核答辩。

考试失败者不能再提交论文。

修课类硕士学位：该类硕士学位以学习课程为主，同时大多数也要求就有关课程内容或专业方向撰写论文或研究报告。对于课程学习，各专业方向都规定了几门（通常为4门）必修的核心课程及一般的必修课，并规定一定学时和学分。同时各专业方向还开设了一系列选修课供学生选修。每门课程结束后都要进行考试。全日制课程研究生的学习期限视各专业方向而定，一般不少于1年和不超过3年不等。

根据香港社会对高层次学位人员的需求情况，港大还开设了大量兼读制硕士学位课程，以满足那些有求学愿望但又不能坚持全日制上学的人员修读。全日制与兼读制的课程相同，只是兼读制学习期限视专业方向而稍长或相同。此外，港大还开设了多种高级文凭课程。

2. 博士学位课程

港大博士学位课程开设较早，早在1961年即开办了哲学博士学位课程。哲学博士学位主要授予完成业经批准的研究计划，并撰写出有创见性的研究论文，通过答辩和必要的课程科目考试者。哲学博士与哲学硕士的主要差别在于研究及论文的创见性的深度上。

入学要求：申请者必须具有港大荣誉学士学位，或医学学士和外科学士学位，获得其他经认可大学的同等学力者亦可申请。此外，有关的院系还有一些特殊的相应要求。如有必要，申请者还须通过有关的入学考试或面试。香港地区以外且原教学语言为非英语的申请者，其英语入学要求与硕士学位的要求相同。申请攻读哲学博士者应在申请时递交一份详细的研究计划，研究计划所涉及的研究领域和方向须与所报读的有关方向一致。根据研究计划及申请者的有关条件，申请可能被接受，或被建议改攻读同类硕士学位。

已被接受攻读哲学博士学位者，至少应有一名教师作为其指导教师，负责指导和帮助其完成研究计划及选修课程。攻读哲学博士学位的学习与研究期限最短不少于3年，最长不超过5年，其中在校学习期限不少于3年。医学博士修业期限为5年。在特殊情况下经批准学习期限可适当延长或缩短。

博士生要求每年呈送其研究进展报告，并在可能的情况下就其研究问题举行一次或更多的研讨会。博士生可以根据需要学习某些课程并按规定完成课程要求。

博士生应不迟于正式答辩前 3 个月递交其论文题目以获批准。在校学习和研究结束时，应将正式的论文打印好 4 份递交并准备答辩。

对博士生的学习与研究成绩的最终考核主要是其研究论文及其答辩，答辩除包括论文的内容外，还可以包括其研究领域和方向的相关内容。

通过考核答辩者，将被授予博士学位。没有通过答辩者，或是被要求对论文进行修改补充，可不用重新考核，或是被要求在某一时间对修改、补充的论文进行重新考核、答辩，或是被认为完全不符合标准而不作弥补考虑，抑或是建议授予其哲学硕士学位。

对于直接申请文学博士、理学博士及社会科学博士者，则要求其对相关学科的任何方面之知识及理解有卓越贡献，而且须具备以下条件之一：为港大毕业生且有 5 年以上资历者，或为其他认可大学之毕业生而有 5 年以上资历，且在港大任职教务人员（讲师、高级讲师、教授等）不少于 5 年者。

港大还设有名誉博士学位，主要授予为社会做出杰出贡献的著名人士。1993 年，港大授予菲律宾前总统科拉桑女士（名誉法学博士），新加坡前第一副总理、财政部、国防部及教育部部长吴金水（名誉文学博士），著名学者和作家杨宪益（名誉文学博士）和 1979 年诺贝尔和平奖得主德兰修女（名誉社会科学博士）名誉博士学位。

3. 高级学位的管理和奖助学金制度

长期以来，港大不设研究院，高级学位管理实行校、院、系三级管理。在校一级设立高级学位委员会（学院设分会），负责讨论决定全校研究生和学位工作的重大问题，并在教务处下设管理研究生入学注册、学籍和颁发学位证书等的办事机构。研究生的招生、培养、管理主要由各学院和各系具体负责，系一级主要依靠导师和以导师为主的指导小组。

为了统筹研究生的培养与管理，1992 年 12 月，港大成立研究学院，由一个管理委员会负责决策，委员会成员包括研究学院院长、学生事务主任，以及来自每个学院的教师和研究生各一名（后者体现出学生参与学校管理的民主精神）。研究学院之经常事务，则由院长负责。

近年来，港大研究生教育发展很快，在 1992—1993 年度，研究类型的研究生已达 1115 人，目前仍呈进一步发展的趋势。这与研究生的奖、助学金呈逐年增加趋势有直接关系。港大对研究生设有各种各样的奖学金和助学金，主要用于奖励和帮助取得突出学术成果的研究生。奖学金的来源颇为复杂，其中有一些由个人或团体设立的奖学金用于资助某项研究。同时，也有政府资助和贷款及大学自己的经济资助，主要用于资助有经济方面需求的学生。另外，还专门有一项研究生助学金，主要用于资助全日制攻读哲学硕士学位和哲学博士学位的研究生。

二、港大学位制度与研究生教育的主要经验

港大办学历史比较悠久，其学位制度与研究生教育的发展也相对比较成熟，积累了一些有益的经验，主要有以下五点。

（一）坚持办学的质量标准，树立港大的良好声誉

港大目前在香港专上学校中是公认首屈一指的高校，除了其办学历史在港最悠久，一贯受到香港政府重视等历史的、外部的因素，还与其对教育质量孜孜以求分不开，集中表现在以下四个方面：

首先，对各层次、各类学生的入学要求严格，注重遴选合适、良好的学生。这从其入学要求中可以反映出来。同时，由于港大在港乃至在国际上声誉颇佳，尽管其入学要求严格，但仍是报读者最多的学校之一。这也为港大挑选高质量学生提供了条件。虽然近年来港大顺应社会经济发展的需要，由过去纯粹的"精英型"教育向大众化教育做出了一些转变，其生源素质必然或多或少有所影响，但由于转变幅度不大及香港社会的人员素质的整体提高，港大生源的总体素质仍是比较良好的。

其次，对学生精心培养、严格要求是港大办学中坚持质量标准的另一表现。虽然港大教师在教学中拥有较大的自主权，但港大对教学仍有一些基本的、统一的要求。而且多种多样的考评、评估制度，也使得教师在教学中不敢有丝毫懈怠。如港大推行了一个对讲师和导师工作表现的评估方法，可让学生有机会表达他们对师长的看法。有些院系甚至试图让学生列出他们认为好与不好的教师。另外，港大还专门成立了一个旨在提高教师教学能力的中心。同时，港大对开设的每门课程都要求教师有详细的教学计划和教学大纲。对于高层次学位（尤其是研究类学位），在学生申请入学时就要求有详细的研究计划，方有可能获得批准申请。在学生就读期间则指定导师负责指导和定期进行检查。某些学位课程还设有修读课程，课程内容要求充实新颖，注意吸收最新理论和技术，理工结合，文理渗透，

拓宽专业知识面，增强适应性。在教学方式上则强调学生自学和独立钻研，导师讲课时数不多，要求研究生自己查阅资料、做实验，并定期举行研讨会，以此来培养学生独立思考和独立研究的能力。

再次，严格的学生考核制度也为港大的教学质量提供了保证。港大每年都有一些学生留级或不能毕业，抑或不能获得荣誉学位。仅工学院1992—1993学年度在一、二、三年级就分别有81人、31人、11人留级，其中一个重要的原因就是考试情况不理想。此外，研究生的论文答辩和审核都极为严格，须经校内外评审委员会评价认可才能通过。总之，港大对学生的教学十分重视，要求亦极其严格。正如王赓武校长所称的"教学是大学的首要任务，而学生是我们的首要工作对象"。

最后，高素质的教师队伍是港大坚持质量标准的根本保证和主要标志。选聘教师采取公开招聘制，高标准，不拘一格。由于薪资优厚，竞争者甚多，报录比例在100∶1以上，还要经3年试用合格才能正式聘任。而对研究生导师的遴选尤为严格，硕士生导师都要求取得博士学位并在科学研究方面表现突出，博士生导师的要求更高。同时，对在职教师的要求及考评颇严，教师之间的学术竞争激烈。长期不出科研成果的教师很难在港大继续待下去。港大教师一般教学、科研任务较重，除本职工作外，很少有精力和时间去校外从事第二职业。这样一种氛围有力地促使港大教师专心于本职和专业工作，从而使教师素质得到不断提高。

（二）根据社会、经济发展的需要设置专业及课程

港大由初创时的医学院、工学院2个学院，仅设二三个学位课程，发展到如今拥有9个学院，学位门类齐全、学位课程达上百种之多，莫不折射出港大适应社会、经济发展，顺应时代变迁的历史轨迹。特别是自20世纪50年代以来，港大注重为香港的经济和社会发展服务，在专业课程设置上紧密联系香港经济和社会发展的需要。如在20世纪60代初增加理工科专业的比重，加强理工教育，以配合和推动香港工业经济的起飞。针对社会对环境问题日益关切，港大在专业及课程设置上也充分注意到这一问题，在工程学院和理学院增设了有关环境保护知识和措施的课程，如土木工程系的学生便须了解如何制止污染；而且，港大还设置了一个有关环境管理的理学硕士学位课程，这是一个跨系的新课程。此外，在本科生中还设有有关环境生命学与环境管理的课程。随着香港在世界金融界地位日

益重要，成为紧随伦敦、纽约及东京之后的全球第四大金融中心，为此，港大在 1994—1995 学年度新开办金融学学士学位课程。与此同时，港大十分重视香港回归祖国后的发展，与内地高校建立了密切的联系。对学生则要求他们关心时事，加强对中国和国际问题的研究，掌握好现代科学文化知识，并熟练运用中英文以适应香港继续保持国际城市的地位和过渡为中国特别行政区对人才的新需求。

此外，港大每年招生的学位课程、专业略有不同，或增或减，这也无不体现出社会、经济的需求及其变化发展的脉搏。

在高级学位申请方面，往往与社会、经济发展密切联系，具有现实意义的研究计划与研究方向比较容易获得接受申请和支助。这种导向也是为了适应社会、经济发展的需要。随着香港工业产品高新技术成分含量日益增大，高新技术密集型产品日益增多，与此相适应，对高层次人才的需求也势必日益迫切。为此，港大在未来时期的一个发展重点就是研究生教育，将会大大增加设置那些与社会、经济紧密联系且急需的高级学位课程。

（三）重视研究生研究能力的培养与提高，把研究生纳入学校的一支重要的研究力量

研究生教育在港大占有相当大的比重，而且正如前述，随着形势的发展，研究生教育的比重会越来越大。港大一贯把研究生教育（主要是研究类研究生教育）作为学校的一支重要的研究力量，除了研究生学位申请时须提交详细的研究计划，研究生还要在接受申请后独立完成研究计划、递交论文，学校、有关研究机构及导师的许多研究项目也都鼓励研究生参与，有的研究生支助、奖学项目本身就是专门用来支助、奖学从事某个项目研究的研究生。这样不仅有利于提高研究生的研究能力，使其得到研究工作的训练并获取经验，同时也促进了学校科研的发展。

（四）多规格、多形式办学，以满足香港社会多样化的需要

港大除全日制学位课程外，还开设了多种文凭、证书课程。为方便不同情况人员就读，课程安排灵活，有脱产学习（全日制），也有在职兼读学习（非全日制）。入学年龄不限（港大曾有一名 60 岁毕业生）。仅在 1985 年，港大就有 400 多名非全日制研究生。近年来，这种类型的办学

形式已成为港大发展中的一个重要方面，特别是随着香港社会生产的迅速发展和日益复杂化，各方面均日益需要具有高深知识和高技能的人才，这种灵活多样的办学形式，可以满足大批在职人员在不脱离工作岗位的条件下继续深造和更新业务知识的需要，必将成为港大今后发展的一个重要趋势。

（五）重视提高学生的英语水平，完善研究生教育与学位制度，力求与国际接轨

港大素以英语要求高而著称，这既源于该校的历史传统，也是港大一贯坚持国际标准，力求与国际接轨、树立国际大学形象的重要方面。近年来，针对公众议论对香港学生的英语水平呈下降趋势颇有微词，港大已在各方面加强英语教学，如提出基础年课程，其中开设了一些提高英语表达能力的课程。此外，港大坚持和提高对新生入学时英语运用考试的成绩要求。王赓武校长多次呼吁加强英语教学，他认为，"港大既是一所国际性学府，而英语就是学术交流的工具。所谓'工欲善其事，必先利其器'，英语差劲，便不能从大学得益，甚至阅读也不能称心如意"。

经过半个世纪的变迁与发展，港大在学位制度及研究生教育上有一套相对完善和成熟的运行机制与操作方式。而且，港大还十分重视将其学位制度与研究生教育向国际上有关制度看齐，力求与之相符，以保持其国际大学的形象，从而也使港大的学位在世界范围内获得广泛的认可。

（原载《现代教育论丛》1995 年第 2 期）

卢晓中自选集

LU XIAOZHONG ZIXUANJI

澳门大学学位制度与研究生教育介评

一、澳门大学学位制度与研究生教育的发展沿革

澳门大学（以下简称"澳大"）从创办至今，其学位制度与研究生教育历经以下三个主要时期。

1. 私立东亚大学时期（1981—1988年）

由于澳门本地长期没有大学，其高级专门人才都是依赖该地区以外的中国香港、台湾、内地及国外大学培养和输送的。澳门本地人欲进入大学深造，就只有负笈远涉到澳门以外的地区求学。这种状况给澳门的社会、经济发展带来一系列问题：一是从外地来澳任职人员，由于种种原因，一般很难在澳门安心扎根，其中相当一部分人是"飞鸽派"，准备干一段时间后就远走高飞；二是到外地求学的澳门学子有不少滞留外地，未回澳服务；三是许多想进大学深造的澳门人，却苦于本地无大学，而又难以支付去外地就读的昂贵费用以致不能如愿。如此种种，致使澳门高级专门人才奇缺。据有关调查资料显示，当时全澳7万工业人口中，受过中等技术教育或高等教育的只占5%，而受过研究生教育的更微乎其微，且在中、高层技术人员和管理人员中，九成以上来自香港。

随着澳门社会、经济的迅速发展对高级专门人才的需求越来越大，以及当地人要求接受高等教育的热情日益高涨，上述问题日显突出。鉴于此，为了加速培养能植根于澳门本地区的高级专门人才，在澳门政府的支持下，1981年3月由西部发展有限公司在政府划拨的土地凼仔岛上兴建了澳门现代史上第一所高等学府——私立东亚大学。该大学一创办，即明确了自己的办学方向与目标：①通过不断发展教学计划，为进入东亚大学的学生提供高等教育；②提高学术水准；③促进澳门的智力、经济和文化的发展；④设置各种课程，为澳门培育英才；⑤与世界其他地方之兄弟大学建立联系；⑥在教师和学生中培养国际谅解的精神；⑦作为高等学府，将尽力提供有利于社会公众康乐和文化活动的设施；⑧从事与最高学府的目的有关的其他工作。

东亚大学受中国香港及英国的大学影响较大,采用英制大学结构,共设 5 个学院:本科学院、预科学院、进修学院、公开学院及研究院。本科学院以招收入读三年制学士学位学生为主,兼招收二年制副学士学位的学生。公开学院仿照英国公开大学的形式,以各种新式的遥距教育方法进行教学,设有文学、工商管理、数学及科学 4 种学位课程,采用学分制,修满 192 个学分即能毕业获学士学位。预科学院为学生进入大学提供预科课程及证书。进修学院(又称继续教育学院)提供专业文凭课程,主要为各界人士提供业余进修机会。该学院于 1985 年发展成为理工学院,提供专业文凭课程。研究院于 1984 年开办,设有文学、社会科学、工商管理 3 个专业硕士学位课程。

从创建东亚大学的初衷来看,一个很重要的方面是要立足于澳门本土,"促进澳门的智力、经济和文化的发展",以满足澳门经济起飞及产业转型对高级专门人才的需求,以及了却澳门本地人的求学心愿。但实际上这一时期东亚大学并未很好地践行这一初衷,特别是受中国香港及英美高等教育影响颇大,且一味强调向国际大学看齐和发展,这就决定了东亚大学"不是一所澳门的大学,相反,而是一所使用英语授课,与英美学制完全挂钩的外国大学"。

2. 公立东亚大学时期 (1988—1991 年)

随着 1987 年 4 月 13 日《中华人民共和国政府和葡萄牙共和国政府关于澳门问题的联合声明》的签署,澳门社会进入过渡期,这就迫切要求澳门高等教育切实履行为过渡期及以后的澳门社会培养高级专门人才的职责,以实现"澳人治澳"的未来澳门社会的构架。为此,1988 年 2 月,澳门政府委托澳门基金会接收东亚大学,并依据有关章程承担对东亚大学的责任,同时确保大学的自主权。东亚大学作为一所综合的、自主的、颁授学位的高等学府,继续运作并进一步发展。经此,东亚大学开始发生深刻的变化。为了适应过渡期形势的需要,切实践行面向澳门本土的办学取向,且又不失国际性和地区性的特色,东亚大学进行了较大的改组,由原来的英制结构改设文学院、工商管理学院、科学技术学院、教育学院、澳门理工学院、社会科学学院等学院,并从 1990 学年度开始,把原先的三年制学士学位课程改为四年制(除法律课程为五年制外)。同时开设了一些与当地社会、经济发展密切相关的课程,如法律、葡文、教师培训、翻译、公共行政、土木工程、电子工程、机械工程和软件工程等。此外,还开办了第一届葡—亚研究硕士学位课程并接受第一批博士学位报名。特别值得一提的是，在招生总人数增幅较大的基础上，增加招收澳门学生，主要是通过设立新的财经资助方式，方便他们入读。这样一来，澳门本地中学的学生的数量超过了来自香港的学生数量，如在 1988—1989 学年度，来自澳门的学生为 967 人，占学生总数的 64%。

3. 澳门大学时期（1991 年以后）

根据 1991 年颁布的 2 月 4 日第 11/91/M 号法令和 9 月 15 日第 50/91/M 号法令，从 1991—1992 学年起将东亚大学易名为澳门大学，并对其结构做进一步调整。特别是为了满足澳门经济转型的进程加快对高层次专业技术人才的迫切需求，澳大增设了一些新的学位课程，尤其是高层次学位课程，从而使澳大在新的层次和新的水平上进入了一个崭新的全面发展时期。

二、澳门大学现行学位制度与研究生教育

1. 学士学位课程

澳大现设有 6 个学院，共提供 23 个学士学位课程：社会及人文科学学院设社会科学学位，其课程有经济、政治学和公共行政、社会学/社会福利等，中文课程有中国语言及文学、交际中文，英文课程有英国语言及文学、交际英文、笔译与口译；科技学院，学士学位课程有土木工程、电子工程、软件工程、机械工程；教育学院，教育学学士学位课程有中文、英文、科学（数学）、幼儿教育、学校管理；法学院，法学学士学位课程；工商管理学院，工商管理学士学位课程有会计、管理信息、财政、市场学、工商管理、日本文化与工商管理；葡文学院，学士学位课程有葡文一般课程，以葡语为外语的葡文和文献学课程。根据澳门教育特别是基础教育的现状，各学院制定了既严格又具有一定弹性的入学标准。

（1）基本要求。普通学生必须具备以下条件：中学六年级或同等程度，或十二年级；入学成绩达到指定分数（港澳地区申请者适用）；符合报读课程之要求。成年学生，即年满 25 岁并具有特殊技能者，可以成年学生身份报读而不需要受过 6 年中学教育，但需参加入学考试。

（2）申请攻读土木工程、电机及电子工程和机械工程，必须具备中学六年级程度的化学知识或经该院院长认可的同等水平。

（3）教育学士课程（学校教育/幼儿教育）分为两个阶段。第一阶段课程称教育文凭课程。此课程旨在为本地培训小学及幼稚园教师，分职前课程和在职课程两种。职前课程全日上课，须读 2 年。完成此阶段课程之学员可获颁教育文凭，并可申请入读第二阶段课程。第二阶段课程称教育学士课程，旨在向在职小学、幼稚园教师及教育行政人员提供延续培训，使他们成为教育专业人才。此阶段课程为期 3 年，采取在职修习方式。完成此阶段课程之学员可获颁教育学士学位。对于申请教育学士学位课程的在职学员，要求就读期间在澳门中学全职任教。

此外，澳大还可接受从其他高等教育机构转入的学生，但须视被转入的学位课程是否有学位空额，以及对转校生已有的修读内容认可与否来确定。

全日制本科生实行学年学分制，修业期至少为 4 年。此间就读工商管理学士、教育学士、文学士、社会科学学士学位课程一般最少要求修满 144 个学分或更多；而攻读科学学士学位课程的学生要求修满的学分则更高，如土木工程专业为 175 个学分，电子工程专业为 180～180.5 个学分；葡文学院各学士学位课程要求修读学分为 162～165 个；就读法学学士学位课程必须修业 5 年，取得 152.75 个学分。

各学位课程所修学分一般由下列课程构成：必修课、必选课及任意选修课。其中必修的普通教育的学分包括：①至少 6 个学分的英语；②至少 6 个学分的计量方法（数学/计算机）；③至少 6 个学分的社会、人文科学课程。澳大比较重视基础课的学习，如社会及人文科学学院的所有专业，以及工商管理学院除日语和工商管理专业外的其他专业，均要求学生修读一年级共同课程，其中包括一系列普及教育科目。他们认为此类课程的学习能保证学生有更广阔的基础，这对于学生以后的学习乃至将来的工作都是十分重要的。科技学院各专业方向的基础课则致力于培养学生正确的科学思维并掌握各自专业的理论和实践知识，使培养的工程师具备专业技能与稳固的理论基础。澳大本科生除修完课程外，还需完成毕业论文或毕业设计，方可授予学士学位。

在修读期间，每位学生都有一位导师进行学习辅导。导师主要协助学生选择合适的专业，同时监督学生的学习进度是否符合其专业的有关要求。

澳大学位制度比较灵活，除全日制外，还设立了兼读制，以方便那些有求学愿望但又不能坚持全日制上学的人员就读。兼读制与全日制的课程相同，一般要求学生在 10 年内修毕所有课程。

2. 硕士学位课程

澳大招收研究生始于 1984 年，先后设置了文学、社会科学、工商管理等硕士学位课程，尔后于 1990 年又招收了第一届葡—亚研究的硕士生。为了满足澳门社会、经济迅速发展的需要，特别是满足工业产品技术升档对高级科技人才的需求，澳大逐年增加招收有关专业的研究生，如电子工程、土木工程、软件工程及公共管理、东西方文化关系等专业的研究生。

对于硕士学位课程的报读资格，澳大规定报考人员须具有学士学位或根据有关学校之学术和教学机构的规定，被认为具有可修读硕士学位课程之同等学力者，并经面试合格方可入学。

硕士研究生专业课程学习为期最短 12 个月，最长 24 个月，全部学习分两个阶段：授课阶段和学位论文阶段。对完成硕士学位课程者，可颁发修业证书，但该证书在有关教员职称之晋升及报读博士学位方面不产生任何效力。只有再撰写学位论文并通过答辩，方可授予硕士学位。学位论文由同一学科领域具有博士学位的教师指导。论文导师可属于开设硕士学位课程的教学机构，也可属于本地或外地的其他高校。

评审论文的典试委员会成员的委任，由校长在论文呈交后 1 个月，经听取有关学术单位的学术委员会意见及经教务委员会通过后做出。典试委员会一般由 5 名专家组成（含论文导师）。

在完成论文答辩后，典试委员会举行会议对答辩进行评审，并采用说明理由之记名投票，据此做出决议。委员会主席有决定性一票。最后评核以通过或不通过方式表示。

3. 博士学位课程

根据 1991 年颁布的《澳门高等教育》（法令第 1/90/M 号 3 月 4 日）规定："博士学位用以证明获该学位者在某一知识领域具有高等文化水平，在提高专业知识水平方面作出开拓性之贡献以及具有从事科学研究之能力。"澳大自 1990 年接受第一批博士生报名以来，现已有工商管理、教育、文学、社会科学及电子工程 5 个哲学博士学位课程接受报名。凡具有硕士学位或同等学力之人士皆可报读博士学位课程，并可免除参加所有考试，但须进行论文的公开答辩。若具有学士学位或经法律认可之同等学力且最后评语最少达到"良"者，经大学有权限的机关做出学力评审后，亦可允许报读博士学位课程，不过须参加博士学位课程的考试。

博士学位课程的投考人均须向教务委员会提出申请，并办理投考博士学位的手续。申请书的内容包括研究领域、投考人所选导师和该教师的同意表示、考生履历等。对申请的决定一般在申请书呈交后 1 个月内做出。在接受投考时，需提议投考人就读及通过大学所授研究生课程结构的课程单元。导师每 6 个月须以报告书的形式向有关学术委员会报告投考人的学术工作进展。

论文答辩的典试委员会由校长委任，至少由 5 位具有博士学位的专家组成。答辩结果以通过或不通过的方式表示。

三、澳门大学学位制度与研究生教育的特点及存在的问题

综观澳大的学位制度与研究生教育，主要有以下特点：

1. 重视建立和健全学位制度与研究生教育体系，使之规范化

虽然学位制度在澳门开始实施的时间并不长，研究生教育及其学位授予时间更短，但澳门已建立和健全了一套比较完备的学位制度及研究生教育体系，并以法令的形式使之规范化。这些制度与体系既注意与国际接轨，同时又注重澳门的实际，体现澳门自身的特色，从而保证了学位制度及研究生教育的质量，使澳大获得了较好的声誉。澳大现为国际大学协会（International Association of Universities，IAU）会员，其学历、学位已为全世界 100 多所大学所承认。

2. 及时调整学位课程设置，以适应澳门过渡期及经济转型的需要

如果说澳大在开办之初的若干年里，其办学取向及课程设置考虑更多的是向国际大学看齐，而忽视了其为澳门本土服务的初衷，那么在 1988 年澳门基金会接收澳大以后，为了加速培养澳门过渡期及未来社会的"澳人治澳"的人才，在保持国际大学的特色和招收海外学生的同时，澳大开始了解本地的需要，转向把澳门在过渡期的利益放在首位，及时调整学位课程的设置，以适应澳门过渡期及经济转型的需要。如在 1989 年前，澳大没有科技学院，澳门青年若希望将来从事科技工作或当工程师就只能到澳门以外的国家或地区去学习。随着澳门的工业逐渐面临一个转型期，即从劳动密集型、生产简单产品的工业转向现代技术型的工业，使产品具有高质量、新技术，能在国际市场上具有更大的竞争能力，最迫切要解决

的问题是必须培养本地的科技人才。而以往由于不易找到本地工程师，澳门一些企业不敢引进先进设备来进行技术改造。至于从外地或外国聘请科技人才，只能是权宜之计，不是发展方向。根据这一形势，1989 年，澳大决定成立科技学院，并开设了 4 个澳门急需的学士学位课程，尔后又设置了硕士学位课程和博士学位课程。实践已证明澳大这一审时度势的决策是正确的，并随着澳门经济的发展和科技日新月异的变化日益显示出重大意义。

3. 从各方面着手，坚持学位及研究生培养的质量标准

澳大十分重视其学位及研究生培养的质量，以维护其在社会和国际上的形象。为此，澳大主要从以下三个方面来确保其高质量标准得以贯彻和实现。

（1）在师资方面，澳大办学者深知要办一流的大学，就必须有一流的师资。因此，一方面，澳大坚持按有关章程对师资资格的要求聘任教师，如澳大规定担任讲师需要有硕士学位，助理教授（该职称介于副教授与讲师之间）需要有博士学位，副教授由数名专家评定，教授则从世界各地著名大学延聘著名教授和学者。这样做的优点是可以吸取世界各地教育计划的长处，以便澳大制订完善的教育计划。所以，澳大前校长李天庆曾肯定地表示澳大的教育计划符合世界标准。另一方面，由于家庭、事业发展等关系，从外面聘请来的资深教授不会长期留在澳大任教，为了解决这个问题，澳大现正积极招收研究生，争取用 10 年左右时间把他们培养成可胜任的大学教授及教育与科研并重的人才。

（2）严格把住研究生的进出关口。虽然澳大选拔研究生不一律进行入学考试，但对入学标准却有严格规定，对于研究生的各门课程考核或毕业论文的答辩要求也比较严格，这往往使人产生在澳大就读"进门不易，出门更难"的感觉。正是这种感觉，促使许多澳大学子发奋学习。

（3）通过严格的管理提高质量。澳大在对学生的管理上有一套严密的管理法规、条例和制度，并配备训练有素的专职管理人员和现代设施，不断改进管理方法，使管理工作井井有条，效率较高，从而保证了教育质量的稳步提高。

4. 实施多层次、多形式、多规格的学位制度和研究生教育，以满足澳门社会的多方面需要

由于澳门社会是一个多层次的社会，对高等教育的需求也必呈多样化，加之种种原因（诸如经济的、工作的、地域的原因），对求学者的求学制约各种各样，这就要求澳大在办学上要体现一定的灵活性和弹性，以多层次、多形式、多规格办学来满足各方面的求学需求。近年来，澳大积极实施多形式、多规格、多层次的学位制度与研究生教育，如全日制、兼读制、日夜制并举，高等专科、学士、硕士、博士学位、学位后证书课程及其他各种各样的证书、文凭课程相互衔接，自成一体，大大方便了澳门各阶层、各职业人士对高等教育的选择，推动了澳门高等教育的发展，同时也满足了澳门经济、社会发展对各级各类人才的需求，受到澳门社会的普遍肯定。

5. 确保教学与学术的自主权

《澳门大学章程》规定大学及学术单位享有学术和教学自主权，这不仅有利于推动学术的繁荣与发展，而且对以研究为主的高层次学位与研究生教育的发展起到了很好的推动作用。

当前澳大学位制度与研究生教育在发展过程中也存在一些问题，其中一个比较突出的问题就是长期以来澳门的基础教育比较薄弱，这必然带来高等教育的生源质量问题，从而影响学位制度及研究生教育的发展。一方面要坚持入读的必要条件与质量标准，另一方面又要确保澳门本地人入学的数量，这对于一个基础教育薄弱的地区来说，往往是很难两全的事情。

此外，由于澳大学位制度与研究生教育的发展历史不长，许多东西都还在探索和尝试之中，要走出一条既符合澳门实际，又与国际接轨的富有澳门特色的学位制度与研究生教育发展道路尚有许多工作要做。

（原载《学位与研究生教育》1997 年第 2 期）

简论澳门师资发展问题

1999 年 12 月 20 日，澳门将回归祖国，澳门的历史又将翻开新的篇章，在澳门社会发展中具有重要地位的澳门教育也将走向新的时代。教育发展的关键在于教师。在澳门即将回归祖国之际，笔者试对澳门师资发展的历史、现状及其存在的问题作一简要探讨，并在此基础上提出若干建议。

一、与教育发展相适应的澳门师资发展历程

近 400 年来，澳门经济长期不发达，教育事业发展也非常缓慢。同时，由于澳门以华人为主要居民，华人占人口总数的 97%，而澳门政府过去对华人教育不够重视，对私立教育采取不干预政策，致使澳门教育处于无政府状态，从而也形成了以私立学校为主的多元办学体制和以中文体系、中国内地学制为主体的多元体系及多种学制并存为特色的澳门中小学教育。

澳门的教育是在近代才发展起来的。1839 年，澳门第一所具有现代意义的西式学堂马礼逊学堂在澳门正式开学，标志着澳门近代教育的肇始。而在澳门师范教育史上，最早的要数天主教会的圣若瑟修院于 1932 年下设的圣若瑟中学所附设的圣若瑟师范学校，其主要是培养幼稚园及小学教师。经多年演变，圣若瑟师范学校改办二年制夜间课程（"圣若瑟夜师"由此而得名），主要是对幼稚园和小学教师进行在职培训。至于对中学教师的培养，由于在 1981 年 3 月以前澳门没有现代意义上的高等教育，也就没有一所师范学院或教育学院承担这一任务。中学生毕业后便只能到中国内地、台湾和香港，以及欧美国家、澳大利亚或葡萄牙接受高等教育，而学成回到澳门的只有极少部分人当中学教师。这就导致澳门中学教育中许多教师没有接受过师范教育便走上了讲台。在 20 世纪 50—60 年代，澳门部分中学教师曾由华南师范学院（今华南师范大学）培养，但由于历史原因，这种培养方式一度被中断，直到 20 世纪 80 年代末才得以

恢复。

从 20 世纪 80 年代开始，特别是在 1987 年 4 月《中华人民共和国政府和葡萄牙共和国政府关于澳门问题的联合声明》签署后，澳门政府开始重视教育事业，澳门社会团体在教育事业发展方面也积极寻求祖国内地的帮助。为了使澳门在过渡时期保持繁荣和稳定，祖国内地对此也非常重视。在澳门政府、社会团体和祖国内地的共同努力下，澳门的师资发展开始出现新局面。

首先，构建了完整的师范教育体系。1981 年 3 月，在澳门政府的支持下，私立澳门东亚大学诞生了，从而结束了澳门现代史上没有正规高等教育的状况，同时澳门本地的高等师范教育也由此产生。1987 年，澳门政府与东亚大学合作举办教师专业训练课程，开设在职幼稚园和小学教师教育文凭课程。1989 年，东亚大学教育学院正式成立，开设了培养和培训幼稚园与小学教师的课程。

为了加速培养澳门本地区的高级人才，1988 年 2 月，澳门政府委托澳门基金会收购东亚大学，并在 1991 年将其易名为澳门大学。同时，为了适应教育发展对师资的需求，不断提高中小学教师的水平，澳门大学教育学院开设了以中文、英文、科学（数学）、幼儿教育、学校管理等教育专业学士学位课程为主体的课程，还开设了培养小学和幼稚园教师的三年制教育文凭课程，对小学和幼稚园教师进行在职培训的二年制教育文凭课程，以及一年制的高级教育证书课程。1993—1994 学年度，澳门大学教育学院筹划开设教育行政学和教育心理学硕士学位课程。近年来其还计划开设博士学位课程，使澳门的师范教育向着更高的层次发展。这样，澳门大学连同二年制圣若瑟夜师，形成了澳门培养和培训中小学及幼教师资的师范教育体系。

其次，建立了开放、多元的师资发展机制。澳门除了在独立设置的圣若瑟夜师和澳门大学教育学院培养与培训师资外，从 20 世纪 80 年代中期开始，随着教育发展对师资需求的扩大，澳门政府和社会团体开始在人才的培养方面寻求祖国内地的帮助。1985 年 3 月 7 日，由华南师范大学主办、澳门教育司和中华教育会协办的教育专业函授专科澳门班在澳门开学，开设教育专业文凭课程。从 1989 年起，内地高校每年都在澳门举行联合招生考试，招收澳门学生入读，其中每年都有有志于从事教师职业的澳门学生到华南师范大学就读。进入 20 世纪 90 年代，澳门中学教师出现紧缺状况，澳门中华教育会、澳门业余进修中心等单位积极要求和协助与华南师范大学联合办学，开设教育专业学位课程澳门班，培养学前教育及中学教师。这样，从 1993 年开始，经原国家教育委员会和广东省高等教育局的同意，澳门每年都保送一批中学毕业生到华南师范大学就读。

随着经济和教育事业的发展，澳门对高层次专业人才包括教育人才的需求日益旺盛，澳门政府和新华社澳门分社、广东省高等教育局积极支持在华南师范大学试点招收四年制在职兼读制研究生。学生在修完学位课程和通过论文答辩后，可以按同等学力申请硕士学位，报中华人民共和国和国务院学位委员会审批后，授予硕士学位。1989 年，澳门有 6 名在职兼读生在华南师范大学攻读中国教育史、中国古代文学、人文地理学专业；1990 年和 1993 年分别有 15 名和 18 名学生攻读教育心理学专业。1994 年经原国家教育委员会批准，华南师范大学澳门在职兼读制研究生被正式纳入国家招生计划。

从 1985 年到 1998 年，华南师范大学与澳门教育暨青年司、澳门中华教育会、澳门业余进修中心合作办学，共招收了澳门 2000 多名学生，已有 1087 人获得了大学本科或专科毕业文凭，有 345 人获得学士学位，纳入国家招生计划的在职兼读制研究生 40 余人。经华南师范大学培养和培训的教师已占澳门具备教师专业资格的中小学与幼稚园教师总数的 60% 以上。

此外，澳门中华教育会还与香港大学教育学院、香港中文大学教育学院联合举办各种师资培训班，对教师进行多种教育教学技能的培训。澳门的体育教师则主要由澳门理工学院培养。

通过建立多元的培养与培训机构来发展师资，20 世纪 90 年代后，澳门的师资队伍素质得到明显改善和提高。

最后，制定了有关教师发展的规程。近年来，为了提高教师的素质和教学水平，澳门政府在规范师资资格与培训上下了不少功夫。比如，1995 年澳门教育暨青年司制定《教师规程》，对教师专业资格及培训等都做了原则规定。应当说，这一规程为澳门教师朝着专业化方向发展奠定了基础。

澳门师资发展的历程有以下特点：

第一，澳门政府对师资发展的认识经历了由不重视到比较重视的转变过程。澳门长期受葡萄牙殖民管治，而葡萄牙本身也是个日益衰退的老牌帝国主义国家，在激烈的国际竞争中逐渐落后于其他资本主义国家，对远离本国的澳门更显得鞭长莫及。再加上澳门的居民绝大多数是华人，因而学生中的华人和华校的数量在澳门也占绝大部分。虽然葡萄牙人管治澳门达数百年之久，但中国的传统文化根深蒂固，在澳门一直占据着主导地位。因此，过去澳门政府没有担负起兴办学校的重任，反而是教会率先，随后是社会热心人士和各种社会团体相继办起了学校。同时，澳门政府也为葡裔及公务员子女办了几所用葡文授课的官立学校。澳门政府对华人教育采取不干预政策，导致了澳门师范教育的严重滞后，也影响了澳门居民素质和教育水平的提高。

20 世纪 70 年代后，随着澳门社会经济的发展及人口的增加，人们逐渐认识到教育的巨大作用，因此，澳门人对教育的需求日益迫切。正是在这一背景下，澳门政府开始加强对教育的干预，随之而来的是对师资发展的重视。这主要表现在三方面：一是制定法律法规提高教师待遇。如 1977 年，澳门政府颁布法令，规定为非营利性私立学校提供资助，为教师提供津贴。1985 年 9 月澳门政府宣布非营利私立学校教师的津贴发放原则，即中学教师每人每月 500 元葡币，小学和幼儿园教师每人每月 400 元葡币。教龄津贴满 10 年的每月增加 50 元葡币，满 20 年的每月增加 100 元葡币。1990 年澳门政府又颁布法令，增加教师津贴，按学历高低每人每月补贴 500 ～ 1500 元葡币不等。二是鼓励中小学教师接受师资培训，其措施包括以是否接受过师资培训和教龄长短为依据对教师津贴进行调整。小学及幼儿园教师的津贴一般每人每月为 720 元葡币，但接受过师资培训者每人每月为 1200 元葡币；中学教师的津贴为中学毕业学历的每人每月 900 元葡币，大学学历但未受过师资培训者每人每月为 1440 元葡币，而受过师资培训者每人每月高达 1800 元葡币。此外，教龄津贴也有较大区别。教龄越长，补贴越多。澳门政府的这些措施，都极大地调动了教师通过接受培训来提高教学水平与坚持从事教育事业的积极性。

第二，澳门的师范教育经历了从无到有、从不正规到正规的过程。师范教育早在 17 世纪便在欧洲大陆诞生，并在 18 世纪中叶后被纳入公共教育的轨道。进入 19 世纪末 20 世纪初，中等师范教育普遍实施并向高等师范教育发展。但师范教育发展的春风却迟迟没有吹到澳门。直到 1932 年天主教会在圣若瑟中学内附设圣若瑟师范学校，澳门历史上无师范教育的空白才得以填补。直到 1989 年东亚大学设立教育学院以及后来的澳门大学教育学位课程的设立，澳门才形成了正规的从初等到高等的完整的师范教育体系。

第三，澳门的师资水平经历了从低层次到高层次的发展过程。澳门的师资水平在 20 世纪 80 年代以前以及整个 80 年代都是相当低的，在整个 80 年代也没有太大的提高。1984 年，在 2163 名澳门教师中，只有 512 人（占总数的 23.7%）具有教师专业资格。经过 80 年代后期和 90 年代的大力培养与培训，进入 20 世纪 90 年代以后，澳门的师资学历水平有了很大的提高。1997—1998 学年度总共 3750 名教师中，具有研究生及以上学历者就有 60 人，具有高等教育学历的有 1697 人（占总数的 45.3%）。学前与小学具有专业资格的教师占 60%。师资发展水平有了明显的提高。

第四，澳门的师资水平提高与祖国的兴衰休戚相关，与华南师范大学的帮助密不可分。澳门自古以来就是中国领土的一部分，中华民族的文化传统深深扎根于澳门华人的心中，回到祖国的怀抱是多少代澳门人的愿望。而祖国内地也把支援澳门建设、提高澳门人的素质当作自己义不容辞的责任。早在 20 世纪 50 年代和 60 年代初，华南师范大学就一直都在澳门招收学生，为澳门培养教育人才。"文化大革命"给祖国内地带来了深重的灾难，也波及澳门，导致华南师范大学在澳门的招生被迫停止。1978 年，改革开放的春风吹遍了祖国大地，也吹遍了澳门的山山水水。澳门以祖国内地为依托，积极要求与华南师范大学联合办学。华南师范大学也从 20 世纪 80 年代初就积极筹划试点，努力恢复为澳门培养师资。可以说，华南师范大学不仅为澳门的师资队伍建设提供了有力支持，而且为澳门的繁荣与稳定承担了历史重任，做出了历史性贡献。

二、澳门师资队伍的现状分析

据 1994 年统计，澳门共有正规学校（学前、小学、中学）189 所，其中官立的仅 25 所，私立的有 163 所，私立学校是官立学校的 6 倍多。由于澳门官立学校主要为葡裔子女和公务员子女服务，全部经费由政府负责，而以中文学校占绝大多数的私立学校的经费主要来源于学生所交的学费，外加政府有限的津贴。因此，官立学校无论是师资还是设备都远远优于私立学校。1994 年出版的《澳门总览》写道，"澳门官校与私校的办学条件甚为悬殊，表现在教育经费、校舍与教学设备、教师待遇等方面"，

"政府教育经费大部分用于官校，私校经费短缺，因而导致学校条件差，师资普遍短缺，师生比率平均达到 1：45 以上，私校教师工作重、待遇低，故教师流失严重"。

澳门的师资队伍现状是历史的产物。由于澳门过去没有正规的高等师范教育，师资的来源主要是澳门中学附设的师范科的毕业生、中学毕业生和从外地接受高等教育返回澳门从事教职者以及近年来澳门大学各学系及教育学院的毕业生。澳门教育统计目录（葡文版）教师资料表显示，1997—1998 学年度澳门共有中小幼教师 3750 名。我们可对其师资结构做如下分析。

（1）从接受师资培训的情况来分析：3750 名教师中未接受过师资培训的多达 1171 人，占 31.2%。这个数字在一定程度上反映了澳门现有的师资水平。教师是塑造人的人，要成为一名合格的教师，必须像律师、医生等一样接受严格的专业训练。在世界教师职业朝着专业化方向发展的今天，无论是实行定向型还是非定向型师资培养体系的国家或地区，无论是发达国家还是发展中国家或地区，都毫无例外地要求教师必须接受培养或培训，而且师范教育训练也越来越严格，学历层次越来越高。澳门的师资要朝着这一目标发展，对不合格师资进行培训的任务仍然十分繁重。

（2）从师资的学历来看（表1）：在澳门中小幼师资中，研究生毕业及以上学历的共有 60 人，占总数的 1.6%；具有高等教育学历的师资有 1697 人，占总数的 45.6%。这说明澳门师资队伍的学历总体水平是不低的。即便如此，到 1998 年，学前和小学具有专业资格的专任教师仍仅占 60%，中学毕业及以下学历水平的教师还有 964 人（占 25.7%），其所占的比例也不小。因此，提高这部分教师的学历水平是澳门师资建设中亟待解决的问题。

表1　1997—1998 学年度澳门中小幼师资学历分布情况

单位：人

博士学位	硕士学位	研究生毕业	学士学位	专科学位	文凭
2	50	8	1340	211	70
副学士学位	中专毕业	中学毕业	中学未毕业	小学毕业	小学未毕业
6	189	851	105	6	2

数据来源：澳门教育统计目录（葡文版）教师资料统计表。

（3）从澳门教师的性别结构来看：在 3750 名教师中，男教师有 902 名，约占 24%；女教师有 2848 名，约占 76%。女教师超过七成，男女教师比例为 1∶3.2。而在教龄 10 年以下的教师中，男教师有 559 人，女教师有 1813 人，男女教师比例是 1∶3.3。按叶澜教授在《创建上海中小学新型师资队伍决策性研究总报告》中所认为的教师队伍两性比例的偏差以不超过 1∶3 为限度来看，澳门男女教师性别比例仍有待调整和改善。

另外，从教龄的角度来分析，在 902 名男教师中，教龄在 15 年以内（含 15 年）的有 691 人，占男教师总数的 77.7%。这一方面说明澳门教师地位从 20 世纪 80 年代中期以来有所上升，对男教师产生了一定的吸引力；另一方面又说明男性教师流动性大，能够坚持长期从事教师职业、把教育职业当作终身职业的人不多。从整体上提高教师地位，增强教师职业对男教师的吸引力是澳门师资发展中的又一大难题。

（4）从师生比来看：一般来说，一个国家或地区的师生比与当地的物质条件、人口出生率关系密切，师资需求也可以从中反映出来。20 世纪 80 年代是澳门人口出生率的高峰时期，这些人在 90 年代纷纷入学。这也是造成目前澳门的师生比较低的重要原因。据统计，1996 年澳门学前教育的师生比是 1∶26，小学是 1∶29 ～ 1∶30，中学是 1∶20。《联合国教科文组织统计年鉴》1994 年的资料显示，中国大陆的小学师生比为 1∶20，中学为 1∶15。可见澳门的各项师生比例均低于大陆，更低于发达国家中小学的师生比，仅高于或近似于一些发展中国家，比如巴基斯坦（小学为 1∶41，中学为 1∶19）、印度（小学为 1∶48，中学为 1∶26）、孟加拉国（小学为 1∶63，中学为 1∶29）、尼日利亚（小学为 1∶39）和墨西哥（小学为 1∶30，中学为 1∶17）。按照世界各国按小班制发展的普遍趋势，澳门的师资在数量上还需要得到较大发展。

（5）从教师的工作量来看：澳门学前教师每周授课 27.2 小时，小学教师每周授课 20.8 小时，中学教师每周授课 19.1 小时，教师平均每天授课 5 ～ 6 小时，教师的工作量较大。官立学校教师与私立学校教师工作量存在差异。私立学校班级人数多，教师要面对 50 ～ 60 人的班级，有的教师还要担任学校其他行政工作，因此，私立学校教师的工作量更大，每天比官立学校教师多工作 2 个小时左右，而待遇却比官立学校教师低。

近年来，关于澳门教师压力问题引起了社会的广泛关注。李沛霖的《"澳门中小幼教师工作压力"问卷调查报告》显示，由于社会和学校对教师的要求越来越高，班级人数的增多，教师所教科目的增多（有的教师所教科目多达5科或以上），用于备课、改卷等时间的增多，以及面对的教育对象愈来愈复杂等原因，教师所承受的压力越来越大，而社会对教师工作的重视程度、家长与教师的配合程度、教师的经济待遇等只是一般，致使许多人对教师工作前途并不看好，不仅入行者不踊跃，想转行的也不在少数。长此以往，势必影响澳门教育质量和人才的培养。

（6）从官立和私立学校教师的分布来看（表2）：官立学校的教师仅占教师总数的12.7%，私立学校的教师占87.3%。澳门师资队伍的问题以私立学校更为突出。私立学校由于经费短缺、学校条件较差，难以吸引好的教师，而且教学工作任务繁重，待遇又低，有25.7%的教师因此在外兼职，教师流失现象严重，这对本来就师资匮乏、问题较多的私立学校而言无疑是雪上加霜。

表2　1997—1998学年度澳门官立和私立学校教师性别分布情况

单位：人

学校类型	男教师数	女教师数	小计	占总数的百分比
官立学校	81	396	477	12.7%
私立学校	821	2452	3273	87.3%

资料来源：澳门统计数字目录（葡文版）教师资料统计。

（7）从适龄儿童入学情况来看：20世纪80年代中期是澳门人口出生的高峰时期。有关部门的统计资料显示，1983—1986年出生的2.78万名澳门儿童在20世纪90年代陆续入学，因而教育的需求越来越大。随着澳门教育水平的不断提高，对教育的重视程度加大，澳门政府推行7年（学前班1年和小学6年）免费教育，学生人数呈上升趋势。目前，澳门中小学生每年增加近5000人，中小学校班级超员现象严重，生多校少的矛盾十分突出。特别是中学数量严重不足，许多小学生毕业后都面临着失学的风险。解决这一问题的一条有效途径，就是建立新学校。而要建立新学校，就需要新师资。可以预见，澳门未来对中小学教师的需求从数量上来说仍是较大的。

三、对澳门师资发展的若干建议

从上述的分析中，可见澳门的师资队伍无论是数量还是质量都存在许多亟待解决的问题。笔者认为，从师资未来发展的角度，澳门师资发展要着眼于以下三个方面。

第一，应抓住回归祖国的历史机遇，提高教师地位。澳门回归祖国之后，重视开发澳门的人力资源，重新认识教育和师资的重要性，着力于提高教师队伍的整体素质，建立一支德才兼备、能够迎接知识经济挑战、承担时代赋予的历史使命的师资队伍，应成为澳门特别行政区政府保持澳门长期繁荣稳定的重要战略选择。具体说来，就是要加强对私立学校的宏观管理，通过政府行为缩小官立学校和私立学校的差距，提高私立学校教师的待遇；推动社会对教师的重视，在全社会形成尊师重教的风气，给予全体教师以合理的经济待遇；进一步落实澳门教育暨青年司制定的《教师规程》中有关教师专业资格和教师培训的原则规定，制订师资培养计划，完善在职教师培训制度，提高教师的社会和经济地位，增强教师职业的吸引力。

第二，在培养方式方面，要多层次、多规格、多形式地培养师资人才。根据1997年的统计，澳门大学教育学院共有学生539人，平均每年毕业130人左右，其他学系也有培养一部分教师。同时，华南师范大学每年在澳门招收一定数量的为澳门教育服务的师范生。但这种培养规模仍难以满足澳门的师资需求。澳门一方面应扩大澳门大学教育学院的招生规模，采取有力措施鼓励澳门学生入读教育学院；另一方面应以祖国内地为依托，增加在内地培养教师的数量，充分挖掘与华南师范大学合作办学的潜力，多快好省地在数量和质量上全面推动澳门师资的发展。

第三，加强师资培养与培训，优化师资结构。从世界师范教育的发展来看，一个重要趋势就是把教师职业看作专业性职业，加强教师的专业训练。世界上许多国家和地区虽然都采用开放式的师资培养模式，但多数国家都对非师范毕业生从事教师职业有明确的规定，即必须经过教育专业课程学习和考核，获得教师资格证书后才能上岗。从以上澳门师资现状的分析中可以看出，澳门师资培养与培训的任务十分繁重，主要包括：一是对1171名没有经过师范教育培训的教师进行教育专业训练，使之掌握教育教学规律和技能，培养从事教师工作的专业精神和能力。二是提高中学毕业及以下学历水平的教师的学历水平。这些教师共有 964 名，占教师总数的 25.7%，他们主要在幼儿园或小学低年级从事教育工作，应当让他们经过 2～3 年的进修后至少达到中等师范学校毕业水平。三是通过提高教师的待遇，鼓励更多的男青年从事教育事业，对受过高等教育的有志于从事教职工作的男青年进行师范教育培训，以改善澳门学校教师的性别结构。四是提高现有中小学教师的学历层次和教学水平，使之适应不断变革的时代的需要。值得提及的是，澳门的有识之士已认识到提高小学师资培养层次这一世界性发展趋势，并提出在澳门大学设立以华文授课的培养与培训小学教师的高等师范学校的建议。这样既可以节省办学经费、较好地解决师资问题、实现资源共享、提高办学效益，又有利于师资的职前培养和职后培训一体化，取得最佳的整合效应。科学技术迅猛发展，知识总量迅速增加，一个人要想获得成功，便要不断地学习，不断地掌握新技术、新知识和新方法。作为未来培养人才的教师，更需要在知识经济时代树立终生学习的观念，不断"充电"，接受经常性的培训，才能更好地承担起历史赋予的使命。因此，澳门教师的继续教育是今后澳门师资发展的一项长期工程，需要从制度、措施与途径及经费投入等多方面来加以推动和落实。

（原载《华南师范大学学报（社会科学版)》1999 年第 4 期）

面向 21 世纪粤澳教育合作与交流的思考

澳门将于 1999 年 12 月 20 日回归祖国，此时也正值世纪轮换之际。这不仅是澳门历史上，也是中华民族历史上的一件极其重大的事情。广东与澳门的关系源远流长，在新的历史条件下构建面向 21 世纪的粤澳关系，对于两地的共同繁荣与发展有着非常重要的意义。下面笔者着重从教育方面对两地的合作与交流作一些操作层面的分析和思考。

一、粤澳教育合作与交流的前景分析

从总体上来说，随着澳门回归祖国的时间日益临近，粤澳在教育方面的合作与交流将会比以往任何时候更为密切和广泛，这是基于对两地加强教育合作与交流的意义和条件的认识而得出的结论。

首先，粤澳在经济、科技、文化等方面的交流与合作近年来日益密切，特别是广东省政府决定建立珠江三角洲经济区的决策，大大加强了粤澳经济发展的联系，加速了包括香港在内的粤、港、澳经济圈的形成，这便在客观上要求加强粤澳两地间的教育合作与交流。因为粤澳在经济、科技、文化等领域的合作与交流大大推动各自在这些相关领域的发展的同时，也面临着一个对相关人才的需求问题。要使两地的合作与交流继续发挥在推动经济发展和社会进步中的应有作用，就需要为之培养人才的教育通过合作与交流，从而获得进一步的提高，以为经济、社会的发展输送适应需要的人才。此外，从世界教育发展的一般趋势来看，当经济、社会发展到一定阶段后，经济、社会的发展将愈来愈有赖于教育的先行，这是当代社会、经济及教育发展的一个客观规律。因而，当前要使粤澳在经济、科技、文化等方面的合作与交流顺利开展并在推动各地的教育发展中发挥应有的作用，广泛开展两地教育的合作与交流并取得切实的成效是必不可少和处于基础地位的。

其次，粤澳加强合作与交流，相互借鉴，有利于两地教育的共同发展，促进人才培养。粤澳在教育的许多具体方面的互补性较强，如澳门在民办教育和私立学校的发展与管理等方面有许多有益的经验，而广东在师资培养、中文教学及幼儿教育等领域有明显的比较优势。通过加强彼此的合作与交流，取长补短，对于两地的教育发展都是十分有益的。

最后，通过教育的合作与交流，粤澳能够加强相互之间的了解，增加彼此的相融。一方面，可以通过广东这一窗口，使澳门对内地的政治、经济、文化、科技及教育等情况有更真实的了解，这对于保持澳门的稳定与繁荣，都具有十分重要的意义。同时，通过在教育合作与交流的过程中逐步改造和消除澳门教育中的殖民色彩，对于回归祖国怀抱后的澳门的教育乃至其整个社会的健康、稳定发展的意义也是非常重大的。另一方面，广东也可借助澳门作为国际性城市的窗口，特别是其与欧盟和拉丁语系国家及地区的联系，更好地把握世界教育发展的普遍趋势和动态来进行教育改革，以此推动广东教育国际化和现代化进程，使广东教育更好地顺应世界教育发展的趋势和面向世界。

粤澳进行教育合作与交流的条件和基础主要体现在以下六个方面：

第一，文化基础。粤澳同属岭南文化圈，两地文化教育素有联系与渊源，由此也带来了彼此在文化上的认同感。虽然西方文化对澳门影响颇大，但澳门与广东毕竟同祖同源，以岭南文化为特征的中华文化仍是其社会的主流文化，语言上的相通、文化上的同源、教育上的因袭，为两地进行教育交流与合作奠定了基础。

第二，政治基础。我国政府对澳门回归和回归后澳门的长期稳定与繁荣十分重视，特别是在近年制定的一系列有关澳门回归祖国的政策与法规，诸如《中华人民共和国澳门特别行政区基本法》等，对澳门与内地的关系作了清楚的阐明，这其中也有对教育的专门阐述；同时，通过近年来对《中华人民共和国澳门特别行政区基本法》进行的宣传与教育，人们对澳门的前途更有信心。这都为粤澳在教育方面的合作与交流奠定了政治和思想基础，也提供了法律和政策依据。

第三，经济基础。与内地其他区域相比，广东在经济发展的许多方面与澳门比较接近，这为开展粤澳在教育方面的合作与交流提供了物质基础。同时，广东在经济方面与澳门的联系非常密切，这不仅对两地的教育合作与交流提出了要求，而且也为之奠定了坚实的基础。

第四，地缘基础。粤澳地理位置接近，来往方便，这为粤澳进行教育方面的合作与交流奠定了地缘基础。

第五，以往合作与交流的基础。近年来，粤澳在经济、科技、文化、教育等诸方面进行了广泛的合作与交流，积累了粤澳合作与交流的许多宝贵经验；同时通过这些交流与合作，粤澳有关部门和人员建立了联系，交流了感情，增进了友谊，这都为以后进一步加强彼此的合作与交流奠定了很好的基础。

第六，粤澳教育的互补性是两地进行教育合作与交流的最根本的基础。因为只有具有互补性，才会有互惠、互利的可能，而互惠、互利又是任何合作与交流得以发生和顺利进行的前提条件和基础，教育的合作与交流概莫能外。

二、粤澳教育合作与交流的策略选择

从粤澳教育合作与交流的基本方针上，我们应当坚持以《中华人民共和国澳门特别行政区基本法》为准绳，立足于广东经济、社会发展的需求和继续保持澳门繁荣与稳定的需要，按照优势互补、利益共享、切实可行的合作交流的原则，积极主动地开展粤澳在教育方面的合作与交流。

从具体的工作思路来考虑，可以通过合作研究推动合作项目，以加强教育有关方面的合作研究，来带动和推进两地在教育上的合作与交流。采取这种工作思路有以下好处：一是以研究为前期准备基础，有利于彼此认识和沟通，双方都乐意接受并有积极性；二是合作与交流方案可以通过科研来充分论证，并借助科研的导向作用影响决策，进而推进实施，从而确保合作与交流切实有效且可行。根据这一思路，我们在实施粤澳教育合作与交流时应采取官方与民间并举的方针，积极开展多渠道、多形式、多层面的交流与合作。

粤澳教育合作与交流的具体内容可以从以下两个角度来确定。一是从取长补短和借鉴的角度来确立合作与交流的内容，这是互促性的合作与交流。比如，合作开展职业技术教育的研究，主要探讨如何充分利用广东有关技术理论教育的师资力量和选择澳门的一些新兴产业及优势行业建立职业教育的实习工场，开展合作，谋求共同发展；合作开展教师及教育管理人员培养和培训的研究，主要是在总结广东以往为澳门培养师资的基础上，根据新的形势特别是澳门教育发展和回归日近，研究如何不断拓宽合作培养师资的领域或途径；合作开展民办教育、私立学校的研究，特别注意研究、借鉴澳门民办官助办学体制及其发展经验，推进广东教育发展的多样化；等等。

二是从发展需要和共同开发的角度来确立合作与交流的内容，这是开发性的合作与交流。比如，合作研究与经济相适应的粤澳教育发展一体化问题；合作研究与建立粤澳教育信息交流中心问题；合作研究与建立国际教育信息交流中心问题；合作研究与推进粤澳教师资源共享和交流的问题；合作研究粤澳普通（职业）教育的学历互认与转换及跨区域升学问题；合作研究与推进建立两地共有的教师（教育人员）培训基地问题；合作研究与建立两地共有的教具生产基地问题；合作研究与推进粤澳教学资源（仪器设备、图书资料、实验基地等"硬资源"）的共享和交流问题；开展教育教学理论的合作研究；等等。

粤澳教育合作与交流的步骤，可根据需要、合作与交流的有关原则和内容分阶段推进，主要可分为以下三个阶段：一是澳门回归前的合作与交流，重点是开展互促性合作交流；二是澳门回归初期的合作与交流，重点是互促性合作交流项目与开发性合作交流项目结合；三是澳门回归后长期的合作与交流，以开发性的合作与交流项目为重点。

教育合作与交流的途径可根据"以加强教育有关方面的合作研究，来带动和推展两地在教育上的合作与交流"这一总的工作思路，采取官方与民间并举的方针进行。同时，应改变以往那种分散的、局部的、较多集中于教育微观方面的合作与交流状况，组织较高层次、强有力的组织协调机构，可建立粤澳教育合作与交流协调委员会，指导、组织、协调合作与交流事宜，如内容（项目）的确立、方案的策划、人员的组织、方式与途径的选择、成果的评估与推广等。协调委员会由政府主管部门权威人士、教育专家、教育实际工作者、民间团体、经济界人士和企业界人士等组成。

作为一项着眼于"高"产出（培养高素质人才），且又涉及粤澳合作的教育事业，需要有相应的经费投入。因此，有必要建立教育合作与交流的财政保障机制，可考虑设立"粤澳教育合作与交流基金"，基金来源可以两地政府投入为主，多渠道筹措。

（原载《现代教育论丛》1999 年第 3 期）

174

区域教育发展的一种战略选择
——对南方教育高地的若干认识

2010 年 9 月，中共中央政治局委员、广东省委书记汪洋同志在广东省教育工作会议上庄严提出"举全省之力，打造我国南方教育高地"。这是当前广东教育改革发展的一种重要战略选择，对于新时期广东教育的科学发展具有十分重要的战略意义。

"高地"最初是一个地理学的概念，指的是与周围地区相比，地势相对隆起的平地，成因上往往与地质构造有关。后这一概念被引入军事领域，所谓高地，表明其地势优越、战略地位重要，往往是兵家必争之地。而"南方教育高地"这一概念的提出，则被赋予了更加丰富的教育和人文内涵。本文从南方教育高地这一概念的目标意蕴出发，对这一战略选择作一初步探讨。

一、南方教育高地是一个"卓越"的概念

南方教育高地中的"高"本身就是一个上位的概念，表达的是"等级在上的"意蕴。[①] 从自身而言和基于一种比较的视角，南方教育高地所表明的是教育品质的卓越和教育发展的优势。而这种卓越和优势是一种包容性卓越，即它不仅体现在基础教育上，还包括高等教育；不仅体现在普通教育上，还包括职业教育；不仅体现在硬件外延上，更体现在软件内涵上。正如广东省教育厅罗伟其厅长所指出的，打造南方教育高地，使之"成为深化我国教育体制和机制改革的先行先试高地、前沿教育思想和理念的形成实践高地、高新科技的创造运用高地、高素质人才的聚集培育高地、先进文化的创新引领高地、科学发展的人才支持与智力保障高地"[②]。

---

① 参见中国社会科学院语言研究所词典编辑室《现代汉语词典》，商务印书馆 2002 年版，第 415 页。

② 罗伟其：《打造南方教育高地的思考与实践》，载《学习时报》2011 年 1 月 4 日。

这就必须用追求卓越的精神打造南方教育高地。对于基础教育而言，如促进义务教育均衡发展就必须是优质的均衡发展，即扬峰填谷，而不是削峰填谷式的均衡发展；对于高等教育而言，对高校实行科学定位和分类指导，每一层类的高校不仅要办出特色，而且要"创造品牌，争当一流"。特别值得注意的是，当前在教育领域普遍出现的一种被"卓越"和被"平庸"现象。这对于被"卓越"的学校（事实上从总体上说，这些学校也的确非常优秀）未必不是一件好事（因为对于这些学校来说，可能因此而获得更好的发展机遇和平台），但是对于那些被"平庸"的学校来说，如此情况对其发展却不是福音。除了被"平庸"导致学校难以获得公平的发展机遇和资源外，还可能致使一些学校、教师、学生从被"平庸"演变为自甘平庸，最终成为真平庸。

二、南方教育高地是一个"比较"的概念

南方教育高地的"高"是相对于"低"而言的，高地是在一定的比较范围内形成优势和中心，而"周围地区"这一比较范围的设定决定了教育高地的相对性和非唯一性，在全国不同的区域可以形成不同的教育高地。如以"两省一市"（江苏、浙江和上海）为主体形成的长江三角洲区域教育高地和以京津唐为主体形成的环渤海区域教育高地。与这两大教育高地的比较表明①，南方教育高地的打造是有基础和可能的，同时又是任重道远的。

除地理上的比较意义外，值得特别重视的是，"比较"这一词所包含的以下意蕴：一是南方教育高地的国际比较，也就是说要用国际视野和世界眼光来认识和打造南方教育高地，绝不因"南方"而自我局限，以致固步自封，包括教育目标、教育体系与结构、教育体制与机制及课程设置与教学等方面的建设和发展，都要尽可能着眼于国际水平与标准；二是南方教育高地的比较借鉴，通过国际和国内的比较借鉴，从而取长补短、优

① 无论是从教育的普及发展水平、教育的质量水平，还是教师队伍状况、人均教育经费等方面，南方教育高地与另两大教育高地还有差距。但广东也有比较雄厚的经济基础、毗邻港澳的区位优势、市场经济发育比较完善、人民群众对优质教育的需求强烈等有利条件。详见广东省教育厅课题调研组：京津沪苏浙粤教育改革发展比较分析与政策建议，2010 年 8 月。

势互补，实现自我的不断完善与超越；三是南方教育高地的比较优势，即突出南方教育高地的与众不同，也就是说通过形成南方教育高地的鲜明特色来彰显比较优势。这就必须用改革创新的精神来打造南方教育高地。当前，广东正在大力推进教育综合改革试点，研制并发布了《广东省教育综合改革试点总体方案》，确立办学体制改革、管理体制改革、培养体制改革和保障机制改革四大改革任务，以实现教育体制机制活力显著增强、教育教学水平显著提升、教育保障能力显著改善及教育发展环境显著优化的目标，从而创造广东教育改革的新鲜经验，形成广东教育发展的鲜明特色。再如《广东省中长期教育改革和发展规划纲要（2010—2020年）》提出构建具有广东特色的"中等职业教育—高等职业教育—应用型本科高等教育—专业学位研究生教育"的现代职业教育体系，由于专科与本科同属高等教育阶段，而现行高等职业教育与应用型本科教育又分属不同的教育系统，这里就有一个亟须破解的难题，即高等职业教育与应用型本科教育的衔接问题。这一衔接问题包括静态的定位和动态的连接，前者涉及高等教育阶段不同层类，各自为了与经济社会发展相适应在人才培养目标和规格定位及其培养模式等方面的差异与衔接；而后者则涉及教育在人的连续发展中所处的不同教育层次的差异与衔接（如从专科到本科）。

三、南方教育高地是一个"群体"的概念

如果说教育现代化和教育强省更多的是表达某个教育主体（如广东或珠江三角洲）的一种发展状态，包括应然的目标和实然的状态，那么南方教育高地则突出了"群体"（多个教育主体的集合）的意义。《广东省中长期教育改革和发展规划纲要（2010—2020年）》明确提出"促进粤港澳共同建设以紧密合作、融合发展为特征的我国南方教育高地"，这一战略选择意味着南方教育高地关涉区域的教育发展，将从以往的"竞合发展"向"融合发展"转变。如果说前者是立足于区域各主体自身利益目标、以取长补短为特征的共同发展，那么后者则是着眼于区域群体、以优势互补为特征的一体化发展。近年来，香港提出了一个教育发展目标，就是建设成为"大中华教育枢纽"，实际上也表达了教育一体化发展的意愿。而且，这一融合发展将凸显南方教育高地的"群体"特色，同时南方教育高地的各区域主体也将纷呈个性，从而形成一种"马赛克"

式的"群体"整合效应。这是区域教育发展的新阶段、新境界、新天地。这就必须用开放包容的精神来打造南方教育高地，求同存异，特别要重视寻求和构建为各方所认同的南方教育高地的共同核心价值。尤其是通过深化体制改革，建立紧密合作、融合发展的融合机制。比如建立粤港澳三地高层的联合工作机制，引进香港知名大学来粤合作办学，这也是南方教育高地的特色和优势所在。当然，这里有一个引进什么、如何引进的问题。值得注意的是，这种引进不仅要求其所在，更要求其所用。如所引进的大学及学科专业应当与广东经济社会发展方向密切联系，尤其要注意与广东十大支柱产业的发展相关联。

四、南方教育高地是一个"中心"的概念

之所以说高地是"中心"，是因为从全局而言和基于一种整体战略思考，高地所表明的是一种重要地位，它对全局具有举足轻重的影响，这一重要地位和影响正是"中心"应有之义。而对于南方教育高地来说，"中心"的概念包含两方面的意蕴：一是这一教育高地的形成对相关区域乃至全国教育发展将有着极其重要的战略意义；二是南方教育高地的重要地位和全局性影响，将通过发挥引领、示范、辐射作用，带动相关区域教育的整体发展得到充分彰显，而绝不是"一览众山小"的妄自尊大。这就必须以全局战略发展观来打造南方教育高地，包括：①突出战略重点，尤其必须抓住重要领域和关键环节，以期收到"牵一发而动全身"的效果；②开展教育综合改革试点，以此取得经验来引领和推动整个区域的教育改革与发展；③注重战略时序，促进区域教育各层次、各方面的协调、有序发展。比如20世纪末教育现代化是以信息化为切入点，而今天则是提高信息化的应用效益和发挥信息技术在促进教育均衡发展、实现教育公平中的作用；中国的教育改革发展，要破解面临的诸多难题（如"素质教育轰轰烈烈，应试教育扎扎实实"的问题等），必须重视教育体制机制改革；顺应现代教育发展的趋势和适应广东经济社会发展的需要，建立南方职业教育的重要基地；注重教育的内涵发展，尤其要突出教师教育在南方教育高地打造中的核心地位；等等。

五、南方教育高地是一个"发展"的概念

与地理意义上的"高地"概念所表达的相对静止不同，教育高地是动态发展的，不同时期的教育高地有不同的特殊表征，这也意味着一定时期的南方教育高地的目标必然是阶段性目标。南方教育高地各个时期的目标不同且没有终极目标，也就是说南方教育高地的打造永远是在发展的过程之中。南方教育高地如果静止不变，那么当"周围地区"发展起来，其就极有可能从"高地"变成"洼地"。值得注意的是，南方教育高地的打造过程是以尊重教育规律为基础和前提的。这就必须以科学发展观来打造南方教育高地。比如，促进以人为本的教育可持续发展，包括为每个发展时期确立以人的发展为中心、相互衔接的教育发展目标，并制定切实可行的实施策略；加强教育发展的科学研究，正确把握教育规律，确保教育的科学发展。

六、南方教育高地是一个"文化"的概念

高品质的教育高地必定是教育文化的高地。胡锦涛同志在清华大学百年校庆上提出"全面提高高等教育质量，必须大力提升人才培养水平，必须大力增强科学研究能力，必须大力服务经济社会发展，必须大力推进文化传承创新"。从这里我们可以看出，文化传承创新已成为高等院校的一项新职能，这里既包括高等院校推进社会的文化传承创新，同时又包括大学自身的文化传承创新。

长期以来，广东教育的一块"短板"，就是教育文化的衰微。而且，广东教育文化在建设发展上也存在一些误区，比如一些学校不太注意文化的传承，或不知如何去传承创新文化；一些学校尽管有较长的发展历史，但人们并不知道悠久的办学历史究竟为学校积淀下来哪些优秀的文化传统，也不知道这些文化传统对今天学校办学究竟意味着什么，或者说有什么作用，比如对学校的适当定位、形成特色等能起到什么作用；一些学校把历史简单地等同于文化，似乎有历史就必然有文化。我们必须认识到，一所学校的历史悠久并不必然带来文化的厚重，也未必就是学校的财富。实际上，我们时常也可以见到一些虽然有较长的历史但文化内涵却相当匮

乏的学校。

因此，必须以文化发展观来打造南方教育高地。而且，只有长期坚持不懈地重视学校文化建设，注意总结、概括学校优秀的文化传统，并对文化传统进行适当的现代转换，使之成为今天学校办学的文化资源，悠久的办学历史才会真正带来深厚的文化底蕴，才会真正成为学校发展的财富。

（原载《高教探索》2012 年第 4 期）

广东教育发展的前瞻与规划

——着眼"十三五"

广东教育发展"十三五"正处在"创强争先建高地"的关键期，将面对社会、经济、科技、文化及教育发展的诸多新形势、新要求等新常态，如何认识、把握并积极回应时代发展的新常态，是当前广东规划教育"十三五"发展亟须回答的一个重大命题。

一、广东教育 "十三五" 的时代背景与发展路向

（一）实现"三个定位、两个率先"的总目标要求

习近平同志在 2012 年视察广东时提出殷切期望："广东省要努力成为发展中国特色社会主义的排头兵、深化改革开放的先行地、探索科学发展的实验区，为率先全面建成小康社会、率先基本实现社会主义现代化而奋斗。"这既是党中央对广东的高期望、高要求，同时也应是广东必然的历史担当。源于改革开放风气之先，广东经济社会发展一直走在全国的前面，特别是在经济领域取得了巨大的成功，令世人瞩目。同时，广东在改革发展过程中碰到的问题往往是其他省份也将面对的问题，这便决定了广东长期担负着中国改革开放的探路者角色，一方面需自身积极破解改革发展过程中的难题，另一方面也为其他省份提供了许多宝贵的经验。在新的历史发展时期，广东又一次责无旁贷地担起"排头兵""先行地""实验区"的重任，既十分光荣又异常艰巨。当前，国内外经济社会发展形势复杂多变，特别是面对"中等收入陷阱"①，广东如何顺利跨越这一"陷

---

① "中等收入陷阱"指的是当一个国家的人均收入达到中等水平后，不能顺利实现经济发展方式的转变，导致经济增长动力不足，最终出现经济停滞的一种状态。部分研究者认为广东通过改革引领、开放引领、创新引领、民生引领和平衡引领，2014 年人均地区生产总值突破 1 万美元，按照国际通行标准，广东已成功跨越"中等收入陷阱"。

阱"，成功摆脱经济社会发展可能出现的徘徊、踯躅局面，继续保持持续发展的势头，实现"两个率先"的目标，是当前及未来一个时期摆在广东面前的一个重大现实课题。

知识经济时代的到来，使得现代教育发展与经济社会发展的关系愈加密切甚至深度融合，同时教育也日益成为政府高度重视、全社会高度关注的最大民生问题之一。如何以"创强争先建高地"为广东教育发展的总目标、总抓手，努力满足经济社会发展和人民群众对多样化高质量教育的需求，为广东实现"三个定位、两个率先"的总目标奠定人才和智力基础，是广东教育"十三五"发展必须重点思考的问题。比如，通过教育结构调整，更好地适应和满足广东产业转型升级发展的需要；根据党的十八大报告提出的"让每个孩子都成为社会的有用之才"，全面深化素质教育改革，努力促进高中教育多样化和特色化发展、高等教育分类发展、职业技术教育适应性发展，办好人民满意的教育；改革资源配置方式，切实践行教育公平理念，关心支持特殊教育发展，大力促进义务教育均衡发展，积极推进学前教育普惠性发展，着力构建利用信息化手段扩大优质教育资源覆盖面的有效机制；等等。

（二）创新驱动发展战略和粤东西北振兴发展战略的实施

当前，广东正在大力实施以提升科技创新能力为核心的创新驱动发展战略，中共广东省委书记胡春华同志提出以实施创新驱动发展战略为总抓手，推动经济结构调整和产业转型升级，是今后一个时期广东的重大战略任务。创新驱动发展战略的实施无疑对广东教育提出了新需求和高要求。比如，对高等教育领域而言，主要体现在人才培养和科技创新方面。通过大力实施创新强校工程，加强"四重"建设，推进高水平大学和高水平理工科大学建设，不断创新人才培养模式，更好地培养创新型人才，为创新驱动的经济社会发展提供人才支撑，推动和引领创新驱动下经济社会的转型升级，全面实现经济社会发展从资源驱动和要素驱动向创新驱动的根本性转变。同时，通过积极推动协同创新，深化体制机制的改革创新，促进高校的科技创新，以此大力推动创新驱动发展战略的实施。对于基础教育而言，应树立人才培养的系统化观念，全面推进和深化素质教育，注重培养学生的创新素质和综合素养，加强人才培养的相互衔接，为创新人才的成长打下良好的基础。

2012 年广东省委省政府印发了《关于进一步促进粤东西北地区振兴发展的决定》，发出了"振兴东西北"的动员令，这是广东振兴粤东西北地区、促进区域协调发展的纲领性文件，是关系到广东形成改革开放新格局、确保广东顺利实现"两个率先"目标的全局性战略。因此，粤东西北地区振兴发展在广东全局发展中具有举足轻重的地位，没有粤东西北地区的振兴发展，就不会有广东社会经济的整体发展和全面进步。而教育对于粤东西北地区振兴发展具有特殊的意义，没有教育的振兴，也不可能有真正意义上的，特别是持续意义上的粤东西北地区的振兴发展，实际上教育本身就应当是粤东西北地区振兴发展的重要方面，是其题中应有之义，这也是由教育与经济社会发展的关系所决定的。对于基础教育而言，义务教育均衡发展关系到教育公平，目前广东义务教育均衡发展所存在的问题已严重制约着率先基本实现教育现代化这一目标的达成。而义务教育均衡发展的重点也是难点就在粤东西北地区，所以说促进粤东西北地区义务教育均衡发展，关系到广东率先基本实现教育现代化的全局。而对于高等教育来说，由于粤东西北地区振兴发展的关键在于调整经济结构和产业转型升级，因此值得思考的问题是广东高等教育应如何合理布局，高校应如何通过学科专业结构调整和功能定位转型等方面的改革创新，充分发挥高等教育在人才培养与科技服务对促进经济结构调整和产业转型方面的重要作用。同时，通过调整教育结构，促进普职教育协调发展，特别是通过引导地方本科高校的转型来促进职业技术教育的升级发展，建立和完善现代职业教育体系，对于助推粤东西北地区的经济结构调整和产业转型升级具有极其重要的现实意义。

（三）率先基本实现教育现代化的战略选择和教育领域综合改革的不断深化

《国家中长期教育改革和发展规划纲要（2010—2020 年）》提出，到 2020 年全国基本实现教育现代化。《广东省中长期教育改革和发展规划纲要（2010—2020 年）》提出，广东要率先基本实现教育现代化。2013 年 2 月，广东教育"创强争先建高地"动员部署会暨 2013 年度工作会议更明确提出，广东将于 2018 年率先基本实现教育现代化。2015 年 2 月发布的《广东省人民政府关于深化教育领域综合改革的实施意见》提出教育领域综合改革的目标："到 2018 年，我省教育事业在重要领域和关键环节改革上取得决定性成果，全面完成中央和省委提出的深化教育领域综合改革各项任务，形成充满活力、富有效率、更加开放、有利于科学发展的教育体制机制；全省教育进一步适应经济社会发展需要，人才培养更符合人的认知成长规律、教育教学规律和经济社会发展规律；教育公平、教育质量和办学水平明显提升。初步形成以珠三角地区为核心，粤港澳紧密合作，教育现代化、国际化发展水平高，在国内有较大影响力的南方教育高地，走出一条具有广东特色的教育发展路子。"①

从以上国家和广东省发布的关于教育改革和发展的纲领性文件可以看到，"十三五"将是国家基本实现教育现代化的重要时期，也是广东率先基本实现教育现代化的关键期。对于广东而言，这一时期包括前期的基本实现教育现代化和后期的继续提升教育现代化水平两个相互衔接的阶段，如何设计和确立两个阶段的目标，尤其是确立目标的实现途径，是广东教育"十三五"发展必须着力解决的问题。

应当说，广东率先基本实现教育现代化的"率先"，不仅是时间意义上的"率先"（较全国提前2年），更是内涵意义上的"率先"。这便意味着：一是广东的教育现代化在一些方面可以走得更远，即在教育现代化的一些目标与指标确立上可以有更高的追求；二是广东的教育现代化需要通过确立体现本土特点的目标指标及寻求适合自身发展的路径来彰显广东特色、广东风格、广东气派。从以上两点意义来看，广东教育"十三五"必须深化改革、创新发展，如在教育国际化发展、职业教育体系创新、高水平大学建设、教育办学体制多样化、信息技术与教育教学的深度融合，以及教育管办评分离等方面勇于探索，走出一条广东率先实现教育现代化的创新之路。

强调教育领域改革的综合性，既是一个认识论问题，即教育与社会经济关系及教育系统内部诸多关系的复杂性决定了教育改革的复杂性，复杂性的教育改革需要教育改革的综合性，而教育作为百年树人的崇高事业及其育人本质，在相当程度上决定了教育改革只有治本没有治标，治本则需要综合施策；同时，它又是一个方法论问题，也就是教育改革的综合施策，包括改革目标的系统配套和改革措施的系统配套，比如大中小学德育

---

① 广东省人民政府：《广东省人民政府关于深化教育领域综合改革的实施意见》，见广东省教育厅网（http://edu.gd.gov.cn/zwgknew/jyzcfg/gfxwj/content/post_3381980.html）。

目标的有机衔接，师资队伍建设与人事制度改革的配套，高校的分类发展，高中教育多样化、有特色的发展与发展性分类评价体系的建立等。

值得注意的是，基本实现教育现代化目标与教育领域综合改革目标做到相辅相成，即促使实现教育事业发展目标与教育改革发展目标高度切合，确保"改革"与"发展"的高度一致，应当是当今教育改革发展一个重要的时代特征，也应成为广东教育"十三五"改革发展的基本路向。

二、广东教育发展的分析维度

发展目标及其实现路径是任何一种发展规划的主要要素，也是"发展"与"改革"高度一致的重要体现。同样，发展目标及其实现路径对于教育发展规划来说，无疑具有举足轻重的影响，也是教育发展定位的一个主要方面。那么，究竟应当依据什么来定位教育发展目标及其实现路径呢？这对于教育发展规划的确定来说具有十分重要的方法论意义。通常而言，有以下三个视角或维度：一是根据经济社会及教育发展的预测数据来确定教育发展的未来目标及其实现路径；二是从国际国内比较的视角来确定教育发展的未来目标及其实现路径；三是着眼于教育发展的问题来确定教育发展的未来目标及其实现路径。① 实际上，在确定教育发展规划的目标及其实现路径时，常常需要将以上三个视角或维度结合起来综合考虑。

（一）基于数据的预测分析

从发展目标的前瞻性和本土化的角度，基于区域经济社会发展的需要，以及教育的发展基础，通过大数据的科学预测（人口、经济、社会、科技等因素）来进行发展目标的定位及其实现路径的选择，这也是规划科学性的重要体现。

（二）基于问题的状态分析

无论是确立发展目标，还是选择发展目标的实现路径，从问题（包括现状性问题和发展性问题）解决的角度，无疑是教育规划一个合理的

---

① 参见卢晓中《高等教育发展目标的定位视角与大学发展的分层定位——从战略规划的角度》，载《华南师范大学学报（社会科学版）》2010 年第 5 期，第 52 - 53 页。

着眼点，这也有助于增强教育规划的实效性、可行性。

（三）基于借鉴的比较分析

长期以来，我们在确定教育规划目标及其实现路径时更多的是从国际国内比较的意义上来考虑，也就是根据其他国家或区域教育发展的状况来确定本国或本区域教育发展目标。应当说，这是我们在确定教育发展目标及其实现路径时一个必不可少的视角或依据。而在进行国际比较参照时需要注意两个问题：一是比较参照标准的普适性与特色化，也就是一方面要厘清哪些是具有普适意义的国际或国家通行标准，另一方面要搞清楚哪些是需要根据国情或区情进行本土化的标准。进行国内的比较参照也有类似的问题。不论是进行哪种比较参照（国际的、国内的），都要力求避免比较参照的片面化、表面化、简单化。尤其要选择适当的比较参照对象，即要具有可比性。值得特别注意的是，两个或多个区域的比较可能有时会出现在经济等领域具有可比性，但在教育等领域又不具可比性的情况。二是比较参照标准的实然与应然。在比较参照的过程中经常出现的一个现象是用一个国家或地区教育的实然状态数据，作为确立目标的一个参照标准（即应然参照），却没有对这一实然状态数据本身进行全面、深入的比较分析。比如，分析国外和其他地区的教育实然状态数据是基于一个什么样的国情、区情？这种实然状态数据是一种理想状态，还是一种发展中状态？如果是理想状态，其普适意义如何？如果是发展中状态，其比较参照的意义又在哪里呢？等等。这些问题都是我们在使用比较参照标准时必须作出解答的。在进行教育发展的目标定位时，我们不能简单地根据某个国家或区域的教育已达到了一个什么样的目标水平，来确定一个相应的目标水平。

三、广东教育发展"十三五"规划的研制定位和分析框架

（一）研制定位

研制教育发展规划的一个基本定位就是"问题导向，对策研究"。"问题导向"，意指寻求广东教育"十三五"发展的现状性问题和发展性问题。所谓现状性问题，指的是广东教育业已存在的问题；而所谓发展性

问题，则指的是广东教育未来发展可能出现或遇到的问题。这些发展性问题在目前并不一定出现或很突出，发展性问题是着眼于未来的，这也恰恰体现出教育规划的超前性。比如，未来发展的新需求、新目标给现行教育带来的新挑战、新压力，这是一种典型的发展性问题。从某种意义上说，这种"问题导向"，实际上也是"需求导向"和"目标导向"。需要指出的是，研究所寻求的问题不求全面，但求关键与重点，即所关注的问题属于广东教育事业发展的重要领域和关键环节的问题，是对于广东教育未来发展关系重大，或是广东教育改革发展亟须破解的难点问题。

而"对策研究"，即针对揭示的问题，确定解决问题的对策。确定对策的基本原则即力求做到"大胆设想、小心求证"。也就是一方面要坚持解放思想，以改革创新的精神来大胆寻求破解教育重点难点问题的策略；另一方面对拟定的策略则需要从学理分析、数据分析、政策分析和国际国内比较分析等诸方面进行充分论证，力求策略的科学性、合理性和可行性。

（二）分析框架

（1）广东教育"十二五"发展的动态分析。包括对广东教育"十二五"发展目标达成度进行分析，特别是对未达成目标的原因进行深入分析；对广东教育"十二五"发展过程的成绩、问题和特征进行动态分析；对当前广东教育现状进行分析，特别是对现状性问题进行梳理、归纳和分析。在进行动态分析的过程中力求做到持之有据，尤其注重进行大数据实证分析与学理论证分析相结合。

（2）国内国际教育比较分析，主要是基于寻求问题、借鉴经验的目的。所谓寻求问题，包括两方面意蕴：一是在动态分析的基础上，通过国内国际教育比较进一步发现和确定广东教育发展的现状性问题；二是更关注寻求广东教育的发展性问题。我们所选择的比较分析对象主要是教育现代化的先进国家和地区，包括国内的苏、浙、沪、京和国际的经济合作与发展组织（Organization for Economic Co-operation and Development，OECD）成员国家，以及部分可比性与借鉴意义强的国家和地区，这些国家和地区在推进教育现代化过程中碰到的问题极有可能是广东未来也将面临的问题。而所谓借鉴经验，也就是这些国家和地区在推进教育现代化所走过的道路和创造的经验，都可以成为广东推进教育现代化的比较借鉴。

（3）现行政策分析。主要是对国家层面、省层面及有关地区的现行教育政策（对策）进行学理的、法理的简要评述，特别是对其实施成效进行分析，从中找到现行教育政策（对策）存在的问题，为改进教育政策（对策）提供方向和依据。

（4）发展对策（政策）。通过对广东教育的问题分析、国际国内教育的比较借鉴、现行教育政策的梳理与反思，把握新的政策发展方向，特别是党的十八大和十八届三中全会、四中全会、五中全会精神，按照"五位一体"总体布局和"四个全面"战略布局，坚持创新、协调、绿色、开放、共享的发展理念，提出广东教育"十三五"发展的对策与政策。在此基础上形成广东教育发展"十三五"规划（图1）。

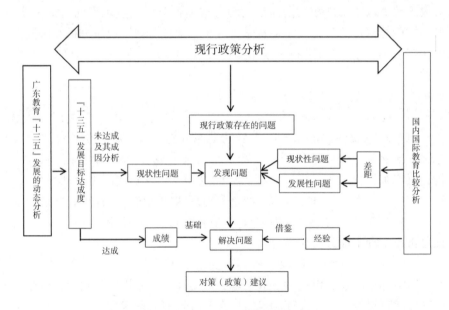

图1　广东教育"十三五"规划研究的分析框架

（原载《高教探索》2016 年第 6 期）

第二部分

教师发展与教师教育研究

试论教师的专业化

随着教育事业的发展，教师教育已成为高等教育关注的一个重要领域，其中教师的专业化是教师教育发展的一个世界性课题。本文将着重对教师专业化与教师发展及教师专业化与教师教育体系的关系问题进行探讨，以寻求一个正确的认识。

一、教师专业化与教师发展

教师职业的专业性问题是在 17 世纪末、18 世纪初随着师范教育的出现及教育教学理论的发展而被人们所认识和重视的。但正式提出使教师职业向专业化发展的国际努力是在 1966 年由联合国教科文组织与国际劳工组织的《关于教师地位的建议》中体现的。《关于教师地位的建议》提出："应当把教师职业视为专门的职业，这种职业要求教师经过严格地、持续地学习，获得并保持专门的知识和特别的技术。"1980 年以后教师专业化已成国际性趋势，人们高度重视教师专业化问题，如 1980 年的《世界教育年鉴》即以"教师专业发展"为主题。许多国家在教师专业化的实践上均做出了努力。但"教师专业化"无论在理论上还是在实践上都有待发展和完善。比如，1980 年以后召开了多次专门以教师专业发展为主题的国际会议，对深刻理解教师专业发展概念，并在实践中促进教师专业发展起到了积极的推动作用。[1] 尽管如此，对教师专业化这一概念的认识仍然是见仁见智。比如，《培格曼最新国际教师百科全书》认为，教师专业化是职业专业化的一种类型，是指教师"个人成为教学专业的成员并且在教学中具有越来越成熟的作用这样一个过程"[2]。该界定着重从教师个体的角度来诠释教师专业化。而袁贵仁教授则从个体成长、组织发

---

[1] 参见教育部师范教育司《教师专业化的理论与实践》，人民教育出版社 2001 年版，第 5 页。

[2] 邓金：《培格曼最新国际教师百科全书》，学苑出版社 1989 年版，第 553 页。

展、制度安排及概念特征等方面对教师专业化作出了一个界定："教师专业化是指教师职业具有自己独特的职业要求和职业条件，有专门的培养制度和管理制度。教师专业化的基本含义是：第一，教师专业既包括学科专业性，也包括教育专业性，国家对教师任职既有规定的学历标准，也有必要的教育知识、教育能力和职业道德的要求；第二，国家有教师教育的专门机构、专门教育内容和措施；第三，国家有对教师资格和教师教育机构的认定制度和管理制度；第四，教师专业发展是一个持续不断的过程，教师专业化也是一个发展的概念，既是一种状态，又是一个不断深化的过程。"① 这一界定是以教师职业的专业性为前提和基础的，而这个专业性则包括两方面：一个是学科专业性（这一点人们在谈教师的专业性时很少涉及，但又是毋庸置疑的），另一个是教育专业性（这一点是人们论及最多的，也是引起争议最多的）。

笔者认为，在教师专业化这一问题上首先需要解决的是教师职业是不是一个专业的问题。② 因为如果教师职业本身就不是一个专业，那么又如何能"专业化"呢？要"化"也只能是一种形式上的"化"，而不是真正意义上的"化"。只有在确认教师职业从其本质来说是一个专业这一前提下，目前在一些国家，教师职业尚未能达到专业的程度或状态，才有可能通过专业化的过程（教师教育）达到应有的专业程度或状态。而要确认教师职业的专业性，依据专业的三个本质特征，人们认为"现代教师职业是一种要求从业者具有较高的专业知识、技能和修养的专业。从专门职业的特征来看，教师职业离成熟专业的标准还有一定差距，教师职业是一个'形成中的专业'"③。根据以上这一认识可知，教师职业是可以专业化的，而且"教师专业化是一个不断深化的历程"④。

对教师的专业化，我们还可以换一个角度来认识，即从教师发展在教

---

① 教育部师范教育司：《教师专业化的理论与实践》，人民教育出版社 2001 年版，第 1 页。

② 对于什么是专业，也有各种各样的界定，但有三个本质特征是共同的：第一，专门职业具有不可或缺的社会功能；第二，专门职业具有完善的专业理论和成熟的专业技能；第三，专门职业具有高度的专业自主权和权威性的专业组织。（参见教育部师范教育司《教师专业化的理论与实践》，人民教育出版社 2001 年版，第 15 – 17 页。）而第二个本质特征也可理解为教育的专业性及其与学科的专业性有机结合而体现出来的专业性特征，它是一个专业区别于另一个专业的"最根本的性质"，因而其更具本质性。

③ 教育部师范教育司：《教师专业化的理论与实践》，人民教育出版社 2001 年版，第 24 页。

④ 教育部师范教育司：《教师专业化的理论与实践》，人民教育出版社 2001 年版，第 24 页。

育发展中的地位来考察教师的专业化。应当说，教师在教育发展中的关键地位是不言而喻的。因此，教师发展处于教育发展中的重要基础地位。而要真正确立教师发展的重要基础地位，往往取决于以下两个因素：第一个因素是教育在经济社会发展中的地位；第二个因素则是对教师职业的认知。第一个因素决定了对教师发展的"意义层面"（即应否发展）的重视与否，而第二个因素则决定了对教师发展的"技术层面"（即如何发展）的重视与否。

就第一个因素而言，当教育受到国家和社会的重视而被置于重要的战略地位时，教师发展往往受到意义层面的重视。相反，当教育不被人们所重视，它在国家和社会发展中被认为是无足轻重的时候，教师发展问题则必然为人们所轻视或忽视，自然无重要地位可言。对于第二个因素来说，我们这里将其与第一个因素联系起来进行分析。尽管人们对教育的重视，一般会形成对教师重要性的认识，乃至对教师发展的意义层面的重视，但仅仅认识到教师对教育发展的重要性，乃至对教师发展的意义层面的重视，并不一定能演绎出对教师发展的技术层面的重视，这还取决于对教师职业的认知（第二个因素）。这里可能出现两种情形：一种情形是当人们认识到教师职业是一项专门性职业，需要专业化，而为了使教师胜任这一职业岗位，必须对从业人员（教师）进行专门的培养和培训，以及对教师组织发展的专门规划及管理，也即教师教育的专业化，才可能促使教育真正的发展。这时教师发展问题才会受到全面的重视（包括意义层面和技术层面的重视）。另一种情形是，人们尽管认识到教师对教育发展的重要性并形成了对教师发展的意义层面的重视，但并不认为教师职业是一项需要对从业人员进行特殊的培养和训练的专门性职业，这时教师发展也不会受到真正的重视，或把对教师发展的重视简单化（仅仅停留在意义层面的重视上）。这样，教师教育的专业化便无从谈起。

由此可见，要确立教师发展在教育发展中重要的基础地位并使其受到真正的重视，必须同时具备两个前提条件：一个是教育在经济社会发展中的重要地位确立所带来的对教师重要性的认识，从而形成对教师发展的意义层面的重视；另一个是通过对教师职业的专业性的认知而形成对教师发展的技术层面的重视。所以，从这种意义上说，教师的专业化是教师发展在教育发展中的重要基础地位得以确立的重要表征。美国 20 世纪 80 年代以 1983 年 4 月发表的报告书《国家处在危急之中：教育改革势在必行》

而发轫的轰轰烈烈的教育改革运动进行到第二阶段时（1985 年以后），就把教育改革的重点之一定位在教师特别是教师教育问题上。在这一阶段，美国发表了一系列改革教师教育的报告书，其中主要包括由纽约卡内基基金公司赞助的卡内基"教育作为一种专门职业"特别工作组发表的《国家为培养 21 世纪的教师作准备》和由研究型大学教育学院院长联盟组织"霍姆斯小组"发表的《明天的教师》以及《变革师范教育的呼吁》等报告书。虽然这些报告书在对教师发展问题所提出的建议上各有侧重，但它们有一个共同点，就是把对教师发展的意义层面的重视与技术层面的重视联系起来、统一起来。在这些报告书里，都提出了教师发展的一个总体思路：一方面，要通过提高教师待遇、改善教师的工作生活条件来向社会表明教师职业的重要性，使教师职业能吸引优秀人才，并留住优秀人才；另一方面，通过改变教师职业的许可证制，代之以体现教师职业专业性的资格证书制，以及严格教师培养、培训的专业要求，来提高教师职业的专业标准，促使教师发展向专业化方向发展。比如，通过改变师范教育的结构、标准和内涵，高标准地设置一套教师教育的教学课程；延长学制，取消教育专业学士学位，发展教育硕士学位计划；建立学术课程标准，设置新型的教育学课程，用对专门学科的教与学的研究来代替本科一般教学法课程；等等。在他们看来，这两方面是相互联系、相辅相成的。因为只有教师职业具有了专业性，成为一项不可替代的职业，才有可能使教师职业的社会地位、经济地位得到持续的提高。而通过提高待遇和改善条件带来的优秀人才的流入效应，将使教师职业成为一项更富挑战性、更具专业吸引力的职业，并最终使教师发展进入一种"良性循环态"。近年来，美国还积极倡导把教师队伍建设成为高度学习化组织（learning organization），使教师获得高质量的专业发展。由美国哥伦比亚大学师范学院教授琳达起草的、由全国教学与美国未来委员会发表的题为《最重要的事情：为美国的未来而教》（*What Matters Most：Teaching for America's Future*）的报告，不仅强调要确立教师作为学习者和教师的双重身份，每位教师和校长都应该得到专业发展的机会，而且建议把教师组成学习化组织，"为在校的每个教师（不管他是什么角色）提供多种学习途径，建设新的师资队伍，使他们在特定的组织中共同工作，互帮互助，使之对学生的学习共同担当起责任。此外，像教研组的学习、协作以及推广经验……都能保证教师的学习朝着既定的目标前进。通过这种方式，教师日复一日的教学工作就会变成一种高质量的专业发展形式"①。

重视教师发展并确立其在教育发展中的重要基础性地位，即对教师发展的意义层面的重视已日益成为世界教育发展的一个重要趋势和现代教育发展的一个重要特征。而且，各国在教师发展问题上往往通过推动教师的专业化来使对教师发展的意义层面的重视与技术层面的重视结合在一起，最终形成两者的良性互动机制。这也是教师专业化的一个基本动因。1996年召开的国际教育大会第45届会议发表的报告书《加强教师在多变世界中的作用之教育》则把这一基本动因说得再明白不过了："尽管各国各地区的情况差异极大，但改善教师的地位通常成为加强教师作用的必要条件。但是，这种改善不可能是单一措施或单一因素的结果。在这一问题上，改善教师的物质环境尤其是他们的工资和其他社会收益，虽不是改善其地位的充分条件，但却是必要条件。必须予以改善的，是所有教育问题的综合。在提高教师地位的整体政策中，专业化是最有前途的中长期策略。"②

二、教师专业化与教师教育体系

众所周知，当前世界教师教育主要有以下三种体系：一是定向型的教师教育体系（也称封闭式的教师教育体系），即一个国家和地区的师资培养是通过设置专门的师范院校对学生进行普通文化科目、专门科目和教育科目、教育实践的混合训练，以达到特定的培养目标；二是非定向型的教师教育体系，即一个国家和地区的师资培养是通过综合大学、文理学院和其他专门学院附属的教育学院（师范学院）或教育系科，为想获取教师资格的本科或本科后学生提供教育科目和教育实践训练；三是混合型的教师教育体系（也称开放式的教师教育体系），即一个国家和地区的师资培养既有非定向型的方式，又有定向型的方式。对于教师教育这三种体系，我在这里并不打算分别进行优缺点分析，除出于紧扣本研究主题的考虑外，更主要的是，在我看来，一个体系的优缺点是与其所处的时代和具体

① Darling-Hammond L, "What Matters Most: 21st-Century Teaching," *The Educational Digest*, 1997, 63 (3), pp. 4 – 9.

② 赵中建：《全球教育发展的历史轨迹》，教育科学出版社1999年版，第534页。

的国情、地情分不开的，脱离时代背景和具体的国情、地情而笼统地谈某个体系的优缺点是缺乏实际意义的。因为笼统上的优缺点，具体到某一国家、某一个时期，有时所谓的缺点可能正是它的优点，或者是因为它适合于时代、国情、地情便成为一个优点，抑或最佳的选择；同样地，所谓的优点，可能正是它的缺点，或者由于不适合于时代、国情、地情便成为一个缺点了。

从发展趋势来看，不论是采用哪种教师教育体系的国家和地区，它们的一个共同点就是所采用的教师教育体系都是与教师专业化发展趋势相适应和相一致的。比如，实行非定向型教师教育体系的美国，近年来注意提高师资培养的层次，大力发展硕士研究生水平的师资培训计划，如教育学硕士（master of education）、文科硕士（master of arts）和教学艺术硕士（master of arts in teaching）等。这些硕士研究生阶段的师资培训计划的一个重要特征，就是把培养目标定位在培养具有一定的研究能力、能够解决教学中的疑难问题、能够提供咨询和指导的教学专家。[①] 实行定向型教师教育体系的一些发展中国家和地区，主要是通过提高师资培训的规格（如墨西哥逐步用高等师范教育取代了中等师范教育）、加强教育教学理论课程的实效性以及从过去仅注重职前培养到开始重视在职培养等措施，来适应教师的专业化发展趋势。有一种观点认为当前世界教师教育有一种趋势，即由定向型教师教育体系向非定向型或开放式教师教育体系转变的趋势。为此，有人担心如此会削弱教师教育的师范性及其专业化。应当说这一担心不是完全没有道理的。如果这一转变是建立在长期以来师范教育存在的学术性与师范性之争而以学术性的观点占据主导地位的基础上，那么它不可避免地会削弱教师教育的师范性或专业化。但若非如此，我们就不能把两个问题（即这一转变与教师教育的师范性或专业性的削弱）看成是有必然的因果关系。比如，美国是比较早（"二战"后）就从定向型教师教育体系向非定向型教师教育体系转变的国家，但其教师教育的师范性并没有受到削弱，特别是它在 20 世纪 80 年代教师教育向专业化方向发展的过程中也没有因为继续坚持非定向型教师教育体系而受影响。而且，非定向型或开放式教师教育体系在许多情况下可以为教师的专业化创造有

卢晓中自选集

LU XIAOZHONG ZIXUANJI

196

---

① 参见教育部师范教育司《教师专业化的理论与实践》，人民教育出版社 2001 年版，第122 页。

利条件。实际上，对许多国家和地区来说，从定向型教师教育体系向非定向型教师教育体系的转变，是与教师的专业化过程同步的，或者说定向型教师教育体系向非定向型教师教育体系转变的一个重要动因便是促进教师的专业化。如中国台湾，20世纪90年代对长期实行的定向型教师教育体系进行检讨，并于1994年1月18日正式通过新修订的《师资培育法》，明确了教师教育向多元化、开放化转变和发展，同时通过建立教师资格检定制度（即接受4年的相关课程教育后，取得"实习教师资格"，再经1年实习与检定后成为正式教师）等措施来促进教师的专业化。

至于实行定向型教师教育体系的国家和地区，也不一定能够真正体现教师教育的师范性和专业性。比如，我国长期实行的主要是定向型教师教育体系，但毋庸讳言，教师教育在坚持师范性和教师向专业化发展的过程中也不是没有问题。一个典型的例证就是前面论及的教育的专业性及其与学科的专业性有机结合而体现出来的专业性特征在中国的教师教育体系中并没有很好地体现出来，比如教育教学理论课和教育教学实践长期以来都是高等师范教育比较薄弱、重视不够的环节。

以上讨论都是建立在对定向型教师教育体系向非定向型教师教育体系转变这一趋势的认识基础上的，但这一趋势的必然性前提本身就值得商榷，或者说在一定时期这仍然是一个或然性的命题。因为对发达国家和地区来说，在"二战"后其教师教育逐步实现了从定向型教师教育体系向非定向型教师教育体系的转变，近年来许多新兴工业国家和地区及一些发展中国家和地区也在实行这一转变，但也有许多发展中国家和地区仍然是继续坚持定向型教师教育体系或以这一体系为主，如印度、朝鲜、越南、印度尼西亚、墨西哥、埃及等国家。对这些国家来说，这一体系是符合其国情及教育发展水平的。甚至有些发展中国家连定向型教师教育体系还不完善，如马尔代夫到1996年只有1所师范学院，根本不能满足教育发展对师资的需求，只好依靠国外的教育学院来援助培养教师。还有缅甸、柬埔寨、老挝等国也都没有建立起结构合理、层次完整的定向型师范教育体系。[①] 值得注意的是，有的发达国家还曾出现过由非定向型教师教育体系向定向型教师教育体系回归的舆论与趋势。如日本，在"二战"后按照

---

① 参见曾红《亚太地区普通教育师资培养体制的探讨》，载《比较教育研究》1996年第5期，第29页。

美国的教师教育改革模式实行非定向型教师教育体系，但这一体系的实行在实际中碰到了不少问题，以致近年来它试图通过创办新型的教育大学，以非定向型教师教育体系与定向型教师教育体系并存的方式，来弥补仅有非定向型教师教育体系的不足。所以，在对定向型教师教育体系向非定向型教师教育体系的转变趋势这一问题的认识上，我们不能以点盖面、以偏盖全。

（原载《高教探索》2002 年第 4 期）

教师身份认同及其提升

近年来，教师问题在教育政策、教育理论和教育实践层面受到广泛关注，这可能有以下两个主要原因：一是当今时代教师在教育改革发展乃至国家发展、人类进步中的地位和作用更加重要；二是我们在这样一个新时代面临许多涉及教师与教育的新问题、新挑战，即使是过去曾探讨过的一些教师与教育问题，在今天依然有不少值得我们再认识、再探讨的空间。其中，教师身份认同便是一个需要我们从理论、政策和实践多方面去深入探析的问题。本文将在明确身份及身份认同的内涵、厘清身份认同与教师职业之间关系的基础上，进一步探讨提升教师身份认同的认识理路与实践逻辑，进而寻求提升教师身份认同的行动路向。

一、身份认同与教师职业

一般而言，身份是指在交往中识别个体差异的标志和象征，其中包括与他人的关系定位、相关身份观念的行为规则以及阶序意识，它给予社会以秩序和结构。身份不仅作为社会系统中一种流动的事实存在，而且作为一种可能的未来存在，由此形成了某种"压力"。正如霍尔（S. Hall）所说的，"身份是关于使用变化过程中的而不是存在过程中的历史、语言和文化资源的问题。与其说是'我们是谁'或'我们来自何方'，不如说是我们可能会成为什么、我们一直以来怎样表现以及在我们有可能怎样表现自己上施加了怎样的压力"[①]。实际上，这种"压力"在可能的条件下会转化为人的内在动力，它对于组织和个体的发展而言是不可或缺的。可以说，身份是一个历史范畴且具有动态性特征。

泰弗尔（H. Tajfel）将社会认同定义为："个体认识到他（或她）属于特定的社会群体，同时也认识到作为群体成员带给他（或她）的情感

---

① ［英］斯图亚特·霍尔、保罗·杜盖伊：《文化身份问题研究》，河南大学出版社 2010 年版，第 4 页。

和价值意义。"①这里论及的社会认同主要是指个体的社会身份认同。职业身份认同是社会身份认同的一种，涉及职业认知和职业情感两个方面。职业认知是职业身份认同的前提，对一种职业的身份认同首先是从职业认知开始的，包括对职业属性、职业价值、职业角色、职业作用、职业功能等方面的认知。职业身份认同主要是一个职业认知的过程，在职业认知的基础上就有可能产生职业情感和职业归属感，最终形成职业身份认同。当然，职业认知有时也是一把"双刃剑"，不当的职业认知可能会对职业身份认同产生消极影响。这里我们不妨以职业身份的自我认同与职业属性、职业价值的关系来作简要分析。从对职业属性的认知来说，若一种职业被认知为专业性职业，从业者由此就会产生积极的职业情感和职业归属感，其自我身份认同度往往较高；若一种职业本应是专业性职业却被认知为非专业性职业，由此就会对从业者的职业归属感产生消极影响，以致其身份认同度较低。从对职业价值的认知而言，若一种职业被认知为对国家、社会和个人的价值较高，从业者就会产生积极的职业归属感，其自我身份认同度常常较高，反之亦然。值得一提的是，人们在对职业对国家、社会的价值与对个人的价值的认知上有时存在差异，由此带来对职业身份自我认同上的不同。

就职业身份认同的主体而言，它包括职业身份的自我认同和公共认同两个方面。自我认同是美国心理学家埃里克森（E. H. Erikson）首先提出来的一个心理学概念，也被称为"自我同一性"，是指"个体在职业、政治、宗教、价值观等方面的自我评价和自我定位"②，即一个人在与他人交往时，把信念和价值观融入自己的人格并对自我价值进行评价的过程③。显然，这一定义主要是对个体来说的。对于一个特定的职业群体而言，职业身份的自我认同可分为个体认同和群体认同两种。职业身份的个体认同是个体的一种内在化的过程，其目的在于确立自己的"身份"，找到自己的"归属"，从而达到对"我是谁"的确认。④在这一过程中，个

① Tajfel H, *Differentiation Between Social Groups*：*Studies in the Social Psychology of Intergroup Relations*，Academic Press，1978，pp. 1 – 3.

② Erikson E H，*Identity*：*Youth and Crisis*，W. W. Norton & Company，1968，pp. 5 – 6.

③ 参见［美］Jerry M. Burger《人格心理学》，中国轻工业出版社 2000 年版，第 35 页。

④ 参见吴玉军、李晓东《归属感的匮乏：现代性语境下的认同困境》，载《求是学刊》2005 年第 5 期，第 27 页。

体往往将自身内在的感觉、自我意识以及外部评价等加以综合，从而对"我是谁"这个问题给出自己的答案。① 同时，个体认同又是一种结果，指向职业身份感与归属感的获得以及个体对自身职业身份的一种确认。② 职业身份的群体认同则是指职业群体身份认同的整体状态，它与个体认同高度关联，但并不是一回事，二者所体现出来的是一种整体与个体的关系。职业身份的个体认同和群体认同都属于职业主体的一种自我体认，应当说，这种自我体认对于任何一种职业的状态而言都是相当重要的，尤其是个体认同，因为"个体对群体的认同是群体行为的基础"③。正是在这一基础上，个体通过社会分类对自己的群体产生认同，并产生内群体偏好和外群体偏见。个体通过实现或维持积极的社会认同来提高自尊，积极的自尊来源于对内群体与相关的外群体的有利比较。④

所谓职业身份的公共认同，实际上是一种"被认同"，即来自职业主体之外的认同，通常包括政府认同以及该职业以外的非政府的社会认同。职业身份的公共认同和自我认同密切相关，自我认同以公共认同为前提和基础。也就是说，某种职业身份的公共认同对于形成该职业身份的自我认同具有基础性作用，任何一种职业身份只有拥有了高度的公共认同，才有可能产生真正意义上的自我认同。或者说，公共认同度高的，往往自我认同度亦高，故心理学把这种公共认同称为"投射性认同"，即把外界环境对职业主体的影响和评价内化为职业主体的自我认知。但必须注意到，在现实中二者有时也不完全一致，也就是说，职业身份的公共认同度高并不必然带来自我认同度高，它还取决于高的公共认同度是否能及时、有效地传递给职业主体并被切实地感知和体认。只有当高的公共认同度及时、有效地被职业主体所感知并体认，才有可能产生高的自我认同度。与此同时，职业身份的自我认同对于形成职业身份的公共认同也常常是必不可少的，因为较高的自我认同度会促使职业主体产生积极的职业行为，这对于形成并强化高的公共认同度十分重要。

---

① 参见［美］Jerry M. Burger《人格心理学》，中国轻工业出版社 2000 年版，第 37 页。

② 参见孙二军《教师专业发展中的自我认同》（学位论文），陕西师范大学教育学院，2009 年，第 24 页。

③ 乐国安：《社会心理学理论新编》，天津人民出版社 2009 年版，第 201 页。

④ 参见张莹瑞、佐斌《社会认同理论及其发展》，载《心理科学进展》2006 年第 3 期，第 476 页。

与身份是一个历史范畴且有动态性特征相一致，职业身份认同也是一个动态的、变化的和持续的过程，在这个过程中，身份认同不断地被塑造和重塑。正如贝加尔（D. Beijaard）等指出的，身份认同"从结构主义演变为建构主义，现在人们普遍认为身份认同是一个多元的、涉及个人之间以及人和社会文化背景之间的协调过程"①。

教师身份认同这一概念最早于 20 世纪 80 年代出现在教育领域。② 古德森（I. F. Goodson）和寇勒（A. L. Cole）认为，教师职业认同感是作为个人和职业主体对自己所从事的教师工作，受学校内外和教师内外各种因素影响，产生的完全认可的情绪体验或心理感受。③ 显然，该界定所反映的是教师身份认同的一种状态。如果将前述职业身份认同的有关认识具体到教师职业及其身份认同上，我们就可从以下方面作进一步的分析。

首先，就职业身份的历史范畴和动态性特征而言，教师身份认同随着对教师职业认知的变化而变化，它是一个复杂而动态的均衡，包括个人的自我形象与社会所赋予教师一系列不同角色的形象之间的平衡。④ 在不同历史时期，教师职业的身份认同有所差异。如在古代，当教师成为一种正式的社会职业后，在相当长的一段时期里，人们对教师职业的认知，是将其作为一种谋生的手段，而非一种专业性职业甚至半专业性职业。直至 1966 年联合国教科文组织和国际劳工组织在《关于教师地位的建议》中提出，"应把教育工作视为专门的职业，这种职业要求教师经过严格的、持续的学习，获得并保持专门的知识和特别的技术"⑤，教师职业作为一种专业性职业才被正式提了出来，并成为国际上的一种重要趋势和导向，关于教师专业性的问题开始受到更广泛的关注。随之，教师职业被视为一种专业性职业或半专业性职业，其身份认同度也相应地逐步提高。这实际

---

① Beijaard D, Meijer P C, Verloop N, "Reconsidering Research on Teachers' Professional Identity," *Teaching & Teacher Education*, 2004, 20（2）, pp. 107 – 128.

② Cherrrholmes C H, *Power and Criticism: Poststructuralist Investigations in Education*, Teachers College Press, 1988, p. 36.

③ Goodson I F, Cole A L, "Exploring the Teacher's Professional Knowledge: Constructing Identity and Community," *Teacher Education Quarterly*, 1994, 21（1）, pp. 85 – 105.

④ Volkmann M J, Anderson M A, "Creating Professional Identity: Dilemmas and Metaphors of a First Year Chemistry Teacher," *Science Education*, 1998, 82（3）, pp. 293 – 310.

⑤ 联合国教科文组织和国际劳工组织：《关于教师地位的建议》，载《外国教育资料》1984 年第 4 期，第 1 – 5 页。

上反映了教师身份认同的建构意义和过程意义。

其次，就职业身份的公共认同与自我认同的关系而言，长期以来教师身份的公共认同度不高，由此导致教师的自我认同度普遍较低。尽管在中国，近年来教师身份的公共认同度在党和政府的高度重视下有了明显提升，但在一些时候和某些地方，由于其没有及时、有效地转化为教师个体和教师群体的自我认同，教师的自我认同度并没有得到相应的提升。同时，随着教师工作的复杂性日益增强和公众的关注度不断提高，教师工作的难度及压力也在加大，这在一定程度上抵消了教师身份的公共认同度提升对自我认同度提升的基础性作用。

最后，就职业认知与职业身份认同的关系而言，对教师职业的认知经历了从非专业性职业到半专业性职业，再到专业性职业的发展过程。随着现代信息技术的发展和智能时代的到来，对教师作为专业性职业的认知又蕴含了新的时代内涵。这给教师身份的自我认同带来了"双重效应"：一方面，技术的发展，部分甚至大部分替代了教师的传统角色与作用，使得教师职业的存在价值再次受到某些质疑，对教师身份的自我认同产生了一定的消极影响；另一方面，教师寻求超越技术而不被替代的新角色、新作用，以及教师教学与技术深度融合的复杂性和高阶性，也使得教师的专业发展在人文与技术方面均面临重构，所有这些又在相当程度上提升了教师职业的专业性，从而有助于增强教师身份的自我认同。正是在这个过程中，教师身份的自我认同也相应地被重塑或建构。

尤其要指出的是，对教师职业的认知与对教育在国家发展、社会进步和个体幸福中的地位与作用的认知高度相关。当今天中国教育被认知为"国之大计、党之大计"和民生大计之首位，是"教育发展的第一资源，是国家富强、民族振兴、人民幸福的重要基石"[①] 时，教师也被认知为"是人类灵魂的工程师，是人类文明的传承者，承载着传播知识、传播思想、传播真理，塑造灵魂、塑造生命、塑造新人的时代重任"，为此，要"坚持把教师队伍建设作为基础工作"，"努力提高教师政治地位、社会地

---

① 中共中央、国务院：《中共中央 国务院关于全面深化新时代教师队伍建设改革的意见》，见中华人民共和国中央人民政府网（https://www.gov.cn/zhengce/2018 – 01/31/content_5262659.htm）。

位、职业地位"①。正是建立在这种认知基础上，教师身份的公共认同度和自我认同度均得到相当程度的提升，而且二者正逐步形成良性互动的关系。当然，在一些地方，教育的地位与作用仍未得到充分的认知和受到应有的重视，影响到了教师身份的公共认同度和自我认同度的提升。对此，近年来从国家到地方层面开展的党政领导教育履职的考核评估，一个重要目的就是促使各级党委和政府提高对教育重要战略地位及教师重要性的认识，进而转化为实际行动。

二、提升教师身份认同度的认识理路

1. 教师身份自我认同的关联要素

如前所述，作为一种结果的教师身份自我认同，指向于教师职业情感与归属感的获得。就个体而言，一种职业的自我认同就是一个人对自身所从事的职业在心理对其价值、意义等的认识，并伴随着幸福、光荣、自豪的心理体验。② 这种幸福、光荣和自豪的心理体验同时也是一种"获得"的心理倾向。据此，我们可从心理体验和心理倾向的视角来认识与教师身份自我认同关联的要素：事业成就感、主观幸福感、社会荣誉感（以下简称"三感"）。

教师的事业成就感是指教师在完成其教育教学任务的过程中，发挥自身的教育工作能力，充分展示教育教学工作潜能，实现了教育教学目的，达到了自己事前设立的目标，对实现自我价值与社会价值的感受与体验，以及由此而获得的一种内在满足。③ 从一般意义来说，事业成就感与自我认同相关，由此涉及自我效能感这一概念。所谓自我效能感，指的是"个体对自己有能力完成某一行为所进行的推测与判断"，是"人们对自

① 习近平：《坚持中国特色社会主义教育发展道路 培养德智体美劳全面发展的社会主义建设者和接班人》，见中华人民共和国教育部官网（http://www.moe.gov.cn/jyb_xwfb/s6052/moe_838/201809/t20180910_348145.html）。

② 参见罗超、廖朝华《特岗教师的职业认同感研究——基于云南省鲁甸县特岗教师的现状调查分析》，载《教育理论与实践》2011年第10期，第45页。

③ 参见邓睿《我国中学教师职业成就感问题研究》（学位论文），华东师范大学公共管理学院，2011年，第13页。

身能否利用所拥有的技能去完成某项工作行为的自信程度"①。自我效能感与事业成就感是相互关联的，高自我效能感有助于人们出色地完成工作、取得事业成就，而人们的事业成就感同样对确立自信、增强自我效能感产生积极的效应。较高的自我认同度将帮助人们增强自我效能感，最终取得事业的成就，从而带来事业成就感。从这一意义上说，自我认同在自我效能感与事业成就感之间起到了某种中介作用，而这种中介作用往往是极其重要的。对于具体的职业领域而言，不同的职业活动领域之间的差异性，所需要的能力、技能也千差万别，使得一个人在不同的职业领域中，其自我效能感是不同的。② 因此，讨论自我效能感及其与事业成就感、自我认同的关系，需要具体到某个具体的职业领域。对于教师职业领域来说也是如此。有学者曾对影响我国中学教师成就感的内部因素从高到低依次排序，其中职业认同排列第四，且教师自我认同与职业成就感呈正相关。③ 由此可见，教师职业的身份认同对于教师的事业成就感的获得至关重要，教师只有对自己的职业身份有一个正确的认知，且倾注深厚的职业情感并付诸教育教学实践，才能在事业上始终保持极大的热情，并追求工作的卓越，随之产生较高的自我效能感和事业成就感。如果教师对自己的职业身份缺乏认同，在工作岗位上就往往难以做"最好的自己"，也无法取得出色的成绩。即便在工作岗位上取得了成绩，但个体并没有或少有获得成就的心理体验和成功的价值感受，也常常会产生"有成绩而无成就感"的心理感受，自我效能感与事业成就感也不能达到一种比较高的状态。

主观幸福感是指个体根据自定的标准对其生活质量的整体性评价④，具有认知与情感两大特点，是个体衡量其生活质量的重要的综合性心理指标。教师职业的身份认同意味着"教师对所从事的职业在内心里对它的

---

① Bandura A, "Self-efficacy: Toward a Unifying Theory of Behavioral Change," *Advances in Behaviour Research & Therapy*, 1978, 1 (4), pp. 139 – 161.

② Bandura A, "Self-efficacy: Toward a Unifying Theory of Behavioral Change," *Advances in Behaviour Research & Therapy*, 1978, 1 (4), pp. 139 – 161.

③ 参见邓睿《教师职业成就感：内涵、来源及影响因素》，载《教师教育研究》2016 年第5 期，第 94 页。

④ Diener E, "Subjective Well-Being," *Psychological Bulletin*, 1984, 95 (3), pp. 542 – 575.

价值与意义的认定，并能够从中体验到乐趣与幸福"①。由此可见，教师身份的自我认同是影响教师主观幸福感的一个内在因素，而教师主观幸福感同样也是影响教师自我认同的关联要素。实际上，职业身份的自我认同可决定个体基本的工作态度，影响个体对自我的认知和对职业的感受。个体只有建立了内在的职业认同，才会有真正的精神满足，才会真正感受到职业带来的幸福与生命价值，才会真正实现自身的专业发展。② 从教师的职业性质和工作特征来说，较高的职业身份认同度能使教师的自我效能感增强，认识到自身工作的重要性，能从工作中体验到自我满足，体会到教师职业的成就感和幸福感。③ 如果教师对自身所从事的职业缺乏基本的认知和认同，则可能会使其工作体验与其他人不太一样，其他人从中获得幸福的主观体验，在他这里却并不存在，这便是人们通常所说的"身在福中不知福"。研究表明，教师的幸福指数与教师自我认同各因子及自我认同总水平间呈显著正相关。④ 另外一项针对中学教师的研究也发现，教师对自我职业的认识和评价，即教师自我认同感，与教师的幸福感关系密切。⑤ 对大学公共英语课教师自我效能感、身份认同与主观幸福感之间关系的相关研究表明，教师的身份认同与主观幸福感不仅显著正相关，而且教师自我认同在自我效能感与主观幸福感之间起到部分中介作用。⑥

社会荣誉感是指教师出于职业岗位要求和职业责任感而履行的教育教学行为具有社会价值并获得荣誉或被制度"荣誉"（"被荣誉"），由此产生的一种欣慰、自尊、荣耀的心理感受和情感体验。社会荣誉感作为一种

---

① 孙钰华：《教师职业认同对教师幸福感的影响》，载《宁波大学学报（教育科学版）》2008 年第 5 期，第 71 页。

② 参见罗杰、周瑗、陈维等《教师职业认同与情感承诺的关系：工作满意度的中介作用》，载《心理发展与教育》2014 年第 3 期，第 323 页。

③ 参见邓睿、王健《提升教师职业成就感——催生教育家的现实途径》，载《教师教育研究》2011 年第 2 期，第 16 页。

④ 参见郁松华、陈洁、王姣艳《教师幸福感指数与职业认同、社会支持的关系研究》，载《科教文汇（下旬刊）》2009 年第 11 期，第 8 页。

⑤ 参见宋志斌《中学教师职业认同、职业倦怠与幸福感状况及其关系研究》（学位论文），河北师范大学教育学院，2016 年，第 27 页。

⑥ 参见郝牧女《大学公共英语教师自我效能感、身份认同与主观幸福感的关系研究》（学位论文），河南大学教育科学学院，2016 年，第 43 页。

主观心理感受，通常以社会舆论、传统习俗和内心信念三种形式表现出来。[1] 社会舆论即公众对教师职业应享有的荣誉感所表达的观点和态度，集中体现为社会尊师的氛围；传统习俗即教师荣誉感附着于礼仪习惯得到外显，如我国古代冬至的"释菜"古礼和现代社会中教师节的设立；内心信念即教师发自内心的对本职业的崇高性的笃信以及由此产生的强烈的自豪感。其中，社会舆论、传统习俗作为外部因素对教师荣誉感产生影响，教师荣誉感是一种内心的情感体验，深受外在社会对教师职业认可程度如教师享有的社会地位、社会尊师氛围和教师荣誉授予活动等的影响；内心信念作为内在因素对教师荣誉感产生影响，它是教师对自我的积极肯定与认同。值得一提的是，当教师"被荣誉"时，常会产生自我效能感，随即产生社会荣誉感，但由于"被荣誉"主体（教师）对该荣誉的认知不同，所产生的社会荣誉感也不一样，有些"被荣誉"所产生的社会荣誉感可能大一些，有些则相对小一些，还有一些可能并不会产生社会荣誉感，也就是出现"有荣誉、无荣誉感"的情况。由此可见，教师是否产生社会荣誉感与对该荣誉的认知有密切的关系，而对该荣誉的认知又是与对教师职业的认知及教师身份认同相联系的。因此，教师身份的认同（包括自我认同和公共认同）与社会荣誉感具有同一性，教师拥有积极的自我认同意味着获得了高度的社会荣誉感。

从上述对教师身份的自我认同与教师"三感"关系的探析中不难看出，一方面，教师身份的自我认同对"三感"的影响较大；另一方面，教师的"三感"又对增强其身份认同起着极其重要的作用。所以说，"三感"彼此关联、互相影响，总体而言，它们之间存在着不同程度的正相关，至于程度大小，则取决于人口学意义上的教师具体状况等因素。

2. 教师的职业责任感与教师身份的自我认同

教师的职业责任感是一个与教师身份自我认同及关联要素联系密切的概念。所谓责任感，指的是责任主体对于责任所产生的主观意识和主观反映形式。具体来说，责任感的产生可分为两种情形：一是职业岗位的责任要求和通过一定的组织、制度或机制确责而产生的责任感，这是在外在规约下产生的一种责任意识，实际上是一种"被责任"的责任感，显然，

---

① 参见卢晓中、谢静《大学荣誉制度与荣誉体系刍议》，载《江苏高教》2018 年第 11 期，第 1 页。

对于责任主体而言，这种责任感具有某种被动性；二是由于人们对职业岗位高度认同，因此产生"三感"，进而产生对该职业岗位高度的自豪感和强烈的归属感，并形成对岗位责任要求的责任感，这是一种责任主体内生的、自觉主动的责任感。显然，这两种责任感对责任主体的行为的影响及效果是不一样的。

长期以来，我们赋予教师更多的责任和使命，但对教师身份的自我认同及其关联要素却相对疏忽，尤其在现实中较为虚化。缺乏身份的自我认同、没有"三感"的教师责任感，只是在外在规约和压力下形成的"被责任"的责任感，不具有内生性，必然难以真正形成追求职业卓越的责任感和责任行为。教师只有获得身份的自我认同，拥有"三感"，才有可能真正产生带有使命感的责任感，并转化为自觉主动、追求卓越的责任行为。党的十八大报告提出要"加强教师队伍建设，提高师德水平和业务能力，增强教师教书育人的荣誉感和责任感"，这里将教师的荣誉感与责任感相提并论，与以往只提责任感而少提荣誉感不同，实质上就意涵了教师的荣誉感与责任感二者密切关联，尤其是教师的荣誉感对其责任感的生成、维持和强化所起到的至关重要的作用。2018年中共中央、国务院印发的《中共中央 国务院关于全面深化新时代教师队伍建设改革的意见》进一步提出教师的身份认同（包括教师的自我认同和公共认同）和教师幸福感、成就感、荣誉感的获得问题，并将教师身份的认同、"三感"的获得与教师责任感紧密联系起来，其中的认识理路是非常清晰的，即通过确立教师的身份地位、提升教师身份认同度，促进教师"三感"的获得，增强教师内生的、自觉主动教书育人的责任感，从而使其产生自觉主动、追求卓越的责任行为。

三、提升教师身份认同度的实践逻辑

增强教师的"三感"，提升教师身份的自我认同度，进而增强教师的职业责任感，使其形成积极的责任行为，亟须寻求一个合理的实践逻辑，来确立适当的行动路向。笔者以为，这一实践逻辑至少包括以下三对逻辑关系：一是教师的需求与行为的逻辑关系，即通过提升教师自我认同感、增强教师"三感"来强化教师的职业责任感和积极的责任行为。实际上，教师"三感"更多的与人的高层次需求相关联，教师除基本的生存生活需求外，通常更看重获得尊重和自我实现等高层次需求，并且这些高层次需求的满足给教师带来的"三感"要远远超出其他需求的满足。二是教师职业认知的既往与未来的逻辑关系，即要着眼于教师职业的现代发展，准确把握教师职业的时代内涵。三是教师身份的自我认同与公共认同的逻辑关系，即要寻求二者之间的关联和内洽机制。具体可从以下三个方面来确立其行动路向。

1. 建构正确的教师职业认知，寻求教师职业的自我认知与公共认知的一致性

教师职业认知关涉教师的自我认知和公共认知，而对教师的职业认知与对教育的认知相关。值得一提的是，这一认知是与时俱进的，不同时期有不同的时代内涵，教育的人文性与智能性则是当代教育一对最具时代特征的范畴。2015 年联合国教科文组织发布的《反思教育：向"全球共同利益"的理念转变?》把人文主义作为当代教育重要的思想基础，其中提出，当代教育将超越狭隘的功利主义和经济主义，将人类生存的多个方面融合起来，采取开放的、灵活的、全方位的学习方法，为所有人提供发挥自身潜能的机会，以实现可持续的未来，过上有尊严的生活。① 这里的潜能、天赋、可持续、尊严等关键词都体现了人文主义情怀。同年，联合国教科文组织发布的《教育 2030 行动框架》也以人文主义为指导，彰显了对人的受教育权利、教育公平、个性发展、可持续发展等人文要素的高度关注和强调。2019 年联合国教科文组织发布的《北京共识——人工智能与教育》则提出，"人工智能赋能教学和教师"，"人工智能促进学习和学习评价"，必须深刻认识到"人工智能对于未来工作和技能培养的潜在影响"及"其在重塑教育、教学和学习的核心基础方面的潜力"。这深刻表明，人工智能给教育带来的影响不仅是巨大的，而且拥有无限的可能。该报告还指出，"保护人权并确保所有人具备在生活、学习和工作中进行有效人机合作以及可持续发展所需的相应价值观和技能"。把人文性与智能性相结合，使二者在培养人的活动中相辅相成、相得益彰，这便是智慧型教育，它区别和超越智能型教育最突出的地方就在于对人文性的关注以及使人文性与智能性高度耦合。智慧型教育赋予了教师职业新的专业性特

---

① 参见顾明远《对教育本质的新认识》，见搜狐网（https://www.sohu.com/a/121939050_385655）。

征，使教师成为超越智能教师而不被其取代且与其互补协同的智慧教师，这也是教师专业化发展的新趋势。正如《北京共识——人工智能与教育》所指出的，"虽然人工智能为支持教师履行教育和教学职责提供了机会，但教师和学生之间的人际互动和协作应确保作为教育的核心。意识到教师无法被机器取代，应确保他们的权利和工作条件受到保护"①。

此外，创新已成为当代教育改革发展的一个时代命题，但对于教师发展来说却比较鲜见。比如，近年来人们经常提出要培养创新型人才，大力推动高校创新创业教育，却较少提教师要成为创新型教师。实际上，如果教师缺乏创新精神与意识，则必定难以履行和胜任创新型人才培养的职责。教师职业究竟是不是一个创新型的职业？这也是教师职业认知和身份认同的重要方面。就一般意义而言，教师劳动的一个重要特征便是创新性。如果说父母从生理意义上创造了一个自然人，那么自然人最终成为一个社会人，则是一次再创造的过程，这个再创造的重要途径之一便是学校教育，再创造者无疑主要是教师。所以，教师劳动是一种创造性劳动并具有创新性。具体而言，教师劳动的创造性是由教育对象的特殊性、教育情境的复杂性所决定的，这种创造性主要不在于对未知领域的探索和发现，而在于创造性地运用教育规律塑造发展中的人。

2020 年初突然暴发的新型冠状病毒感染疫情对每个人都是一个考验：当我们处在这种突如其来的境遇时应当如何去面对？与教育有关的进一步追问便是，我们过去所接受的教育有没有为应对这种突如其来的境遇作好准备？因为我们经常说，"教育要面向未来"，为未来培养人。那么，如何为未来培养人？首先必须回答这样一个问题：教师是适应性地培养人，还是引领性地培养人？所谓适应性地培养人，即培养的人要适应当下或未来。而不论是适应当下还是适应未来，都具有确定性：当下的确定性是显而易见的；未来的确定性则是将未来视作一个预设的"存在的社会"，这个预设同样是确定的，或者说未来是确定的，我们的教师就是为此适应性地培养人。引领性地培养人则更关注和强调未来的不确定性甚至是不可预见性，它充满无限的可能和机遇，教师就是要着眼于引领性地培养人，其关键便是教师的创新性。实际上，早在 1972 年，联合国教科文组织就在

<hr />

① 联合国教科文组织：《北京共识——人工智能与教育》，见中华人民共和国教育部官网（http://www.moe.gov.cn/jyb_xwfb/gzdt_gzdt/s5987/201908/t20190828_396185.html）。

《学会生存——教育世界的今天和明天》中指出，未来是一个尚未存在的社会、未知的世界，教育"在历史上第一次为一个尚未存在的社会培养新人"，"替一个未知的世界培养未知的儿童"。也就是说，这个未知的世界本来就是不存在的，它是需要我们培养的人去创造的。正如 20 世纪 80 年代时任澳大利亚未来委员会主席埃利雅德博士为该委员会立下的座右铭："未来不是我们要去的地方，而是我们要创造的地方。通向未来之路不是找到的，而是走出来的，走出这些道路的过程既改变着走出这些道路的人，又改变着目的地。"① 培养出"创造美好的未来"的新人，是教育的一种"双重创造"，而作为创造者，教师的创新性显然是必不可少的。值得提及的是，重视和强调教师的创新性和教师劳动的创造性，不仅是培养创新型人才的需要，而且也是激扬教师自身生命、克服教师职业倦怠的需要。因为重复性劳动是机械的和墨守成规的，其结果往往是确定的，这种固化的劳动样态最容易使人倦怠。而教师的创造性劳动则是允满挑战和活力的，且给学生、教师和未来社会带来无限的可能。这常常能激发教师的内在动机，赋能教师以激扬生命。

未来教育将是一种智慧型教育，随之会出现"双教师"模式：智慧教师和智能教师。在这种模式里，教师彰显其智慧，使其有可能优于和超越智能教师，从而体现不可替代的特殊价值，并在重构人文与技术的基础上成为智慧教师。也正是在这一情形下形成了智慧教师与智能教师协同培养学生的教学模式。比如，智能教师（虚拟教学助理）可以接管教师的日常任务，使教师有更多的时间专注于对学生的指导和进行一对一的交流。在一些国家，教师已经开始与人工智能助理合作，为学习者提供最佳的学习帮助。可以预期，在不久的将来，智慧教师与智能教师协同培养学生将成为一种教育常态。

上述对教育和教师职业的认知，无疑有助于教师身份的自我认同。尤为重要的是，这些对教师职业的认知不仅要成为教师的自我认知，而且要成为全社会的公共认知，最终形成对教师职业认知的广泛一致性。唯有如此，才能真正带来教师身份认同度的整体提升。

---

① 国家教委国家教育发展研究中心、中国教科文组织全委会秘书处：《未来教育面临的困惑与挑战——面向 21 世纪教育国际研讨会论文集》，人民教育出版社 1991 年版，第 26 页。

2. 构建教师身份的公共认同转化为自我认同的落实机制，促进二者的高度内洽

教师身份的公共认同主要是通过国家的政策制度与社会氛围等方面来体现和表征的，其能否及时地被教师所感知和体认，并有效转化为教师身份的自我认同，对于提升教师身份认同度十分关键。毋庸讳言，长期以来有关教师身份的公共政策制度体系本身的不完善、政策制度实施的虚化、相关法制的缺位、教师身份认同的社会氛围形式化等问题，已严重制约了教师身份的公共认同有效转化为教师身份的自我认同，影响了教师身份认同度的整体提升。因此，必须以问题为导向来构建教师身份的公共认同转化为自我认同的落实机制。

第一，完善教师政策制度体系。就目前我国有关教师的政策制度制定状况来看，存在政策制度供给不足、系统设计缺乏等问题。比如，在教师荣誉政策制度的构建方面，长期存在的一个问题就是，教师荣誉有制度无体系，且因"政出多门"而使各种荣誉制度过于分散，缺乏系统布局，更远未形成教师的国家荣誉制度体系，导致教师"荣誉过度"与"荣誉缺失"现象并存，进而出现两方面的问题：一方面，一些过度"被荣誉"者并未产生荣誉感，甚至出现"有荣誉无荣誉感"，职业责任感并没有得到明显提升，且由于为荣誉所累，对职业责任行为还可能造成一些负面影响；另一方面，一些荣誉缺失者普遍存在"无荣誉无荣誉感"，难以主动产生职业责任感，更难以形成职业的认同感、归属感、成就感，使得教学、科研的激情和动力不足，过早进入职业倦怠状态。现行教师荣誉制度中"被荣誉"者往往只占少部分，虽然这种"被荣誉"可能对这少部分教师产生积极效应，或者说他们可能"被卓越""被成功"，但大部分未"被荣誉"者极可能因此就"被平庸"了，甚至"被失败"了。如果一种制度使少部分人"被成功"、大部分人"被失败"或有"失败感"，那么，这种制度显然不可能是一种良性的制度。① 因此，要建立健全教师荣誉制度体系，对各级各类教师荣誉制度进行分级分类管理，规范各级各类荣誉制度的授予条件、评审程序、实施办法、监督措施等，并使各级各类

① 参见卢晓中、谢静《大学荣誉制度与荣誉体系刍议》，载《江苏高教》2018 年第 11 期，第 3 页。

荣誉制度相互衔接，从而克服荣誉设置和授予中的随意性和主观性，提升荣誉授予的严肃性和权威性，增强教师荣誉制度的社会公信力。

近年来在教师群体中出现的一些有悖于师德师风的现象，严重损害了教师的社会形象，使教师身份的公共认同在形成及有效转化为教师身份的自我认同时大打折扣。因此，在建立健全教师荣誉制度的同时，应建立健全他律制度。比如"注重加强对教师思想政治素质、师德师风等的监察监督，强化师德考评，体现奖优罚劣，推行师德考核负面清单制度，建立教师个人信用记录，完善诚信承诺和失信惩戒机制，着力解决师德失范、学术不端等问题"，从而使每个教师都能"珍惜这份光荣，爱惜这份职业，严格要求自己，不断完善自己。做老师就要执着于教书育人，有热爱教育的定力、淡泊名利的坚守"①。

第二，强化教师政策实施的督促机制。近年来从中央到地方，都出台了不少加强教师队伍建设改革的政策，这也是教师身份公共认同的重要体现。当前关键是如何使这些政策得到切实实施并真正发挥应有的效应，惠及教师群体，让每一位教师有真正的获得感。因此，有必要建立政策实施的督促机制。2020年中共中央办公厅、国务院办公厅新颁发的《关于深化新时代教育督导体制机制改革的意见》就明确提出要加强对政府履行教育职责的督导，确保党和国家的教育方针政策落地生根。近年来，一些地方也对所颁布的政策的实施效果进行过程性的第三方评估，旨在确保政策制度实施到位。

第三，健全教师身份的公共认同转化为自我认同的法治机制。以政策制度体现的教师身份的公共认同虽然有其优势，但在依法治国的大背景下，更需要运用法治思维来健全教师身份公共认同的法治机制，包括完善教师身份公共认同的有关法律及条款并依法实施。目前亟须对已有的有关法律进行修订和调整，同时为教师群体的重大关切提供法律保障。具体而言，就是切实保障教师的合法权利，特别是要把保障教师的合法权利与教师的专业发展、学生的培养成长紧密联系起来，充分尊重教师的专业自主权，让教师享有应有的专业尊严，使教师能够在比较宽松的环境下潜心教

① 习近平：《坚持中国特色社会主义教育发展道路　培养德智体美劳全面发展的社会主义建设者和接班人》，见中华人民共和国教育部官网（http://www.moe.gov.cn/jyb_xwfb/s6052/moe_838/201809/t20180910_348145.html）。

书育人，并充分释放自身的创造性，培养好新时代需要的创新型人才。

第四，形成教师身份的政府认同与社会认同的互动机制。特别是要从提高教师的政治地位、社会地位和职业地位的体制机制构建及落实入手，营造尊师重教的社会风尚，使尊师重教蔚然成风，真正让广大教师在岗位上有幸福感、事业上有成就感、社会上有荣誉感，切实使教师职业成为令社会羡慕、令教师自豪的职业。这是使教师身份的公共认同转化为教师身份的自我认同的关键所在。

3. 完善教育学科的学科体系建设，提升教师教育专业化水平

对于一种社会职业而言，其与学科有着或多或少的关联。而对于专业性职业来说，这种关联度会更强。也就是说，专业性职业的专业性是与学科紧密关联的，或是以学科为基础的，要使职业的专业认同度高，就必须有发展良好的学科为基础或依托，否则，其专业性将大打折扣。对于教师职业而言，与之关系密切的学科包括教育学科及其下属的教师教育学和学科教育学等。构建完善的教育学科体系，提升教师教育专业化水平，有助于增强教育学科的身份认同，进而提升教师的身份认同。

构建完善的教育学科体系需要体现中国特色与时代意义。众所周知，学科首先是一个国家的学术建制，不同国家会有不同的学科建制。我国现行的教育学科制度显然具有中国特色和本土特征。必须指出的是，强调学科的国家建制与中国特色，并不意味着学科的构建完善不需要借鉴国外学科发展的一般趋势和共同特征，在构建完善的教育学科的过程中，"中国特色与融通中外相结合"是应持的立场，其中，融通中外体现了学科制度的国际性。正如陈洪捷在比较德国的卓越大学战略以"集群"为基础与我国"双一流"建设以"学科"为基础的差异时所指出的，"我们的'双一流'建设，在注重学科基础建设的同时，应当考虑如何缩小学科之间的距离，模糊学科的界限，为大学内部学科之间的合作与整合，为跨学科的研究团队的涌现多创造一些制度性条件"[1]。同时，学科又是一种时代话语，一个国家的学科建制在不同时期也会有所差异。比如，自改革开放以来，我国学科目录经历了四次比较大的调整，反映了学科的时代性。

---

[1] 陈洪捷：《"双一流"建设，学科真的那么重要吗》，载《中国科学报》2019 年 11 月 27 日第 7 版。

教育学科的内涵和外延也在不断地丰富和变化。比如，从第三次学科目录中教育学一级学科包括 10 个二级学科，到第四次学科目录调整为 15 个方向领域，实际上便体现了其内涵与外延的丰富和发展。尤其值得关注的是，移动互联网、大数据、人工智能等现代信息技术开启了重大的时代转型，教育领域也在发生全面深刻的变革，技术正在倒逼教学改革、课程改革、教师教育改革甚至整个教育体制改革。2018 年 11 月在华东师范大学召开的"信息技术时代的教育学理论重建"学术研讨会就指出，"教育实践的勃兴也衬托出教育理论的滞后。中国教育学进入到一个以'变革'与'转型'为基本特征的新阶段，如何重建基于信息技术变革的教育理论体系，成为当代教育学理论建设的重要命题"[①]。可以预料，在不远的将来，还将迎来教育学科高度综合、高度分化、高度交叉的智能新时代。

作为一种专业性实践活动的教师教育，无疑需要学科支撑，而支撑这一专业性实践活动的学科，关联和涉及的学科领域很多，其中最具职业特征的当属教师教育学、学科教育学。特别值得注意的是，当前应处理好教师教育的实践话语与教师教育学科的学理逻辑的关系，不能把作为实践话语的教师教育与作为学科门类的教师教育学科混为一谈，甚至等同起来，因为这是不同类的对比，不具有可比性。如果将二者等同并作为大学基层的相关学术组织建构的依据，则更是一个不小的误区。

此外，提升教师教育专业化水平，还必须提升教师教育机构的水平。进入首轮"双一流"建设高校的师范类大学只有 2 所，而列为一流学科建设的教育学科也仅有 2 个，这与教育的重要战略地位和教师的重要作用十分不相称。当然，师范院校的水平不高，要培养出高素质的教师实际上是难以想象的。因此，要建设一支高素质的教师队伍，一是要通过寻求教师身份认同，提升教师的"三感"，吸引高素质人才（包括职前和职后）进入教师行列；二是要通过加强中国特色的高等师范教育体系及师范院校的建设，为其发展创设良好的条件和环境，使之能更好地胜任培养高素质教育人才的职责。需要提及的是，适当提高教师职业的准入门槛和专业培养的要求，对于提升教师的专业化水平也是十分重要的。近年来实施的新

---

① 顾小清、杜华：《"信息技术时代的教育学理论重建"重要命题的反思与对话》，载《现代远程教育研究》2019 年第 1 期，第 3 页。

的教师资格证书制度，对于提高教师入职门槛、保证教师队伍整体质量发挥了积极的作用。而目前正在开展的师范专业认证也不失为保障师范专业培养质量的有效举措。

（原载《高等教育研究》2020年第12期）

论高水平综合大学参与教师教育的
身份认同

2020 年 12 月 3 日，深圳市人民政府宣布"积极筹建深圳师范大学"，并称已着手筹建工作。实际上，2018 年深圳就曾提出将筹建高水平师范大学。然而，不久后，该筹建工作又按下了暂停键，其中一个重要缘由是深圳基础教育师资有相当一部分来自综合大学，其中一些优质学校已从清华大学、北京大学等高水平综合大学引进毕业生充实教师队伍，而且这些来自高水平综合大学的毕业生普遍受到用人单位的欢迎。这一现象不能不对深圳新建师范大学的毕业生的未来出路产生疑虑，从而也引发了对筹建深圳师范大学的广泛争议。同时，这一现象似乎也表明了高水平综合大学对于参与教师教育、培养基础教育师资有其独有的优势，很有可能会成为一种需求趋势。2018 年 1 月，中共中央、国务院印发《中共中央 国务院关于全面深化新时代教师队伍建设改革的意见》，明确提出"支持高水平综合大学开展教师教育"。无疑，这为高水平综合大学参与教师教育提出了政策导向。由此可见，无论是从需求趋势还是政策导向上，高水平综合大学参与教师教育都成为当前理论界和实践界高度关注的重要课题。

一、我国综合大学参与教师教育政策的
历史演变及实际影响

新中国成立以后，经过 1952 年院系调整，我国师范教育一直坚持的是定向型师范教育的发展方向，也就是基础教育的师资主要由师范院校培养，并逐步形成了中等师范学校、高等师范专科学校和本科师范院校的师范教育体系。应当说这一定向型师范教育体系为解决我国基础教育庞大的师资需求，特别是破解义务教育普及的师资"瓶颈"问题发挥了重要作用。这也是定向型师范教育体系政策长期延续的重要依据和理由。

这一定向型师范教育体系的政策变化起初出现在 1993 年 2 月中共中央、国务院印发的《中国教育改革和发展纲要》中，该文件在提出"大

力办好师范教育，鼓励优秀中学毕业生报考师范院校"的同时，表示"其他高等院校也要积极承担培养中小学和职业技术学校师资的任务"。这里对其他高等院校承担培养中小学和职业技术学校师资的任务仅仅是一般性倡导，并没有更加明确、具体的指引和要求。实际上，当时其他高等院校承担培养中小学和职业技术学校师资的任务还是十分有限的，只是因为一些职业技术学校发展对师资的某些特殊需求，其有一部分专业师资来自非师范的其他高等院校。

真正对此问题有较大关注的是在 1999 年 5 月中共中央、国务院《关于深化教育改革，全面推进素质教育的决定》出台后，该决定更加明确地提出"调整师范学校的层次和布局，鼓励综合性高等学校和非师范类高等学校参与培养、培训中小学教师的工作，探索在有条件的综合性高等学校中试办师范学院"。这从先前的一般性倡导，到鼓励综合性高校参与师范教育，并有具体的政策指引，即"有条件的综合性高等学校中试办师范学院"。显然，这一政策的出台受到了人们的重视，教育部也在积极推进相关工作。如 2002 年 3 月颁布的《教育部关于"十五"期间教师教育改革与发展的意见》明确提出，"到 2005 年初步形成以现有师范大学为主体、其他高等学校共同参与、培养和培训相衔接的开放的教师教育体系，基本形成适应全面推进素质教育需要的基础教育教师队伍"。值得提及的是，该文件正式使用"教师教育"这一提法，大大丰富了师范教育的内涵。2003 年 11 月，在教育部师范教育司的倡导和支持下，100 多所举办教师教育的非师范院校在厦门召开了"全国非师范院校教师教育工作研讨会"，研究加强和改进非师范院校的教师教育工作，并发布了《非师范院校积极参与教师教育的行动宣言》。特别是 2004 年 3 月颁布的《2003—2007 年教育振兴行动计划》进一步提出，"全面推动教师教育创新，构建开放灵活的教师教育体系。改革教师教育模式，将教师教育逐步纳入高等教育体系，构建以师范大学和其他举办教师教育的高水平大学为先导，专科、本科、研究生三个层次协调发展，职前职后教育相互沟通，学历与非学历教育并举，促进教师专业发展和终身学习的现代教师教育体系。起草《教师教育条例》，制定教师教育机构资质认证标准、课程标准和教师教育质量标准，建立教师教育质量保障制度"。该计划提出构建开放灵活的教师教育体系："开放"意味着要突破定向型师范教育体系，除师范院校外，其他高水平大学（主要为综合大学）将与师范大学一起作为先导，承担教师教育的重任；而现代教师教育体系的构建，实际上是基于一个"大师范"的概念，即不仅将教师教育逐步纳入高等教育体系，而且要求专科、本科、研究生三个层次协调发展，职前职后教育相互沟通，学历与非学历教育并举，促进教师专业发展和终身学习。这一时期，有关综合大学举办教师教育在高等教育领域引起了广泛的讨论与积极的响应。与此同时，一些综合大学和非师范院校通过设立教育学院，逐渐成为教师教育中的一支新生力量。但不可否认的是，综合大学参与教师教育的有关政策出台后并未出现综合大学举办教师教育的热潮。当时仅有北京大学、浙江大学、中山大学、武汉大学等高水平综合大学办有教育学院，且主要招收研究生层次的学生。

　　2010年印发的《国家中长期教育改革和发展规划纲要（2010—2020年)》对综合大学参与教师教育继续实施鼓励、支持的政策，明确提出"加强教师教育，构建以师范院校为主体、综合大学参与、开放灵活的教师教育体系"。但由于没有进一步的推进和落实措施，综合大学参与教师教育的热情并未被激发出来。甚至在2015年"双一流"建设政策出台前后，出于学科建设"削枝强干"的考量，一些高水平综合大学如兰州大学、中山大学等还纷纷撤并了教育学院。《关于全面深化新时代教师队伍建设改革的意见》提出"支持高水平综合大学开展教师教育。创造条件，推动一批有基础的高水平综合大学成立教师教育学院，设立师范专业，积极参与基础教育、职业教育教师培养培训工作。整合优势学科的学术力量，凝聚高水平的教学团队。发挥专业优势，开设厚基础、宽口径、多样化的教师教育课程。创新教师培养形态，突出教师教育特色，重点培养教育硕士，适度培养教育博士，造就学科知识扎实、专业能力突出、教育情怀深厚的高素质复合型教师"。2018年3月，教育部等五部门印发《教师教育振兴行动计划（2018—2022年)》，进一步提出"发挥师范院校主体作用，加强教师教育体系建设。加大对师范院校的支持力度，不断优化教师教育布局结构，基本形成以国家教师教育基地为引领、师范院校为主体、高水平综合大学参与、教师发展机构为纽带、优质中小学为实践基地的开放、协同、联动的现代教师教育体系"，"鼓励高水平综合性大学成立教师教育学院，设立师范类专业，招收学科知识扎实、专业能力突出、具有教育情怀的学生，重点培养教育硕士，适度培养教育博士"。

　　相对而言，这一轮的政策导向更加坚定、方向更加明确、指引更加具体。《关于全面深化新时代教师队伍建设改革的意见》印发后，一些高水平综合大学参与教师教育的热情被调动起来。如南京大学在2019年成立"陶行知教师教育学院"，2020年上海交通大学成立"教育学院"，开启了国内高水平综合大学参与提高基础教育教师质量的实践探索。一些已设立教育学院的高水平综合大学也开始重新规划教育学院的定位和发展，谋求在教师教育领域有新的突破和发展。

应当说，这一轮高水平综合大学参与教师教育的热情之所以被调动起来，很大程度上是因为教育受到党和政府前所未有的重视，特别是被上升到"国之大计，党之大计"这样一个前所未有的认识高度。与此同时，作为教育工作践行者的教师的政治地位、社会地位、职业地位自然也相应地得以提升，教师的培养、培训将获得更多的资源支持。另外，基础教育领域对教师需求的变化趋势，也成为综合大学参与教师教育的重要动因。

2022年5月，教育部会同其他部委共同发布《新时代基础教育强师计划》，明确提出在新时代要"构建师范院校为主体、高水平综合大学参与、教师发展机构为纽带、优质中小学为实践基地的开放、协同、联动的现代教师教育体系"，并且"支持高水平综合大学开展教师教育，推动师范人才培养质量提升"。这一计划进一步重申了支持高水平综合大学开展教师教育的立场，旨在提升师范人才培养质量，并据此提出了更为具体的推进策略和措施。

从近30年来综合大学参与教师教育的政策发展历史及其实际影响来看，有关政策导向经历了由弱到强、由一般倡导到强烈主张的过程，政策工具也正逐步从自愿性工具过渡，并有发展成为强制性工具的趋势。然而，这一政策导向对综合大学参与教师教育的实际影响并不一样，尽管政策的实际影响大小与政策导向的强弱有一定关系，但也不尽然。如20世纪末、21世纪初，国家鼓励综合大学参与教师教育的政策导向还是比较明确的，当时在理论界和实践界均引发了热议，后面也有具体的政策措施跟进落实，但最终并没有出现综合大学参与教师教育的热潮。究其缘由，其中一个便是作为办学主体的综合大学自身对于参与教师教育的犹豫，尤其是对参与教师教育前景的不确定性及存在问题的担忧。这既反映并影响了综合大学参与教师教育的身份认同问题，也反映并影响了社会其他方面对综合大学参与教师教育的身份认同问题。身份认同的缺失，导致综合大学参与教师教育的热情及成效大打折扣。

二、身份认同与高水平综合大学举办教师教育

近年来对于高水平综合大学举办教师教育优势及特点的学理认识、政策支持及实践可行性并无多大疑虑，也早已是一个世界性趋势或现实。但不可否认，我国除少数"双一流"建设高校开始了相应探索外，大多数高水平综合大学仍处于观望状态。① 这与国外发达国家的情况相比有较大差异，据《泰晤士报高等教育特刊》最新公布的 2022 年度世界大学排行榜，美国前 50 名的大学中有 38 所大学参与教师教育，占 76%。② 要使高水平综合大学参与教师教育的政策支持和变化趋势成为我国教师教育改革发展和现代教师教育体系构建的一种新动能，亟须解决的一个关键性问题，就是高水平综合大学参与教师教育的身份认同。

高水平综合大学参与教师教育的身份认同，实际上涉及的是组织角色认同问题。③ 一般而言，人类社会的身份是指在交往中识别个体差异的标志和象征，它给予社会以秩序和结构，其中包括与他人的关系定位，相关身份观念的行为规则，以及阶序意识。身份既是作为社会系统中的一种流动的事实存在，更是作为一种可能的未来存在，由此也形成某种"压力"。正如斯图亚特·霍尔（Stuar Hall）说过的，"身份是关于使用变化过程中的而不是存在过程中的历史、语言和文化资源的问题。与其说是'我们是谁'或'我们来自何方'，不如说是我们可能会成为什么、我们一直以来怎样表现以及在我们有可能怎样表现自己上施加了怎样的压力"④。实际上，这种"压力"在可能的条件下将会转化为人的内在动力，它对于组织和个体的发展又是不可或缺的。从这一意义上可见，身份是一个历史范畴且具有动态性特征。

---

① 参见董秀华《高水平综合性大学举办教师教育要迈开步伐》，载《中国教育报》2022 年 7 月 8 日第 2 版。

② 参见《泰晤士高等教育世界大学排名 2022》，见泰晤士高等教育官网（http://www.timeshighereducation.com/cn/world-university-rankings/2022）。

③ 参见卢晓中、王雨《教师身份认同及其提升》，载《高等教育研究》2020 年第 12 期，第 58—66 页。

④ ［英］斯图亚特·霍尔、保罗·杜盖伊：《文化身份问题研究》，河南大学出版社 2010 年版，第 4 页。

亨利·泰弗尔（H. Tajfel）将社会认同定义为："个体认识到他（或她）属于特定的社会群体，同时也认识到作为群体成员带给他（或她）的情感和价值意义。"① 泰弗尔所论及的社会认同主要指的是个体的社会身份认同。而组织角色的身份认同是社会身份认同的一种，涉及角色认知（如角色价值、功能等）和角色情感两个方面。组织角色认知是组织角色身份认同的前提，即对一种组织角色的身份认同首先是从组织角色认知开始的，包括对组织角色的价值、作用、功能等诸方面的认知。人们对组织角色的身份认同主要是一种组织角色认知的过程，在组织角色认知的基础上就有可能产生角色情感和角色归属，最终形成组织角色的身份认同。当然，组织角色认知对组织角色身份认同有时也是一把"双刃剑"，不当的组织角色认知也可能会对组织角色身份认同产生消极影响。

就组织角色身份的认同主体而言，它可包括组织角色身份的自我认同和公共认同两个方面。自我认同是美国心理学家埃里克森（E. H. Erikson）首先提出的一个心理学概念，也被称为"自我同一性"，指的是"个体在职业、政治、宗教、价值观等方面的自我评价和自我定位"②，即一个人在与他人交往时，把信念和价值观融入自己的人格并对自我价值进行评价的过程。显然这一定义主要是对个体来说的。而对一个特定的组织角色而言，组织角色的自我认同属于组织的一种自我体认。应当说这种自我体认对任何组织角色的状态而言都相当重要。

所谓组织角色身份的公共认同实际上是一种"被认同"，即来自组织之外的认同，它通常包括政府认同和其他社会认同（指该职业以外非政府的社会认同，以区别于泰弗尔所说的"社会认同"）等诸方面。组织角色身份的自我认同和公共认同两者也是密切关联的，自我认同以公共认同为前提和基础，也就是说，某种组织角色身份的公共认同对于形成该角色身份的自我认同具有基础性作用与功效。一般而言，任何一种组织角色身份只有拥有了高度的公共认同，才有可能产生真正意义上的自我认同，或者说公共认同度高的，往往自我认同度亦高，故在心理学上也把这种公共认同称为"投射性认同"，即把外界环境对组织角色的影响和评价内化为

---

① Tajfel H, *Differentiation Between Social Groups: Studies in the Social Psychology of Intergroup Relations*, Academic Press, 1978, pp. 1 – 3.

② Erikson E H, *Identity: Youth and Crisis*, W. W. Norton & Company, 1968, pp. 5 – 6.

组织角色的自我认知的过程。但必须注意到，在现实中两者有时也不完全一致，即组织角色身份的公共认同度高并不必然带来组织主体的自我认同度高，这还取决于这一高公共认同度是否能及时、有效地传递到组织主体并被其切实感知和体认。只有当高公共认同度能及时、有效地被组织主体所感知并体认，才有可能产生高自我认同度。与此同时，组织角色身份的自我认同对于形成该组织角色身份的公共认同也常常是必不可少的，因为获得较高的自我认同度会促使组织主体产生积极的职业行为，无疑这对于形成并强化高公共认同度往往是十分重要的。作为一种组织角色，高水平综合大学参与教师教育同样可从自我认同和公共认同两个维度来分析。

（1）高水平综合大学参与教师教育的自我认同，主要是高水平综合大学自身对举办教师教育的认可程度，这里包括价值、功能、作用和情感等方面的认可程度。价值认可既包括对学校自身的利益价值（或可称之为"小我"价值）的考量，同时也包括履行国家和社会责任的"大我"担当，也就是成为国之大计、党之大计的教育，需要高素质、专业化、创新型教师队伍，作为高水平综合大学应心怀"国之大者"，勇于担当提升师范人才培养质量的时代重任。应当说以往一些高水平综合大学参与教师教育动力不足，在一定程度上是"小我"价值因素使然。因为对于这些高水平综合大学而言，它们都承担着众多重要的国家责任和任务，同时从中获得丰厚的办学资源支持。而面对几乎需要"重起炉灶"的教师教育，且还要面对师范大学的激烈竞争，从"小我"价值的角度，权衡利弊，参与教师教育似乎未必是一种明智的选择。

高水平综合大学参与教师教育的自我认同程度还取决于对开展教师教育的功能与作用的可达成度的认知，过去综合大学参与教师教育的动力不足实际上也是受此影响，即往往作出了一个不可为或达成度不高的研判。这也符合维克托·弗洛姆（V. H. Vroom）的期望理论（expectancy theory）所阐释的情形，即人们做一件事情的动力［激励量（motivation）］的大小在价值［效价（valence）］确定以后，则取决于目标的达成度［期望值（expectancy）］高低。[①]

情感因素则与综合大学的历史传统有一定的关联。如有教师教育历史

① 参见龚孟伟、南海《高校教师自我身份认同及其提升策略探析——基于弗洛姆期望理论的考察》，载《教育理论与实践》2019 年第 18 期，第 31 页。

传统的综合大学，对于参与教师教育在情感因素方面可能有更多的接受与认同。而对于没有教师教育历史传统的综合大学，还需要在参与教师教育的过程中培养情感，增强认同。

（2）高水平综合大学参与教师教育的公共认同中，政府认同应当是清晰的，因为如前所述，高水平综合大学举办教师教育已成为当下重要的政策导向。由于受师范教育文化传统的影响，高水平综合大学参与教师教育要获得非政府的其他社会认同则尚需假以时日，其中一个重要因素就是高水平综合大学参与教师教育的目标实现度和社会期待达成度。值得提及的是，这可能存在地域差别，在一些地方如深圳等地，高水平综合大学参与教师教育还是获得广泛的社会认同的，这从深圳中小学招收非师范毕业生的师资比重逐年提高便可见一斑。

不论是自我认同还是公共认同，都还需寻求一些共同的认知，也就是对高水平综合大学参与教师教育的基础与优势的认知，包括高水平综合大学具有参与教师教育的学科、生源、社会声誉等方面的基础与优势，以及高水平综合大学参与教师教育的"溢出"效应，如形成尊师重教的社会风尚等①，这些对形成综合大学参与教师教育的身份认同都十分重要。

三、提升高水平综合大学参与教师教育
身份认同的基本路向

将高水平综合大学参与教师教育的基础与优势的共同认知，真正转化为举办教师教育的实践优势与特色，是当前提升高水平综合大学参与教师教育身份认同度的关键，其基本路向便是高水平综合大学参与教师教育的守正和创新。

（一）守正

守正即高水平综合大学参与教师教育要守教师教育之正，这就要求高水平综合大学开展教师教育的过程中要把握教师教育的特点、尊重教师教育的规律、发展教师教育的理论。高水平综合大学要守参与教师教育之

---

① 参见谢维和《综合性大学参与教师教育的实践与思考》，载《教育研究》2022年第4期，第159页。

正，就亟须补上教师教育之短。

（1）做好符合教师教育学理逻辑与实践逻辑的顶层设计。这里涉及对教育学、教师教育学与教师教育关系的认识。从教育学一级学科的分类变化来看，2011 年国务院学位委员会、教育部研制印发《学位授予和人才培养学科目录（2011 年)》，并由下设的国务院学位委员会教育学科评议组编制了教育学一级学科下属的方向领域，教育学一级学科由原来下属 10 个二级学科变为 15 个方向领域（相当于原来的二级学科)，除保留教育学原理、课程与教学论、教育史、比较教育学、学前教育学、高等教育学、成人教育学、职业技术教育学、特殊教育学、教育技术学 10 个二级学科为方向领域外，还新增了包括教师教育学在内的 5 个方向领域。由此可见，教师教育学属于教育学一级学科下属的一个方向领域（二级学科)。实际上，这也为处理教育学与教师教育学的关系提供了学科制度依据。

从教师教育学建设的政策要求来看，2018 年印发的《教师教育振兴行动计划（2018—2022 年)》提出，"鼓励支持有条件的高校自主设置'教师教育学'二级学科，国家定期公布高校在教育学一级学科设立'教师教育学'二级学科情况，加强教师教育的学术研究和人才培养"。这里非常清晰地表明了教育学一级学科与教师教育学的关系，即教师教育学是作为教育学一级学科自主设置的二级学科（方向领域)。

当前厘清以上这些关系无论是从理论上还是在实践上都是很有必要的。近年来，随着国家对教师教育的重视，教师教育学科建设受到极大的重视。值得注意的是，这种重视在一些时候往往成为学科地位的依据，以致脱离了学科自身的内在逻辑。如教师教育学，或成为与教育学科无关而独立存在的一级学科，或是下属教育学科而存在的一级学科。而且这一认识倾向或多或少也影响了一些师范院校的内部相关机构及其功能设置。因此，基于以上学科制度依据和政策要求依据，需要从学理与实践相联系的角度正确认识教育学、教师教育学、教师教育三者之间的关系，特别是要处理好教师教育的实践逻辑与教师教育学的学理逻辑间的关系，不能把作为实践话语的教师教育与作为学科门类的教师教育学混为一谈，甚至等同起来。否则，这势必造成学校从事教师教育的内部机构交叉混乱、职能不清、角色冲突，甚至为争夺资源内耗不断。对于高水平综合大学参与教师教育来说，可从教师教育的实践逻辑与教师教育学的学理逻辑的关系角度，从一开始就做好顶层设计，合理建构参与教师教育的组织架构及运行规则，避免重蹈一些师范院校的覆辙。

（2）把握教师教育的时代特征。教师教育是一个历史范畴，在不同的历史时期都有其不同的时代内涵。这便意味着教师教育的守正也是与时俱进的，即在不同时期，教师教育有不同的时代内涵。如教育的人文性与智能性形成了当代教育的一对范畴，它呼唤智慧型教育。而智慧型教育又决定了教师职业的专业性新特征，使教师成为超越智能教师且又与之互补协同的智慧教师。这对教师教育提出了一个崭新课题，即如何把握和发现教师教育的新特点、新规律，创新教师教育理论。

（二）创新

创新即充分利用好高水平综合大学的学科专业水平较高且学科综合交叉的优势，并根据教师教育发展的新趋势，推动教师教育的创新发展。如果说守正亟须补短，那么创新则需扬长。尤其要注意通过扬长守正，即高水平综合大学在举办教师教育的过程中注意把握教师教育的特点和尊重教师教育的规律，创新发展教师教育理论。同时，依据教师教育的时代特征、把握现代科学技术知识发展的新趋势，充分利用高水平综合大学的学科综合、学科交叉的特点和优势，创新教师教育的学科知识体系、专业知识体系和方法技术体系。尤其是发挥学科专业优势，开设厚基础、宽口径、多样化的教师教育课程。值得特别提及的是，当前，拔尖创新人才培养是我国教育领域的一项重大责任和任务，而拔尖创新人才培养的系统性决定了基础教育与高等教育亟须建立协同育人机制，其中基础教育的高水平师资是至关重要的，而要培养这种高水平师资，参与教师教育的高水平综合大学无疑具有不可替代的优势。这也对高水平综合大学参与教师教育、培养高水平创新型教师提出了一个新课题和新目标，从而要求高水平综合大学在参与教师教育的过程中不断创新与基础教育师资发展的协同机制。

高水平综合大学参与教师教育不仅要将其作为"分内事"勇于担当，更要超越传统的师范教育而敢于创新，充分利用自身学科、生源、社会声誉等方面的优势，在机构设置、教师配置、课程开设、教育教学管理等方面走出一条适合自己的新路。

总之，高水平综合大学要真正做到以高水平的学科和科研支撑高质量的教师教育，培养堪当时代大任的高素质、专业化、创新型教师。当前，提升高水平综合大学参与教师教育的自我认同更为重要、更为迫切，它既是高水平综合大学参与教师教育守正创新的基础和动力，也是持续提升其公共认同的关键，对于从总体上提升高水平综合大学参与教师教育的身份认同是必不可少和至关重要的。

（原载《中国高教研究》2022 年第 8 期）

教育强国建设：教师教育当何为

——兼论"国优计划"对师范院校的影响

党的二十大报告提出深入实施科教兴国战略、人才强国战略、创新驱动发展战略，加快建设教育强国、科技强国、人才强国。习近平总书记在2023年5月5日召开的二十届中央财经委员会第一次会议上进一步提出要把教育强国建设作为人口高质量发展的战略工程。2023年5月29日，习近平总书记在中央政治局第五次集体学习时又深刻指出，建设教育强国是全面建成社会主义现代化强国的战略先导，是实现高水平科技自立自强的重要支撑，是促进全体人民共同富裕的有效途径，是以中国式现代化全面推进中华民族伟大复兴的基础工程。要把服务高质量发展作为建设教育强国的重要任务。建设教育强国、科技强国、人才强国具有内在的一致性和相互支撑性，要把三者有机结合起来，一体统筹推进，形成推动高质量发展的倍增效应。教育强国建设位居上述三大强国建设之首，也是这三大强国建设之基，无疑是"国之大计、党之大计"。加强教师队伍建设是当前建设教育强国最重要的基础工作，而教师队伍建设的关键又在于教师教育。由此可见，教师教育事关教育强国建设，必须从落实"国之大计、党之大计"的战略高度来认识和推动教师教育高质量发展。

一、教师教育与教师高质量发展

21世纪以来，我国中小学教师培养经历了对教师高质量发展具有重大意义的三个标志性事件。

第一个标志性事件是"师范教育"一词被"教师教育"所替代，而"教师教育"这一概念在我国的出现，本身就意蕴了教师高质量发展这一取向。长期以来，我国使用的是师范教育这一概念，直至2001年5月，国务院颁布《国务院关于基础教育改革与发展的决定》。该决定明确提出，"完善以现有师范院校为主体、其他高等学校共同参与、培养培训相衔接的开放的教师教育体系"①。该文件正式使用了"教师教育"一词，除丰富了师范教育的内涵外，也对教师培养提出了更高要求。将教师教育正式纳入中国的政策话语体系，在相当程度上也反映和顺应了教师教育发展的世界性共同趋势，即体现出教师教育开放性体系、职前职后一体化模式、高水平综合大学共同参与等高质量发展等共同特征。

第二个标志性事件是将教师教育纳入高等教育体系。2002 年 3 月发布的《教育部关于"十五"期间教师教育改革与发展的意见》提出："开创教师培养的新格局，提高新师资的学历层次。'十五'期间中小学新教师培养要有计划、有步骤、多渠道地纳入高等教育体系，逐步形成专科、本科、研究生三个层次的教师教育。"② 2004 年 3 月教育部印发的《2003—2007 年教育振兴行动计划》第二十七条"全面推动教师教育创新，构建开放灵活的教师教育体系"又明确提出，改革教师教育模式，将教师教育逐步纳入高等教育体系，构建以师范大学为先导，专科、本科、研究生三个层次协调发展，职前职后教育相互沟通，学历与非学历教育并举，促进教师专业发展和终身学习的现代教师教育体系。③ 据教育部有关部门通过比较借鉴和预测，到 2035 年，教师学历应提升至以下目标：幼儿园的本科层次教师预计要达到 50%；小学教师要基本实现本科化，研究生学历教师的占比要大幅度提升；中学研究生层次的教师要力争达到 50%。应当说，这是教育强国建设之需，但面临的困难也不少。

第三个标志性事件是高水平的非师范院校参与教师教育。在 20 世纪 90 年代，国家有关政策文件就提出了非师范院校参与中小学教师培养培训问题。例如，1993 年 2 月中共中央、国务院印发的《中国教育改革和发展纲要》在"进一步加强师资培养培训工作"部分就提出"大力办好师范教育，鼓励优秀中学毕业生报考师范院校"，同时表示"其他高等院

---

① 国务院：《国务院关于基础教育改革与发展的决定》，见中华人民共和国教育部网（http://www.moe.gov.cn/jyb_xxgk/moe_1777/moe_1778/201412/t20141217_181775.html）。

② 中华人民共和国教育部：《教育部关于"十五"期间教师教育改革与发展的意见》，见中华人民共和国教育部网（http://www.moe.gov.cn/srcsite/A10/s7058/200203/t20020301_162696.html）。

③ 参见中华人民共和国教育部《2003—2007 年教育振兴行动计划》，见中华人民共和国教育部网（http://www.moe.gov.cn/jyb_xwfb/moe_2082/moe_183/tnull_2305.html）。

校也要积极承担培养中小学和职业技术学校师资的任务"①。1999 年 5 月中共中央、国务院印发的《中共中央　国务院关于深化教育改革全面推进素质教育的决定》更加明确地提出："调整师范学校的层次和布局，鼓励综合性高等学校和非师范类高等学校参与培养、培训中小学教师的工作，探在有条件的综合性高等学校中试办师范学院。"② 这从先前的一般性倡导到鼓励非师范院校参与师范教育，并有具体做法的政策指引，如"有条件的综合性高等学校中试办师范学院"。但这些一般性倡导和更加明确的鼓励，由于种种原因，实际上并没有得到积极的响应。③ 真正对此作出积极响应是在 21 世纪以后，例如 2002 年 3 月教育部师范教育司在厦门召开年度教师教育工作会议，颁布《教育部关于"十五"期间教师教育改革与发展的意见》。该意见明确提出："初步形成以现有师范院校为主体，其它高等学校共同参与，培养培训相衔接，体现终身教育思想的开放的教师教育体系。"④ 2003 年 11 月 11—12 日，在教育部师范教育司的倡导支持下，100 多所举办教师教育的非师范院校在厦门召开"全国非师范院校教师教育工作研讨会"，研究加强和改进非师范院校的教师教育工作，并发布《非师范院校积极参与教师教育的行动宣言》。特别是 2004 年 3 月国务院批转了教育部的《2003—2007 年教育振兴行动计划》，该行动计划进一步提出"全面推动教师教育创新，构建开放灵活的教师教育体系。改革教师教育模式，将教师教育逐步纳入高等教育体系，构建以师范大学和其他举办教师教育的高水平大学为先导，专科、本科、研究生三个层次协调发展，职前职后教育相互沟通，学历与非学历教育并举，促进教师专业发展和终身学习的现代教师教育体系。起草《教师教育条例》，制定教师教育机构资质认证标准、课程标准和教师教育质量标准，建立教

---

① 中共中央、国务院：《中国教育改革和发展纲要》，载《中华人民共和国国务院公报》1993 年第 4 号。

② 中共中央、国务院：《中共中央　国务院关于深化教育改革全面推进素质教育的决定》，载《中华人民共和国国务院公报》1999 年第 21 号。

③ 参见卢晓中《论高水平综合大学参与教师教育的身份认同》，载《中国高教研究》2022 年第 8 期，第 30－35 页。

④ 中华人民共和国教育部：《教育部关于"十五"期间教师教育改革与发展的意见》，见中华人民共和国教育部网（http://www.moe.gov.cn/srcsite/A10/s7058/200203/t20020301_162696.html）。

师教育质量保障制度"①。

上述三个标志性事件基本上都发生在同一个时期，且按学理逻辑、政策逻辑与实践逻辑都统合于教师教育这一概念的意蕴之中，所着眼的都是中小学教师和基础教育高质量发展。

二、联结"基点"与"龙头"的教师教育

习近平总书记在中央政治局第五次集体学习时特别指出，基础教育是教育强国建设的"基点"，高等教育是"龙头"。而强教必先强师，教师在教育强国建设中的关键作用是不言而喻的。如果说基础教育在教育强国建设中是"基点"，那么教师教育便是基础教育的支持系统。同时，教师教育又是作为"龙头"高等教育的重要组成部分。所以说，教师教育在教育强国建设中，意蕴且联结着"基点"与"龙头"，具有特殊、重要的地位和独特的作用，直接关系到教育强国建设的成效。

（一）基于教育强国建设"基点"的教师教育

教师教育面向和服务于作为教育强国建设"基点"的基础教育。习近平总书记指出，"基础教育搞得越扎实，教育强国步伐就越稳、后劲就越足"②。而教师教育在相当程度上决定了基础教育能否搞得扎实、真正成为高质量发展的基点，起着基础性支撑作用。因此，从这一意义上说，教师教育也是教育强国建设基点的基点。比如，不论是推进学前教育普及普惠安全发展，还是推动义务教育优质均衡发展和城乡一体化，关键都在教师，也就是说要有"一支师德高尚、业务精湛、结构合理、充满活力的高素质专业化教师队伍"③。2022 年，全国学前教育专任教师有 324.42

---

① 中华人民共和国教育部：《2003—2007 年教育振兴行动计划》，见中华人民共和国教育部网（http://www.moe.gov.cn/jyb_xwfb/moe_2082/moe_183/tnull_2305.html）。

② 习近平：《加快建设教育强国　为中华民族的伟大复兴提供有力支撑》，载《人民日报》2023 年 5 月 30 日第 1 版。

③ 习近平：《加快建设教育强国　为中华民族的伟大复兴提供有力支撑》，载《人民日报》2023 年 5 月 30 日第 1 版。

万人，其中专科以上学历比例为 90.30%。① 截至 2022 年底，全国义务教育阶段本科以上学历专任教师比例为 81.02%，其中，农村义务教育阶段本科以上学历专任教师比例为 76.01%；义务教育阶段具有中高级职称专任教师比例为 54.39%。② 这一学历及职称状况比 10 年前有了较大的改善，但与发达国家相比，差距仍然较大。例如，2018 年，英、法、日、韩、澳等国，小学教师本科及以上学历水平都达到了 90% 以上；中学教师研究生层次学历上差距就更大，2018 年 "教师教学国际调查（Teaching and Learning International Survey，TALIS）" 显示，OECD 成员国中学教师的研究生及以上学历水平平均占比超过了 45%，欧盟是 57%，而 2020 年中国初中教师研究生学历比例为 4%，高中教师研究生学历比例为 11.5%。③

同样地，基础教育既要夯实学生的知识基础，也要激发学生崇尚科学、探索未知的兴趣，培养其探索性、创新性思维品质。④ 实际上，2015年联合国教科文组织发布的 "教育 2030 行动框架" 也曾提出类似的教育目标，即 "将确保所有人打下扎实的知识基础，发展创造性及批判性思维和协作能力，培养好奇心、勇气及毅力"⑤。教师教育要培养适应基础教育未来发展之教师，必然涉及以下两个问题。

一是教师应拥有什么样的知识与能力结构才能满足夯实学生知识基础的需要。这就决定了教师教育不仅要重视学生的学科专业知识的掌握，而且要根据学科发展趋势为他们奠定科学、合理的知识结构，尤其是学科交叉融合的知识基础与结构。同时，培养学生的学习能力也是非常重要的，因为新一轮科技革命的一个显著特征就是发展迅猛、瞬息万变。这就要求加强对学生学习能力的培养，使其今后在从事基础教育教学工作时能够通

① 参见中华人民共和国教育部《2022 年全国教育事业发展统计公报》，载《中国地质教育》2023 年第 3 期，第 125 页。

② 参见吴丹、吴月《加强教师队伍建设　筑牢教育强国根基》，载《人民日报》2023 年 9 月 7 日第 13 版。

③ 参见程建平、张志勇《高质量基础教育教师队伍建设的任务和路径》，载《教育研究》2022 年第 4 期，第 132 - 136 页。

④ 参见习近平《加快建设教育强国　为中华民族的伟大复兴提供有力支撑》，载《人民日报》2023 年 5 月 30 日第 1 版。

⑤ 胡佳佳、吴海鸥：《"教育 2030 行动框架" 描画全球未来教育的模样》，载《中国教育报》2015 年 11 月 16 日。

过自我学习应对不断变化的学科知识。此外，教师教育需关注高等教育学科专业发展的动态，并据此设计课程及其内容。接下来需要探讨的一个问题就是，教师教育如何让拥有这样的知识与能力结构的教师将来能够更好地帮助学生夯实知识基础？实际上，这涉及教师职业素养问题。当前，需进一步加强教师教育提升教师职业素养的有效性和适用性，尤其是非常有必要对现行的教育教学理论与方法进行适应时代需要的反思与重构。当然，这里还需要澄清一个前提性的认识问题：在高科技时代，学生知识基础是否还很重要？如果说过去夯实学生的知识基础在我国基础教育领域是一个优势，那么这个优势在当今时代是否已经过时，或还有没有保持的价值？我们时常会看到这样的一些认识，如"教育的目的不是学会知识，而是学习一种思维方式""培养学生的思维能力比学习知识更重要"，等等。实际上不管什么思维，其有效性都需以知识为基础和前提，所以说夯实学生的知识基础在今天依然重要。我们不能因为强调发展学生能力（动手能力、实践能力、创新能力、思维能力）的重要性，而把知识学习弱化了，甚至将其作为教育改革要"革"去的对象。在过去40多年的我国教育改革中就曾出现过类似情况。

二是如何发展学生创造性思维及批判性思维，这与培养学生探索性、创新性思维品质是高度一致的。显然这也是一个问题导向，而这个导向的问题既是一个现状性问题，也是一个发展性问题。长期以来受应试教育的影响，在基础教育领域人们更看重学生识记能力的训练，而并不重视探索性、创新性思维品质的养成。这一状况也必然导致教师在培养学生探索性、创新性思维品质上的本领缺失。相应地，这一块自然也就成了培养教师的教师教育明显的短板。与此相关的一个问题是，培养和造就拔尖创新人才。"钱学森之问"提出之后曾引起全社会的广泛关注，但这一时期对此关注更多的是在高等教育领域，似乎"钱学森之问"主要针对的是高校，与基础教育关系不大。实际上拔尖创新人才的造就需要系统化培养，例如，从教育纵向系统而言，大中小幼学校都承担着培养和造就拔尖创新人才的共同责任，这也意味着基础教育同样扮演着不可或缺的角色。很难想象，浸润在应试教育环境之中的学生，当他们"应试"进入高校后，其被"应试"泯灭的好奇心、想象力突然会迸发出来。这也是当今中国教育值得深思的一个"悖论"现象：一方面教育被时代要求培养高素质创新型人才；另一方面教育很多时候却又成为泯灭创造力的"元凶"。学生儿时往往都拥有丰富的想象力、求知欲，但随着受教育程度的递增、社会阅历的逐渐丰富，他们的想象力、求知欲却可能日渐式微，不能不说这是长期以来应试教育带来的后果，值得我们深刻反思。受教育功利化倾向的影响，一些教师更关注学生的分数和成绩，而疏于对学生想象力、求知欲持续"保鲜"，以及疏于对学生探索性、创新性思维品质的培养。虽然造成这一问题的原因是多方面的，但作为教育者的教师难辞其咎。这也对教师教育提出了一个重要课题，就是如何让我们的教师能够确立对学生的想象力、求知欲持续"保鲜"的观念与意识，注重对他们探索性、创新性思维品质的培养。这里既涉及教师教育者的观念问题，也有其知识能力结构及方法技能运用等的胜任问题。其中，最为重要的是教师教育如何培养高素质创新型教师，这也是《全面深化新时代教师队伍建设改革的意见》提出的一个重要方向与目标。过去我们经常提出要培养创新型人才的目标，但对培养者的创新素质却少有要求。很难想象，培养者不创新，或缺乏创新素质，又怎么能培养出高素质创新型人才？这里还需要澄清一个认识问题：批判性思维和创造性思维（探索性、创新性思维品质更接近于创造性思维）尽管都属于求异思维，但两者还是有所差异的，即批判性思维着重于"破"的思维，而创造性思维则着眼于"立"的思维。在重视培养学生的求异思维时，我们要把"破"的思维与"立"的思维统一起来，两者都不可偏废。

除此之外，从系统思维的角度还有一个十分重要的方面，就是如何按照习近平总书记所指出的"在全社会树立科学的人才观、成才观、教育观，加快扭转教育功利化倾向，形成健康的教育生态和环境"。这对于培养学生创造性及批判性思维和养成探索性、创新性的思维品质也是不可或缺的，甚至是更为重要的生态与环境因素。

（二）作为教育强国建设"龙头"的教师教育

如前所述，教师教育属于高等教育，高等教育是教育强国建设的"龙头"，而"龙头"的意义就在于引领与创生。引领意义包括引领基础教育改革的方向和教师发展的方向，以及在"大学（university）—政府（government）—中小学（school）"合作教师教育模式（即 UGS 模式）中发挥主导作用。[1] 创生意义则在于创新教师教育模式，我们可从中国式现代化这一视域下观照教师教育的创生意义。党的二十大报告指出，中国式现代化是中国共产党领导的社会主义现代化，既有各国现代化的共同特征，更有基于自己国情的中国特色。从这里可清晰地概括出中国式现代化的三大核心要义，即共同特征、中国特色和时代意义。所谓中国式现代化的共同特征，实际上涉及现代化的共同价值问题，也就是"全人类的共同价值"，即现代化作为人类社会发展的一个普遍趋势必然拥有共同价值，没有共同价值的现代化就不可能成为一个普遍趋势。[2] 这便意味着在推进中国式现代化进程中学习借鉴的必要性，以及需要对世界现代化的共同趋势的适当顺应。除学习借鉴意义之外，还应该特别提及的是共同特征的创生意义，也就是说我们对共同趋势不只是一味地学习借鉴和被动顺应，而是要成为共同趋势的主导者与引领者、共同价值的创立者与守护者，即在推进中国式现代化进程中通过开辟发展的新领域、新赛道，不断塑造发展的新动能、新优势，从而成为共同特征的创生者和贡献者。对于中国教师教育而言，教师教育的共同特征的顺应包括从师范教育向教师教育的转变、教师教育开放式体系的构建等。值得指出的是，这种对世界教师教育发展趋势的顺应是基于国情与实际需要的顺应，并不是盲目地跟从。而且，在顺应中有创生，如教师教育专业化与教师地位（政治地位、社会地位、职业地位）的提升并重、对教师实践性的重视与强化等。教师教育的中国特色本身所指涉的就是原创于中国，体现了中国智慧、中国方案、中国实践、中国话语，如教师教育的举国体制、助推教师专业成长的教研制度、以师范院校为主体和高水平非师范院校参与的教师教育体系。教师教育的时代意义则本身所表达的就是与时俱进，已兼具引领与创生意义。尤其是新一轮科技革命和产业革命带来的技术变化，给教育目标、教育内容、教育手段等带来的深刻影响，如生成式人工智能（如ChatGPT）给教师教育的标准、课程、模式等带来的挑战。ChatGPT等新技术融入教师教育可以为教师的专业发展赋能，给教师教学提供了多种形

---

① 参见卢晓中《大学能成为中小学教育改革的引领者吗?》，载《华南师范大学学报（哲学社会科学版）》2016 年第 5 期，第 74 页。

② 参见卢晓中、李望梅《什么是高等教育现代化的"中国式"》，载《教育科学》2023 年第 1 期，第 2 页。

式的服务与支持，提高教学效率，这些新技术对教师教育提出的新要求与中国式现代化教师教育的高质量发展也是不谋而合的。同时，我们也要注意到其带来的潜在风险以及相应的伦理和安全问题，避免教师对技术工具过度信任和依赖。此外，还应关注人工智能在教师教育应用中的实际教学效果，这样才能培养出既能适应又能胜任的人工智能时代新教师。

不确定的未来对教师教育产生了重要的影响。世界百年未有之大变局正加速演进和大数据、物联网、云计算等新技术的发展，均使得作为预测对象的未来变得更加不确定、更加不可预测。人类社会已经进入了所谓的乌卡时代①，世界充满不稳定性、不确定性、复杂性和模糊性，诸如面对环境、健康、国际关系等多方面的挑战。教育作为面向未来的事业，其面向可以有两个向度，即适应性面向和引领性面向，两者都是要培养适应未来发展需要的人才。其中，适应性面向培养的人才所要适应的未来是预设的确定性未来，学校就是为这样一个预设的确定性未来培养人才；而引领性面向则更加强调未来的不确定性，即充满着变化和无限的可能性，学校培养的人所要适应的未来实际上是并不存在的、未知的。我们需要培养出"新人"能主动、积极地面对这种不确定性的未来，最终创造美好未来，这种创造美好未来的人应具有"探索性、创新性思维品格"，也就是引领性品格。这就对肩负人才培养之职责的教师提出了更高要求，培养能够胜任这一职责的教师便成为教师教育高质量发展的题中应有之义。就教师教育而言，我们培养的教师既要符合当下国家和社会的教育需求，同时更要适应未来国家和社会的教育需求。由于未来的不确定性带来教育的不确定性和无限可能性，因此教师教育就是要培养未来的教师能够适应和应对教育的这种不确定性和无限可能性。从这一意义上说，未来的教师教育对教师的培养既要有适应性面向，更要有引领性面向；也就是教师教育要从预设一个"确定性的未来"去培养未来的教师，到面对"不确定性的未来"去培养能够帮助学生"创造美好未来"的教师，实际上这也是教师教育以最大的确定性来应对未来的不确定性。

值得提及的是，2023 年 7 月 26 日，教育部印发的《教育部关于实施国家优秀中小学教师培养计划的意见》（以下简称"国优计划"）提出，

① 乌卡时代，即 VUCA 时代，是指不稳定性（volatile）、不确定性（uncertain）、复杂性（complex）、模糊性（ambiguous）共存的状态。

从 2023 年起，国家支持以"双一流"建设高校为代表的高水平高校选拔专业成绩优秀且乐教适教的学生作为"国优计划"研究生，以高校自主培养或者与师范院校联合培养的方式，有计划地帮助"国优计划"研究生成长为基础教育领军人才，为中小学输送一批教育情怀深厚、专业素养卓越、教学基本功扎实的优秀教师，夯实拔尖创新人才培养基础，筑牢教育强国建设基点，服务高质量发展，并计划于 2023 年 9 月在北京大学、清华大学、复旦大学、上海交通大学等 30 所"双一流"建设高校开启首批试点培养。① 应当说，"国优计划"使高水平非师范院校参与教师教育的政策导向更加落地，尤其是"国优计划"的引领定位更彰显了教师教育作为"龙头"的高等教育的意蕴。

三、教师教育以师范院校为主体、高水平非师范院校参与

构建以师范院校为主体、高水平非师范院校参与的中国特色教师教育体系，蕴含了教师教育的三个要义：一个是以师范院校为主体，另一个是高水平非师范院校参与，再一个就是教师教育体系。

师范院校作为中国教师教育体系的主体，涉及的问题就是中国教师教育体系发展到今天为什么还要以师范院校为主体。从中华人民共和国成立后到 20 世纪 50 年代初的全国院系调整，中国长期以来实施的是定向型师范教育体系，即由师范院校单独承担培养中小学教师的职责与任务。我们之所以在相当长的一个时期需要这样的定向型师范教育体系，是因为中国庞大的基础教育人口需要有专门的师范教育机构来承担培养中小学教师的职责与任务。如前所述，到 20 世纪末至 21 世纪初，以师范院校为主体、非师范院校参与的相对开放的教师教育体系才开始纳入政策议程，直至今天，我国并没有采取欧美一些国家实施的完全开放式教师教育体系，即取消师范院校，中小学师资完全由综合大学等来培养。这可从以下两方面来认识。

---

① 参见中华人民共和国教育部《教育部关于实施国家优秀中小学教师培养计划的意见》，见中华人民共和国教育部网（http://www. moe. gov. cn/srcsite/A10/s7011/202307/t20230726_1070952. html）。

一方面是因为庞大的基础教育人口这一基本面并没有太大的改变（图1），^① 这意味着对中小学师资的数量需求没有出现大的变化，仍然需要相对独立、专司培养中小学教师之职的教师教育体系给予支撑。另一方面，随着对"上好学"诉求的上升和基础教育教学改革的不断深入，基础教育已从过去"粗放式"发展向"精致化"发展转变，其中"精致化"发展的一个重要表征，就是在达到义务教育基本均衡生师比的基础上对优质师资的要求提高。例如，过去义务教育基本均衡时生师比的要求是生师比达到省定编制标准，而现在义务教育优质均衡发展标准则要求每百名学生拥有高于规定学历教师数为小学、初中分别达到 4.2 人以上、5.3 人以上，每百名学生拥有县级以上骨干教师数为小学、初中均达到 1人以上。^② 这也意味着虽然基础教育人口在某些年份出现递减现象，但对优质师资的需求却不减反增。加之诸如小班化教学等教育教学改革的深入推进，以班师比为编制核算依据的做法正在不少区域实行，这对教师的数量和质量都提出了新的要求。

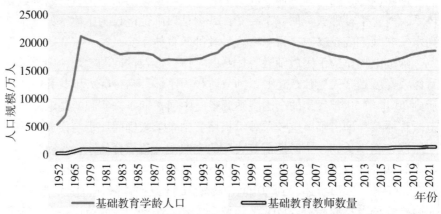

图1　1952—2021 年基础教育学龄人口与基础教育教师数量变化情况
资料来源：《全国教育事业发展统计公报》。

---

① 参见中华人民共和国教育部《全国教育事业发展统计公报》，见中华人民共和国教育部网（http://www.moe.gov.cn/jyb_sjzl/sjzl_fztjgb/）。

② 参见中华人民共和国教育部《县域义务教育优质均衡发展督导评估办法》，见中华人民共和国教育部网（http://www.moe.gov.cn/srcsite/A11/moe_1789/201705/t20170512_304462.html）。

从未来发展的角度，根据有关研究团队对基础教育阶段的学龄人口预测，基础教育阶段学龄人口总规模在2021—2022年达到峰值约3.28亿，之后持续减少，在2035年降低至约2.50亿，小学、初中、高中阶段的学龄人口将分别在2023年、2026年、2029年达到峰值，之后呈现快速减少趋势（图2～图4）。[①]

一是小学学龄人口规模在预测期内总体上呈下降趋势，从2020年的10874万减少至2035年的5620万～6314万，规模上减少了4560万～5254万（图2）。二是初中学龄人口总规模在预测期内呈现先升后降的趋势，2026年达到峰值5586万后快速下降至2035年的3173万（图3）。三是高中阶段学龄人口规模平稳增长至2029年后回落，"十四五"期间（2021—2025年）增量大，"十五五"期间（2026—2030年）继续上升但有所波动，"十六五"期间（2031—2035年）快速下降。在"十四五"期间，高中阶段学龄人口一直处于上升趋势，从2020年的4427万逐步增加至2025年的5236万，规模增加809万；"十五五"期间继续上升但略有波动，变动范围在5278万～5583万，其中峰值5583万出现在2029年；"十六五"期间快速下降，从2031年的5287万逐步降低至2035年的4146万，总体规模比2031年减少1141万（图4）。

图2 2020—2035年小学学龄人口规模变化趋势

① 参见张立龙、史毅、胡咏梅《2021—2035年城乡学龄人口变化趋势与特征——基于第七次全国人口普查数据的预测》，载《教育研究》2022年第12期，第106－110页。

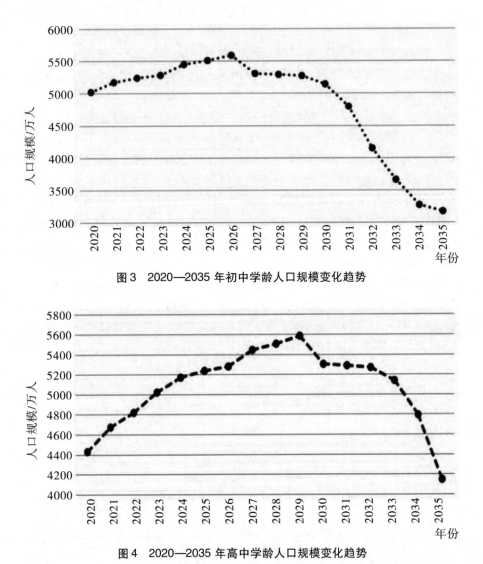

图3　2020—2035年初中学龄人口规模变化趋势

图4　2020—2035年高中学龄人口规模变化趋势

　　综上，笔者提出以下问题：未来人口变化趋势会不会导致出现对教师的需求减少或教师的供给过剩的情况？这可以从两方面来理解和认识：一是师资数量增速可能会逐步趋缓，但对高素质师资的需求则会增加，这对教师教育提出了更高的要求；二是基础教育高质量发展所着眼的夯实学生的知识基础，激发学生崇尚科学、探索未知的兴趣，培养学生"探索性、创新性思维品质"，将对深化教育教学改革提出更多需求。加之师资新老交替因素，除对教师素质提出更高要求外，对师资数量的需求也将保持在一定的水平上，不大可能出现大起大落的情况。以上两方面都决定了在相当长的一个时期里，中国教师教育体系还需要坚持"以师范院校为主体"。

对于高水平非师范院校参与教师教育问题，可从"让优秀的人培养更优秀的人"和"心怀国之大者"这一角度来认识。中国教育正从"有学上"到"上好学"转变，而"上好学"的一个核心要素和关键支撑，便是高素质的师资。目前，我国开设师范类专业的院校超过700所，数量众多，但高水平院校特别是高水平综合大学、理工类大学占比不高；师范生培养体量虽然不小，但学科结构和培养层次有待优化。① 从"优师计划"② 到"协同提质计划"③，冉到"强师计划"④"国优计划"等这些国家层面出台的教师发展政策，无疑将有利于全面提升教师教育的质量与水平，提升师范体系的供给能力和供给质量。20世纪末至21世纪初，虽然政策导向高水平非师范院校参与教师教育，但实际上并没有形成这类院校普遍的办学行为，究其原因是这类院校对参与教师教育的身份认同、政策工具本身相对较弱等。⑤ 今天，面对世界百年未有之大变局加速演进和纷繁复杂的国际形势，使得"我们对高等教育的需要比以往任何时候都更加迫切，对科学知识和卓越人才的渴求比以往任何时候都更加强烈"⑥，

① 参见吴月《让优秀的人培养出更优秀的人》，载《人民日报》2023年8月1日第10版。
② 中华人民共和国教育部等九部门：《教育部等九部门关于印发〈中西部欠发达地区优秀教师定向培养计划〉的通知》，见中华人民共和国教育部网（http://www. moe. gov. cn/srcsite/A10/s7011/202108/t20210803_548644. html）。
③ 中华人民共和国教育部办公厅：《教育部办公厅关于实施师范教育协同提质计划的通知》，见中华人民共和国教育部网（http://www. moe. gov. cn/srcsite/A10/s7011/202202/t20220222_601227. html）。
④ 中华人民共和国教育部等八部门：《教育部等八部门关于印发〈新时代基础教育强师计划〉的通知》，见中华人民共和国中央人民政府网（https://www. gov. cn/zhengce/zhengceku/2022 – 04/14/content_5685205. htm）。
⑤ 参见卢晓中《论高水平综合大学参与教师教育的身份认同》，载《中国高教研究》2022年第8期，第30 – 32页。
⑥ 习近平：《习近平致中国人民大学建校80周年的贺信》，见央广网新闻频道（http://news. cnr. cn/native/gd/20171003/t20171003_523974752. shtml）。

全面提高人才自主培养质量，着力造就拔尖创新人才，成为当前党和政府最强烈、最坚定的意志和决心。从认识论和方法论意义上也逐步形成了以下两点共识：一是从学校教育的角度来看，拔尖创新人才的培养是全过程、全学段的，其不仅仅是在高等教育阶段才重要，而是在中小幼各个学段都非常重要，尤其是学前教育阶段，实际上这也是近 10 多年来学前教育受到前所未有的重视的根本原因；二是拔尖创新人才需要进行系统化培养，也就是建立在共同核心价值的基础上，教育的各个学段都需要相互衔接，并成为培养的共同体。[①] 由此可见，培养和造就拔尖创新人才的基点同样在基础教育。这样，基础教育的师资就显得尤为关键。尤其是随着新一轮科技革命和产业教育时代的到来，为了落实科教兴国战略，亟须加强高质量科学教师培养。高水平综合性大学在科学教育、工程教育方面的优势突显，基于此，"国优计划"首批试点支持优秀理工科应届本科毕业生攻读研究生；同时面向"双一流"建设高校的在读理学、工学门类的研究生进行二次遴选，确保"国优计划"研究生具备卓越的理工科专业素养，同时通过系统修习教师教育模块课程、完成教育实践，具备扎实的教育教学基本功。[②]

还有一个值得探讨的问题：师范院校作为主体到什么程度、非师范院校参与教师教育到什么程度才是适当的？这需要基于体系和结构从规模与层次意义上来分析和回答。从规模意义上，目前师范院校培养中小幼师资所占比重大，高水平非师范院校培养基础教育师资主要集中在高中阶段，且数量不大。从层次意义上，目前高水平非师范院校培养基础教育师资主要以硕士层次为主，30 所"国优计划"首批试点院校每所每年招收 30 名教育硕士。随着对高中教师的学历层次要求的提升，对这一块的数量需求可能会相应增加，但从"国优计划"的政策设计意图来看，它主要是发挥引领作用以产生"鲇鱼效应"，培养教育硕士数量在短期内不太可能有大的增长，所以在培养教育硕士上，师范院校在未来时期仍然是绝对的主体。至于高水平非师范院校要不要参与培养本科学历层次的中小学师资，

---

① 参见卢晓中《培养拔尖创新人才亟需构建培养共同体》，载《大学教育科学》2023 年第 1 期，第 10 页。

② 参见中华人民共和国教育部《教育部关于实施国家优秀中小学教师培养计划的意见》，见中华人民共和国教育部网（http://www.moe.gov.cn/srcsite/A10/s7011/202307/t20230726_1070952.html）。

卢晓中自选集

LU XIAOZHONG ZIXUANJI

目前仍有争议，虽然政策上尚没有明确导向，但可从高水平非师范院校参与教师教育的出发点及教师教育系统化、一体化等角度对此开展理论和实践方面的试点探索。

四、师范院校面临的挑战与应对理路

"国优计划"是从国家层面构建以师范院校为主体、高水平非师范院校参与的中国特色教师教育体系的有力举措，其中重要旨趣显然是着眼于提升教师质量水平以夯实基础教育这一教育强国建设的基点，这对于教育强国建设无疑是具有重大意义的。对于师范院校来说，不可否认，当前面临着一系列新的形势、新的挑战和新的压力。在中国，高水平非师范院校参与教师教育是近 20 年才出现的一种新型教师教育模式，与师范院校传统的教师教育模式相比较，这是一种相对新型的教师教育模式。笔者曾提出，高水平的综合大学参与教师教育需守正创新，即补高水平综合大学之短需守教师教育之正，扬高水平综合大学之长能创教师教育之新。[①] 在新的形势下，对于师范院校而言，则同样是要通过扬长补短以守正创新，即扬师范院校之长守教师教育之正（守正方能更好地扬长），补师范院校之短创教师教育之新（创教师教育之新亟须补师范院校之短）。师范院校的师范无疑是其之长，扬此之长就是守教师教育之正。同时要认识到，教师教育是一个历史范畴，在不同的历史时期有不同的时代内涵。这便意味着，守教师教育之正也是与时俱进的，也就是说，在不同时期教师教育所谓的"正"是有差异的，必定有其时代内涵。师范院校要守的是被赋予了时代内涵、具有时代特征的教师教育之正。

此外，与高水平的综合大学相比较，师范院校之短在于学科，即学科水平及学科交叉融合度不高，而补短的重点就是要加强学科交叉融合。同时，还需要加强课程教学与信息技术的深度融合；根据教师教育发展的新趋势，推动教师教育的创新发展。如果说守正亟须扬长，那么创新则需补短。把守正与创新统一于扬长与补短的融合之中，即注意把握教师教育的特点和尊重教师教育的规律，创新发展教师教育理论。同时，要依据教师

---

① 参见卢晓中《论高水平综合大学参与教师教育的身份认同》，载《中国高教研究》2022 年第 8 期，第 33 – 34 页。

教育的时代特征（新特点、新规律、新理论），把握现代科学技术知识发展的新趋势（学科综合和学科交叉等），弥补学科综合、学科交叉及其与教师教育结合不够的缺陷，创新教师教育的学科知识体系、专业知识体系和方法技术体系，开设厚基础、宽口径、多样化的教师教育课程。这就要求师范院校不固守传统、偏守一隅，勇于创新，跟上时代发展的步伐。

值得提及的是，要解决师范院校学科水平尤其是理工科学科水平及学科交叉融合度不高的问题，除师范院校需自身付出努力之外，从国家政策层面来说，如何为师范院校创设一个符合教师教育学科发展规律与特征的学科成长和建设环境也是十分重要的。比如，"双一流"建设需要加大对师范院校的政策支持，使更多的师范院校及学科专业能够进入"双一流"建设；需要师范院校参照"双一流"建设的标准和要求围绕师范的主责主业进行适当的调整。如果师范院校的"双一流"建设，其遴选与评价标准与衡量其他高校的标准一致，那么师范院校就很难坚守师范的初心。同样地，对师范院校进行"双一流"建设的评价标准及规则，应该符合师范院校的办学规律和教师教育的特性特征。

从长远来看，以高水平非师范院校为代表的新型教师教育组织机构与以师范院校为代表的传统型教师教育组织机构也需要寻求一个结合点。也就是说，尽管新型教师教育组织机构（高水平非师范院校）是通过补高水平非师范院校之短守教师教育之正、扬高水平学科及学科交叉融合度高之长以创教师教育之新，而传统型教师教育组织机构（师范院校）则是通过扬师范之长守教师教育之正、补学科水平及其交叉融合度不高之短以创教师教育之新，两种发展理路的取向并不一致。但通过不同理路发展的结果将在教师教育某个层级呈现逐渐趋同的态势，最终可能形成一种"殊途同归"样态，这便是未来教师教育发展的共同趋势与特征。当然，这可能需要经历一个长期的过程，究竟这个过程有多长，很大程度上取决于教育人口规模及其教师教育支撑情况，同时还取决于高水平非师范院校与师范院校优势互补的程度。例如，在培养方面，"国优计划"培养高校通过自主培养或者与师范院校联合培养的方式，为"国优计划"研究生系统开设教师教育模块课程。[1] 一旦"与师范院校联合培养"的方式不再

---

① 参见唐芊尔《"国优计划"：支持"双一流"高校为中小学输送好老师》，载《光明日报》2023 年 7 月 28 日。

需要，便意味着两种教师教育机构的优势互补变得不显著，高水平非师范院校的教师教育之短已被弥补。当"殊途同归"这个过程完成，便意味着新型教师教育模式与传统型教师教育模式从思想理念、培养过程到组织机构的合二为一，由此也将宣告既有世界各国共同特征，更有中国特色的教师教育模式与体系的诞生。可以预期，这种新的教师教育模式与体系，既不同于以师范院校消亡为特征的非定向型教师教育模式与体系，也与当前及将来相当长的一个时期以师范院校为主体、高水平非师范院校参与的中国特色教师教育模式与体系不同，这也是基于中国式现代化"共同特征、中国特色、时代意义"三大要义的中国式教师教育现代化的探索之路。

（原载《华南师范大学学报（社会科学版）》2023 年第 5 期）

中国式现代化视域下教师教育高质量发展

教育的关键在教师，而教师的高质量无疑取决于教师教育的高质量发展。2018 年 1 月，中共中央、国务院印发《中共中央　国务院关于全面深化新时代教师队伍建设改革的意见》，提出"要大力振兴教师教育，不断提升教师专业素质能力，加强教师教育学科建设，突出教师教育特色，强化教师教育师资队伍建设，办好人民满意的教育，建设教育强国，为夺取新时代中国特色社会主义伟大胜利、实现中华民族伟大复兴的中国梦奠定坚实基础"。2021 年 3 月印发的《中华人民共和国国民经济和社会发展第十四个五年规划和 2035 年远景目标纲要》又明确提出"要建立高水平现代教师教育体系，加强师德师风建设，完善教师管理和发展政策体系，提升教师教书育人能力素质，建设高质量的教育体系"。党的二十大报告进一步强调"培养高素质的教师队伍，弘扬尊师重教社会风尚"。由此可见，教师教育的高质量是承接教师队伍高质量和高质量教育体系的关键环节，教师队伍的高质量发展是构建高质量教育体系的基础，也是加快建设教育强国、实现教育现代化的必然要求。

中国式现代化，无论是在目标意义上还是在过程意义上都与高质量发展高度一致，高质量本身就是现代化目标的题中应有之义，而现代化过程所着眼的同样是高质量，所以两者所表达的都是高质量发展意蕴。由此，中国式现代化的概念也可为高质量发展提供一个分析框架。中国式现代化是中国共产党领导的社会主义现代化，既有各国现代化的共同特征，更有基于自己国情的中国特色。[①] 从这里可以清晰地概括出中国式现代化的三大核心要义，即共同特征、中国特色和时代意义。正是基于中国式现代化与高质量发展的高度一致性，以中国式现代化这三大核心要义作为高质量发展的分析维度应是适切的。本文以中国式现代化的共同特征、中国特色、时代意义三大核心要义作为分析维度，从实然和应然相结合的角度对

---

① 参见卢晓中、李望梅、黄福涛等《中国式高等教育现代化研究（笔谈）》，载《教育科学》2023 年第 1 期，第 1 页。

教师教育高质量发展作一探讨。

一、中国式现代化的共同特征与教师教育高质量发展

所谓中国式现代化的共同特征，实际上涉及现代化的共同价值问题，也就是"全人类的共同价值"，即现代化作为人类社会发展的一个普遍趋势必然拥有共同价值，没有共同价值的现代化就不可能成为一个普遍趋势。这便意味着推进中国式现代化进程中学习借鉴的必要性，以及需要对世界现代化共同趋势的适当顺应。除学习借鉴意义之外，还应该特别提及的是共同特征的创生意义，也就是说，我们对共同趋势不应只是一味地学习借鉴和被动顺应，同时也要通过内生发展成为共同趋势的引领者和共同价值的创立者，即在中国式现代化进程中通过开辟发展的新领域、新赛道，不断塑造发展的新动能、新优势，从而成为共同特征的创生者和贡献者。从学习借鉴意义与创生意义相结合的角度来看，"教师教育"这一概念在我国的出现，本身就意蕴了高质量发展。长期以来，我国使用的是"师范教育"这一概念，直至 2001 年 5 月国务院印发《国务院关于基础教育改革与发展的决定》，该决定明确提出"完善以现有师范院校为主体、其他高等学校共同参与、培养培训相衔接的开放的教师教育体系，建设一支高素质的教师队伍，扎实推进素质教育"。这份重要文件正式使用了"教师教育"的提法，这既是对师范教育内涵的极大丰富，也是对教师培养的一种更高要求。而将教师教育正式纳入我国的政策话语体系在相当程度上也反映和顺应了世界性的共同趋势，即体现出教师教育开放性体系、职前职后一体化模式、高水平综合大学共同参与等高质量发展的共同特征。具体可从以下方面来认识。

（1）提升教师专业化水平与提高教师地位并举。一般而言，从促进教师教育高质量发展的途径来看，世界各国的一个普遍做法就是采取提升教师专业化水平与提高教师地位并举的策略。如日本是较早实施教师专业化的国家，日本中央教育审议会于 1958 年发表《关于教师教育制度的改革》的审议报告，认为教师的发展具有专业性，并对提高教师素质的课程方案、在职培养和在岗培训、教师资格证书制度等一系列教师教育改革进行了初步设想。20 世纪 60 年代，日本明确提出"教师肩负有教育下一代的专业性使命"。1971 年 6 月，日本中央教育审议会通过并颁布了《关

于今后学校教育综合扩充与整顿的基本措施》，再次强调"教师职业本来就需要极高的专门性"，明确要促进教师的专业化发展。20世纪80年代以来，日本针对"恢复对教师的信赖"和"提高教师的专业性"进行了多次教师教育改革①，包括教师的培养、聘用、研修等多个方面，涉及教师职前教育阶段的课程安排、教师培养机构的改革以及教师资格证更新制度的探索等内容，旨在构建教师的终身教育体系，实现职前职后教师教育的一体化。同时，日本教育职员养成审议会在1997年以后也专门针对教师教育问题进行了三次审议，其中一个关键性举措就是通过培训提高教师的专业能力，促进职前教育和职后培训相衔接。在强调提升教师专业化水平的同时，日本也非常注重教师地位的提升。1949年日本《教育公务员特例法》的颁布明确赋予了教师特殊的职业地位，将国立公办院校和地方公办院校中的教师、专职教育研究人员等全部统称为"教育公务员"，建立了教育公务员制度。随后，日本政府于1974年2月颁布《为维持和提高学校教育质量，确保义务教育学校教职员人才的特别措施法》（简称《人才确保法》），规定教师的工资水平应该高于普通公务员的工资水平，这进一步提高了教师的经济地位和社会地位。2006年日本文部省发布的《教育基本法》修订案第九条提出"教师应当努力履行自己的职责，同时深刻认识到自己的崇高使命，不断致力于研究和提高自己的专业化水平"，与此同时该基本法还强调"考虑到前面所述教师的使命和职责的重要性，必须尊重教师的地位，保证他们的公平和适当待遇，并采取措施"。由此可知，日本采取的是提高教师的地位和促进教师专业化发展并举及两者相辅相成的策略。

美国的教师专业化虽然肇始于20世纪下半叶，但真正把教师专业化水平提升与教师地位提高紧密关联起来则是在20世纪80年代以后，其中最为重要的两份报告书是1983年美国高质量教育委员会发布的《国家处在危急之中：教育改革势在必行》和1986年由卡内基基金会发布的《国家为培养21世纪教师做准备》。这两份报告书也被称为"美国教师专业化发展的两次浪潮"，主要针对当时美国中小学教师职业地位受到公众轻视、经济地位不高、优秀人才流失严重以致基础教育质量低下等诸多问题而展开，强调确立教师的专业地位，提升教师专业水平和教师教育质量。

---

① 参见日本教师教育学会《日本の教师教育改革》，学事出版株式会社2008年版，第231页。

此外，霍尔姆斯小组等专业性组织也提出了有关教师教育改革的建议和报告，包括《明日之教师》《明日之学校：专业发展学校设计之原则》《明日之教育学院》等，将教师的专业性和提高教师地位作为教师教育改革和发展的根本目标。此外，英国、法国、澳大利亚、荷兰等国家也都相继采取了提高教师地位与提升教师专业化水平并举的类似举措。

我国 1993 年颁布的《中华人民共和国教师法》规定"教师是履行教育教学职责的专业人员"，正式明确了教师这一职业的专业地位。2006 年 6 月，我国对 1986 年颁布的《中华人民共和国义务教育法》进行了修订，其中就提出"加强教师培养工作，采取措施发展教师教育""全社会应当尊重教师""教师的平均工资水平应当不低于当地公务员的平均工资水平"等，在法律上对教师的专业地位、社会地位和经济待遇给予了应有的重视。尤其是教育是"国之大计、党之大计"这一前所未有的重要战略地位得以确立后，2018 年 1 月中共中央、国务院印发《中共中央　国务院关于全面深化新时代教师队伍建设改革的意见》。该意见提出新时代高素质、专业化、创新型教师队伍的建设定位，并确立建设目标是"到 2035 年，教师综合素质、专业化水平和创新能力大幅提升，培养造就数以百万计的骨干教师、数以十万计的卓越教师、数以万计的教育家型教师，要让广大教师在岗位上有幸福感、事业上有成就感、社会上有荣誉感，教师成为让人羡慕的职业"。2018 年 9 月，习近平总书记在全国教育大会上指出："教师是人类灵魂的工程师，是人类文明的传承者，承载着传播知识、传播思想、传播真理、塑造灵魂、塑造生命、塑造新人的时代重任。"为此，要"坚持把教师队伍建设作为基础工作"，"提高教师的政治地位、社会地位、职业地位，使教师成为最受社会尊重的职业之一"。实际上，教师专业化水平提升和提高教师地位是相互关联、相辅相成的，提升教师专业化水平有助于教师地位的提高，同时也只有提高教师的地位，才有可能吸引优秀人才从教。就教师教育高质量发展而言，不仅要提升教师专业化水平，还要追求更高质量的教师专业化，教师专业化高质量发展在提升教学质量的同时，也会相应地提高教师的社会地位和职业地位，从而推动教师队伍的高质量建设。而且，也只有教师专业化的高质量发展才会对教师地位的提高发挥长效作用。另外，高质量的教师专业化在提高教师地位的同时，也可以增强教师的自我认同感和社会认同度，反过来又进一步提升教师的专业化水平，进而促使教学质量的提升。

（2）强化教师教育的实践性。应当说这也是教师教育高质量发展的一个本质特征。教师职业是一种丰富的实践活动，本质上就具有实践性的特征，这就要求教师教育从一开始就要注重培养教师的实践性教学能力。而从世界教师教育的历史发展来看，实践性教学能力的培养也一直贯穿教师教育的始终，教师专业化发展的关键就是获得教育教学的实践性能力，教师教育的核心目标也是培养可以从事和改造教育实践的人。20世纪80年代美国的教师教育课程就贯彻了"学生的教学实践是最重要的部分"的理念，2011年我国发布的《教师专业标准（试行）》也多次强调了教师的实践性教学能力在教育教学中的关键地位。因此，加强教师教育的实践性是教师教育的本质使然，也是其高质量发展的必由之路。值得提及的是，这里的"实践性"并不是忽视理论的作用，而是将理论理解为一种价值取向，重视教师在实践中的研究和探索，把教师作为理论与实践的转化者和教育教学的实际践行者。

美国的教师专业发展学校（Professional Development Schools，PDS）就是注重教师教育实践性的重要体现。1986年，霍尔姆斯小组在《明日之教师》的报告中首次提出教师专业发展学校的构想，其初衷就是解决高校教师培养与中小学教学实际相脱节的问题，推进理论与实践的结合，通过为教师提供"临床性"的实践训练，在真实的教学情境中对教师进行培养，构建集教师职前培养、在职进修和学校改革于一体的教师教育新形式，促进教师的职前培养和在职专业发展，推动大学和中小学双方的合作与改革。其在1990年发布的《明日之学校：专业发展学校设计之原则》报告中进一步阐明了教师专业发展学校的办学原则，其中的一条重要原则就是要求教师在教与学的过程中不断进行研究和反思，在教学实践中发现问题、解决问题，服务于教育教学实践。相对于传统的教师培养来说，教师专业发展学校是一种基于合作伙伴关系的教师教育实践模式，通过在大学和中小学之间建立合作伙伴契约关系来促进教师的职前培养和在职发展，旨在培养高质量的教师。具体而言，教师专业发展学校这一模式尤为注重教育实习和学校见习环节，由大学指导教师、中小学在职教师和职前实习教师三者构成合作学习共同体，针对教师教学过程中实际存在的问题进行研究并加以解决。实习教师在大学教师和中小学教师的共同指导下，全面、全过程参与教育教学活动，提高教育教学实践能力；中小学在职教师一般已经具有非常丰富的教学经验，通过课题研究、反思实践以及与大学教师的交流来不断提升自己的专业水平；大学教师的参与则旨在更好地了解教育教学实践的实际情况，完善理论研究，指导实践发展，实现理论与实践的统一。2001 年，美国教师教育鉴定委员会发布了教师专业发展学校的实施标准，用以专门衡量大学与中小学合作伙伴模式的效果和质量。之后，美国教师质量委员会在 2011 年对教师专业发展学校模式中的合作指导教师提出了规范性要求，即实习教师的合作指导教师至少要有 3 年以上的教学经验，且具备促进学生学习以及指导成年人的能力，如观察能力、合作能力、提供反馈的能力等。通过多年的实践发展，教师专业发展学校逐渐成为美国教师教育的主要模式，美国多所高质量研究型大学（如美国华盛顿大学等）都和一些公立的中小学合作建立了教师专业发展学校，培养了很多高质量的教师。除了教师专业发展学校，美国还采取了"选择性教师培养计划""新时代教师计划""城市教师驻校模式"等多种教师教育的改革和行动计划，以弥合教育理论与实践、大学与中小学、课程与见习之间的割裂，实现教师职前职后的一体化发展。

美国教师专业发展学校模式对我国教师教育的发展产生了持续的影响，我国出现了不少类似的模式，这些模式都致力于实现教师教育发展理论性和实践性的统一，力图改变我国教师教育培养在以往过分注重理论学习而忽视实践应用的现象。比如，"师范大学—地方政府—中小学校"（"U－G－S"）合作教师教育新模式最具有代表性，该模式建构"教育见习—模拟教学—教育实习—实践反思"教育实践课程结构体系，将大学教师和中小学教师进行联结形成教师教育合作发展共同体。

特别值得一提的是教育专业学位的发展及实践性定位。教育专业学位，在学位类别和学位层次上都与教师教育的高质量发展取向相适应、相一致，且具有鲜明的实践性特征。美国是最早开展教育专业学位研究生教育的国家之一，哈佛大学在 1920 年首设教育博士专业学位，在 1936 年又开设了第一个教育硕士专业学位。此后，各国都开始探索教育专业学位的发展。虽然不同国家在教育专业学位的设置上有所不同，但是在培养目标、入学要求、课程设置、培养方式、毕业论文要求等方面都凸显了相同的实践性特点。从培养目标来看，尽管各国在语言表述上存在差异，但是其核心培养目标都是培养高层次的职业型、应用型专门人才。美国教育硕士专业学位的培养目标是培养实务型的高级教育专门人才，教育博士专业学位的培养目标是培养能够实现教育体制成功变革的新一代新型领导者；

日本中央教育审议会在 2006 年的咨询报告中提出，教育硕士的培养目标是在掌握本科水平的素质能力者中培养更具实践性指导能力与拓展能力、能成为创建新型学校的有力成员的新教师，针对在职教师而言，要"培养其在地区及学校工作中能发挥指导性作用、具备扎实指导理论与出色实践能力和应用能力的学校领导者"①。在教育专业学位的入学要求中，各国都提出了一定的限制性条件，大多都是针对具有教育教学和教育管理等职业背景和经历的人员专门设置的。如英国和澳大利亚就明确提出，教育专业学位的招生对象必须具备若干年教育教学的实践经验或工作经历，一般为 3～4 年，美国虽然并没有对实践经验或工作经历进行明确规定，但事实上攻读教育专业学位的学生也多为在职人员。在课程设置方面，各个国家都从教育专业学位的培养目标出发，注重课程设置的专业性和实践性。教育硕士的课程强调要与中小学教师岗位、教学实践紧密结合，而教育博士的课程则更加突出实地调研和专业实践，尽管二者具体的课程内容不同，但都非常注重亲身实践、学校见习等实践性课程，同时对这些环节进行了强制性的时间规定，以保障其实践技能的训练和与职业发展的衔接。培养方式在很大程度上是由培养目标、课程设置等决定的，大多攻读教育专业学位的学生都是在职工作者，即非全日制就读，其学习时间比较灵活，教学方式也多体现为灵活多样的模拟训练、案例教学等形式。从对毕业论文的要求和评价来考量，部分国家对教育专业学位，尤其是教育硕士的毕业论文不做具体要求，主要重视其在教育教学中实践性能力的培养，而对毕业论文有要求的国家，在选题方向上都强调关注教育教学实践中的现实问题，重视对实际问题的研究和解决。如日本就对教育硕士的论文或学术研究方面不作规定，但要求学习者必须在一定期限内修完培养方案中所规定的学分，且其中至少 1/4 的学分来自学校实习。另外，在教育专业学位的培养模式上，各国也都强调导师队伍建设的专业化，提倡实行双导师制，即由理论型教师和实践型教师共同指导。如日本在教育硕士的培养中提出其专任教师至少要由两种类型的教师组成，包括研究型教师和实务型教师。

我国的教育专业学位起步相对较晚。1996 年，国务院学位委员会通

---

① 葛上秀文：《关于谋求教师专业性提高的教师教育的考察——从教育研究生院的课程构建透视》，载《鸣门教育大学研究学报》2006 年第 21 期，第 68 页。

过决议颁布《关于设置和试办教育硕士专业学位的报告》以后，教育硕士专业学位才开始试办和招生。教育博士专业学位则设置得更迟，2008年12月，国务院学位委员会审议通过《教育博士专业学位设置方案》，标志着教育博士专业学位的确立。2009年，全国共有15所高校首批获得教育博士学位授予权，并且从2010年开始试点招生。这两个教育专业学位从论证、设置到办学整个过程，都注重借鉴国外已有的办学经验，特别是注重培养复合型、职业型的人才，突出实践性。比如，《关于开展教育硕士专业学位试点工作的通知》就提出："教育硕士专业学位是具有特定教育职业背景的专业性学位，主要培养面向基础教育教学和管理工作需要的高层次人才，该学位获得者既要掌握某些学科坚实的基础理论和系统的专业知识，又要懂得现代教育基本理论和学科教学或教育管理的理论及方法，具有运用所学理论和方法解决学科教学或教育管理实践中存在的实际问题的能力。"另外，《关于设置和试办教育硕士专业学位的报告》也针对毕业论文撰写明确提出："教育硕士专业学位的论文选题要紧密联系实际，结合本职工作，对学科教学或教育管理中存在的问题进行分析、研究和提出解决办法，在论文评价中着重要考查学生综合运用所学理论和知识解决学科教学或教育管理实际问题的能力。"2008年，国务院学位委员会审议通过的《教育博士专业学位设置方案》提出，"教育博士学位教育的培养目标是造就教育、教学和教育管理领域的复合型、职业型的高级专门人才"。总之，我国教育专业学位建设过程中在很多方面都注意学习世界教育专业学位发展的相关经验，尤其是在体现教师教育实践性方面。这也是对世界教师教育现代化共同特征的适当顺应。

强化教师教育的实践性还体现在注重学科教学知识（pedagogical content knowledge，PCK）的实践性上。学科教学知识是教师专业化的核心知识组成部分，最早由斯坦福大学的舒尔曼教授（L. S. Shulman）在1986年针对当时美国教师资格认证制度的缺失而提出，并逐渐发展成为教师专业知识的核心要素和重要组成，成为衡量教师专业化发展的重要质量指标。在舒尔曼看来，"学科教学知识是由一般教学法知识和学科内容知识交互作用的结果，是关于教师将自己所掌握的学科知识转化成学生易于理解的形式的知识"①。1987 年，他对该概念进行了修正与完善，指出学科教学知识是教师综合运用教学知识和学科知识，组织并呈现特定主题的教学给特定学生的知识。舒尔曼将学科教学知识分为两大类：一类是关于"教师如何教"的知识，即教师能够用有效的策略和表征形式来帮助学生理解相关知识；另一类是关于"学生如何学"的知识，即教师通过了解不同学生对不同学习内容的想法和观点，以及可能存在的困难，帮助学生更好地理解相关知识。② 从学科教学知识的提出之初，实践性就已经贯穿其中，在之后的一段时间，学科教学知识的概念开始由静态观点逐渐向动态过程发展。Cochran、DeRuiter、King 强调从建构主义的视角更多地关注学科教学知识发展的实践性，并提出"学科教学认识"的概念，将其界定为"教师对一般教学法知识、学科内容知识、学生知识和学习情境知识四种知识内容的综合理解"③。总之，不论是静态描述或是动态建构，学科教学知识都是基于课堂实践的一种教师所独有的、与专家学者相区别的实践性知识，依赖于教师教育的现实情境，通过教师在教育实践中对教什么、怎么教、教给谁加以反复思考与提炼，以个性化的方式糅合形成的化合物。因此，可以说教师的学科教学知识是在实践中形成与获得，并最终应用于实践的。另外，学科教学知识在一定程度上也是教师个人价值观念的体现，融入了教师个人的思想价值和实践智慧。因为教师是一种关于实践的职业，教师教育是一种关于教师实践培养的活动，教师教育的高质量发展必然要充分关注教师学科教学知识的形成与获得，实现学科内容知识等向学科教学知识的转化，构建更加有效的课堂教学。

二、中国式现代化的中国特色与教师教育高质量发展

中国式现代化除了承认世界各国的共同价值，更重视具体国家现代化进程中的一些特殊价值，并依据这些特殊价值选择符合中国国情的发展道

① Shulman L S, "Those Who Understand: Knowledge Growth in Teaching," *Educational Researcher*, 1986, 15 (1), pp. 4 – 14.

② Shulman L S, "Knowledge and Teaching: Foundations of the New Reform," *Harvard Educational Review*, 1987, 57 (1), pp. 1 – 22.

③ Cochran K F, DeRuiter J A, King R A, "Pedagogical Content Knowing: An Integrative Model for Teacher Preparation," *Journal of Teacher Education*, 1993, 44 (4), pp. 263 – 272.

路。如"人民至上"是中国共产党治国理政的核心价值，由此也决定了我国必须依据"以人民为中心"的发展思想选择现代化道路。另外，在共同价值下每个国家都有着各自具体道路的特殊选择，比如公平是世界现代化共同的核心价值之一，而我国坚持"共享"的新发展理念，所强调的中国式现代化是全体人民共同富裕的现代化，这是一个面向全体、更加彻底的公平。总之，中国式现代化既主张弘扬"全人类的共同价值"，也尊重"世界文明的多样性"，这便是中国式现代化的中国特色。对于教师教育高质量发展，就中国式现代化中国特色的目标意义和过程意义而言，理想目标意义上的中国特色就在于表征教师教育的高质量，而过程意义上的中国特色则意味着成就教师教育的高质量。教师教育高质量发展的中国特色是中国文明发展的独特性所在，也是中国式教育现代化进程中的多样化体现。从制度层面来看，其既具有实然意义，又具有应然意义。从实然角度来看，我国一直以来都十分重视教师教育的发展。唐朝柳宗元在《师友箴》中提到"举世不师，故道益离"，宋代李觏在《广潜书》中言说"善之本在教，教之本在师"，以及今天所说的"教育大计，教师为本"，无不是把教师作为我国立国兴教之本来看待。从应然角度来说，中国式现代化是一种独具特色的社会主义国家现代化发展模式，是一种人口规模巨大、全体人民共同富裕、物质文明与精神文明相协调、人与自然和谐共生、走和平发展道路的现代化。① 这就要求教师教育的高质量发展必须立足于中国国情，建设凸显中国智慧的教师教育"中国模式"，走出一条理念创新、制度完备、资源优质、形式灵活的中国式教师教育现代化之路，用中国式高质量教师教育体系培养优质的现代化教师队伍，促进教师的终身教育，实现教师自身价值和职业价值的统一。从教师教育的中国特色来看，主要包括以下方面。

（1）教师教育的举国体制。举国体制是从国家战略高度层面实施的具有前瞻性的国家组织制度，即举全国之力攻克、解决某一领域的难题。早在 1956 年，毛泽东就在《论十大关系》中提出"调动一切积极因素为社会主义事业服务"的基本方针，为举国体制的实施提供了思想指引。

---

① 参见习近平《高举中国特色社会主义伟大旗帜 为全面建设社会主义现代化国家而团结奋斗——在中国共产党第二十次全国代表大会上的报告》，载《中华人民共和国国务院公报》2022 年第 30 号，第 4 - 27 页。

党的十八大以来，习近平总书记多次指出，"我们最大的优势是我国社会主义制度能够集中力量办大事，这是我们成就事业的重要法宝"①。在历史层面上，举国体制是内生于中华文明的，蕴含着"大一统"的政治文化，是马克思主义基本原理同中华优秀传统文化相结合的重要产物，也是极具中国特色并符合中国国情的治国智慧和制度安排，充分彰显出中国特色社会主义制度"集中力量办大事"的显著优势。需要注意的是，举国体制在国家发展的不同阶段有着不同的呈现形式、发挥着不同的历史作用、承担着不同的时代责任和使命。进入新时代，中国式现代化的提出和持续推进赋予了举国体制新的内涵，举国体制是中国式现代化的核心和实践载体，集中反映了中国式现代化道路的现实逻辑与实践要求。而在中国式现代化道路中，教师教育的举国体制主要表现在坚持党的领导、坚持以人民为中心、坚持对外开放与自主创新三个方面，以实现国家发展、教育发展和个人发展三者的高度统一。坚持党的领导是教师教育举国体制的核心特征，也是中国特色教师教育制度体系的本质要求与重要保障。党的领导可以确保教师教育正确的发展方向，并从战略高度调动促进教师教育高质量发展的一切相关资源和力量，以高质量的教师教育实现高素质、专业化、创新型教师队伍的建设目标。坚持以人民为中心是教师教育举国体制的价值立场，办人民满意的教育是我国教育事业一直以来秉承的初衷。而教师教育作为教师事业和教育高质量发展的基础性工程，要把办好人民满意的教育作为价值旨归。坚持对外开放与自主创新是教师教育举国体制的重要路径。对外开放与自主创新相统一是中国式现代化的题中之义，也是实现高质量发展的必然途径。教师教育的高质量发展强调更高水平的对外开放和更高质量的自主创新，在不同文明交流互鉴的基础上注重中国式教师教育体系的本土建构，坚定中国特色社会主义教师教育的制度自信、理论自信、道路自信和文化自信，以中国式教师教育现代化有力推进中国式教育现代化。

（2）助推教师专业成长的教研机构制度。教研机构制度是我国特色教学管理制度的重要组成部分，也是教师专业化发展和教育教学质量提高的"助推器"。西方国家虽然有类似于我国教研人员的教学支持人员，但并不存在相应的教研制度。中华人民共和国成立初期，我国在借鉴苏联经

① 习近平：《习近平谈治国理政》（第二卷），外文出版社 2017 年版，第 273 页。

验的基础上，逐步建立了省、市、县的三级教研制度。1955 年 11 月，当时作为教育部的机关刊物的《人民教育》发表了题为《各省市教育厅局必须加强教学研究工作》的文章，这被认为是我国第一个比较规范、系统的专门性教研工作文件，为我国教研机构制度的建立提供了政策依据。1990 年 6 月，中华人民共和国国家教育委员会出台了《关于改进和加强教学研究室工作的若干意见》，其中提出"教研室是地方教育行政部门设置的承担中小学教学研究和学科教学业务管理的事业机构，省、地（市）、县（区）都要设立教学研究室，同时对各级教研室的职责、分工进行了划分"。至此，我国的三级教研机构制度得以完善发展。伴随着 21 世纪新课程改革的推行，基础教育对教研机构提出了更为迫切的需求和更高的要求。2001 年，教育部印发《基础教育课程改革纲要（试行）》，将教研机构确定为课程改革的支撑力量，提出"各中小学教研机构要把基础教育课程改革作为中心工作，充分发挥教学研究、指导和服务等作用"。在该项文件发布之后，我国的教研机构制度就开始逐渐由三级教研制度体系向五级教研工作体系发展。2019 年 6 月，中共中央、国务院发布《中共中央　国务院关于深化教育教学改革全面提高义务教育质量的意见》，首次明确提出国家、省、市、县、校五级教研工作体系，并指出"有条件的地方应独立设置教研机构，暂不具备条件的地方应在相对统一的教育事业单位内独立设置，形成上下联动、运行高效的教研工作机制"。同年 11 月，教育部发布《教育部关于加强和改进新时代基础教育教研工作的意见》，再次强调"要完善教研工作体系、健全教研机构，形成以教育行政部门为主导、教研机构为主体、中小学校为基地、相关单位通力协作的教研工作新格局"。2023 年 8 月 28 日，教育部召开全国基础教育教研工作会议，进一步指出教研制度是中国特色教育制度体系的重要组成部分，是我国基础教育的优良传统。会议还特别提出要加强教研队伍建设，探索建立教师和教研员任职"旋转门"制度，打通教师和教研员职业流动通道。教研机构制度的建立主要是为了更好地确保各教研机构的职能发展和有效运行，围绕教师如何教、学生如何学以及教学内容三个方面，在教与学的过程中更好地进行教育研究，对我国基础教育的高质量发展具有不可替代的重要作用。教师教育的高质量发展也需要充分发挥教研机构制度的"内生动力"，以中国特色教育制度推动教师专业化发展，自主创新培养新时代的高质量教师。

（3）以定向型为主的开放式教师教育体系。中华人民共和国成立以后，经过 1952 年的全国院系调整，我国一直坚持定向型师范教育的发展方向，也就是基础教育的师资由师范院校培养，并逐步形成了由中等师范学校、高等师范专科学校和本科师范院校共同组成的师范教育体系。应当说，这一定向型师范教育体系为满足我国基础教育庞大的师资需求，特别是对破解义务教育普及带来的师资"瓶颈"问题发挥了重要作用，这也是定向型师范教育体系政策长期延续的重要依据和理由。[1] 而以定向型为主的开放式教师教育体系则是近二三十年来我国教师教育出现的一种新发展趋势和新政策导向。我国一直坚持定向型或以定向型为主的教师教育体系，主要是由中国国情所决定的。一般来说，师范院校拥有较为深厚的师范教育办学传统与优势，在当前我国各地区教育资源和教师供求还存在很大差异的情况下，定向型的教师教育培养机构是国家教师队伍建设和教师教育专业化的基本保障，例如专门针对中西部欠发达地区实施的优秀教师定向培养计划、乡村教师素质提高行动等。而在以定向型为主的基础上构建开放、协同、联动的教师教育体系则是教师教育高质量发展的时代趋势。2018 年 3 月，教育部等五部门印发《教师教育振兴行动计划（2018—2022 年）》，提出"加大对师范院校的支持力度，不断优化教师教育布局结构，基本形成以国家教师教育基地为引领、师范院校为主体、高水平综合大学参与、教师发展机构为纽带、优质中小学为实践基地的开放、协同、联动的现代教师教育体系"。2022 年 4 月，教育部等八部门印发《新时代基础教育强师计划》，再次指出"到 2035 年，适应教育现代化和建成教育强国要求，加强高水平教师教育体系建设，培养造就高素质专业化创新型中小学教师队伍，构建开放、协同、联动的高水平教师教育体系，推动教育高质量发展"。由此可知，以师范院校为主体、鼓励高水平综合大学参与的以定向型为主的开放式教师教育体系是我国当前教师教育改革发展的重要方向，契合了当前教师教育高质量发展的实际需求。值得提及的是，2023 年 7 月 26 日，教育部印发的《教育部关于实施国家优秀中小学教师培养计划的意见》提出，从 2023 年起，国家支持以"双一流"建设高校为代表的高水平高校选拔专业成绩优秀且乐教适教的学生

---

[1]　参见卢晓中《论高水平综合大学参与教师教育的身份认同》，载《中国高教研究》2022年第 8 期，第 30 页。

作为"国优计划"研究生，以高校自主培养或者与师范院校联合培养的方式，有计划地帮助"国优计划"研究生成长为基础教育领军人才，为中小学培养输送高素质教师，夯实拔尖创新人才培养基础，筑牢教育强国建设基点，服务高质量发展，并计划于 2023 年 9 月在北京大学、清华大学、复旦大学、上海交通大学等 30 所"双一流"建设高校开启首批试点培养。[①] 该项计划还专门针对"国优计划"研究生探索"订单"培养模式，提出了纳入免试认定、组织专场招聘、支持专业发展等一系列从教激励政策，通过创新教师教育培养模式培养高质量的教师。可以看出，这里所强调的由"国优计划"培养高校通过自主培养或者与师范院校联合培养的方式，为"国优计划"研究生系统开设教师教育模块课程，以及探索"订单"培养模式等都与以定向型为主的开放式教师教育体系相一致，也凸显了高质量教师教育体系的中国特色，最终构建起以师范院校为主体、高水平非师范院校参与的中国特色教师教育体系。

三、中国式现代化的时代意义与教师教育高质量发展

人类社会的现代化是一个历史范畴，不同的历史环境会赋予现代化不同的内容和表现形式。同一个国家在不同发展阶段其现代化的特征和意义也不尽相同。因此，在中国式现代化建设的新征程中需要牢牢把握其时代意义，这里的时代意义既包括共同特征的时代意义，又包括中国特色的时代意义。对于中国式现代化大背景下教师教育高质量发展而言，其时代意义的关键在于把握教师教育高质量标准的时代内涵，认清教师教育面临的时代挑战，并做出时代选择和应对。新时代教师教育高质量体现在教师专业发展、教师素质结构、教师教育课程、教师教育模式等现代化教师教育体系的系统性变革中，既包括教师培养全过程的高质量，又包括教师培养结果的高质量，它体现了中华优秀传统文化的时代化和回应"培养什么样的人、怎样培养人、为谁培养人"这一教育根本问题的时代要求。我们可从以下方面来认识。

---

① 参见中华人民共和国教育部《教育部关于实施国家优秀中小学教师培养计划的意见》，见中华人民共和国教育部官网（https://www.gov.cn/zhengce/zhengceku/202307/content_6894893.htm）。

（1）新时代立德树人根本任务对教师教育的影响。"师者，教之以事而喻诸德也。德之不修，学之不讲。"一名合格的教师除了拥有丰富的教育理论知识、娴熟的教育教学技艺，还必须具备高尚的职业道德和教育情怀，这是由教师职业的特殊性决定的。新时代党和国家也高度重视立德树人在教师队伍建设中的核心地位。2018年，教育部印发的《教育部关于实施卓越教师培养计划2.0的意见》提出，立足全面落实立德树人根本任务的时代新使命，全面开展师德养成教育，将"四有"好老师标准、四个"引路人"、四个"相统一"和"四个服务"等要求细化落实到教师培养全过程。2019年，教育部等七部门印发《关于加强和改进新时代师德师风建设的意见》，再次强调"将师德师风教育贯穿师范生培养及教师生涯全过程"，并明确规定"师范生必须修学师德教育课程、在职教师培训中要确保每学年有师德师风专题教育"。2020年中共中央、国务院印发的《深化新时代教育评价改革总体方案》提出，师德师风是评价教师的"第一标准"。这就意味着教师教育的高质量发展必须把好教师职业道德和专业道德关，将师德培养放在更加突出的位置，以立德树人的教师教育培养立德树人的教育人才。高尚的师德既是教师的立师之本，又是教育事业的立教之本，只有教师自身具有较高的师德水平，才能发挥更有效的育人作用和更强大的教育影响。2022年4月25日，习近平总书记在中国人民大学考察时强调：好的学校特色各不相同，但有一个共同特点，即有一支优秀教师队伍。对教师来说，想把学生培养成什么样的人，自己首先就应该成为什么样的人。培养社会主义建设者和接班人，迫切需要我们的教师既精通专业知识、做好"经师"，又涵养德行、成为"人师"，努力做精于"传道授业解惑"的"经师"和"人师"的统一者。教师应该有言为士则、行为世范的自觉，不断提高自身道德修养，以模范行为影响和带动学生，做学生为学、为事、为人的大先生，成为被社会尊重的楷模，成为世人效法的榜样。值得特别提及的是，2023年9月9日，习近平总书记在致全国优秀教师代表的信中提出并全面阐述了中国特有的教育家精神，其中把"言为士则、行为世范的道德情操"作为六大教育家精神之一。因此，高质量的教师教育应该有目的、有计划地培养师范生的职业道德和专业道德，同时也要发挥引导作用，从内生性角度激励教师高尚道德品质的自我修养，促进师德的深层次发展。除认识到新时代师德养成的重要性并将其作为评价教师教育成效的第一标准外，教师教育还需要把握师德文化的时代特征，将继承与创新相结合、相统一，尤其是要根据教育对象和教育环境的时代特点，促使作为中华优秀传统文化重要组成的师德文化的创造性转化和创新性发展，并贯穿于师德养成的全过程。

（2）新技术时代对教师教育的影响，如生成式人工智能（如 ChatG-PT）给教师教育的标准、课程、模式等带来的挑战。哈贝马斯曾说过，"现代技术已经成为一种意识形态，全面侵入了社会生活的方方面面"①。2022 年 11 月 30 日，美国 OpenAI 研发的生成式预训练神经网络模型、聊天机器人程序 ChatGPT 发布，必将给传统的教师教育范式带来巨大的冲击与挑战。如果说之前的人工智能、大数据和虚拟仿真等技术对教师教育已产生了较大的影响，那么 ChatGPT 的出现则明确了教师教育的主要培养对象——教师未来必然是存在于人工智能辅助工作的教学环境中，技术与教育的系统性融合也将成为未来教师教育发展的新样态。这里需要首先指出的是，尽管与传统聊天机器人相比，ChatGPT 可以模拟人类的语言理解与文本生成过程，通过算法、模型等大数据生成新的数据和内容，在某种程度上有一定的自主性与创造性，但它并不能基于对客观实践的体验进行原始性的创新，也没有思维和情感，不具备自我意识和个体的独立思考能力。而教师的教育教学活动本质上就具有创造性、启示性和交往性，在这一活动过程中还存在着教师与学生的情感交流和思想共鸣。从这个意义上来说，ChatGPT 等新技术只能作为一种更高级的辅助工具，不能也难以实现对教师的真正性替代。就像英国语言学家雷·克利福德（Ray Clifford）所说的"科技不能取代教师，使用科技的教师却能取代不使用科技的教师"②，在当下教师培养中面临的最大挑战是通过 ChatGPT 等新技术赋能教师教育，以完成教师教育高质量的迭代变革和适应新时代中国式现代化的发展。也就是说，把握教育与技术的关系，化挑战为机遇，以变革应对冲击，是我国教师教育高质量发展在中国式现代化进程中应有的时代选择。2017 年 4 月，教育部印发《教育部关于全面推进教师管理信息化的意见》，这是首次在教育部层面发布的将教师与信息化等新技术相关联的专项文件，提出"建立教师管理信息化体系、形成教师队伍大数据、优

---

① ［德］尤尔根·哈贝马斯：《作为"意识形态"的技术与科学》，学林出版社 1999 年版，第 70 页。

② 余胜泉：《人工智能教师的未来角色》，载《开放教育研究》2018 年第 1 期，第 19 页。

化教师工作决策和提升教师队伍治理水平"。同年 7 月，国务院发布《新一代人工智能发展规划》，提出"以人工智能为引擎发展智能教育"，明确指出要利用智能技术加快推动人才培养模式、教学方法改革，构建新型教育体系。同时，《中共中央　国务院关于全面深化新时代教师队伍建设改革的意见》《教师教育振兴行动计划（2018—2022 年）》也都强调"教师要主动适应信息化、人工智能等新技术变革，充分利用云计算、大数据、虚拟现实、人工智能等新技术，积极有效地开展教育教学"。2019 年 3 月，教育部发布《教育部关于实施全国中小学教师信息技术应用能力提升工程 2.0 的意见》，进一步指出教师在主动适应信息化、人工智能等新技术变革的过程中，要形成智能化教育意识，掌握智能化教育工具，探索跨学科教学、智能化教育等教育教学新模式，充分利用人工智能等新技术成果助推教师教育。因此，教师教育作为教师培养任务的主要承担者，更应该积极主动地适应人工智能等新技术的发展，培养和推动教师在 Chat-GPT 等人工智能新技术方面的有效应用，实现由传统教师教育范式向技术时代的教师教育范式的转变。

　　首先，就教师教育的标准而言，技术与教育的深度融合引发了人们对新时代教师核心素养的重新思考，除传统教师教育标准强调的使教师具有良好的专业理念和职业道德，掌握系统的专业知识和专业技能之外，还赋予了教师专业标准以新的内涵。在 ChatGPT 等人工智能的新技术时代，未来教师教育将体现出人机协同的新特征，处理好教师与人工智能的关系对于教师教育的高质量发展至关重要。而这一关系实际上就与教师教育标准的更新和新时代教师的能力素养相匹配，主要包括教师对人工智能的学习与应用能力以及教师自身对人工智能的超越性素养。前者主要指信息技术应用能力、智能教育素养、数字素养等信息素养，以帮助教师适应人工智能技术在教育场景中的广泛应用。信息技术应用能力是信息化社会教师必备的专业能力，2014 年 5 月，教育部办公厅印发《中小学教师信息技术应用能力标准（试行）》，指出"信息技术应用能力是指教师利用信息技术进行讲解、启发、示范、指导、评价等教学活动应具备的能力"。智能教育素养是在人工智能时代各类技术和教育深度融合的背景下教师信息技术素养的内涵扩展，强调培养教师通过人工智能技术辅助教学与管理的能力。2018 年，教育部办公厅发布《教育部办公厅关于开展人工智能助推教师队伍建设行动试点工作的通知》，提出开展智能教育素养提升行动，对教师进行智能教育素养培训，帮助教师把握人工智能技术进展，推动教师积极运用人工智能技术，改进教育教学、创新人才培养模式。2021 年 9 月，《教育部办公厅关于开展第二批人工智能助推教师队伍建设试点推荐遴选工作的通知》再次强调"加强教师智能教育素养，建设教师智能教育体系"。2022 年 11 月，教育部发布的《教师数字素养》教育行业标准提出，教师数字素养是"教师适当利用数字技术获取、加工、使用、管理和评价数字信息和资源，发现、分析和解决教育教学问题，优化、创新和变革教育教学活动而具有的意识、能力和责任"。信息技术应用能力、智能教育素养、数字素养都是新技术时代教师应该具备的核心能力，且三种素养之间体现为层层递进的关系。而对人工智能的超越性素养主要是指 ChatGPT 等人工智能不具有或者不擅长的能力，例如人际交往能力、社会与情感能力、自主创新能力等。在教师教育中，教师超越性素养的培养可以与人工智能技术形成互补性优势，充分发挥教师作为人本身的个体性，助推教师教育高质量发展。

其次，在人工智能等新技术的持续影响下，教师教育的课程体系结构也必然会得到重塑，由封闭到开放，由碎片化到联合融通，实现课程内容、形式等的时代变革。从课程内容来看，人工智能技术的理论知识和实践操作将成为教师教育培养的必修课程，在教育知识与能力、教育实践与体验两个部分中都应该有充足的体现，并作为教师教育课程的教学内容充分融入学科教学过程中，成为教师专业知识体系的重要组成部分。同时，也可以根据教师的不同特征、兴趣等为其选择或者构建个性化的课程内容，提高教师专业化水平。在课程的形式上表现为由传统标准化的静态分科课程向融合式的情境体验课程转化，课程不再是完全预设的固有存在，而是通过教师、学生、技术三者的交互对学习内容进行建构，并始终存在于教师、学生、技术以及环境的多维互动之中，强调直接感受和间接体验的有机结合。另外，教师教育的课程资源也可以通过人工智能等新技术跨越时间和空间，在不同的国家和地区中共享，促进教育的公平。

最后，新技术时代的教师教育模式将会从传统的"师—生"二元结构转向"师—生—机"三元结构，重塑教师在教育教学中的角色定位。教师不再仅仅是传道授业解惑的承担者，更是学生学习的引导者和学生成长的守护者，教师教育也要创新教育理念，在培养过程中更加注重教师自身的主体性成长。同时在把握技术应用边界的前提下，充分发挥人工智能的技术优势，探索教师与技术相互协作的教师教育新模式，构建多层次、多形式的教师教育实训体系，实现技术与教师教育的深度融合。如华东师范大学就对智能时代背景下的"新师范"教育形态进行了积极探索，构建并实施了一流专业教育、一流教师教育、一流智能教育三者相融通的"本硕一体化卓越教师教育模式"，以提高未来教师的核心教学素养为目标，设计出了贯穿教师教育全过程，并按层级递进的教师教育培养体系。

总的来说，ChatGPT 等生成式人工智能新技术融入教师教育可以为教师的专业发展赋能，给教师教学提供多种形式的服务与支持，提高教学效率，这些新技术对教师教育提出的新要求与中国式现代化教师教育的高质量发展也是不谋而合的。但是，我们也要注意到其可能带来的潜在风险，以及相应的伦理和安全问题，避免教师对技术工具过度信任和依赖，关注人工智能在教师教育应用中的实际教学效果，培养出既能适应又能胜任人工智能时代的新教师。

（3）更不确定的未来对教师教育的影响。世界百年未有之大变局的加速演进和大数据、物联网、云计算等新技术的发展，使得未来变得更加不确定、更加难以预测。吉姆·达特（J. Dator）在她的未来第一定律中说，"未来无法'预测'，但可以'预测替代性未来'，并且可以'预见'和'发明'首选性未来"①。美国未来学家尼葛洛庞帝更提出"预测未来的最好办法就是把它创造出来"②。澳大利亚原未来委员会主席埃利亚德更具体地提出过类似的观点："未来不是一个我们要去的地方，而是我们要创造的地方，通向它的道路不是人找到的，而是人走出来的，走出这条道路的过程既改变着走出路的人又改变着目的地本身。"③ 而"改变目的地本身"就意味着"创造未来"。

作为为未来培养人才的教育，应如何面向如此不确定的未来培养人才呢？2020 年经济合作与发展组织发布的报告《面向未来教育：未来学校教育四种图景》和 2021 年联合国教科文组织发布的报告《一起重新构想

---

① Dator J, "Futures Studies as Applied Knowledge," In：Dator J, *A Noticer in Time*, Springer, 2019, pp. 7 – 16.

② ［美］尼古拉斯·尼葛洛庞帝：《数字化生存》，海南出版社 1997 年版，第 9 页（译者前言）。

③ 国家教委国家教育发展研究中心、中国教科文组织全委会秘书处：《未来教育面临的困惑与挑战——面向 21 世纪教育国际研讨会论文集》，人民教育出版社 1991 年版，第 26 页。

我们的未来：一种新的教育社会契约》，都对面向未来的教育进行了构想，进一步引发了对于未来教育的思考。美国著名未来学家、社会思想家阿尔文·托夫勒在《未来的冲击》一书中提到，"未来教育是面向未来的教育和为了未来的教育，未来的教育改革必须寻求面向未来的未来意识、面向未来的教育制度、面向未来的教育课程、面向未来的教育方法以培养面向未来的人才，即教育必须转向面对未来"①。归根结底，教育必须培养面向未来并能够创造美好未来的人才。这无疑对肩负人才培养之职责的教师提出了更高要求，培养能够胜任这一职责的教师便成为教师教育高质量发展的题中应有之义。就教师教育而言，如何培养未来教师能够胜任培养具有创造美好未来的人，这是一个值得深入探讨的重大命题。当前教育的一个重大使命就是培养高素质创新型人才，但长期以来我们鲜有对高素质创新型教师提出要求，而没有高素质创新型的教师，要培养高素质创新型人才是难以想象的。所以，要培养高素质创新型人才，首先有赖于高素质创新型教师。《中共中央　国务院关于全面深化新时代教师队伍建设改革的意见》把高素质、专业化、创新型教师队伍作为建设目标，其中培养创新型教师是新时代教师队伍建设改革的新目标，这也为教师教育高质量发展提供了新方向。

（原载《江苏高教》2023 年第 10 期）

---

① ［美］阿尔文·托夫勒：《未来的冲击》，新华出版社 1996 年版，第 440 页。

基于教师专业发展视野下中小学教师继续教育有效性的实证分析

　　教师在教育改革发展中的关键地位是不言而喻的。如何提高教师队伍的水平直接关系到教育发展的水平和质量。根据英国约克大学教育专家詹姆斯提出的教师教育"三阶段理论"，即教师的职前培养、入职教育和在职培训三个相互衔接的阶段，教师专业发展应当包括职前培养、入职教育和在职培训三个组成部分。本文之所以集中探讨教师在职培训这个阶段，主要是因为我国中小学教师继续教育起步较晚，制度体系尚不够完善，问题也比较突出，而在职培训又是中小学教师继续教育的最主要形式。本文试图在厘清教师专业有关概念的基础上对中小学继续教育有效性问题进行实证分析，以寻求对这一问题的正确认识。

一、教师专业：若干概念的认识

　　长期以来，教师职业的性质、地位及其发展问题为人们所广泛关注，这种关注与教师职业的专业性判定是联系在一起的。早在 1966 年联合国教科文组织与国际劳工组织就在《关于教师地位的建议》中提出"应当把教师职业视为专门的职业，这种职业要求教师经过严格地、持续地学习，获得并保持专门的知识和特别的技术"。

　　从此，教师专业化问题一直受到广泛的关注，世界各国政府纷纷将教师专业化作为本国教师教育改革的一个重要方向，各国学者也对教师专业化问题付诸了持续的研究热情。对于教师专业化，我们可以从过程与结果这两个维度去解读。着眼于过程这一维度时，教师专业化指的是教师这一特殊的职业群体在一定的时期内，逐渐获得鲜明的专业标准，教师成为专门职业并获得相应的专业地位的过程。正如尼科·斯特尔所说的，"对各种职业来说，都有寻求专业地位的一般趋势，但是现代社会中数以千计的职业里只有极少数职业得到了它"①。而侧重于结果这一维度时，教师专业化则指教师这一职业群体的专业性质和发展状态达到一定水平。无论是从过程还是结果的维度来理解教师专业化，都是为了促使教师群体达到或实现一定的专业标准，重在强调外塑的过程，比如通过制定入职标准、明确任职要求、组织培养培训活动等来促使教师专业化。显然，早期的教师专业化有以下两个特点：一是对教师职业更多的是一种群体关注，而往往忽略了教师个体；二是教师专业化过程更多的是一种"被化"的过程，具有较强的外在规约性，而忽略了教师个体的内在主动性。

进入20世纪80年代以后，"教师专业发展"一词在国际上被一些国家广泛使用。如1980年的《世界教育年鉴》便是以"教师专业发展"为主题的，此后又有多次专门以此为主题的国际会议。1986年美国的卡内基教育和经济论坛工作小组、霍尔姆斯小组相继发表了《国家为培养21世纪的教师作准备》《明天的教师》两个报告，同时提出了以教师的专业发展作为教师教育改革方向。尽管教师专业化与教师专业发展都着眼于教师专业成长，但与教师专业化相比较，显然"教师专业发展"更强调教师专业成长的主体性，更关注激发教师专业成长的内在动机，从而促进教师专业成长的自觉性、主动性。由此可见，教师专业发展从重外在规约转向重内在动机，并从教师主体的被动转向教师主体的主动，不仅仅重视教师群体的专业成长，同时也关注教师个体的专业成长。

教师教育专业化指的是促进教师专业成长的专门教育活动（包括职前和职后）。简单而言，它是一个使非专业教师经过有组织的、有计划的培养和训练成为专业教师的过程。"教师教育专业化应该包括两个内容，一是教师职业的专业化，二是教师培养的专业化。"② 由此可见，教师教育专业化既强调外在的教师专业标准，即教师职业的专业化，又注重教师培养专业化（包括教师教育者本身的专业化以及教师教育过程的专业化——这是从教师专业成长的培养培训方而言的，即如何使我们的培养培训能更有效地促进教师专业成长）。这是当前教师教育研究的一个重要的理论问题，更是一个重大的现实问题，也是本文探讨的重点。

---

① ［加］尼科·斯特尔：《知识社会》，上海译文出版社1998年版，第259页。
② 朱旭东：《国外教师教育的专业化和认可制度》，载《比较教育研究》2001年第3期，第6-8页。

以上关于教师专业化、教师专业发展和教师教育专业化三个概念及其关系的探讨，实际上在一定意义上反映了教师教育研究的内在逻辑与发展趋势。

二、中小学教师继续教育有效性的调查分析

近期，笔者课题组对广州市花都区、佛山市禅城区和顺德区的教育局、教师进修学校及中小学进行了调研、座谈，其间对三地参加在职培训的教师发放了《中小学教师职后培训效能调查问卷》600份，回收587份，其中有效问卷465份。经统计整理的调查结果及分析报告如下。

（一）中小学教师在职培训效能的调查内容及结果

1. 继续教育课程：培训效果一般，培训现状不容乐观

对于"当前职后培训现状的看法"问题，73.9%的教师选择"不乐观"，24.0%的教师选择"比较乐观"，只有2.1%的教师选择"乐观"。对于"以往参加培训课程的满意度"问题，55.2%的教师选择"一般"，仅有2.8%的教师选择"很满意"，13.0%的教师选择"满意"，17.6%的教师选择"不满意"，9.5%的教师选择"很不满意"（图1）。

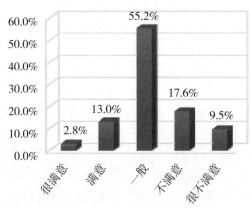

图1　以往参加培训课程的满意度

当被问及"参加职后培训对自己工作的提高程度"时，分别有5.1%和24.6%的教师认为职后培训对自己的工作能力提高很快和较快，21.7%的教师认为职后培训对自己的工作能力没有提高，47.1%的教师选择了"一般"（图2）。"一般"意味着教师对此问题做出选择时的矛盾心理，认为参加职后培训对自己的工作有些许帮助，但作用不大，可以理解为培训效果不太明显，没有起到应有的作用。

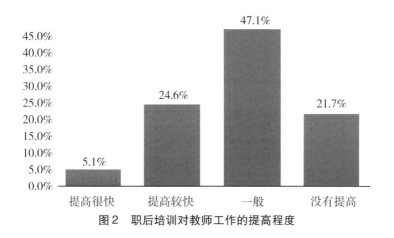

图2　职后培训对教师工作的提高程度

被调查者认为，当前职后培训现状不容乐观的主要原因在于形式主义严重、课程设计不合理、培训模式落后等方面。数据显示：42.2%的教师认为职后培训"形式主义现象普遍"，34.5%的教师认为"课程开设不合理"，19.9%的教师认为"培训模式落后"，还有15.9%的教师认为"教育行政部门缺乏有效领导"，14.1%的教师认为"教师研究意识和习惯没有形成"（图3）。

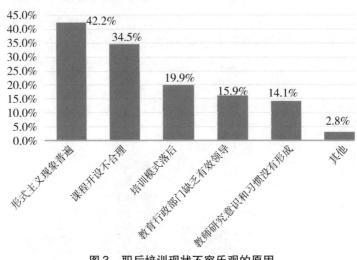

图3　职后培训现状不容乐观的原因

2. 校本培训课程：教师参与积极，工作成效有待提高

（1）教师参加校本培训积极性很高。数据显示：乐意参加、每次都参加校本培训的教师占 69.8%；不乐意参加、基本没参加的教师占 19.8%；学校有规定，被迫参加的教师占 10.4%（图4）。

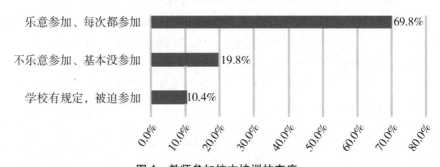

图4　教师参加校本培训的态度

（2）校本培训指导有待加强。数据显示：46.9% 的教师认为校本培训"经常有人指导"，44.9% 的教师认为"很少有人指导"，8.2% 的教师认为"没人指导"（图5）。"经常有人指导"和"很少有人指导"的比例相当。由此可见，各校之间校本培训的开展情况差异较大，培训指导的程

度各不相同。

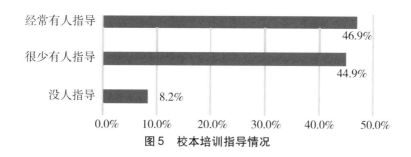

图5　校本培训指导情况

（3）校本培训工作成效有待提高。数据显示：5.9％的教师认为"很有成效"，45.1％的教师认为校本培训"较有成效"，40.3％的教师认为"成效较小"，同时也有8.7％的教师认为"没有成效"（图6）。与校本培训指导情况相似，各校之间的工作成效差异较大，校本培训的工作成效有待提高。

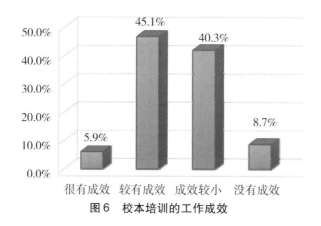

图6　校本培训的工作成效

（二）中小学教师在职培训效能不高的原因

上述调查结果表明：无论是国家政策规定的教师必须参加的职后培训还是具体到各个学校的校本培训，二者的培训效果都不容乐观，存在的原因主要体现在培训的主体、内容、形式、评价等方面。

1. 培训者专业化缺失

培训者（教师教育者）专业化对于教师专业化发展的作用是不言自明的。现实情况表明，我国的教师职后培训的一个重要障碍是缺乏一支受过专门训练的职业化的培训者队伍，主要表现为以下几点。

（1）培训者队伍不稳定，兼职教师过多，专任教师过少。从目前情况看来，我国多数地方的中学职后培训的师资队伍构成如下：各省内外高校教育专家、各地区教师进修学校和教研室的教师、中学的优秀教师和特级教师等。其中，省内外高校教育专家和中学的优秀教师或特级教师原则上由各级培训中心进行遴选和聘用，基本上为兼职教师。教师职后培训理应是一种专业化的工作，应该由专业的人员来操作。

（2）部分培训者缺乏一线教学经验且责任心不强。一些来自高校和教科研机构的兼职教师，经常从事教育理论研究，在讲课的过程中偏重于对系统的理论知识的传输，不能与长期处于教学一线的学员产生互动与共鸣。学员在培训课程结束后也不知该如何将理论知识应用到教学实践中去，使教师职后培训陷入"高耗低效"的怪圈。在培训者队伍中，多数培训者只是把教师职后培训的工作看成自己的"副业"，从而产生应付心理，导致责任心不强。

（3）培训者对培训效果缺乏反思和研究。由于在职培训的师资以兼职教师为主，这些教师在完成培训任务后就又投入繁忙的本职工作中，加之我国当前对培训者并没有制定相应的考核制度，多数的培训者认为在培训课程结束时自己的任务就算完成了，不会对自己从事的职后培训的实践进行反思和研究，因而很难系统地掌握职后培训的规律和方法。

2. 受培训者自我发展动力缺失

作为在职培训的另一大主体，教师自身端正的态度和源源不断的动力是促进教师专业发展的关键因素。联合国教科文组织的有关调查表明，在初任教师工作的 5 年之内，教师的教龄与教学效果成正比；5 年至 8 年内，教师的专业发展趋于平稳；8 年之后，教师专业发展出现分化，只有小部分人通过继续教育不断地发展和提升自我，成为"专家型"教师，而大部分人则停滞不前，差别的关键在于教师自我发展的动力。[1]

---

① 参见连秀云《新世纪教师专业化的理论与实践》，东北师范大学出版社 2003 年版，第 244 页。

通过笔者的调查发现，教师在参加职后培训的过程中普遍存在态度不端正、动力不足的现象。当被问及"您对教师参加职后培训的态度"时，有 46.5% 的教师表示主观愿意参加职后培训；42.7% 的教师表示因为是上级的行政命令，不得不参加；5.9% 的教师认为参加职后培训是因为别人参加了，所以自己也就参加了；更有 4.1% 的教师对职后培训持无所谓、不关心的态度。问卷中关于"教师参加职后培训的目的"一题的调查结果显示，只有 60% 左右的教师认为参加职后培训是为了更新知识，提高自身的能力；约有 30.9% 的教师认为参加职后培训是晋升专业职称的需要；而将职后培训看作完成上级下达任务的无奈之举的更占到了 25.1%。

3. 培训内容和形式单一

由于受应试教育和学历教育的影响，教师职后培训课程存在着较强的学科本位主义倾向，过于注重学科知识传授的完整性、系统性，而对知识的应用性、实践性和适应性不够重视。在访谈中，校长们纷纷表示："过于强调理论的培训是不受教师欢迎的，因为这些理论很难同实际中的教育工作发生联系，教师难于将这些理论转化为实践。"同时调查数据显示：有 51.7% 的教师也认为在培训中自己遇到的主要困难是培训理论难以转化成教学实践。在"您希望参加的培训形式"选项中，问卷提供了 10 个选项，其中按选择人数多少依次排序，排在前 5 位的分别是实地考察观摩、观看评析名师课堂录像、案例型参与式培训、同行介绍经验、与专家研讨互动。然而，目前在职培训采用最多的方式还是传统的课堂讲授。

4. 培训评价方式不尽合理

考核与评价的目的一是检验教师职后培训的效果，二是提高教师继续参加培训的积极性。但现有的评价方法在这两方面均不理想。

目前，教师职后培训的考核与评价主要是看学员是否完成职后培训的学时、出勤情况，完成作业、论文的情况及培训结束时的考试情况等，至于学员在培训结束后是否能将学到的知识运用于教学则一般不在培训单位的考虑范围之内。如果只要出勤情况良好，按时交作业，人人都可以通过培训，那么考核实际上就沦为一种形式。这种考核制度不仅不能真实地反映教师继续教育的实际情况，反而在教师中形成"职后教育很好混学分"的不良风气。

三、提高中小学教师继续教育有效性的对策建议

针对中小学教师在职培训有效性偏低的不争事实，基于教师教育专业化的发展视角，笔者主要从教师教育者专业化、教师培养过程专业化两个方面对如何提高中小学教师继续教育的有效性提出以下四个方面的建议。教师教育者的专业化在此即指培训者的专业化，教师培养过程专业化主要指在职培训内容、形式以及评价方式更加科学、合理。

（一）确立教师教育者专业化标准，建设专业化的培训队伍

教师职后培训的培训者的专业化是教师职后培训取得良好效果的一个关键因素，是实现教师专业发展的重要保证。在关于"希望哪些人员担任培训教师"的问题上，选择选项"经验丰富的一线教师"的教师所占比例最大（70.3%）；其次是选择选项"高校教育专家"和"教材编写者"的教师，所占比例分别为35.3%和32.7%（图7）。

图7　哪些人员适合担任职后培训教师

由图7可知，培训者的构成来源较为广泛，同时也说明关于培训者的遴选缺乏相应的标准。虽然教育部在2011年颁布了《教师教育课程标准（试行）》，却缺乏对执行课程的人（教育者）的标准要求，而且这一标准侧重于职前培养，对职后教师教育的指导意义就显得比较有限。从一些发达国家的经验来看，随着教师教育专业化进程加快，它们都十分重视教师

教育者的标准的研制。如 1996 年，美国教师教育者协会（The Association of Teacher Educators）颁布了世界上首套教师教育者标准，该标准对教师教育者提出的要求包括专业教学示范能力、专家能力、持续专业化发展能力、教师教育课程开发和评价能力、合作能力、公共游说能力及提升教师教育专业化的能力。[①] 荷兰也于 1999 年颁布了欧洲国家的首套教师教育者标准。

由此可见，规范教师教育行业，根据我国国情制定符合中国特色的教师教育者专业化标准是目前亟须解决的问题，只有解决这一问题才能形成高素质的专业化教师教育者队伍，这是提高中小学教师继续教育有效性的基本前提。

（二）完善教师资格认定制度，提升教师专业发展动力

通过调研我们可深切感受到，目前在教师职后培训的观念问题上，"教师专业发展"这一理念始终没有深入人心。从调查的几个地区来看，不少教师发现在职培训与自身的"专业生存"（教师资格认定）无关之后，继续学习的动力就会出现明显的滑坡。在美国，教师资格认定是确保教师专业发展质量的关键保障之一。美国的教师资格认定包括"入学认定""初任执照认定""续任执照认定"三个部分。严格来说，我国对于教师资格的认定还仅仅停留在入学认定和初任执照认定阶段，对于续任执照的认定还没有相应的制度建设和保障。

人力资本理论认为，劳动者存在着生存动力、自主动力和目标动力三种动力因素。生存动力是劳动者的第一动力，也是推动劳动者劳动的原始力量。生存动力又分为两类，即基础性生存动力和发展性生存动力，前者是为了维持基本生存需要而产生的动力，后者是为了生存得更好而形成的动力。从现实来看，教师都具有强烈的基础性生存动力和发展性生存动力，所以通过建立包括"入学认定""初任执照认定""续任执照认定"在内的教师资格认定制度，将教师的在职继续教育与"续任执照认定"挂钩，能够把教师的基础性生存动力和发展性生存动力转化为教师的自主动力和目标动力，从而有意识地提高教师专业发展的自主性和内驱力。

---

① 参见黄敏《国外教师教育者的专业化发展研究综述》，载《外国教育研究》2012 年第 12 期，第 72 – 73 页。

（三）结合教师需求确定职后培训的内容和形式，提高培训实效

威廉姆·汉普顿和黑索尔·汉普顿在《继续教育的学习理论》中提道："即使科目相同，成人的继续教育与儿童的教育也有很大的差异。理由很简单：年龄带来了经验，与之相互影响的是与小孩初次教育所不同的学习方法。"作为成人教育的教师培训的显著特点表现为：参培学员在学习过程中都带有明确的目的，另外，教师往往带着自己已有的知识去参加培训，对问题的关注多于对系统理论的关注，对教育教学有自己的看法和观点。

因此，要想职后培训取得显著的效果就必须了解教师已有的知识和经验，科学地进行教师职后培训需求分析，确定科学合理、富有针对性的培训内容和形式。比如，通过笔者的调查发现，有 55.2% 的教师选择将"课堂教学策略"作为培训最需要加强的知识，其次是"现代信息技术""教学技能""新教材培训""新的学科专业知识和方法"。关于"希望参加的培训形式"这一问题，"实地考察、观摩""观看、评析名师课堂录像"最受教师欢迎，选择这些选项的教师所占比例分别为 50.1% 和 40.4%。

（四）制定在职培训评价专业标准，形成示范效应

众所周知，流于形式的评价必然导致教师对在职培训产生消极的抵制情绪，致使在职培训的有效性大打折扣，所以制定专业的评价标准是实施有效培训的必然要求。比如英国提出了评价教师在职培训的九项指标：教师是否确定自己的培训需要；各级管理者是否支持，保证全体教师参与培训；地方教育当局是否有师资培训配套政策；是否拥有教师培训资源；是否有可供教师选择的适当形式和时间；培训内容是否与教师需要相关，是否以解决实际问题为主；作为顾问的大学和其他机构是否有一定的经验与技术；学校培训准备是否充分；培训后是否积极推广培训成果。[1] 笔者认为，教师在职培训评价专业标准应包括的指标有：反馈评价，即培训内容

---

[1] 参见于建川《国外教师校本培训的经验及其启示》，载《中小学教师培训》2003 年第 2 期，第 62 页。

是否符合教师自身发展需求，教师对培训组织、实施管理过程的满意程度；结果评价，即教师经过培训后，知识、能力水平是否得到提高，教育教学质量业绩是否有所提高；跟踪评价，建立学员档案，记录学员参与培训情况。

　　教师专业发展历程，必须将职前培育与职后教师的发展联结起来，视为一个连续的过程。同时，教师职后的继续教育不是一个阶段就能完成的工作。继续教育机构要根据教师个体职业生涯的发展规律，在各个发展阶段给予不同的协助、支持和鼓励，从而激发教师的潜能和创新精神，促进教师继续教育有效性的不断提高。

（原载《现代教育论丛》2015 年第 2 期）

困惑与选择

——高师教育专业发展浅议

党的十四大确立了建立社会主义市场经济体制的目标,这为高等师范教育(以下简称"高师教育")的改革与发展提供了良好的契机;同时,高师在新形势下也面临着一些新的情况和新的问题,有待我们去研究、去解决。

一、新旧体制交替带来的困惑

我国高师的专业体系是在 20 世纪 50 年代初期学习苏联模式建立起来的,经过 40 年的变化与发展,逐步形成了多科类、分层次且自成一体的完整系统。该系统的一个主要特征就是学校的专业根据我国教育事业发展的需要而确定,主要是为中等学校各科课程师资的需求而设置,并对各专业的学生实行定向培养,对毕业生实行定向分配。

随着计划经济体制逐步向市场经济体制过渡,作为直接为经济建设、社会主义发展培养高级专门人才的高等教育必然面临着一个"过渡"的问题。在新旧体制交替之际,会出现一些困惑和"阵痛"。就高师专业发展状况而言,其困惑突出表现在以下三方面。

第一,办学经费严重不足。根据《中国教育改革和发展纲要》,高等学校在成为面向社会自主办学的法人实体,获得更大的办学自主权的同时,也相应地要求建立起主动适应经济建设和社会发展需要的自我发展、自我约束的运行机制。这就意味着国家(包括中央和地方政府)将不再仅仅通过对高等教育的投资来促使其发展,而主要依靠激发高校的办学活力,强化其自我"造血"的机制来增强高校的自我发展的机能。根据国家建设"重中之重"的高等教育发展战略思想及我国现有经济发展水平状况,可以预料国家今后将重点扶持进入"211 工程"的高校,而对其余高校的投资除提供基本运转经费外,不大可能有大幅度的增加。就目前高师院校的现状与地位来看,能在短期内跻身于"211 工程"的学校毕竟是极少数的。尽管国家对师范教育仍强调要采取"特殊政策"，增加投入，使之在办学经费上得到保证，但国家拨给有限的经费仅能维持学校的日常运转，很难实现使学校"规模有较大发展，结构更加合理，质量和效益明显提高"这一目标。

第二，专业设置有待调整。根据对中等教育的师资需求调查的统计数据，以及按照新颁布的《中华人民共和国教师法》对各级各类教师的学历要求，除个别长线专业外，高师各专业毕业生分配应当不成问题，而且国家对师范学科毕业生还实行"一定范围内的定向就业"。但据有关调查资料表明，一些高师院校的专业中有近1/3的专业面临毕业生分配困难的困境，特别是一些长线专业，如数学、物理、化学、中文和教育等，其毕业生被退或学非所用的情况屡屡发生。高师院校毕业生分配难，必然直接影响其生源。再加上国家对基础教育投入不足，教师地位不高，待遇菲薄，致使很多人不愿选择教师职业，这样也就加剧了生源的匮乏。

尽管出现上述状况的原因是多方面的，但从高师本身来看，其专业现状不能适应中等教育改革的实际，不能不说是其中的一个重要原因。比如，近几年来，随着市场经济的发展，特别是中等教育改革的深化，中等教育"两条腿"中的职业技术教育发展很快，普通高中与职业高中之比已普遍达到1∶1，有的地区甚至达到1∶1.5。这就使得一方面由于普通高中的减少，对普通高中师资的需求量降低；另一方面，由于新兴的职业技术中学的不断产生，现有高师院校的毕业生由于专业的局限而难以胜任其教学工作。这就无形中缩小了高师毕业生分配的"领地"。又如，从1994年开始，地理等一些学科不再列为高考的科目。这样，高师有关专业也就陷入了招生、毕业生分配乃至生存下去的困境。再有，高师专业口径较窄，缺少双专业和主辅修专业设置，不能满足当前一些农村中学规模小、班级较少，以及一名教师往往要上多门课的实际需要。

此外，从宏观上来说，还存在专业结构上的问题，某些专业点的设置数及培养量与实际需求失调，长线专业与短线专业并存，而且专业名称缺乏统一性，给毕业生分配与使用带来人为的误解和混乱。

第三，师资队伍不稳定。从高师各专业的师资队伍情况来看，目前存在队伍不稳定、流失严重的问题。中青年教师流失了许多，导致队伍青黄不接，工作难以为继。这与教师地位低、待遇差，政府拿不出足够的钱为教师改善生活、工作条件有直接关系。没有一支专心和安心于本职工作、素质合格的专业师资队伍，专业发展又从何谈起？

二、另辟新径——发展非师范专业

由于经费紧张、现有师范专业发展困难重重，而且路子日渐狭窄，许多高师院校开始考虑另辟新径，开设了一些非师范专业，以图走出一条高师专业发展的新路子。这些新设置的非师范专业实行自费或委托培养的办学形式，毕业生不包分配，自谋出路，学生录取时其高考分数亦略低。从近2年的招生形势看，这些专业普遍受到社会的欢迎，生源情况较好，呈供不应求的态势。这里主要有两方面的原因：一方面，这些专业大多是与经济、社会发展联系紧密的热门专业，诸如经济贸易、财务会计和涉外经济等专业，其毕业生的出路一般较好；另一方面，人们生活水平不断提高，有能力供子女自费上大学的家庭日益增多。

这些非师范专业的开办，大大增强了高师院校的办学活力，拓宽了办学的渠道与途径，打破了高师长期以来自我封闭的体系，特别是在一定程度上缓解了高师办学经费拮据的困扰。然而，这些新设的非师范专业也出现了一些不容忽视的问题。

首先，这些新设专业大都是在较短时间内仓促"上马"的，师资及教学必备条件往往准备不足，再加上高师院校缺乏这类专业的办学经验，所以保证和提高办学质量就成为一个突出的问题。如果学生毕业后由于质量等方面的问题而受到人才市场或用人单位的冷落，那么马上就会影响到这些专业的生存与发展。

其次，尽管目前这些专业生源情况看好，而且随着市场经济不断发育与成熟，对这类人才的大量需求仍可能持续一段时期，但市场需求总有一个极限，加之缺乏必要、有效的宏观调控，可以预料，经过一段时间以后，这类人才的饱和与过剩在所难免。因此，"热门"专业就可能转为"冷门"专业。对高师来说，这些专业也就失去了存在下去的价值与基础。

目前，非师范专业已开始不同程度地冲击、影响师范专业：①非师范专业的师资有相当一部分是从师范专业转过来或兼职的，这就使本已不景气的师范专业师资队伍更加雪上加霜。②由于这些非师范专业是学校、系（室）创收的重要来源，而师范专业通常是由国家财政拨款支持的，因此，学校及各系（室）领导便把更多的注意力和精力投向这些非师范专业。相对来说，对师范专业的改革与发展的考虑就显得不够了。而对教师来说，从事非师范专业的教学在创收分配上处于更加有利的地位，因此，教师更乐意从事非师范专业的教学工作。③由于大量招收非师范专业学生，因此挤占师范专业的教学及生活设施的情况屡屡发生，使师范专业的进一步发展和提高受到影响。由此可见，非师范专业对师范专业的冲击已开始动摇封闭型定向高师教育体制的根基，这引起了教育界人士的忧虑。

三、改革与发展

不管怎么说，设置非师范专业毕竟为高师专业发展提供了一条可供选择的新路。而且，它在封闭的定向性高师教育体系上打开了一个缺口，为高师的发展注入了新的活力与机制，使高师院校找到了一条利用自身的办学优势，解决经费不足以至影响其发展前景的有效途径。从目前全国高师院校的情况来看，普遍都设置了非师范专业，相当一部分高师的非师范专业数量接近甚至已超出了师范专业的数量，而且非师范专业仍呈进一步发展的趋势。据此，有人作出这样的预言：今后高师的专业设置将逐步过渡到以非师范专业为主，师范专业为辅，并朝着综合性大学的方向发展，最终非定向型师范教育将取代目前的定向型师范教育体制。

应当说这一设想是富有探索性的，为高师的改革与发展提供了一条新思路。据了解，一些经济发达的国家，也都是在经济和教育发展到某一时期，将师范院校并入综合大学，并同时把定向型师范教育改为非定向型师范教育，即学生是大学毕业后再读教育学院或进修教师系列课程，然后从教的。

但笔者认为，从我国的国情来看，在短期内不大可能出现上述情形，定向型师范教育将在相当长时期内存在，非师范专业只能作为它的一种补充形式。我国幅员广大、地域辽阔，教育发展水平不平衡，在一些地区和某些科目上教师的需要量还很大；有些科目的教师虽然看起来似乎已饱和，但是如果按照《中华人民共和国教师法》新要求的各级教师的任职资格与条件来衡量，不合格教师的数量仍不少。所以培养和培训教师的任务非常繁重，需要专门的师范教育机构来承担。面对目前的境况，高师专业的发展趋向究竟如何？笔者认为，必须采取"两条腿"走路的策略。

一条"腿"是通过深化内部改革，改造现有师范专业，使之与中等教育改革很好地接轨。这主要包括：①拓宽专业口径，设置主辅修专业和双专业，使之一方面满足一些农村中学一名教师往往要能上多门课的实际需要，另一方面为职业技术教育的迅速发展提供专业课和技术指导课的师资；②对明显不适应中等教育改革和高考制度改革的专业要进行彻底改造，或拓宽口径，或合并相近专业，或实行专业转型；③对一个地区的师范专业布点要统一规划，合理布局，避免重复设置而造成人为的生源不足和办学效益低下。另一条"腿"就是适度发展非师范专业，并注意研究和克服发展过程中的一些问题与弊端。非师范专业的设置不应仅仅视作为学校获得财源，还应当把它看作学校与社会、经济密切联系的有效途径，使学校更好地适应社会、经济的发展需要；同时，也能促进师范专业的改革与发展，使之更好地满足社会和经济的需要。

（原载《上海高教研究》1994年第2期）

关于高师教育发展路径的思考

高等师范教育在我国高等教育体系中居于一个特殊且重要的地位，其发展问题历来为人们所关注和探究。当前在社会主义市场经济条件下，高师教育面临新的形势、新的情况和新的问题，究竟应选择什么样的发展路径呢？这无疑是一个具有重大现实意义的课题。

一

我国高师系统是在 20 世纪 50 年代初期学习苏联模式建立起来的。该系统的一个主要特征就是对学生实行定向培养（一般是培养普通中学师资，故此又被称作定向性高等师范教育）。这一系统历经 40 余年得以延续和发展，自有其优势所在。随着社会主义市场经济体制的建立以及我国高等教育体制的改革，高师教育中的一些长期存在的问题与弊端也日益暴露，同时又不断面临着新的问题，有的问题甚至已危及高师的继续生存与发展。这些问题主要可归纳为以下两个方面。

（1）办学经费问题。如果说办学经费紧张是一个长期困扰高校（不光是高师）的带有普遍性的问题，那么，当前面对市场经济的大潮，特别是随着高等教育一系列重大战略决策及改革措施的出台，这一问题对高师来说显得尤为突出。根据《中国教育改革和发展纲要》，高等学校在成为面向社会自主办学的法人实体并获得更大的办学自主权的同时，也相应地要求建立起主动适应经济建设和社会发展需要的自我发展、自我约束的运行机制。这就意味着国家（包括中央和地方政府）将主要依靠激发高校的办学活力，强化其自我"造血"机制来增强高校的自我发展的机能，而不单单通过对高等教育的投资来促使其发展。按照国家建设"重中之重"的高等教育发展战略思想及我国现有经济发展水平，国家今后将重点扶持进入"211 工程"的高校，对其余高校的投资不可能有大幅度的增加。故这些高校要维特其正常运转和发展，就必须广辟经费来源渠道。而从高校自身的经费来源渠道来看，一般主要有以下两个：一个是收取学生学费。高等教育作为非义务的专业教育，学生须交纳一定的学费。在国外一些国家（如美国），不论是公立学校，还是私立学校，学费都是学校经费的一个重要来源（私立学校所占比重更大）。另一个就是高校通过为社会服务获取的报酬。现在我们来看看高师院校的具体情况。就其现状与地位来看，能在短期内跻身于"211工程"的学校毕竟是极少数的。尽管国家对师范教育这一块仍强调要采取"特殊政策"，增加投入，使之在办学经费上得到保证，但由于种种原因，这种保证仅仅是从"温饱水平"的意义而言的，很难谈得上实现使学校"规模有较大发展，结构更加合理，质量和效益明显提高"的这一"小康"目标。

另外，由于高师性质及培养目标的限制，加上长期封闭的定向型高等师范教育体系造成其自我"造血"机制差，创收的路子比较窄，远不如一些与经济生产领域有着更直接联系的其他类型高校。特别是师范教育作为教育的工作"母机"，主要是为教育事业自身的发展服务的，具体来说就是为中小学服务，而这些服务对象大多数本身就很穷，高师不可能也不忍心从中谋取额外的收益，甚至在有的情况下还要无偿地帮其一把。

至于应不应该收取师范生学费，以及收取多少，由于涉及因素复杂，目前仍是一个悬而未决的问题。另外，收取学费可能带来的一些负面影响（如生源问题等）也是不容忽视的。

因此，高师在外部"输血"不足、内部"造血"机制缺乏的状况下，要维持正常运转已属不易，再要考虑自身发展往往就显得力不从心。

（2）毕业生分配与生源问题。从理论上说，根据对中等教育的师资需求调查的统计资料，以及按照新颁布的《中华人民共和国教师法》对各级各类教师的学历要求，除个别长线专业外，高师各专业毕业生分配应当不成问题。但实际情况又如何呢？据有关调查资料表明，一些高师院校的专业中有近1/3的面临毕业生分配困难的难题，特别是一些长线专业诸如数学、物理、化学、中文及教育等，其毕业生被退或学非所用的情况屡屡发生。毕业生分配难，直接动摇了人们对高师的信心，以致影响其生源。再加上教师地位不高、待遇菲薄，致使许多人不愿选择教师职业，这样也就加剧了其生源的窘况。高师有不少专业已面临招生困难的问题，甚至按第一、第二志愿录取都招不到学生。

造成以上状况的原因是多方面的，其中有两个主要原因。一个原因就是高师的专业设置多年一贯制，不能适应中等教育改革的需要。比如，近几年来，随着市场经济的发展，教育不断进行改革与发展，特别是中等职业技术教育发展很快，高中阶段的普通高中与职业高中之比已普遍达到1:1，有的地区甚至达到了4:6。这就使得一方面由于普通中学有所减少，对教师的需求量降低；另一方面，由于新兴的职业技术中学大多是由普通中学转变过来的，其师资除由为数不多的职业技术师范学院提供外，还有相当一部分师资由其他类型院校提供，而普通高师院校毕业生因其专业的局限，能胜任的极少。这就无形中缩小了高师毕业生分配的"领地"。又如，从1994年开始，高考制度进行改革，地理等一些科目不再列为高考的科目。由于高考"指挥棒"的作用，对这些不列为高考科目的教师的需求势必锐减。这样，为其培养师资的高师的有关专业也就面临着招生、毕业生分配乃至生存的危机。再有，高师专业适应面较窄，缺少双专业和主辅修专业设置，不能适应当前一些农村中学规模小、班级较少，以及一名教师往往要能上多门课的实际需要。

另一个原因是教师职业及其培养机构没有真正取得不可替代的地位。现在有些中学的教师职位，不但可以被没受过教师职业训练的非师范院校的高校毕业生在分配时作为"退一万步"的选择，而且从未进过高校门的人也能堂而皇之地充任之。有些学科的教师貌似"饱和"，实际上是一种"虚假饱和"，按照《中华人民共和国教师法》的要求，其中不少不合格的教师。在这样一种情形下，高师毕业生分配怎能不困难？高师的生源又如何能不成问题？

此外，高师还面临师资队伍不稳定、在宏观专业结构上某些专业点的设置与实际需求失调等问题。所有这些问题都在不同程度上制约和影响了高师的进一步发展，同时也在客观上要求高师对今后的发展方向和路径做出符合实际的选择。

二

根据我国高师教育的现状，笔者认为，特色化和多样化不失为其今后发展的现实选择，也是其摆脱目前困境的有效途径。得到这一结论主要基于如下思路：特色化主要是为了体现高师教育的社会动能与目标的不可替代性，即致力于达到"舍我其谁"的境地；而多样化则是从拓宽高师发展路径来考虑，即追求一种"海阔天空"的境界。

（1）所谓特色，就是"事物所表现的独特的色彩、风格等"①。而高师的特色化则是指高师在办学过程中对那些适应社会、经济及文化科技发展需要，符合教育规律，利于自身生存与发展特色的自觉追求。如果说大众化（或从众化）是"适者生存"的一种具体体现，那么特色化则是从另一种意义上反映了这一事物生存与发展的基本规律（自然界和人类社会概莫能外）。

高师教育究竟应具有什么特色呢？总体而言，高师最大的特色就是师范特色，也就是我们通常所说的师范性。对于这个问题，长期以来，在人们的思想认识及高师自身方面都存在误解。在思想认识方面，师范性常常成为低学术水平的代名词。在许多人看来，师范院校的教师不如其他类型院校教师的学术水平高，师范生在专业要求上也不必同综合性大学等其他类型院校的学生等量齐观。有人甚至怀疑师范性作为培养教师的一种必不可少的特性而存在的价值，这实际上是从根本上否定了教师职业及其培养机构的不可替代性。因后面还将涉及这些问题，笔者在此不想过多地赘论，只想申明两个基本观点：第一，塑造"人类灵魂工程师"的工程要求，无论是在精神思想素质方面，还是在专业文化素质方面，都决不应低于任何其他人才的培养要求；第二，"人类灵魂工程师"这一职业无疑具有不可替代性，非经过特殊的职业培养与训练不可。自然，承担这一职业培养与训练的机构的不可替代性也应是不言而喻的。至于在实际中确实存在一些师范院校学术水平不如综合性大学，教师职业及其培养机构并没有充分体现其不可替代性的现象，这是由社会历史传统及一些人为的因素（如政策导向、公众舆论力量、世俗偏见等因素）作用所致，故只能说明我们过去在这一问题上的缺陷和认识上的局限性，而并非其间存在什么必然的因果联系。我们不能因为现状如此而演绎出本该如此的结论。

而从高师自身这方面来看，需要重视的倒是它在不同程度上存在"特色不特"的问题。具体来说，如果由高师这一"专门机构"培养出来的教师不能显著地体现其在教师岗位上的优势，进而反映不出教师职业及其培养机构的不可替代性，这对于职业指向性较强的高师来说，无疑是不利于树立自身独特且良好的公众形象的。对于高校的公众形象，过去在计

① 中国社会科学院语言研究所词典编辑室：《现代汉语词典》，商务印书馆1983年版，第1025页。

划经济条件下我们就比较重视。而在市场经济条件下，有无良好的公众形象则直接关系到高校本身的生存与发展，因为在某种意义和一定程度上，公众已日益成为高校的"衣食父母"。在美国，大学的公众形象是作为评估学校的主要指标之一而受到普遍重视。

导致高师的"特色不特"的原因很多，譬如前面已论及的对师范性这一特色的认识问题便是其中之一。同时，从世界范围看，不少国家已从定向型师范教育体系转为非定向型师范教育体系，而我国迄今仍维持定向型师范教育体系，这不可谓不是重视师范教育的一种表现。然而，令人费解的是，在我们这个具有专门且独立的师范教育体系中对学生的教师技能的训练却没有受到应有的重视。一些高师院校不仅对教师的学科专业资格要求（如学位要求）低，而且教育技能方面的实际训练（如教育实习等）时间也短，还往往流于形式，不讲求实际效果。这就不难给人们造成高师"特色不特"的印象，甚至产生如下错觉：所谓高师"特色"，就是低学术水平、低素质的生源（高师录取新生往往降格以求）。而高师特色的真正内涵则没有为人们所理解和接受。

高师教育特色化涵盖的内容非常宽泛，针对当前存在的问题，可以有如下两方面解决思路。

第一，必须解决如何更好地体现师范特色的问题。①大力强化教师职业意识和学生的教育理解素养的养成及其教师职业技能的训练，并注重其实效，同时要重视提高高师整体的学术水准。②拓宽专业口径，设置主辅修专业和双专业，使之一方面满足一些农村中学一名教师往往要能上多门课的实际需要，另一方面兼顾由于职业技术教育的迅速发展而急需相关的专业课和技术指导课教师的现实。③对某些明显不适应中等教育改革和高考制度改革的专业进行必要的改造，或拓宽路径，或进行相近专业之间的合并，或实行专业转型。④对一个地区的师范院校及其专业布点加强统一规划，合理布局，避免重复设置而造成人为的生源不足和办学效益低下。

第二，除了师范特色外，每个高师院校都可以根据自己的历史传统、所处环境及学科优势等，形成各自的地区特色、学科特色、管理特色等诸多方面的特色。

总之，高师教育特色化的最终目标是真正使高师在整个高等教育系统中具有不可替代的地位。

这里还需要特别指出的是，决定一所高校特色的因素是多方面的，除主观上的刻意追求以外，还与学校的历史文化传统、所处的环境密不可分。正如英国著名教育家阿什比说过的一句名言："任何类型的大学都是遗传与环境的产物。"历史传统我们不可能改变，但环境可以创造。因此，如何为高师教育营造一个有利于形成其特色的环境是至关重要的。而这其中的许多工作已不是高师本身力所能及的，还有赖于政府及社会各界的有力支持和配合。

（2）多样化是高等教育发展的一个总体趋势。对高师教育来说，除一般意义上的多样化所涵括的方面外，还有其自身独特的内容。下面着重谈谈高师的专业发展多样化和发展模式多样化问题。

第一，专业发展多样化，即高师在办好师范专业、体现其特色的同时，不偏守一隅，而是根据经济、社会发展的需要设置非师范专业。这些非师范专业实行学生自费、毕业生自谋出路的制度，录取学生的高考分数亦略低。这些非师范专业一经推出，便普遍受到社会的欢迎，生源情况较好，呈供不应求态势。其主要原因是这些非师范专业大都是与经济、社会发展联系紧密的热门专业，诸如经济贸易、财务会计、涉外经济、文秘、计算机、电子技术等，其毕业生出路一般不差。同时，我国当前高等教育发展水平仍处于"精英型"阶段，即求远过于供，加上人们生活水平的提高，有能力供子女自费上大学的家庭日益增多。

就高师而言，通过发展非师范专业可以大大增强其办学活力，拓宽学校面向社会、经济的渠道与途径，打破高师长期以来自我封闭的体系，特别是在一定程度上可以缓解高师办学经费拮据的困扰。这就形成了非师范专业发展的内在动因。

近年来，非师范专业在高师院校发展迅速，其中相当一部分高师的非师范专业数量已接近甚至超出了师范专业的数量，而且非师范专业仍呈进一步发展的势头。这是高师顺应高等教育发展的大趋势，走多样化发展道路的充分、具体的体现，无疑应当得到肯定和大力支持。同时，我们也要注意克服其在发展过程中出现的一些不容忽视的问题：首先，这些新设专业大都是在较短时间内仓促"上马"的，师资及其他教学必备条件往往准备不足，再加上高师院校没有这类事业的办学经验，所以，这里本身就存在一个保证与提高这些专业的办学质量的问题。虽然这些专业的生源现在不成问题，但一旦学生毕业后由于质量等方面的问题受到人才市场或用人单位的冷落，马上就会影响到这些专业的生存与发展。其次，这些新办的非师范专业大都是当前的"热门"专业。现在这些专业的生存与发展得益于这个"热"，将来如果处理不好可能也会受累于这个"热"。因为这些专业不仅一些其他类型的高校早已设置多年，而且现在各高师院校又在纷纷开设，以致重复设置率很高。尽管目前这些专业生源情况看好，而且随着市场经济不断发育与成熟，对这类人才的大量需求仍可能持续，但市场需求总是有一个限度的，如缺乏必要、有效的宏观调控，可以预料，经过一段时间以后，这类人才的饱和与过剩在所难免，由此势必造成其结构性失业或学非所用。这样，"热门"专业就可能成为"冷门"专业。

此外，这些非师范专业已从分散师资、办学的物质资源及管理力量等多方面，不同程度地冲击、影响师范专业。[①]

因此，对非师范专业，当务之急就是要切实建立起自我发展和自我约束的运行机制。在具体选择发展专业时，既要考虑社会、经济的发展需要，以及学生今后的择业问题，又要注意发挥优势，选择与现有师范专业接近或联系密切的非师范专业。同时，不应仅仅把非师范专业的设置视作学校的财源，还应当把它看作学校建立与社会、经济密切联系的有效途径。通过这一途径，能使学校更好地适应社会、经济的发展需要，促进师范专业的改革与发展。此外，要做好人才预测，在设置专业时不仅应注意到现时的人才需求情况，而且要动态地考虑未来的人才需求状况。对适度发展非师范专业的"度"的把握以不冲击师范专业为前提。

第二，发展模式多样化，即高师教育今后可以走定向型师范教育体系与非定向型师范教育体系并存的道路。当前，关于我国高师的未来走向问题，出现了一种值得重视的观点，就是认为我国高师应像西方一些发达国家一样，选择走向非定向型师范教育发展的道路，而且目前高师院校中的非师范专业的大发展亦为此提供了良好的契机。笔者认为对这个问题要具体分析。有的师范院校根据社会、经济发展的需要及教育发展的状况，审时度势，在条件成熟时改为综合性大学（含师范教育专业），这是应当加以肯定的明智之举。但如把此举看作高师教育发展的必然趋势，推广至整个高师教育系统，似理由不足。从我国国情来看，高师教育发展还是应走多样化的道路，也就是定向型师范教育与非定向型师范教育并存，并以定

---

① 参见卢晓中、李水龙《困惑与选择——高师教育专业发展浅议》，载《上海高教研究》1994 年第 2 期，第 61–62 页。

向型师范教育系统为主，非定向型师范教育系统只能作为它的一种补充形式。这主要是因为我国幅员广大，地域辽阔，教育发展水平不平衡，在一些地区和某些科目上教师的缺口还是很大。而且按照《中华人民共和国教师法》所要求的各级教师的任职资格与条件衡量，现有教师中的不合格教师的数量不是一个小数目，所以培养和培训教师的任务非常繁重，这绝非作为附设机构的非定向性师范教育系统所能承担并完成的，还主要得依靠专门的师范教育机构去承担。有学者认为，至少要在小学教师的学历要求达到大专层次，初、高中教师的学历要求达到大学本科层次以后（比《中华人民共和国教师法》所要求的学历均分别提高了一个档次），才可以讨论向非定向型师范教育过渡问题。[①] 1992 年在巴黎召开的第 39 届世界教师培训大会明确提出了要加强教师培养的专业化，且对定向型师范教育给予了应有的重视。

　　另外，从我国现有高师院校自身的条件来看，有相当一部分尚不具备改为综合大学的条件，如勉强为之，将不利于其生存与发展。

（原载《广东教育学院学报》1994 年第 4 期）

---

① 参见甘易《高等师范教育发展趋势初探》，载《中国高教研究》1993 年第 4 期，第 58 页。

高等教育走向"社会的中心"与高师院校的战略定位

一

随着现代社会的发展，高等教育与社会的关系日益密切。这一方面是因为现代社会发展对高等教育的需求日益增多；另一方面是因为高等教育在适应和满足社会需求的同时，其自身发展也需要社会促进。正是这一密切关系，使得高等教育走向"社会的中心"有了客观必然性。自20世纪中叶以来，人们用社会的"轴心机构""动力站"及"主要组成部分"等词语来表述和揭示高等教育在社会中的显赫地位，以此作为高等教育走向"社会的中心"的重要表征。具体地说，高等教育走向"社会的中心"之客观必然性，主要是由现代社会、经济及科技发展的大背景所决定的。

第一，以知识经济为特征的现代社会、经济及科技发展对高等教育的需求，是现代高等教育走向"社会的中心"的一个主要原因。

众所周知，当今人类社会已进入或即将进入知识经济时代。什么是知识经济？用经济合作与发展组织（OECD）的一句非常经典的话来概括，知识经济就是"以知识为基础的经济"。这便决定了知识经济社会的一个重要特征，即社会、经济发展对知识的依赖程度变得愈来愈高。而与高科技、信息化时代相适应的知识的主要发生地和集散地，是以追求"高深学问"为其本质属性和基本使命的"学问之府"——高等教育机构。这就形成了对现代高等教育走向"社会的中心"并主导社会、经济发展的社会需求。

第二，经济全球化与知识经济相联系，是促使现代高等教育走向"社会的中心"的另一个不可忽视的重要因素。

在经济社会里，衡量现代高等教育能否成为"社会的中心"的一个重要标准，就是现代高等教育在经济全球化中能否扮演"中心"的角色。

在知识经济条件下，首先是经济全球化使得与经济活动密切相关的知识基础日益全球化，这就对现代高等教育提出了一个要求：必须"面向全球"培养人。而所谓"面向全球"培养人，就是要培养在知识、能力及心理、精神诸方面能主动适应经济全球化需要的人才。唯有如此，现代高等教育才能真正成为"社会的中心"。其次是经济全球化促进了现代高等教育的活动走向全球化和国际化。如世界贸易组织把教育服务列为12类世界服务贸易之一①，而高等教育又是其中的主要方面。现代高等教育能不能因应这一发展需要，关系其能否真正走向"社会的中心"。最后是经济全球化使现代高等教育的发展面临愈来愈多的全球性问题，需要提出全球性的解决办法，而这些问题的解决无疑将更彰显现代高等教育的"社会的中心"地位。

此外，经济全球化还带来了一个文化问题，即多元文化如何共处和交流的问题。作为具有文化继承、传播、选择和创造功能的现代高等教育自然要对此作出回答，这也是走向"社会的中心"的现代高等教育的应尽之责。

第三，以信息技术和生物技术为主导的现代科学技术的发展对现代高等教育提出的要求，也是促使现代高等教育走向"社会的中心"的一个因素。

自20世纪下半叶以来，现代科学技术的迅猛发展，特别八九十年代信息技术的发展，给许多学科、技术带来了革命性的变化。这同时也向现代高等教育提出了一个非常严峻的命题：现代高等教育如何去适应信息技术的发展要求？而这一命题实际上又可分解为两个相互联系的次命题：一个是现代高等教育如何去培养信息时代需要的人才？另一个是现代高等教育在教育观念、教育制度、教育内容、教育方法和手段及教育组织形式诸方面如何与信息时代相适应，反映信息时代的特征并发挥其优势？

至于生物技术，在20世纪末已愈来愈显示其强大的生命力和良好的发展前景。"特别是生物技术与信息技术相结合，将会给科学、技术、经济、社会的许多方面和领域带来目前还难以想象的变化。"② 这就要求现代高等教育未雨绸缪，及早做好准备，以迎接新技术革命的挑战。

---

① 根据世界贸易组织的有关规定和划分，全世界的服务贸易分为12类，其中教育服务属于12类服务贸易中的第5类，它主要包括以下四种提供方式：跨境交付（cross-border supply）、境外消费（consumption abroad）、商业存在（commercial presence）、自然人流动（presence of natural persons）。

② 周远清：《21世纪：建设一个什么样的高等教育》，载《中国教育报》2001年2月16日。

二

如前所述，现代社会、经济及科技发展使现代高等教育走向"社会的中心"具备了客观必然性。但客观必然性并不等于现实性，也就是说，从外部环境和条件来看，尽管现代高等教育有成为"社会的中心"的可能和基础，但具体到某一类型的高等教育或某所高等院校，则并不意味着它无须经过努力，就可以自然而然地成为"社会的中心"。因为必然的东西不一定都能变为现实，这还取决于人们的主观能动性，所以，从这种意义上说，现代高等教育成为"社会的中心"还是一个带有某种或然性的命题，或者说它还只是处在应然的状态。如有的高等院校发展得好，便能够真正成为"社会的中心"，从而使"必然"变成"实然"；而有的高等院校发展得不好，就不一定能够成为"社会的中心"。而作为高等教育的一个重要组成部分的高师院校，同样存在一个如何更好地走向"社会的中心"的问题。

高师院校要更好地走向"社会的中心"，除了与其他普通高校面临共同的一些挑战和机遇外，还会面临一些特殊的问题和挑战。

一是原来基本上由高师院校"专营"的教师教育，其他院校也开始介入。这就给高师院校带来了两方面压力：教师教育市场的竞争压力及其他院校为发展高师教育而从高师院校"挖"师资和人才所带来的压力。

二是失去"专营"权的高师院校，除了要在教师教育市场与其他院校进行竞争外（在一定时期内高师院校这方面的竞争优势还是明显的），势必还要在谋求新的发展（教师教育以外的发展）中与其他院校竞争。而对于大多数高师院校来说，长期的"专营"客观上造成了在平等竞争中的一些"先天不足"，许多方面处于弱势地位。这些"先天不足"如果缺乏应有的支持和条件，则很难在短时间内得到根本改善。

三是除了高师院校自身受长期的"专营"定势的影响外，外界对高师院校也有一个思维定势。

面对以上问题和挑战，高师院校需要重新审视自己的发展方向和道路，以在新的形势下有一个新的战略定位。这一战略定位，可用以下三点加以概括，即特色、开放、综合。

（一）特色

高师院校的特色是指高师院校的"与众不同"，它既包括教师教育特色，也包括其他方面的特色，如一些高师院校长期形成的优势学科和名牌专业等。

就前者而言，高师院校应始终坚持与发挥教师教育的特色和优势，继续坚定不移地为基础教育服务。这一点，无论是对国家教育事业的发展需要来说，还是对高师院校自身的生存和发展来说，都是十分重要和必需的。所以，高师院校现在的问题并不在于要不要保持教师教育的特色和优势，而在于应考虑如何从根本上解决长期以来高师院校存在的特色不特、优势不优的问题，把教师教育这一块办出真正的特色和优势，使之真正成为高师院校的一个品牌。而要做到这一点，则有赖于高师院校在办学模式上的创新及在课程体系上的改革。如有条件的高师院校（重点师范大学），可实行"4＋X"的办学模式①，并切实加强教育学科类课程体系的建设，尤其是增强教育学科类课程的实效性；同时，应与当前基础教育课程改革相适应，尤其是要适应基础教育新课程中综合类课程增多的趋势，注意为基础教育培养具有广博知识面、适应性强的合格师资。

专业发展是高校生存与发展的一条重要的生命线，也是最能体现其特色的地方，这对高师院校来说也不例外。所以，高师院校在这一方面能否形成自己的特色和优势，直接关系其生存和发展。从总体思路上来说，高师院校专业发展的重点应放在那些既富有自身特色又有发展前途的专业上，具体可以从以下四个方面考虑形成高师院校的专业特色。

第一，高师院校专业发展应重视对人才市场的预测和拓宽专业口径。一方面，在市场经济的条件下，人才市场变化频繁，而人才培养则具有"迟效应"，特别是体现人才培养模式的学科专业的发展是一个长期的过程。所以，高师院校专业发展既不能跟着"感觉"走，也不能循着"热点"跑，而必须扎扎实实地科学地做好人才市场预测，在此基础上确立专业发展的方向和目标。特别要注意的是，"新设专业，一定要以未来发

---

① "4＋X"的办学模式："4"是指职称评审、岗位聘期考核、中层单位年度考核、中层领导班子和领导干部考核四个重点领域；"X"通常指的是除上述四个重点领域之外的其他多个相关领域或任务。

展的可持续性作为决策的前提"①，这也是由专业发展的长期性和人才培养的"迟效应"特征所决定的。应当说，一个好的人才市场预测是形成高师院校专业发展特色的重要前提和基础。

另一方面，高师院校应通过拓宽专业口径，为学生适应未来社会、经济的发展和变化提供一个宽阔而厚实的发展"平台"。这是一种"以不变应万变"的发展思路。实际上，拓宽专业口径并不是一个新问题，早在20世纪80年代，人们对此问题就有许多关注和探讨。这里笔者要强调的是，专业口径并不是拓得越宽越好，以致专业不成其为专业。这里就有一个拓宽什么和如何拓宽的问题。笔者以为，设置和拓宽专业口径，最重要的依据是对人才市场的预测和未来社会、经济发展对人才规格的需求及高师院校自身的专业培养目标，恐怕这也是体现高师院校专业特色的关键所在。

第二，高师院校专业发展应紧密联系经济、社会及科技发展。一方面，随着高等教育体制改革，高校为地方服务的功能不断加强，因此高师院校尤其是地方师范院校的专业发展应注意与所在地域经济、区域经济发展相联系和相适应，体现其为地方经济和社会发展服务的地方特色。一方土地孕育出一方独特的文化与环境，这对高师院校的专业发展且体现地方特色也是十分重要的。另一方面，高师院校（尤其是重点师范大学）的专业发展应注意面向国际科技发展的前沿，以此来寻求新学科专业和边缘学科专业的生长点，以期在更高层次上形成学科专业特色。

第三，高师院校的专业发展应注意选择其传统优势学科及独特领域。这包括在局部范围形成的优势。诚然，有的学科专业在世界或全国范围内并非某所高师院校的优势，但在一定区域内则可能体现其优势。这种局部优势的取得，对高师院校的专业发展来说也是至关重要的。

第四，高师院校的专业发展应考虑到系统配套的问题。专业发展不是简单地给专业取（改）名字就能实现，它有赖于与专业发展有关的一系列要素的系统配套，如课程设置、课程内容、教学设施和手段、教学资料、师资等诸多方面的系统配套。专业发展的特色应当在以上要素及其配套过程中形成。20世纪90年代初，有些高师院校为了适应市场经济发展的需要，增强"自我造血"的机能，于是把原有的一些专业改名，如历

① 潘懋元：《走向21世纪的高等教育思想的转变》，福建教育出版社2000年版，第299页。

史专业改成旅游专业，地理专业改成房地产开发与管理专业。尽管名字改了，但新的专业应包含的基本要素却没有得到配套发展，有的甚至是原封不动。这种"新瓶装旧酒"的做法，不仅不能体现专业发展的特色，而且让人感觉不伦不类。很难想象，这样的专业能够可持续发展下去。

（二）开放

高师教育的开放化和高师院校的开放办学应当是具有同一性的过程，它主要包括以下三层涵义：

第一，突破过去单一的师范性，实行开放办学。这主要指的是高师院校应注意拓展自己的发展空间，除继续保持教师教育的特色和优势外，还应根据社会、经济发展的需要寻求新的发展生长点，而不为所谓的师范性所束缚。有条件的高师院校可逐步向多科性大学或综合性大学发展。笔者认为，这与坚持教师教育特色（这里所说的坚持教师教育特色与过去所强调的坚持师范性不同）并不是彼此排斥的，而是完全可以统一、可以相辅相成的。这也符合高师教育从定向型向非定向型发展的世界性趋势。

第二，扩大国际教育合作和学术交流，推进高师院校的国际化。20世纪90年代以来，伴随着经济全球化和信息技术的发展，高等教育国际化受到愈来愈多的重视。其中两个重要表征是：①1995年联合国教科文组织发布的《关于高等教育的变革与发展的政策性文件》，把"针对性""质量"和"国际化"作为现代高等教育发展的3个核心概念，其中"国际化"替代了20世纪80年代以来的联合国教科文组织中期发展规划和双年度计划的3个核心概念中的"效率"（其余2个核心概念"针对性"和"质量"没有变动）。②1996年由雅克·德洛尔任主席的国际21世纪教育委员会向联合国教科文组织提交的报告《教育——财富蕴藏其中》，把高等教育国际化作为高等教育的新职能提出来了："最近几年变得越来越重要的另一项职能即国际合作，亦应增加到这些职能之中。"更有学者把这一新职能称为高等教育的"第四职能"[1]。

毋庸讳言，长期以来受高师院校的性质、目标及职能等因素定位的影响，大多数高师院校的国际化程度不高，以致在办学模式、专业发展、课

---

① 陈昌贵：《国际合作：高等学校的第四职能——兼论中国高等教育的国际化》，载《高等教育研究》1998年第5期，第11-15页。

程体系等方面不同程度地出现了与世界高等师范教育发展的主导潮流相脱离的情况。所以，如何加强国际化，对于高师院校自身的发展来说有着特别重要的意义。

第三，增强学校面向社会、自主办学的机制。与高师教育的"专营"性相适应的是高师院校办学的"封闭"性。高师院校有自己相对独立的办学系统，如在招生、人才培养和人才消化等方面所形成的"一条龙"系统。一旦"专营"局面被打破，高师院校原有的相对独立的办学系统就不可能再维持下去。这就要求高师院校进一步增强面向社会、自主办学的机能，并在这一过程中切实建立起自我发展、自我约束的办学机制。

（三）综合

这是指通过调整学科结构，拓宽专业平台，促使文科、理科、工科交叉融合，基础学科、应用学科、技术学科优势互补，协调发展。

应当说，这是高师院校进行战略性调整的必然选择，同时这也是高师院校的"特色发展""开放办学"使然。此外，大多数高师院校的非师范专业近年来有了较大的发展。这也为高师院校进行学科结构调整、增强综合性奠定了重要的基础。

值得指出的是，国家既然对高师院校已基本没有了特别的"专营"保护，那么就应当尽快解决一些政策定势的问题，使高师院校有一个平等发展和公平竞争的环境。当然，高师院校自身也要尽快摆脱"专营"定势，在国家政策的支持下克服"先天不足"的困扰，增强办学的适应性，提高办学质量，加强与国内外高校的教育合作和学术交流；特别要注意把当前面临的一些问题和挑战，转化为改革与发展的动力和机遇。

（原载《教育导刊》2002 年 11 月号上半月）

职业教育人才培养适应性评价指标设计
及其应用路径

目前，我国正进入现代化建设的关键时期，大力发展职业教育已成为国家发展的战略重点。深入研究我国教育现代化必须着重研究职业教育现代化，而研究职业教育现代化又必须以建立一套有效的职业教育评价指标体系为前提。合理选择职业教育人才培养适应性评价指标，用于全面监测、评价、反映职业教育在规模、结构、质量等方面的发展状况，是整个职业教育评价指标体系的核心部分。职业教育人才培养适应性的监测评价必须着眼于职业教育发展中存在的主要问题，并根据社会需求来确定评价维度，再以此为基础选择深化职业教育人才培养体制改革的路径，最终为增强职业教育人才培养的适应性水平提供政策保障。

一、职业教育人才培养适应性评价维度及指标设计

1. 职业教育人才培养规模的适应度

在资源配置逐步市场化的条件下，职业教育发展首先要追求规模经济效益，并在保持规模均衡发展的基础上实现较高的办学效益。[①] 职业教育规模是否均衡发展即职业教育规模是否适度发展，是判断职业教育人才培养适应性水平高低的重要标准，其评价依据是职业教育人才培养规模应该保持在一个适度的数量范围内，该范围的两个临界点是"规模过小"和"规模过大"，只有在这个范围内，才有助于实现办学效益的最大化。职业教育规模发展的适度性既受到规模与办学条件相适应的"内在发展规律"的影响，又受到规模与经济社会发展相适应的"外在发展规律"的影响。本文所指的人才培养规模的适应度是一项外向性评价指标，更多地涉及职业教育人才培养规模与经济社会发展相适应的问题。因此，职业教

---

① 参见卢璟《职业教育的规模经济与规模不经济》，载《成人教育》2008 年第 8 期，第 60－61 页。

育人才培养规模适应度侧重研究的是职业教育人才培养规模与适龄人口总量、教育总量等的匹配关系。根据这一思路，可以选择"中职高职在校生数占适龄人口总数百分比""中职高职在校生数占相应学段在校生总数百分比"作为职业教育人才培养规模适应度的具体评价指标。

2. 职业教育人才培养结构的适应度

职业教育规模的适度扩张与结构的适时优化是职业教育可持续发展中两条互为依存的主线。不重结构的职业教育规模发展，势必会出现人才培养的"无效供给"，造成人才过度和人才缺岗的双重浪费。[①] 为此，评价职业教育人才培养的适应性水平不能缺少职业教育人才培养结构适应度这项标准。职业教育人才培养结构主要包括专业结构和层次结构两个方面。经济结构则表现为第一、第二、第三产业的结构比重。从经济结构角度来看，职业教育人才培养结构适应度主要表现为职业教育人才培养专业结构与三大产业结构比重的匹配关系。此外，不同的经济结构意味着不同的经济发展水平，职业教育人才培养结构适应度也可以表现为职业教育人才培养层次结构与经济发展水平的适应度。本文选择"中职高职产业专业结构比重""中职高职人才培养规模结构比重"作为职业教育人才培养结构适应度的具体评价指标。

3. 职业教育人才培养质量的适应度

职业教育培养的人才是否合格，不仅体现在毕业生是否符合生产、建设、管理和服务所需要的人才基本规格和要求，更体现在社会对毕业生是否欢迎。社会对毕业生的欢迎程度可以用毕业生就业质量加以衡量。就业质量是反映整个就业过程中劳动者与生产资料结合并取得报酬或收入的具体状况之优劣程度的综合性范畴。[②] 毕业生就业率是毕业生就业质量的重要指标，可以通过"绝对量"和"相对量"两个维度来反映就业质量。毕业生就业率的"绝对量"是指职业院校毕业生就业的绝对数量比重，而毕业生就业率的"相对量"是指职业院校毕业生就业的专业对口数或就业稳定数等相对数量比重。据此，"中职高职学生初次就业

① 参见郭新和《通过规模增量调整我国高等教育结构》，载《河南社会科学》2010 年第 8 期，第 130 页。

② 参见王爱萍、严纪杰《大学生就业质量的哲学审视——基于职业成功的视角》，载《长春工业大学学报（高教研究版）》2010 年第 3 期，第 79 页。

率"和"中职高职学生对口就业率"较适合作为职业教育人才培养质量适应度的具体评价指标。作为职业教育人才培养质量的两个主体性评价指标，要实现它们还需要一些支撑条件，因此支撑条件的配置情况也是影响职业教育人才培养质量的重要因素。这些支撑条件包括师资情况、实习实训条件、校园信息化条件等。我们从中选择了"中职高职双师型教师比例"作为职业教育人才培养质量适应度的第三项重要评价指标。

二、深化职业教育人才培养体制改革的路径选择

1. 引导职业院校科学制定人才培养规划

人才培养规划是一个比较复杂的问题，在制定过程中需要考虑诸多影响因素，但其中最重要的是来自人才市场的需求，也就是经济社会发展的需求。因此，职业院校人才培养规划制定的基本指导思想就是在全国性和区域性职业教育人才培养规划的指导下，遵循适应性原则，主要做好两种规划：一是基于对不同层次人才需求的预测规划职业教育人才培养的层次结构；二是基于对不同类别人才需求的预测规划职业教育人才培养的类别结构。

2. 构建职业院校联合培养人才模式

无论是中等职业教育还是高等职业教育，都是以就业为指导的教育，其培养过程与满足企业和社会的需求有着密切联系。所以，单凭职业院校一己之力是无法达成培养目标的，必须有企业的深层次参与，即人才培养工作不单纯以学校为主体，而是由职业院校、行业企业"双主体"来共同实施的。将职业院校的教学过程与企业的生产过程紧密对接，由校企双方共同制订专业人才培养方案和具体教学任务，共同开发专业课程和教学资源，共同组织和监控教学过程，共同推进教学做一体的教学模式改革，共同设计和实施生产性实训、顶岗实习来完成教学任务。

3. 提升职业院校协同创新能力

积极探索建立校校协同、校所协同、校企（行业）协同、校地（区域）协同等开放、集成、高效的协同创新机制，提升职业院校的协同创新能力。职业院校的协同创新能力包含两个方面的涵义：一是通过培养具有协同创新思想的创新型人才，使职业院校成为区域协同创新型人才的培

养基地；二是由职业院校与其他院校、行业企业、研究所等开展协同研究，将研究成果应用于生产、建设、服务和管理第一线，使职业院校成为区域技术创新成果的重要源泉。

4. 建立职业院校专业动态调整机制

职业院校专业动态调整机制的运行目的是形成与区域经济和产业转型升级匹配程度高、结构合理、错位发展、特色鲜明的职业教育专业发展格局。职业院校专业动态调整机制建设的主要对策包括：一是建立职业院校毕业生就业和重点产业人才供需年度报告制度，即教育与就业的信息对接机制，健全专业预警、退出机制[①]；二是培育行业性中介组织或机构，建立非政府性的专业调整机制；三是鼓励职业院校充分发挥教授团体、骨干教师团体等校内力量的主导作用，改革完善内部专业调整机制。

5. 强化职业院校实践育人工作

强化职业院校实践育人工作的途径主要有：一是各级政府要制定出台加强职业院校实践育人工作的办法；二是由教育行政部门结合专业特点和人才培养要求，分类制定实践教学标准；三是职业院校应增加实践教学比重，确保各类专业实践教学必要的学分（学时）；四是加强实验室、实习实训基地、实践教学共享平台建设，重点建设一批国家级和省级中职高职实训基地、国家级和省级校外实践教育基地等；五是支持职业院校学生参加企业技改、工艺创新活动，广泛开展社会调查、生产劳动、志愿服务、公益活动、科技发明、勤工助学和挂职锻炼等社会实践活动[②]；六是推动建立党政机关、城市社区、农村乡镇、企事业单位、社会服务机构等接受职业院校学生的实践制度。

6. 深化职业院校继续教育综合改革

职业院校继续教育综合改革的重要任务是推行中职与高职衔接，实现高职拉动中职，对接应用本科，为学生搭建终身学习的"立交桥"，推动职业院校开展继续教育学习成果的认证、积累和转换工作，鼓励和吸引职业院校学生及社会成员通过多样化、个性化的方式参与学习。在"立交

---

① 参见范唯《专业是高职学校的品牌和灵魂》，载《职业技术教育》2012 年第 6 期，第 24 页。

② 参见中华人民共和国教育部《教育部关于全面提高高等教育质量的若干意见》，见中华人民共和国教育部网（http://www.moe.gov.cn/srcsite/A08/s7056/201203/t20120316_146673.html）。

桥"的人才培养模式下，学生能够获得终身学习的意识和能力，能够适应就业市场不断出现的新变化。

7. 建设结构合理和素质优良的"双师型"教师队伍

创新人才引入机制，吸引企业一线专业技术人才、能工巧匠担任兼职教师，参与教学工作，使兼职教师承担的专业课课时比例逐年增加。培养选拔和引进（聘用）技术服务能力强、行业企业影响力大的专业带头人，逐步建成与企业联系紧密、规模稳定、合理流动、水平较高的专兼结合双师结构教学团队。[①] 建立和完善专业教师评聘与评价制度，将教师的社会服务能力纳入职称的评审、聘用和绩效考核，引导"双师型"专业教师队伍的建设方向。

8. 完善职业院校教育质量监控评估机制

职业院校的人才培养监控既要重视人才培养质量的校内评价，也要重视人才培养质量的校外评价。人才培养质量系统的监控点包括课程合格率、各项竞赛获奖率、创新能力和科研能力、毕业率、就业率、就业层次、用人单位评价等，其中最为核心的指标是就业率。职业院校教育质量监控评估机制强调校外教育质量咨询评价系统的建立，特别是用人单位的咨询与评价系统，这有利于及时将用人单位的咨询与评价意见用于职业院校的人才培养过程。

三、增强职业教育人才培养适应水平的政策保障

1. 加强政府对职业教育发展的规划统筹

各级政府要加强对职业教育工作的统筹领导，重点是要做好两个方面的规划统筹：一是科学规划职业教育的层次结构，二是科学规划职业教育的类别结构。从国际经验来看，当人均 GDP 低于 1000 美元时，职业教育以中等职业教育为主；当人均 GDP 达到 2000 美元时，职业教育的重心就要从中等职业教育转向高等职业教育，表现为中等职业教育比例逐步减

---

① 参见中华人民共和国教育部《国家高等职业教育发展规划（2011—2015 年）》，见内江职业技术学院网（http://www.njvtc.edu.cn/info/1061/5817.htm）。

小、高等职业教育比例逐步增加。① OECD 2012 年的教育统计说明，当一个国家进入二次现代化过程即从工业社会向信息社会转型时，职业教育包括高等职业教育的规模又会保持相对稳定。因此，随着经济发展水平和阶段不断调整，职业教育的层次结构应与区域经济发展水平保持动态平衡。各级政府要紧密根据区域经济社会发展实际，科学规划中职教育与高职教育的规模结构。职业教育的类别结构规划主要是专业设置规划，即各级政府应以本区域经济和社会发展总体规划为依据，与本区域产业结构和就业结构相协调，来制定职业教育的专业布局规划。

2. 加强政府对职业教育发展的政策统筹

政府政策统筹是根据区域职业教育发展需要，制定配套政策，构建完善的职业教育发展优惠政策体系，形成具有较强吸引力的职业教育发展政策环境。政府政策统筹的基本内容包括：一是制定经费筹措政策，保证举办职业教育的财政性经费能够逐步增长；二是通过财政、税收、信贷、担保等多种手段，拓宽职业教育办学资本的来源渠道；三是采取经费资助倾斜，优先支持职业院校开设与新兴产业相对接的专业以及紧缺或急需专业；四是制定税收优惠政策等激励政策，鼓励企业接收学生实习实训和教师实践，鼓励企业加大对职业教育的投入。②

3. 加强政府对职业教育发展的资源统筹

政府对职业教育资源的配置和调整是以其对职业教育发展的定位为依据的，而职业教育发展定位又服务于政府所承担的经济社会发展目标和任务的实现。从这一角度上来说，政府的资源统筹行为就是为了推动职业教育的适应性发展，顺应了政府的发展意愿的职业院校，大部分时候能在资源分配上处于优先地位。政府资源统筹可以通过多种途径来实现，主要包括：一是加快制定和落实中等和高等职业学校生均经费基本标准和生均财政拨款基本标准；二是组织教育质量评估，根据评估结果来配置和重新调整资源；三是开展示范性院校建设，集中优质资源重点建设若干示范性院校，使其发挥带动和辐射作用；四是实施重点专业建设，着力打造一批国

---

① 参见原春琳《直辖市中等职业教育在走下坡路》，见中国青年报网（https://zqb. cyol. com/content/2006 – 02/15/content_1315677. htm）。

② 参见中华人民共和国中央人民政府《国家中长期教育改革和发展规划纲要（2010—2020年）》，见中华人民共和国中央人民政府网（https://www. gov. cn/jrzg/2010 – 07/29/content_1667143. htm）。

家紧缺、市场急需的重点专业；五是建立公共服务平台，为职业教育搭建一站式政府服务平台、公共实训平台、招生就业平台、师资队伍交流平台等。

（原载《教育发展研究》2015 年第 1 期）

大学能成为中小学教育改革的引领者吗？

一、大学作为引领者的应然与实然

所谓引领者，指的是事物的导引群体或独立的个体，带领或引导事物的发展方向。而引领者的角色确立通常涉及两种情况：一种是引领者的角色是被赋予的，即由上级组织赋予下属某个（类）机构的角色，也被认为是机构职责所在；另一种是尽管上级组织没有明确的赋权，但机构对引领作为自身的使命和责任具有自我体认，也即角色认同，从而试图在实践中予以践行，这从相当程度上体现出引领主体的主动性和积极性。一种"好"引领的发生，既有赖于第一种情况，即上级组织的适当赋权，并给予必要的支持，也与第二种情况关系密切，甚至必不可少，一种没有引领主体的主动性、积极性的所谓"引领"，不可能是一种"好"引领。实际上，这两种情况都不同程度地反映了某种引领的社会需求，也体现了此种引领的价值所在。

基于以上认识，所谓大学①作为中小学教育改革的引领者，指的是大学或教授（以下统称"大学"）带领或引导中小学教育改革的发展方向。从上述引领者角色的两种情况来看，实际上大学作为引领者的某些方面多属于第一种情况，而在另一些方面也存在第二种情况，但更多的时候往往是两者兼而有之。对于大学作为中小学教育改革的引领者的重要价值，大学（university）、政府（government）、中小学（school）三方的认识，尽管并不完全一致，但愈来愈趋于认同。

从当前现实状况而言，大学作为中小学教育改革引领者的社会需求非常旺盛，如中小学期待大学能够指导和引领他们的改革，以不偏离正确的改革航向，从而促进教育教学质量不断提升；教育行政部门及社会也希望大学能为中小学教育改革指引方向，帮助和推动中小学教育改革不断深

---

① 本文所指的大学，主要是与中小学联系密切的师范类院校和一些拥有教育类学科、专业的其他院校。

化，以提高人才培养质量。然而，实际的情况是，大学在很多时候并没有真正成为中小学教育改革的有效引领者。究其原因，笔者以为主要与以下两种状况密切相关。

第一，源于大学方面。首先，大学对基础教育领域火热的教育改革反应时常过于迟钝和滞后，甚至了解甚少，也缺乏应有的热情。其次，一些大学教授们还习惯于书斋生活，专注于做纯学院式的研究（笔者并无意否定这种治学方式，甚至认为当下大学应重视这种治学方式，实际上治学方式的选择与学科及教授个体都有密切关系。以上观点是从本文论题而言的），而远离甚至漠视中小学教育改革的实践。这与对大学的评价有一定关联，因为在对大学的评价中，实践性成果很多时候不受重视。以上情形，在相当程度上注定了大学难以成为中小学教育改革的有效引领者。

第二，在中小学教育改革方式上，从中国中小学教育改革的历史与现实样态来看，绝大多数中小学教育的改革方式均具有"自上而下"的特征，这与中国现行教育管理体制是密切关联的。引领中小学教育改革的大学，往往处于一种被动状态，有时甚至沦为"我注六经"式的改革诠释者（非引领者）。同时，这种状态也使大学对引领缺乏应有的主动性和积极性，从而难以成为"好"的引领者。新课程改革具有明显的"自上而下"特征，即从改革的顶层设计，到改革政策，甚至于具体的改革措施，均来自上层（教育部），中小学的课程改革直接接受上层的领（引）导，而一些大学课程专家只处在其间的"灰色"地带。

二、大学成为有效引领者的两个改变

对于以上两种现实状况，笔者认为在认同大学作为中小学教育改革引领者的重要价值的前提下，大学自身的适当改变和中小学教育改革方式的适当改变势在必行。唯有如此，大学才有可能真正成为中小学教育改革的有效引领者，其重要价值才能真正得到彰显。

（一）大学自身的适当改变

对于这一问题，我们可从以下三个方面来认识。

1. 使大学的专业优势真正转变为引领优势

大学无疑拥有专业理论与专业知识的优势，但为什么许多时候大学并未能很好地引领中小学教育改革呢？其中一个重要原因就是，大学的专业优势并没有真正转变为引领优势。要解决这一问题，我们需要进一步确立"理论先行"的改革理路，即从过去那种"摸着石子过河"转变为"理论引领"。除此之外，更为重要的是解决以下两个问题。

第一，什么样的专业理论和专业知识能够真正引领中小学教育改革？因为中小学教育改革既是一个实践问题（改革实践），也是一个理论问题（改革理论）。因此，着眼于理论与实践相结合的专业理论和专业知识，方能对中小学教育改革起到有效的引领作用。以教师专业发展为例，教师发展是当前中小学教育改革深入的关键，而大学应当如何为中小学教师发展提供适当的专业理论和专业知识呢？比如，关于教师实践性知识的概念及相关理论的提出，让教师专业发展的"实践"取向成为研究的热点，它不仅使发展教师实践性知识成为职前教师培养必须面对的课题①，而且为中小学教师职后的专业发展提供了专业指引。显然，这一教师发展专业理论与专业知识的提出，不仅有对教师专业性的学理追寻，还针对教师专业发展的实践困境。

第二，要为这种专业理论和专业知识的引领确立一个什么样的合理框架（也就是引领的"路线图"）？笔者曾从教育理论与教育实践的关系角度阐述了"理论—理念—实践"这样一个引领框架②，大学专业理论和专业知识对中小学教育改革的引领，同样适用这一框架，即首先必须建构中小学教育改革理论，在此基础上确立中小学教育改革理念，进而引领中小学教育改革实践。

2. 使大学与中小学真正成为发展共同体

能否产生有效引领，还取决于引领者与被引领者之间的关系是否密切，特别是被引领者对引领者认同度的高低。大学的有效引领不足，在很大程度上是因为大学与中小学并没有建立起相互信任、相互认同的密切关系，而流于一种基于各自利益、各自发展的取长补短式的合作关系。因此，要增强大学的有效引领及引领力，亟须使大学与中小学建立新型合作

---

① 相关研究认为职前教师教育中同样蕴含着以实践性知识培养奠定教师专业发展的知识基础的任务，从而促使职前教师实践性知识养成与当前的职前教师教育改革实质性地关联在一起。参见李利《职前教师实践性知识发展研究》（博士学位论文），苏州大学，2012年，摘要第Ⅰ页。

② 参见卢晓中《社会变革视野下高等教育发展理论创新》，载《高等教育研究》2011年第10期，第20－25页。

关系，促进中小学对大学作为引领者的身份认同，从而寓引领于合作之中。而中小学对大学作为引领者的身份认同，除了对大学的专业理论与专业知识的认同外，还取决于大学与中小学能真正成为一个发展共同体，大学能真正成为实践者的知音并提供有益的服务。这都有赖于建立大学与中小学的新型合作关系，这种新型合作关系就是一种发展共同体的伙伴关系。

实际上，建立以发展共同体为特征的大学与中小学的新型合作关系，也体现出一种时代走向。

（1）合作发展的新阶段。当前，合作共赢已是时代主题，零和博弈与共生共赢的消长，昭示了从竞合到融合的主流趋势。这是一种融合各发展主体、具有共时性特征的发展共同体。

如何建立新型的合作关系？目前在我国教育的一些领域已出现了值得关注的新动向。一是职业教育领域的"产教融合、校企合作"。基于产教融合的校企合作与传统意义上的校企合作的根本区别在于，后者是取长补短式的一般性校企合作，前者是共同繁荣的深度融合。而深度融合的一个显著特点，就是融合各方成为利益共同体、成就共同体的发展共同体。二是着眼于高等学校协同创新的"2011 计划"。"2011 计划"中的高等学校协同创新亦不同于以往的政、产、学、研合作，而是特别强调通过加大体制机制的创新，来促进协同各方的深度融合、共同发展，从而成为真正的发展共同体。

（2）教师教育一体化发展的新趋向。这主要包括教师教育的职前职后相互衔接，这种衔接不是分割型的物理连接，而是一体化的化合衔接。所谓一体化的化合衔接，其核心在于共同，即共同的愿景目标、共同的核心价值、共同的发展利益、共同的行动策略、共同的成果分享等。这是从纵向意义上建构的一种历时性的发展共同体。

3. 使大学成为中小学教育改革有效引领者的基本向度

（1）思想引领。大学研究并提供教育改革的前沿理论、思想理念及动态趋向，孵化和传播教育改革思想理念。如大学对中小学学生核心素养的研究成果，正对当前中小学教育改革发挥日益重要的引领作用。

（2）教育引领。一是改变学校改革者。中小学教育改革的主体是校长和教师，校长是学校改革的领导者。所以，在很大程度上，改变校长就是在引领改革。教师是学校改革的行动者，忽视教师作为改革行动者的主体地位就不可能引领好教育改革。新课程改革所遇到的一个最大"瓶颈",就是教师不能适当地认识、理解和接受新课程理念,或是不能在教学实践过程中切实践行。而能否改变学校改革者(领导者和行动者)取决于能否提供更为有效的培训。当前,提高中小学校长和教师培训的实际效果是改变学校改革者的重要一环。二是培养未来的校长和教师。他们是教育的未来,也是中小学的潜在改革者。当前,在教师职前教育领域,从课程设置、教学组织形式到教学方式方法等诸多方面,都与基础教育领域对校长和教师素质的要求有相当的差距。因此,改革教师职前教育课程和培养模式,是未来教师教育领域面临的一个重大课题。

(3)参与引领。大学可以多种方式直接或间接参与到中小学教育改革实践中,与中小学结为伙伴关系,并成为专业的共同体、改革的共同体,最终成为发展的共同体。而大学则可以在参与改革、建构共同体的过程中,充分利用自身优势来发挥好对中小学教育改革的引领作用。

需要指出的是,不论是何种引领,当下大学的自我改变对于大学胜任中小学教育改革的引领角色、成为有效引领者都是必不可少的。对此,可从以下三个方面来认识。

第一,思想引领关键在于思想有多"远",而"远"不仅取决于思想理论能真正具有前沿性,更在于思想理论对实践的时代感知和呼应,也就是理论与实践能真正做到密切关联、相辅相成。这都亟待大学对专业理论和专业知识生产模式进行改变。英国学者吉本斯等人所提出的要从过去那种仅仅强调"知识生产模式一"向注重"知识生产模式二"转变①,为反思当下大学的专业理论和专业知识生产方式及教学内容提供了一种新思路和新启示。

第二,改变改革者(包括潜在的改革者)从改变自我开始,没有改变自我的缺陷,很难改变改革者。教育功能的"双重性"告诉我们,不注重自我改变可能会给受教育者(改革者)带来难以估量的危害。当前,在教师教育领域中,教育人才目标、课程设置、教学组织形式以及教学方式方法等诸多方面存在种种缺陷,改变无疑迫在眉睫。

第三,参与引领决定了大学必须转变角色,即从过去那种居高临下的

---

① 参见[英]迈克尔·吉本斯、卡米耶·利摩日、黑尔佳·诺沃提尼等《知识生产的新模式——当代社会科学与研究的动力学》,北京大学出版社2011年版。

中小学教育改革的"教导者"角色，转变为深度融合、共同发展的共同体角色，并与中小学建立起更为主动、更为亲密、更为持久的合作伙伴关系。

总之，大学对中小学教育改革的引领既是应尽的社会责任，也是深化中小学教育改革的时代要求；同时，大学对中小学教育改革进行有效引领又是有条件、有限度的（这里既包括客观的限度，同时也有主观的局限）。如何充分建构和发挥好大学的优势，并使大学与中小学建立起深度融合、共同发展的共同体和合作伙伴关系，是最大限度地进行有效引领的关键所在。

（二）中小学教育改革方式的适当改变

这里实际上涉及如何构建新型的大学、政府、中小学三方协作机制问题，主要包括以下两个方面。

1. 适当下放改革的自主权

那些"自上而下"的中小学教育改革，要将上级教育领导到中小学之间所存在的模糊的"灰色"地带，转变为能使中小学自主进行教育改革和大学自主参与中小学教育改革的"留白"地带。所谓"留白"，就是给予中小学在推动和深化教育改革中更多的自主权。比如，通过推行政府"负面清单"改革，落实中小学教育改革的自主权；同时，大学自主参与中小学教育改革过程也不再是以过去那种"我注六经"的方式，而是创造性地发挥好引领者的角色与功能。

2. 推动"自下而上"的改革

高度关注并推动中小学教育"自下而上"的改革，并与"自上而下"的改革相呼应，主动促进两者的相互转化与谐动，从而形成"上""下"协同的综合改革机制。这对于深化中小学教育改革具有更为重要、更为深刻的现实意义。所谓的"下"，即教育基层，主要指的是中小学校，同时也包括参与中小学教育改革的大学；而所谓的"上"，则主要指的是上级教育领导部门。这里之所以特别主张中小学教育改革的"自下而上"，除了当下此类改革的实际缺失导致改革难以深化外，还因为其所特有的优势和功效。

（1）推动"自下而上"的改革有利于找准"真问题"，从而推动"真改革"。习近平同志指出，"改革是由问题倒逼而产生，又在不断解决问题中而深化"①。"真改革"要从"真问题"着手，一些"伪改革"主要是缘于"伪问题"。"自下"可以找准教育的"真问题"通常有两方面的原因：一是教育的"真问题"大都来源于中小学教育实践，而且基层（大学和中小学）对教育实践中的"真问题"有特别的敏感性和深刻的认识；二是虽然教育的一些"真问题"在上层，但往往表征在中小学基层。因此，在中小学教育实践过程中可以发现"真问题"，从而提出"真问题"，并寻求解决"真问题"的改革途径。同时，改革的"真"与否也需要接受实践的检验，从这一角度出发，实践同样是检验"真改革"的唯一标准，也就是改革有没有真正解决中小学教育实践中的"真问题"。

（2）推动"自下而上"的改革有利于激发基层改革的积极性、主动性，增强基层改革的责任感。基层不仅能发现和找准"真问题"，而且对"真问题"带来的危害更具深刻的认识，甚至有切肤之痛，对解决"真问题"的"真改革"有更真切的期待。因而，"自下而上"的改革对于调动基层的积极性、主动性和增强基层的责任意识的作用是显而易见的。

（3）推动"自下而上"的改革有利于激发基层改革的创造性。改革的本质在于创新，而基层蕴藏着巨大的创新力。从近几十年来的中小学教育改革来看，在微观领域那些影响大、成效巨、共识高且具有持久生命力的"真改革"，许多均出自教育基层或中小学教育一线。

（4）推动"自下而上"的改革有利于调动大学参与中小学教育改革的积极性、主动性，尤其是建立基于内在需求和动机的大学与中小学合作关系，将有力地促进大学与中小学建立更为主动、更为亲密、更为持久的合作伙伴关系和发展共同体。

（5）推动"自下而上"的改革有利于因地制宜、因校制宜。各地各校情况千差万别，遇到的教育难题也五花八门，个中原因多种多样，着眼于破解难题的改革不可能"一刀切"，而必须根据具体情况和实际问题进行综合与有针对性的改革施策。

值得注意的是，强调中小学教育改革的"自下而上"，并不意味着"自上而下"的改革不重要，更不是对其进行简单否定，而是着眼于通过推进中小学"自下而上"的改革，并与"自上而下"的改革良性互动与

---

① 习近平：《在布鲁日欧洲学院的演讲》，见新华网（http://www.Xinhuanet.com/politics/2014-04/01/c_1110054309_3.htm）。

协同，构建新型的大学、政府、中小学三方协作机制。这也体现了党的十八届三中全会通过的《中共中央关于全面深化改革若干重大问题的决定》所指出的"深化改革的系统性、整体性、协同性"。

20 世纪八九十年代丁有宽的"小学语文读写结合"教育改革便是一项典型的先"下"后"上"，"上""下"协同的改革。他当年所创立的"读写同步，一年起步，系列训练，整体结合"综合训练型新教学体系，首先在其所在的小学和地区获得成功和认同，然后在广东全省甚至全国一定范围内形成了广泛的影响，产生了较大的示范作用和辐射效应，从而掀起了在广东全省范围内由省级教育行政部门主导、大学和教育研究机构参与的探讨课程与教学模式改革的热潮。这也表明，建立中小学教育改革"上""下"相互转化与谐动的新型大学、政府、中小学三方协作机制，有助于中小学教育改革的深化和改革效应的放大。

（原载《华南师范大学学报（社会科学版）》2016 年第 5 期）

高等教育大众化背景下大学教师专业发展一体化简论

随着高等教育大众化的不断推进，高等教育发展中的一些矛盾和问题也随之而来。其中，大学教师的专业发展既是当前高等教育发展的一个"瓶颈"问题，又是一个关键性问题。本文基于高等教育的大众化背景，着重探讨大学教师专业发展一体化问题，以寻求一个正确的认识。

一

一般意义上的大学教师专业发展主要包括学术水平、教师职业知识与技能，以及师德三大方面的发展。[①] 高等教育大众化的时代背景不仅对大学教师专业发展提出了新要求，而且大大丰富了人们对大学教师专业发展的认识。

20 世纪 90 年代末，我国启动高等教育大众化进程，其发展迅速，早在 2002 年就进入了马丁·特罗教授所说的高等教育大众化阶段（当年我国高等教育的毛入学率达到 15%），2006 年的高等教育毛入学率更达到了22%。在大众化的背景下，不仅高等教育的"量"在增长，而且其"质"的方面也发生了诸多变化。高等教育大众化首先体现在接受高等教育的学生的数量上，即在校大学生数量的大量增加。学生数量的增加导致对大学教师数量的需求增加，尤其是在一个相当短的时期内学生数量的激增必然导致这一时期大学新入职教师数量的增加。20 世纪 50 年代以来，大学生数量不断增加，大约每隔 10 年，大学教师的人数就要翻一番。大学教师的发展本应是一个从接受入职教育（如岗前培训）到初任大学教师，再到有经验的大学教师乃至教育家、专家的过程，是一个职前教育、入职培训以及职后教育有机衔接的过程，其中贯穿始终的是专业发展。这种专业

---

① 参见潘懋元《大学教师发展简论——在第四届高等教育质量国际学术研讨会上的发言稿》，载《国际高等教育研究》2007 年第 1 期，第 7 页。

发展是一个持续且连续的过程，是一个终身学习的过程。因为"一切师资培训都是理论和实践、激情和成就之间的对话。一旦缺乏作为师资培训第三阶段的继续教育，一切理论、激情和作为就都会处于危险的境地"①。但我国高等教育大众化是在一个预先并没有太多准备的情况下启动的，而且发展之迅猛也是始料未及的②，这就导致大量新入职教师马上进入工作岗位，从而使得这些教师专业成长之路往往并不能循着上述大学教师发展的常规过程。其结果是，大学新教师缺乏角色转换能力、提前出现职业倦怠现象、不能有效兼顾教学与研究等一系列问题就成为普遍的现象，最终导致许多大学新教师不论是在科研，还是教学和社会服务方面都缺乏扎实的基本功与创新的能力。

大学生数量的激增还向传统精英型的教学模式提出了挑战。传统的大学更类似于"象牙塔"。大众化时代的到来意味着"象牙塔"的不断扩大，而且"象牙塔"内外的界限也变得模糊起来。其中不仅有精英型高素质的人才，还有不同素质、不同个性、多样而复杂的大学生群体。生源素质的多样化使得传统的教学及其管理方式已经变得不适用或不完全适用。高等教育大众化还要求高等教育的学术标准从共同的标准走向多样化，这便决定了对大学教师的评价有了多样化的标准，教师对学生质量的评价也要有"多层面的质量观"。除了多样而复杂的学生群体，学生家长、社会对高等教育的无限期待也使得教学这一大学的基本职能引起人们更多的关注。大学教师的角色定位需要更新，大学教师的专业发展需要持续。而首当其冲的便是对大学教师教学能力的培养与提高。因为不提高大学教师教学能力，就不可能提高高等教育质量；而不提高高等教育质量，学生水平就不能得到提高。

与高等教育大众化相伴而生的是以高新科技、信息技术为主导的知识经济时代的到来，这不仅使大学变得更为"瞩目"，更使得大学教师不得不面对"现代"所带来的一切。一是多媒体和网络在大学教学中得到了越来越广泛的运用。它们可以多层次、全方位地展现教学内容，有利于大

---

① ［加］N. 戈培尔、［英］J. 波特：《教师的角色转换》，湖南教育出版社 1991 年版，第128 页。

② 1999 年 1 月由国务院批转教育部的《面向 21 世纪教育振兴行动计划》提出到 2010 年我国高等教育毛入学率达到 15％，但 2002 年我国高等教育毛入学率就已达到 15％。

学教师的授课讲解，有利于吸引学生的兴趣，激发学生的热情。这使得大学教师不得不重新审视大学教学方法、教学手段，乃至整个教学过程，即要求大学教师掌握并运用现代科学技术，发挥多媒体和网络技术的作用，营造声情并茂的教学氛围，提高课堂教学效果。二是大学教学内容的前沿性比以往任何时候都更加突出，从而对大学教师的发展性教学能力，尤其是将科研引入教学过程提出了更高的要求，教师的教学活动变得更具"研究性"。

与高等教育大众化进程密切关联的是，大学日趋走进社会的中心，大学与社会经济的联系日益密切，用特罗的话就是受政治和"关注者"① 的影响愈来愈大。特别是随着社会经济的发展，要求大学更多地直接为其提供服务，这使得大学直接为社会服务的职能越来越被强化。这必然对大学教师的社会服务能力提出了新的要求。

综上所述，高等教育大众化提供了对大学教师专业发展新的认识视角。大学教师专业发展与大学教学、研究和直接为社会服务三大职能密切联系，它被认为是大学教师从事教学、研究及社会服务时，经由独立、合作、正式及社会非正式等进修、研究活动，引导自我反省与理解，增进教学、研究及社会服务等专业知识与精神，主要目的在于促进个人自我实现，提升学校学术文化，实现学校教育目标，从而提升整体教育质量。大学教师专业内涵包括教学、研究及社会服务的专业知识和精神。② 这一对大学教师专业发展的基本认识，不仅要求教学、研究及社会服务的专业知识和精神一个都不能少，更要求协调三者的关系，最终实现三者的内在统一和一体化发展。

二

《现代汉语词典》给出"一体"的定义是"关系密切，如同一个整

---

① 潘懋元、谢作栩：《试论从精英到大众高等教育的"过渡阶段"》，载《高等教育研究》2001 年第 2 期，第 4 页。

② 参见陈碧祥《我国大学教师升等制度与教师专业成长及学校发展定位关系之探究》，载《国立台北师范学院学报》2001 年第 14 期，第 163 - 208 页。

体"①。据此，一体化指的是建立一个结构与功能趋于完善的整体的过程，这里包括两方面的意涵：一是整体的各个部分的初始状态之间的关系并不密切，通过主动建立的过程，各个部分之间"关系密切"起来，并成为一个"结构与功能趋于完善的整体"；二是整体的各个部分原本就有着内在的联系，一体化就是将各个部分现实存在着的人为脱离还原其内在的联系这一本质。相对而言，后者的可能性要远大于前者，因为不是任何没有关系的事物都能建立起一种密切的关系。大学教师专业发展一体化就是大学教师在履行教学、研究和直接为社会服务三种职能时知识和精神的平衡、协调与整合。根据大学教学、科研和直接为社会服务三大职能的内在联系，显然，从一体化的视角来认识大学教师专业发展是适宜和可能的。

（一）教学、科研、社会服务的知识和精神的一体化

这实际上涉及教学、科研和社会服务三者之间的关系，这里着重谈一下教学与科研的关系。从一般意义上来说，大学教师的教学是以其科研为基础的，这是由大学教学的特点所决定的，也就是说大学教学要充分体现出前沿性，让学生了解和掌握现代科学技术发展的前沿。这就不仅要求教师要通过科学研究活动及时地把握学科发展的前沿，而且要求学生也成为科学研究的参与者，也就是把科学研究引入教学过程，所谓"教学相长"，对大学教学活动来说，会更多地体现在这一过程之中。我们经常看到的情况是科研能力强的教师，教学能力也很强。同样地，大学教师的教学也将促进其科研的发展和进步，因为"教然后知困"，这个"困"既有教授得法与否的"困"，也有学科知识与理论方面的"困"。不论是何种"困"，都可以成为大学教师的科研课题（包括教育科研课题和学科专业方面的科研课题）。所以，从这一意义上，说它们之间是"关系密切，如同一个整体"并不过分。虽然大学教师的教学与科研在本质上存在内在的一体联系，但这并不意味着实践层面的一体就是一件自然而然的事情。事实上，大学教师的教学与科研的非一体即"两张皮"现象普遍存在。这里既有教师自身认识上的原因，也与外部政策和制度有关。大学教师专业发展和声望更多取决于科研水平，特别是研究成果发表的数量。一个大

---

① 中国社会科学院语言研究所词典编辑室：《现代汉语词典》（修订本），商务印书馆1996年版，第1478页。

学教师，不论其教学多么成功，如果没有科研成果就无法实现其学术职称的晋升，即使大学教师主观有提高教学本领的愿望也是心有余而力不足。

所以，要使教学与科研成为有机的一体即一体化，既要从教师本身的内在原因着手，又要注意解决政策和制度导向问题。要使教师明白，作为大学教师，首先是一名教师，如果不能很好地从事教学，那么何谓教师？同时，要使大学明白，大学的根本任务是培养人才，而不是其他。正如纽曼所言："如果大学的目的是进行科学和哲学的发现，我不明白为什么一所大学要有学生？"① 至于教学与社会服务、科研与社会服务的关系，基于大学教学、科研和直接为社会服务三大基本职能的密切关系，我们同样可以认识它们之间的密切关系，以及实现其一体化的必然与应然（尽管实践层面的实然仍然需要作出巨大的努力）。

（二）专业发展与教育教学改革的一体化

毫无疑问，教育教学改革的主体是教师，所以教育教学改革的成败也在于教师。任何一项教育教学改革都意味着思想理念、政策制度及教育教学方法和技术等方面的革新与发展，它一方面对教师提出了应有的素质要求，也就是说教师没有相应的专业素质将难以完成教育教学改革的使命；另一方面，伴随着教育教学改革，教师的专业素质也得到了发展和提高。正是这两方面决定了教师的专业发展往往与教育教学改革成为一体化。近年来，基础教育的新课程改革使一批科研型教师成长起来了，正如斯腾豪斯所言"课程发展即教师发展"②。而对于我国高等教育的教育教学改革而言，它本身就是对长期以来被人们忽视的大学教育专业性的一种强调，一批教学名师和围绕精品课程、名牌专业建设组成的教学团队，都是在教育教学改革过程中获得专业发展的。2007 年，教育部、财政部联合发布的《教育部　财政部关于实施"高等学校本科教学质量与教学改革工程"的意见》特别提出使"教师队伍整体素质进一步提高"，把"教学团队与高水平教师队伍建设"③ 作为改革工程的重要内容之一。由此可见，教育

---

① ［英］约翰·亨利·纽曼：《大学的理想》（节本），浙江教育出版社 2001 年版，第 1 页。

② Stenhouse L, *An Introduction to Curriculum Research and Development*, Heinemann, 1975.

③ 教育部、财政部：《教育部　财政部关于实施"高等学校本科教学质量与教学改革工程"的意见》，见中华人民共和国教育部官网（http://www.moe.gov.cn/srcsite/A08/s7056/200701/t20070122_79761.html）。

教学改革本身就包括大学教师的专业发展，或者更确切地说，大学教师专业发展是教育教学改革的有机组成部分。

如果说教师专业发展与教育教学改革成为一体化，那么教师的专业发展先导教育教学改革，则是从一种新的视角来认识两者的一体化。长期以来，教师的专业发展往往是滞后于教育教学改革的，也就是说当一项教育教学改革进行时，它常常会对教师的专业素质提出相应的要求，而教师则根据这一要求进行被动的调适，常常通过培训学习来提高所要求的专业素质，以适应教育教学改革的需要，这是一种典型的适应性一体化模式。如何使大学教师成为教育教学改革的先导者即先导性一体化，对教师专业发展提出了更高的要求，它要求教师对高等教育教学理论有更好的掌握，对现代高等教育教学改革趋势有更好的认识与把握。

从大学教师专业发展与教育教学改革的适应性一体化，到大学教师专业发展与教育教学改革的先导性一体化，表明了大学教师专业发展的新发展。

（三）外在规约与内在动机的一体化

所谓外在规约与内在动机的一体化，其核心就是大学教师专业发展的外在规约是以激发大学教师的内在动机为旨趣的。大学教师专业发展的外在规约主要涉及各种法律、规章和政策等方面的有关要求。应当说，当前对大学教师专业发展的外在规约比较多，有专门针对教师专业发展的法律法规，如《中华人民共和国教师法》《教师资格条例》等；也有与此相关的有关教师管理的规章条例，如有关教师职称评定的规章条例等。这些法律规章条例明确了教师作为专业人员的身份，并提出了对教师专业的基本要求。同时，各大学在实施这些法律规章条例的过程中所确立的对本校教师的专业要求，也表明了基本的价值倾向。所有这些法律规章条例对大学教师专业发展来说都是强力的外在规约，起着强烈的导向作用。这些外在规约并非都起到激发大学教师专业发展的内在动机的作用，或是可能出现偏颇的情况。

值得特别注意的是，如前所述，大学所坚守的学术自由的传统决定了激发教师内在动机对大学教师专业发展有着特别重要的意义。所以，外在规约首先应以不损害教师的学术自由为前提和基础。

（四）专业发展责任的一体化

大学教师专业发展的责任，主要涉及社会（政府）、大学和大学教师。从大学发展的历史看，大学教师专业发展责任似乎就是大学教师自己的事，很多时候不仅社会不关心大学教师的专业发展，甚至大学自身也不重视教师的专业发展，教师在职业生涯各个阶段都有可能遇到的发展困境、身心问题等，都被认为与学校无关，更不用说让其承担大学教师专业发展的责任。大学教师专业发展的这种状况源于多方面因素，其中与传统的大学坚守的"学术自由"思想理念有着某种联系。学术自由既是大学教师的一种价值诉求，也是大学教师专业发展的主要方式，因为学术自由的结果是大学教师的学术发展即专业发展。

高等教育大众化时代的大学与社会的密切关系是以往任何时候都不能比拟的。特罗用"学校与社会间的界限模糊"[①] 形象地说明了这一点。"界限模糊"虽然不意味着界限消失，但大众化背景下的大学还想要继续保持与传统的大学那样的"独立"几乎是不可能的。在政治论哲学主导的现代高等教育发展背景下，社会开始关心大学的发展，尤其是关心大学的教育质量，伴随而来的就是对大学教师专业发展的重视。

虽然今天大学教师专业发展问题比以往受到更多的重视，但社会（政府）、大学和大学教师各自的责任却是模糊的，更没有形成必需的一体化。首先，社会（政府）的责任，除体现在对大学教师专业发展的外在规约外，还包括为大学教师专业发展提供途径、条件和支持。其次，从大学层面来说，其责任不是流于形式的大学教师职前或在职培训，而是将关注点落在每个教师、每个教师的职业生涯的每一阶段上。最后，大学教师自身同样有一个对专业发展责任的自我体认，也就是说专业发展已不单单是大学教师个人的自我成长、自我实现的问题，而是对大学、对社会和对国家应尽的责任。因此，社会（政府）、大学和大学教师都应将教师专业发展视为自己的责任，并将各自的责任进行相互协调，然后各负其责。

---

① 潘懋元、谢作栩：《试论从精英到大众高等教育的"过渡阶段"》，载《高等教育研究》2001 年第 2 期，第 4 页。

（五）高等教育教学理论与教育教学实践的一体化

长期以来，高等教育教学理论受到轻慢，不仅是因为学术（专指学科专业的学术）在大学至高无上的地位，也由于高等教育教学理论本身的"学术性"即教学的学术并没有成为应有的共识，人们一直在为教育教学理论争得学术的"一席之地"而努力着。欧内斯特·L.博耶显然意识到了这一努力的重要性，在他看来，"学术意味着通过研究来发现新的知识，还有一种应用知识的学术，即发现一定的方法去把知识和当代的问题联系起来，还有一种通过咨询或教学来传授知识的学术"①，其中后一种即教学的学术。教学支撑着研究（即学术），同时教学本身也是一种研究。无疑，以这种认识来提升现阶段大学教学的地位是比较明智的选择。

将教学作为一种研究，要求大学教师实现高等教育教学理论与高等教育教学实践的一体化，即理论联系实际，使"在教学中进行研究，在研究中进行教学"成为教师工作的一种基本状态，也就是在教学中进行旨在改进教学实践的教育教学理论与方法的研究和反思，在对教育教学理论与方法的研究和反思的过程中不断改进教学实践。只有用教育教学理论与方法指导教学实践，教学实践才不会盲目杂乱；只有将教育教学理论与方法纳入教学实践，教育教学理论与方法才会有所发展和创新。

（六）专业发展过程的一体化

通常所说的大学教师专业发展的过程包括职前、入职、职后教育三个阶段。今天的大学教师，面对的是学科前沿不断发展和竞争激烈的学术环境，这决定了大学教师职业的终身学习性。大学教师专业发展过程的一体化即要实现大学教师职前、入职、职后教育的一体化，保证其专业发展的持续性和连续性。从职前教育建立大学教师对专业理论知识的把握和基本教学技能的掌握，到入职教育建立"帮带"制度、缩短大学新教师的角色转换期，再到职后教育加强反思性教学、实现专业知识与技能更新从而避免"高原现象"，是相互衔接、有机联系的过程。人为地割裂这一过程只会导致大学教师专业发展的断裂、停滞，造成人力资源的流失与浪费。

---

① ［美］欧内斯特·L.博耶：《关于美国教育改革的演讲》，教育科学出版社 2002 年版，第 65 页。

当前，大学虽大都能兼顾大学教师的职前、入职、职后教育，但问题在于不能使三者形成有机联系和衔接，从教育目标到课程内容尚处于"铁路警察、各管一段"的状况。还有一个问题是在实际操作过程中是否能将这种联系和衔接落到实处。因此，大学教师专业发展过程的一体化要求从动态发展和终身发展的角度看待职前、入职、职后教育的有机联系和衔接，整合教育目标、课程、教师教育组织等方面为一体。

高等教育大众化背景下的大学教师专业发展是一个持续的过程，是一个发展的概念，它既是一种状态，又是一个不断深化的过程。大学教师专业发展以学术水平为唯一衡量标准的传统认识在高等教育大众化的今天显然已经不合时宜。"非旧无以为守，非新无以为进。"用一体化的理念统摄大学教师专业发展，促使大学教师在教学、研究及社会服务的专业知识和精神上不断综合、提升。这也赋予了大学教师专业发展深层机理上的"新质"。

（原载《现代大学教育》2007 年第 4 期）

学术锦标赛制下的制度认同与行动逻辑
——基于 G 省大学青年教师的考察

一、研究议题与分析框架

锦标赛制作为一种激励机制最早是由拉齐尔（Edward Lazear）和罗森（Sherwin Rosen）提出来的。他们认为，在绝对业绩不易确定的情境中，企业委托人为了保证受托的代理人能够满足自己的预期收益，通过建立绩效薪酬制度，将经理人的相对业绩排名与其报酬相联系，以达到激励经理人并改善企业效率的目的。[①] 锦标赛制最初在企业管理领域得到广泛应用，其后被推广至其他领域。近年来，我国学者将锦标赛理论用于更多领域治理模式的解释。如周黎安认为，晋升锦标赛制对我国政府官员的激励与经济的高速增长产生了重要作用，但也付出了激励扭曲的代价，导致地方政府的 GDP 主义。[②] 阎光才则将其用于对我国学术治理模式的解释，他在比较了中、美、德三国的学术等级系统后认为，我国学术职业不仅在入职聘用环节，而且在学术业绩考核、晋升、薪酬发放的整个过程中都表现出较为明显的锦标赛制特征。[③]

我国的学术锦标赛制是在国家行动的总体性框架设计下进行的，它试图实现政治逻辑与学术逻辑的结合，"即将大学本来属于认识论范畴的学术创新提升到国家行动的高度，通过大学与政治、经济的紧密联姻，构建起中国学术创新的内涵和发展蓝图"[④]。因此，学术锦标赛制很容易将国

---

① Lazear E, Rosen S, "Rank-Ordered Tournaments as Optimal Labor Contracts," *Journal of Political Economy*, 1981, 89 (5), pp. 841 – 864.

② 参见周黎安《中国地方官员的晋升锦标赛模式研究》，载《经济研究》2007 年第 7 期，第 36 – 50 页。

③ 参见阎光才《学术等级系统与锦标赛制》，载《北京大学教育评论》2012 年第 3 期，第 8 页。

④ 徐永：《国家行动下学术创新策略的实践逻辑及其反思——基于大学学术生产的视角》，载《教育发展研究》2012 年第 23 期，第 3 页。

家目标、大学组织目标和学术人员个人目标三者统一起来，产生较强的激励作用。对于大学来说，学术成果是影响其竞赛排名座次的核心要素，并最终影响大学的声望和资源配置。对于学术人员来说，学术成果也是影响其竞赛排名座次的核心要素，并且成为学术晋升和获得学术利益的重要条件。近10多年来，高等教育扩招造成师资紧缺，大量的年轻人作为新鲜血液被补充进大学教师队伍，青年教师成为我国大学学术人员的主体。截至2012年底，40岁以下的青年教师已占大学教师总数的60.9%。[①] 而这一时期也恰好是学术锦标赛制逐步得到强化的时期。因此，在这样的背景下探讨学术锦标赛制对大学青年教师的影响具有重要的现实意义。

目前，对此议题的探讨通常是借助传统的"制度—行动"分析框架，将个体行动作为制度下的一种结果来考察，着重分析学术制度如何激励学术人员行动。这一分析框架源自涂尔干所开创的结构功能主义理论，该理论认为，社会优于个体，制度形塑行为。尽管这种传统分析框架在西方国家有着较强的解释力，但若用于分析我国的问题，尤其是用于考察学术场域，就必须审慎地考虑其适切性。因为当前我国的现代大学制度建设尚处于探索阶段，成熟的学术制度文化尚未形成，与早已建立了较为完善的现代大学制度的西方国家存在较大差异。这种情况决定了我国学术人员在面对学术制度供给时，会经历更为复杂的制度认同和思想博弈过程，而"制度—行动"分析框架对此过程的观照和解释是缺失的。这就需要对该分析框架进行适当的修正，即在制度供给和个体行动之间，把个体的制度认同过程加入考察中，也就是说，不仅要探究学术锦标赛制如何影响大学青年教师的行动，还要探究大学青年教师对学术锦标赛制的认同态度，使研究更具针对性和更加深入。

基于上述认识，笔者认为，要在经验层面更准确地描述和解释我国学术锦标赛制对大学青年教师的真正影响，不能仅靠简约、单一的理论模型，因为"仅仅关注某一机制的研究视角可能导致理论预测和研究设计上的偏差甚至是本末倒置的结论"[②]。因此，本研究试图提出一个新的综

① 参见中华人民共和国教育部《2012年教育统计数据：专任教师年龄情况（普通高校）》，见中华人民共和国教育部网（http://www.moe.gov.cn/jyb_sjzl/moe_560/s7567/201308/t20130830_156585.html）。

② 周雪光、艾云：《多重逻辑下的制度变迁：一个分析框架》，载《中国社会科学》2010年第4期，第134页。

合分析框架（图 1），即把制度认同作为关键的连接要素，希冀能够克服单一分析框架的不足，并通过深入细致的田野调查对不同层类大学的青年教师在学术锦标赛制下的制度认同与行动逻辑进行更全面的了解和解释。

图 1　以制度认同为关键连接要素的综合分析框架

首先，在宏观层面和中观层面考察学术锦标赛制下大学组织的学术制度供给。组织层次在参与制度活动的个体行动者和宏观制度之间实际上发挥着中介作用，不同组织会因立场和利益追求的不同对国家层面的宏观制度进行选择。因此，学术锦标赛制对各类学术人员一般并不直接发生作用，而是通过组织这一特定中介环节，预先经历一次重新形塑制度的过程，才对他们产生影响。

其次，在微观层面考察大学青年教师的学术制度认同。根据大学青年教师在学术场域中的身份角色，可以从两个角度来考察其对学术制度的认同：一是从经济学的"理性人"角度考察其对学术制度的利益认同；二是从社会学的"理念人"角度考察其对学术制度的价值认同。

最后，在微观层面考察大学青年教师的学术行动选择。青年教师面对大学组织的学术制度供给时，会经历利益认同和价值认同等制度认同过程，最终产生个体行动。其学术行动选择可能因组织的制度传播和执行力度、自身利益偏好和价值信念等因素的不同而产生差异。

二、案例描述：G 省大学青年教师的学术制度认同与行动逻辑

根据上述分析框架，笔者在 2012—2013 年对不同层类大学的青年教师的学术制度认同和学术行动进行了质性研究，即选取 G 省 3 所不同层次类型的大学（研究型、教学研究型、教学型大学各 1 所）进行实地考察和研究，在每校各选取 20 名 40 岁以下的不同学科的青年教师作为研究对象，对其做 1～2 次访谈，每次访谈时间为 1～1.5 小时，并在课堂、实验室长期观察部分研究对象的学术工作状况。同时收集 3 所大学有关学

术准入、学术评价和学术晋升等制度文本，使用质性数据分析软件 NVivo 8.0 对所有的访谈材料和制度文本进行编码与分析。

1. 研究型大学青年教师的案例描述

研究型大学 Z 大是 G 省最早进入"985 工程"的大学，其目标定位明确显示了对国家行动的响应——"全体 Z 大人正在为把学校建设成世界一流大学而努力奋斗"。21 世纪初，国家开始不断释放学术锦标赛制的信号，为在学术锦标赛的竞争中获得更好排名以争取更多的资源配置，进而实现办学目标，Z 大在 2003 年推出了《Z 大教师编制核定、职位设置与职务聘任规程》，这与北京大学人事制度改革几乎发生在同一时间点。"旧的教师聘任与晋升制度对组织成员缺乏激励，是导致大学组织绩效不佳的主要原因"[①]，正如北京大学人事制度改革的初衷，Z 大希望通过学术制度的改革提高学术产出效率，以应对日益激烈的学术竞赛挑战。

《Z 大教师编制核定、职位设置与职务聘任规程》基本上没有触动"老人"的利益，但对"新人"则采取了相当严格的绩效评价制度：在入职环节，大部分教职都要求具有"师资博士后"经历并通过考察和考核；在学术晋升环节，改职称评审为职务聘任，并拉大不同等级岗位之间的津贴差距，加大激励强度。由于职务聘任采用"名额制"，青年教师在学术晋升方面的竞争更为激烈，并随时面临着校外对手的竞争。

"我们的激励强度很大，Z 大的教授代表着名望和资源，谁不想争？但问题是岗位太少，竞争门槛越来越高，我们学院的副教授有近 40 人，每年获聘为教授的名额基本上只有 1 个，你可以想象一下竞争激烈到什么程度。"Z 大的一位教师如此说。

为了缓解学术晋升缓慢给青年教师带来的困扰，Z 大不仅在推行国家和当地政府的各种人才项目上不遗余力，而且针对青年教师出台了不少奖励措施，如"青年教师起步资助计划""青年教师出国研修计划""青年教师科研资助计划"等。一种由职务聘任、人才项目、学校奖励共同组成的内部学术锦标赛制得以建立：竞赛标准由 Z 大通过制度文件的方式设定并传播，竞赛指标可以度量，学术人员参与竞赛，竞赛优胜者将获得聘任、晋升或奖励。

[①] 罗燕、叶赋桂：《2003 年北大人事制度改革：新制度主义社会学分析》，载《教育学报》2005 年第 6 期，第 14 – 22 页。

尽管 Z 大在保障学术自由方面做出了不少努力，但不可否认，这种制度实践还是带有"典型实用主义取向"[①]。它对于学术人员科研效率的提高有很强的激励作用，在很大程度上增强了 Z 大的学术竞争力，使得近年来 Z 大在国内各种排名榜上都稳居前十名左右，但对于 Z 大青年教师来说，则是"动力很大，压力更大"。Z 大的大部分青年教师都是海外或国内高水平大学博士毕业，受过良好的学术训练。一方面，不少人会在制度激励的强大动力作用下，希望通过遵守制度从而增加学术获利的机会，甚至通过重新"洗牌"而获得学术地位的提升；另一方面，较多受访者对过于严苛的考评制度和过多的激励措施表示反感，认为这对正常的学术生活造成了过多的干扰，弊大于利。因此，Z 大青年教师在学术制度认同上往往呈现一种矛盾心理。

一位 Z 大青年教师的话就很有代表性："因为基本工资太低了，迫使我们不得不像保险业务员、房地产中介一样靠业绩换提成，否则别说过体面的生活，在这大城市里就连糊口都成问题。这个制度给你的基本保障太少了，用于激励的部分太多了，很多时候我们就是为了生活，这项目那资助都拼命地去争，常常就光奔奖励去了，而忘记了我们真正的学术兴趣是什么。"

由于 Z 大提供的学术平台条件较好，且传播和执行制度的力度很大，有利于青年教师产生制度行动倾向，因而他们的学术行动大多是遵循制度设计的，当然，其中既有主动遵循者，也有制度妥协者。Z 大青年教师在每一个学术竞赛指标涉及的领域如论文、著作、课题中都暗中较劲，以期在竞赛中获得更好的排位，从而实现学术晋升或获得学术利益。他们贡献了越来越多的学术成果，并支撑着 Z 大在组织层面的竞赛，但普遍承受着巨大的精神压力，他们总觉得时间不够用，并吝于在教学上投入更多的时间和精力。

2. 教学研究型大学青年教师的案例描述

H 大是 G 省一所历史悠久的师范大学，一直致力于地方中小学师资的培养。1996 年，H 大成功入选第一批国家"211 工程"大学。其后，H 大一直希望进一步推动学校发展转型——从以师范教育为主的地方教学型

[①] 阎光才：《学术等级系统与锦标赛制》，载《北京大学教育评论》2012 年第 3 期，第 8 - 23 页。

大学向以科研为主导并保持教师教育特色的教学研究型大学转型。因此，当国家释放学术锦标赛制的信号之后，H大也跃跃欲试，希望在学术锦标赛中获得更好的排名，争取更多的资源，以进一步推动学校的发展转型。从2005年起，学校几乎每年都对《H大教学、科研单位校内业绩津贴发放试行办法》进行修订，起初侧重于对科研成果数量上的激励，但随着国家评价指标风向标的改变，学校在2012年对该文件作出了重大修订，明确规定仅"对教师取得突破性进展或作出突出贡献的标志性成果实施奖励"，由相对平均主义的激励改为差距性较大的激励。同时，H大在教师岗位聘任上也开始采取一些更为灵活的做法，给予一些"做出高水平研究成果"的青年教师直接获聘教授的机会。H大的学术制度供给显示出内部学术锦标赛的特征，并体现为一种追赶型战略：通过较迅速的学术晋升来吸引更多的优秀人才，并加大对重大科研成果的奖励，通过重点资助与扶持战略拉近与研究型大学的距离。

H大的学术制度变化产生了较强的激励作用，使得青年教师群体出现了分化，造成了他们在制度认同上的差异。部分制度获益者（他们往往具有海外留学背景，并发表出高水平的学术成果，博士毕业即被H大聘为教授）以及潜在的制度获益者倾向于认同新制度，他们希望通过自身的优势取得与制度激励更大程度的契合，在这场学术竞赛中占得先机，更快地建立起自己在校内和本学科内的学术地位。

"从博士毕业到评上教授职称，一般都要好几年甚至更长的时间，但现在H大的制度能够给你一步到位的希望。我觉得这是敢于突破常规的尝试，所以我选择这里，尽管我本可以选择更好的学校。"H大一位教师这样说。

但大多数青年教师并不能从制度变化中获得实际利益，反而因学术竞赛强度的陡然增加使他们心生抵触。

"H大还是教学型大学的底子，但现在对我们提出的要求却基本参照研究型大学的标准，相当于用教学型大学的条件去完成研究型大学的任务，这是不太可能实现的，除了个别基础很好的学科。学校没有这样的平台，想让马跑但又不给马吃草，这样我们压力太大。"

制度认同上的差异导致他们的学术行动呈现不同的类型：从制度变化中获益并认同制度的少数人承载着学校发展转型的希望和压力，顶着"优胜者"的光环继续冲击更高的奖励；不认同制度者中，一部分人为利益计，不可避免地受制度裹挟而想方设法在高级别刊物发表文章和申请高级别课题，以符合制度要求而获得激励，另一部分人则几乎放弃了科研而专注于教学（在一定程度上可能是出于无奈）或忙于社会兼职。

3. 教学型大学青年教师的案例描述

教学型大学 F 学院位于 G 省东部的一个中等城市，前身为 F 市师范专科学校和 F 市教育学院，2000 年两所学校合并升格为本科院校。在我国，类似 F 学院的大学数量最为庞大，基本上每个地级市都有一所甚至更多。作为新建本科院校，骤然增加的大量本科生所带来的教学与就业上的问题显然更关乎学校的生存和声誉，所以对 F 学院这类大学而言，科研并非头等大事，学术锦标赛制难以对其产生有效激励。同时，这类大学也没有足够的底气和实力进行制度创新，所以在制度供给上一般都会采取最安全的做法——保持与国家政策导向一致并模仿高水平大学。因此，这类大学的学术制度供给具有两面性：一方面，要保持路线正确，亦步亦趋，出台与国家和地方政策方针相符的学术制度；另一方面，不愿意花大力气去传播和推行这些制度，因为学校的工作重心实际并不在此。在这种情况下，F 学院并没有建立起有效的内部学术锦标赛制，其内部学术制度的激励强度不够，参赛者的学术条件也普遍难以达到竞赛指标要求。如《F 学院教职工薪酬制度（试行）》规定："专任教师科研工作量任务部分不予奖励，超出科研工作量部分按每分 30 元给予奖励。"按理工科科研工作量计算标准，"Nature、Science，800 分/篇；SCI，120 分/篇"，也就是说，在 Nature 或 Science 上发表一篇文章才奖励 24000 元。对于教学型大学的教师来说，这既缺乏足够的激励强度，也让他们觉得遥不可及。

"Nature、Science 这种刊物，就算奖励 100 万元，我们也还是不能在上面发表文章，（因为）离我们太遥远了。就算普通的 SCI 刊物，对我们来说，在上面发表文章也不容易，所以我觉得这种激励力度对我们来说真是太温和了。"

同时，由于 F 学院的定位是教学型大学，因此教师的教学工作量繁重，《F 学院教职工薪酬制度（试行）》规定："专任教师要完成学院规定的教学工作量，每位教师每年须完成 340 标准课时。"

"340 个课时是什么概念？相当于每周平均要完成 10 个课时。系里都是论资排辈的，摊到青年教师头上的课时肯定更多。我们每周上十几二十节课都是很正常的，并不比中学老师少。"

对于还没有硕士点的 F 学院来说，青年教师不能通过指导研究生来折算课时，每个课时都是实打实的课堂教学。

"我大部分时间都投在教学上面了，备课都要花很多时间，搞科研的时间就很少了，我周围很多青年教师都是这种状态。"

因此，尽管 F 学院出于应对国家政策的目的出台了一些激励学术产出的制度，但因为激励强度不足，学校教学工作量大，多数青年教师疲于应付教学任务，难以在科研上投入更多的时间和精力，其学术制度认同度普遍较低。

"学校搞这个也就是个形式，对大家激励不大，也没什么约束力。"

多数青年教师认为，自身学术条件有限，离核心学术圈遥不可及，在学术发展上基本处于边缘状态。因此，多数青年教师在学术行动上缺乏积极性，更愿意享受教学带来的成就感：

"要不是还要评职称，谁还愿意折腾写论文搞课题啊！"

"从学生角度来看，他们不管教师科研做得好不好的，关键就是看教得好不好，所以我做好教学就是了。"

在这个相对狭小的圈子里，学生的口耳相传是青年教师获得尊崇和满足感的更好途径，也是在这类教学型大学里获得地位的重要途径。

三、讨论与建议

从以上 3 个案例描述可知，学术锦标赛制对于不同层类大学所产生的激励效力具有明显的差异，这直接造成了各大学学术制度供给和执行力度的差异。同时，参与学术锦标赛的不同层类大学的青年教师的利益偏好与价值信念也存在着类型上的差异，这些差异的不同组合导致了大学青年教师对学术锦标赛制的制度认同差异，并最终影响其学术行动逻辑。因此，在探究学术锦标赛制对大学青年教师的影响时，不能笼统地得出结论，需要同时考虑不同层类大学的组织差异和大学青年教师的个体差异。

1. 学术锦标赛制下大学组织的学术制度供给差异

制度学派认为，"组织面对两种不同的环境：技术环境和制度环境。这两种环境对组织的要求是不一样的。技术环境要求组织有效率，按最大化原则组织生产。……制度环境要求组织服从'合法性'机制，采用那些在制度环境下'广为接受'的组织形式和做法，而不管这些形式和做法对组织内部运作是否有效率"①。以往的多数研究一般都将学术人员对制度的感受和看法置于一种宏观制度的共性设置下，忽略了宏观制度经由组织选择之后产生的差异。即使能对组织层面的制度选择有所考虑，也多是沿用迈耶等人关于制度环境的"合法性"机制的惯性解释②，认为我国各大学制度总体上趋同，忽略了各大学因技术环境的不同而在制度选择和执行过程中的差异性。事实上，随着教育市场趋向的加剧和教育国际化的兴起，教育组织系统的竞争越来越激烈，教育组织的技术环境属性也越来越强。现在，更多的实证研究证明，"教育组织越来越只愿意制定和传播那些被证明是有效率的规则，而不再是大量制定那些只有着合法性的规则"③。这在不同层类的大学中体现得尤为突出：研究型大学面对的技术环境就是科研竞争，因此会严格贯彻学术锦标赛制，甚至会加码；教学研究型大学在技术环境上则面对科研和就业市场的双重压力，因此对学术锦标赛制的传播和执行力度取决于其侧重点；教学型大学所面对的技术环境则主要来自就业市场中的竞争，因此传播和执行学术锦标赛制的力度最低。所以，考察大学青年教师对学术锦标赛制的制度认同和行动逻辑，必须在辨识不同大学组织的学术制度供给的前提下进行考察，而不能仅将其放在一个笼统的宏观制度之下进行考察。这也是本研究采用的综合分析框架先行考察各层类大学的学术制度供给的意义之所在。

2. 学术锦标赛制下青年教师的制度认同与行动差异

一种制度能否有效实行，主要取决于被该制度所制约的大多数人对制度的认同和尊重程度。只有将个体的制度认同内化，并产生制度期待行动，制度的工具性功能和制度化过程才宣告实现。

一种制度能否得到认同，一是看其是否符合个体的利益偏好，二是看其是否与个体的价值信念吻合。研究型大学的大多数青年教师具备较好的学术条件，也具有借助制度增加学术获利的机会，因此，制度的激励强度越大，越符合他们的利益认同。但过于频繁的制度刺激又给他们的学术生活带来干扰，对学术自由的向往也使他们对制度产生价值层面上的排斥。

① 周雪光：《组织社会学十讲》，社会科学文献出版社 2003 年版，第 72 - 73 页。

② Meyer J W, Rowan B, "Institutionalized Organizations: Formal Structure as Myth and Ceremony," *American Journal of Sociology*, 1977, 83 (2), pp. 340 - 363.

③ 阎凤桥：《组织理论与高等教育管理阅读资料》（第 3 卷），北京大学教育学院 2007 年版，第 100 - 102 页。

希望发展转型的教学研究型大学在学术锦标赛制上也是积极进取的，但只得到部分从制度中获益的青年教师的认同，为数众多的青年教师对学术竞赛强度的增大表示不满，认同度相对较低。教学型大学则对学术锦标赛制进行了消解，其大多数青年教师也因学术条件较弱，难以从学术竞赛中获利，且价值信念更偏重于教学取向，总体而言，他们对学术锦标赛制的认同度最低。

在考察大学青年教师对学术锦标赛制的制度认同基础上，可以更准确地理解他们对制度的反应和行动。学术锦标赛制在推行过程中，对偏于研究型的大学及其学术人员产生了强大的激励作用，尤其是位于学术阶梯最底层的青年教师会因学术激励而产生应激行为，追求更快、更多的学术产出。但必须看到，只有部分人的学术行动是在认同制度的基础上产生的，另一部分人的学术行动是迫于压力而在制度认同度较低的基础上采取的应激行动。这种制度压力下产生的学术行动并非发自内心的学术追求，而可能仅是为了获得制度利益或防止被淘汰，这不仅对青年教师本人长远的学术发展不利，而且无助于整个国家的学术创新。如近年来，尽管在学术锦标赛制的刺激下我国学术成果的数量大幅增加，但我国科技竞争力并没有获得显著提高①。

本研究的结论主要来自 3 所不同大学的案例研究，由于调查样本数量存在一定的局限，还有待样本量更为充足的定量研究的验证，但从中发现的一些问题亟须引起我们的重视。总体而言，学术锦标赛制成功地刺激了大学和学术人员的竞争与发展，使我国学术发展取得了效率上的提升，在政治逻辑与学术逻辑之间找到了一条连接的纽带。但这并不意味着两者的完美结合，学术制度无法成为学术共同体的自然选择，而屡屡成为"由社会代理人或社会精英凌驾于其他学术利益相关者之上所进行的制度设计"②。目前，我国正全力推进现代大学制度建设和大学青年教师队伍建设，全面总结和反思学术锦标赛制的实际影响并寻求变革显得尤为必需。

首先，学术锦标赛制并不适用于所有层类的大学。从理论上讲，学术锦标赛制对偏研究型的大学较为适用，能够产生较强的激励作用，但通常也会产生如下问题：学术锦标赛制会促使这些大学同时扮演运动员和裁判员的双重角色——既是大学之间学术竞赛的运动员，又是大学内部学术人员之间学术竞赛的裁判员。这种双重身份常会使这些大学急于利用裁判员的身份做运动员的事情，如研究型大学 Z 大和以研究型大学为追赶目标的 H 大都建立了内部学术锦标赛制，并放大了学术锦标赛制的激励效果。学术锦标赛制并不适用于教学型大学，因此，作为教学型大学的 F 学院对学术锦标赛制进行了制度消解，使得该制度没有产生明显的激励效果，反而导致集体"偷懒"，"集体偷懒主要发生在锦标赛的优胜者与非优胜者的奖励差异并不大的场合"①。当然，这种集体"偷懒"也可被视为教学型大学教师对不适合自身情况的学术制度的一种消极反抗。总而言之，不同层类的大学参与同一学术锦标赛，不利于各层类大学合理定位和办出特色。事实上，如果不以学术锦标赛的竞赛标准来衡量所有大学，不同层类的大学各有其竞争标准，则会更加有利于激励各层类的大学准确定位，并在各自层类上争取一流，从而产生更多各具特色的卓越院校。

其次，学术锦标赛制并不适用于所有的学术人员，尤其是大学青年教师。事实上，大多数教师并不具备生产高水平学术成果的能力，即便在研究型大学，也只有少数人具有这种能力，大多数教师只是"铺在金字塔底层的那些基石，是金字塔的主体，是真正的绝大多数"，但"目前的学术体制，是以要求天才学者的学术标准要求这些普通学术工作者"②。因此，这种以少数拔尖人才为目标的学术制度设计很难获得各层类大学教师的认同，更难得到位于学术体系最底层的教师的普遍认同。大学青年教师处于学术职业生涯的起步阶段，更需要获得能够使其专心于学术工作的基本保障，而不是一开始就被置于高强度的激励刺激之中。持续的高强度刺激虽然有可能在短期内使青年教师产出更多的学术成果，但也容易使他们过早地产生职业倦怠，影响其心态平衡，不利于其长远发展。当前不少研究报告都认为，大多数大学青年教师生存状况较差，应当给予他们更多的政策照顾和项目支持。但在操作层面上，一定要慎之又慎，因为对处于学

① 周黎安：《中国地方官员的晋升锦标赛模式研究》，载《经济研究》2007 年第 7 期，第 40 页。

② 施爱东：《学术行业生态志：以中国现代民俗学为例》，载《清华大学学报（哲学社会科学版）》2010 年第 2 期，第 16 页。

术锦标赛泛化环境下的大学青年教师来说，提供更多打着资助名义的激励项目和计划，未必是雪中送炭，反而有可能是火上浇油。对于大学青年教师，尤其是有志于"以学术为业"的青年教师，应当为他们提供更多的不以考核为手段的基本保障，尽力创造能放得下"一张平静的书桌"的学术环境，建立可以安心"十年磨一剑"的学术保障制度。

（原载《高等教育研究》2014 年第 7 期）

大学教师荣誉制度与荣誉体系刍议

大学教师荣誉既是作为学术职业的大学教师发展中需要关注的一个重要问题，又是现代大学制度建设中值得探讨的问题。简单来说，大学教师荣誉既是对教师专业成就的肯定与认可，也是教师专业发展的内驱力所在，更是一所大学的荣誉体现。诚如曾任哈佛大学校长的科南特所言，"大学的荣誉不在于它的校舍和人数，而在于它的一代又一代的教师质量"①。本文在厘清教师荣誉、荣誉感与责任感诸关系的基础上，通过对现行大学教师荣誉制度的反思，提出有效构建大学教师荣誉制度与荣誉体系的若干思考。

一、教师荣誉、荣誉感与责任感

（一）荣誉制度与荣誉感

"荣誉"通常是一个伦理学范畴的概念，指一定阶级对人们履行社会义务的道德行为的肯定和褒奖。② 而这种"一定阶级"的"肯定和褒奖"，往往又是通过设立某种制度加以确定、体现和落实的，这种制度便是荣誉制度。

当一个人获得荣誉或被制度"荣誉"（"被荣誉"）时，常会有自我效能感，即产生主体荣誉感，而这种主体荣誉感的获得会对"被荣誉"的形成产生强烈的正强化效应。当然，由于"被荣誉"主体对荣誉制度的认知不同，其所产生的主体荣誉感的情况往往也不一样，有些"被荣誉"主体所产生的主体荣誉感可能会大一些，而有些"被荣誉"主体所产生的主体荣誉感则相对小一些。另外，还有一些"被荣誉"主体可能并不产生主体荣誉感，也就是出现"有荣誉、无荣誉感"的情况。更有

---

① 刘剑虹：《大学的主体力量》，陕西师范大学出版社 1999 年版，第 1 页（序言）。
② 参见朱贻庭《伦理学大辞典》，上海辞书出版社 2002 年版，第 37 页。

334

甚者，有时不仅出现"有荣誉、无荣誉感"，还可能出现"无荣誉、有怨气"的情况。如果用赫茨伯格的双因素理论来考察，这时荣誉已改变了当初的"激励性因素"的性质，而沦为一种"保健性因素"。由此可见，如何建构适当的荣誉制度，以使主体产生最大的主体荣誉感，从而对主体的"被荣誉"行为形成应有的正强化效应，对于一个社会或组织来说是极其重要的。

对于教师这一特殊群体而言，其荣誉感无疑是与其职业性质相关联的，或者说是一种职业荣誉感。具体来说，就是教师对自己出于职业岗位要求和职业责任感而履行的教育教学行为所具有的社会价值"被荣誉"，并由此产生的一种欣慰、自尊、荣耀的心理感受和情感体验。作为一种主观的心理感受和内心的情感体验，教师荣誉感以社会舆论、传统习俗和内心信念三种形式得以表现：一是社会舆论，即公众对教师职业应享有的荣誉感表达的观点和态度，集中体现为社会尊师的氛围；二是传统习俗，即教师荣誉感附着于礼仪习惯得到外显，如我国古代冬至的"释菜"古礼和现代社会中教师节的设立；三是内心信念，即教师发自内心的对本职业崇高性的笃信，以及由此产生的强烈的自豪感。

作为一种内心的情感体验，教师荣誉感源自实践基础上的个人主观内化，深受外在社会对教师职业认可程度的影响，如教师享有的社会地位、社会尊师的氛围和教师荣誉授予活动等。教师荣誉授予活动的开展以一定的荣誉制度为保障，即荣誉授予机构对教师所做的贡献给予承认而授予相应荣誉的制度安排。

一种好的教师荣誉制度应当具有以下两大功能：一是激励功能。教师荣誉授予机构对被奖励教师给予适当的职业赞赏和认同，并给予一定的物质和精神奖励，能激发教师内在荣誉感，形成教师个体持之以恒、自觉主动投身教育工作的内驱力。正如托克维尔所言，"荣誉，在它最受人们重视的时候，比信仰还能支配人们的意志"①。二是价值导向功能。除教师荣誉制度本身就是一种尊师重教的价值彰显外，荣誉制度所肯定和褒奖的教师行为，必然承载着一定的价值要素和具有明确的价值指涉，这无疑会对教师个体和群体产生重要的价值导向。

---

① ［法］托克维尔：《论美国的民主》（下卷），商务印书馆 1988 年版，第 776 页。

（二）荣誉感与责任感

荣誉感与责任感有着内在的关联。所谓责任感，指的是主体对责任所产生的主观意识，也就是责任在人的头脑中的主观反映形式。具体来说，责任感的产生可分为以下两种情况：一种情况是职业岗位要求和组织赋责而产生的责任感，这是在外在规约下产生的一种责任意识，实际上是一种"被责任"的责任感，显然，这种责任感有某些被动的属性；另一种情况是由于对职业岗位的高度认同，从而产生对该职业岗位的高度的自豪感和强烈的归属感，由此形成的责任感，这是一种责任主体内在、主动的责任感。无疑，这两种责任感对责任主体的责任行为的影响及效果是不一样的。

党的十八大报告提出"加强教师队伍建设，提高师德水平和业务能力，增强教师教书育人的荣誉感和责任感"。这里将教师的荣誉感与责任感相提并论，是一个特别值得关注的地方。与以往只提责任感而少提荣誉感不同的是，这种"相提并论"，实质上意蕴了教师的荣誉感与责任感两者的密切关联，尤其是教师的荣誉感对其责任感的生成、维持和强化所起到的重要作用。

第一，教师荣誉感是其责任感发生作用的隐秘机制。教师劳动的最终目的在于培养社会所需的人才和促进个体的健康成长，而人才的培养和个体的成长是一个由无知到有知、由幼稚到成熟的长期的过程。一方面，教师对学生的培养过程是一个没有外界监督的、自觉的过程；另一方面，教师的劳动很难获得立竿见影的效果，对其检验往往是通过日后学生走上社会后的表现。因此，从过程的自觉性和结果的长效性看，教师工作是在师德情感支配下的良心工作。实践中，教师在荣誉感的催化下往往对责任的承担表现出更大的热情，期待维持内心的荣誉感。

第二，教师荣誉感是责任感的升华。责任感是教师对应承担的教育职责的内心体验，而荣誉感则是在教师履行职责并得到认可后衍生的自尊感和自豪感，可见荣誉感是责任感的升华。仅具有责任感的教师将履行教书育人的职责归结于外在的约束和压力，将工作价值归结于满足社会发展的需要，视其为个体谋生手段。荣誉感可以不断促进教师自我完善，使教师从自身成长中感觉到工作的意义、生命的价值。一言以蔽之，责任感为教师树立了职业生涯的目标，荣誉感则是教师生命历程的追求。荣誉感的注入使得责任感具有内生性，在其支撑下的教育工作成为一项事业，教师必然形成追求职业卓越行为，以实现创造与享受、奉献与获得的高度统一。过去我们只提增强教师的责任感和使命感，不提荣誉感。但是没有职业荣誉感的责任感，只是在外在规约和压力下的责任感，缺乏内生性，教师必然难以真正形成追求职业卓越的责任感和责任行为。只有获得职业荣誉感，才有可能真正产生带有使命感的责任感，并转化为自觉、有效的责任行为。

第三，教师荣誉感是责任感的标识。师德情感体验的标准来自良心，来自那个无所他侍、自我确定，存在于心中的善。[①] 故教师荣誉感体验的关键不是外在的人耻、人荣，而是基于教师本人对职业道义的认同、对职业责任的承担。正是在这个意义上，这种基于内心良知的荣誉感，标识了教师对教育职责的履行情况。即教师荣誉感与责任感呈正相关：有如此之荣誉感，必有如此之责任感。教师一旦出现消极应付教师职责、背离社会对师德要求的情况，荣誉感会督促教师纠正或改变自己的行为，使之沿着符合教师道德要求的方向发展。

教师职业的高度自觉性和内隐性使得这一职业需要强烈的职业道德。只有具备了良好的师德修养，才能唤起教师内心的责任感、自尊感、义务感、荣誉感等良好的师德情感，使教师在没有外界监督和压力的情况下，也能自觉完成教育教学任务。

二、大学教师荣誉制度的现实考察

大学教师的荣誉制度，从其目的、功能、效应等方面看，总体上与其他教师的荣誉制度并无多大不同，只是在具体的制度上会有些许差异。从现实的角度审视，当前我国大学教师荣誉制度尚不完善，而大学教师荣誉制度体系（以下简称"荣誉体系"）则远未形成。一些大学教师荣誉制度的制度效应与其设计初衷相去甚远，甚至在实际运行中阻碍了教师成长和高等教育发展，导致大学教师荣誉制度本体功能出现一定程度的异化。具体而言，主要存在以下三方面的问题。

---

① 参见高兆明《荣辱论》，人民出版社 2010 年版，第 143 – 145 页。

（一）大学教师荣誉过度与荣誉缺失并存

首先是荣誉过度。大学教师荣誉制度及其实施过程中，经常出现这样一种情形：一些大学教师获得荣誉众多，且荣誉层次基本上呈梯度上升。当然也有一些例外，即有些已获得高层次荣誉的教师再获得较低层次的荣誉。这其中的缘由是多方面的：一是在荣誉制度设计方面，现行荣誉制度的关联度较高，如想要获评高层次的荣誉，一般要求先获得较低层次的荣誉。有的荣誉评选，如果已获得同层级的或更高层级的荣誉，制度规定评选时又享有优先权。二是教师自身方面，这些"被荣誉"的教师具有更高的专业影响力，也更容易获得社会资源，因而处于荣誉评选中的优势地位，并形成一种优势积累的良性循环态势。三是高校方面，高层次人才在相当程度上反映了一所高校的实力，且与高校在社会上的美誉度密切相关。面对当前各高校的高层次人才竞争和比拼日趋白热化的状况，对于竞争性明显的荣誉制度，为了增强教师荣誉评选的竞争力，在与荣誉制度规则不冲突的情况下，高校常常会推出已获得荣誉的教师参与荣誉评选，这也是出现教师荣誉累叠、"赢家通吃"现象的重要原因。

在这种大学教师荣誉制度的"马太效应"之下，就荣誉过度的教师而言，经常出现两种情况：一种情况是"荣誉麻木"，以至于产生"有荣誉、无荣誉感"的现象。20世纪，心理学家罗伯特·亚尔克斯和约翰·多德森就用实验证明了激励与表现呈倒U型关系。通常当大学教师所获荣誉的数量和级别到达某个点之前，荣誉激励可以产生积极的效果，使之产生强烈的荣誉感和更好的表现。而一旦超过了这个点，荣誉激励反而会产生消极的效果，导致荣誉感的淡化和责任心的冷却。另一种情况是荣誉加身的大学教师们也往往会被荣誉、头衔所累，他们既要持续投身教学、科研的本职工作，又要穷于应付"被荣誉"后的讲座邀请、专家评审、挂名兼职等活动。实践表明，一些荣誉加身的教师，高质量的学术成果却出现明显的下降。更有学生反映，一些荣誉加身的教师已鲜见于课堂，甚至与其所指导的学生都难得见一面。

其次是荣誉缺失。对于那些未曾获得荣誉的大学教师而言，除对现行大学教师荣誉授予过分集中于少数人的情况感到不公，也时常表达不满外，更由于在职业成长的一些重要阶段他们没有得到及时的荣誉激励而出现职业懈怠现象，甚至得过且过。有这样一种说法：如果一个大学教师在

45 岁以前没有入选高级别的人才计划，那么其后的学术生涯堪忧。许多大学教师认同这一认知，而这种认知最有可能演变为一些未如其愿的教师在学术上的自我放逐行为，由此产生的对大学教师学术职业发展的消极影响是不可忽视的。

总之，大学教师荣誉过度与荣誉缺失并存现象，可能会导致两方面的问题：一方面，过度"被荣誉"者并未产生所期待的荣誉感，甚至出现"有荣誉、无荣誉感"的现象，从而其职业责任感难以得到明显提升。而且，其往往被荣誉所累，这对其职业责任行为还可能造成一些负面影响。另一方面，荣誉缺失者出现"无荣誉、无荣誉感"，从而难以产生主动的职业责任感，更难以形成职业的认同感、归属感、成就感，直至失却教学、科研的激情和动力，过早进入职业倦怠状态。此外，现行大学教师荣誉制度中"被荣誉"者只占少部分，即使这种"被荣誉"可能对这少部分教师产生积极效应，或者说这少部分教师可能"被卓越""被成功"，但大部分的荣誉缺失者极可能因此就"被平庸"了，甚至"被失败"了。

（二）有大学教师荣誉制度而无荣誉体系

这里的大学教师荣誉制度是指具体的荣誉设立制度，如中共中央组织部的"海外高层次人才引进计划""国家高层次人才特殊支持计划""国家'万人计划'教学名师"，教育部的"长江学者奖励计划""全国优秀教师""全国模范教师""国家级教学名师奖"等荣誉制度的设立。而大学教师荣誉体系是由各种相互关联的荣誉制度有机构成的。我国大学教师荣誉制度主体从性质上看，既包括国家、省市等政府行政部门，也有社会团体、新闻媒体等社会组织，还有各高校自身。一项针对教育类荣誉奖项的数据显示，包括"长江学者奖励计划""全国模范教师""全国教育系统先进工作者"和"全国优秀教师"等在内的 14 个荣誉奖项，共有教育部、人力资源和社会保障部及财政部等 6 个奖项设立主体，奖项设立主体数量占奖项数量的 42.86%。[①] 多样化的荣誉授予主体能在一定程度上体现政府、社会和高校等各方对教师和教育的重视。但不可否认，目前大学教师荣誉制度由于"奖出多门"而过于分散，缺乏系统布局，更远未形成大学教师的国家荣誉体系。特别是这种"奖出多门"状况也是导致大

---

① 参见戴鑫韬《国家荣誉制度研究》（硕士学位论文），云南财经大学，2013 年，第 47 页。

学教师荣誉过度与荣誉缺失的重要原因之一。公平理论认为，人们会将自己与他人的付出和报酬进行比较，若该比例低于他人则会产生不公平感阻碍工作积极性。[①] 现行大学教师荣誉体系中，不同荣誉授予主体设置的荣誉奖项难以进行横向比较，这不仅增加了大学教师绩效评估的判别难度，还削弱了获不同类型荣誉的教师的社会公平感。

（三）大学教师荣誉获得的科研偏好和"教学漂移"

进入 21 世纪以来，一种以激励科研产出效率为目标，并以科研产出数量、等级与利益分配挂钩的绩效主义评价制度逐渐取代以往的计划经济色彩较浓的平均主义评价制度，并全面影响着我国各大学和大学教师的行为与发展。当前，在大学教师群体中，科研偏好已经变成了一种普遍现象，许多大学教师的工作也逐渐演化为课题申报、专利申请、论文发表等职业行为。科研偏好的行为并非单纯的教师个体行为，而是植根于特定的制度逻辑的行为。依据理性选择制度主义的观点，追求利益最大化具有稳定偏好的行为者，会在制度框架内通过与其他行为者利益得失的计算而选择自己的行为方式。[②] 这就意味着，大学教师追求科研偏好的行为实际上反映了当前大学制度环境中对科研的推崇。作为大学制度重要组成部分的大学教师荣誉制度，自然深受大学制度环境浸染，其与教师的科研行为之间构建了一条确切的因果链，呈现制度对行为作用的内在逻辑。

一方面，大学教师科研专项荣誉设置数量多于其他荣誉项目，导致"教学漂移"。当大学教师通过科研行为获得的学术影响力和专业发展要远远大于通过教学行为获得的时，科研成为衡量教师荣誉的最重要指标，促使大学教师的行为选择倾向科研，教学被逐渐边缘化，出现伯顿·克拉克提出的"教学漂移"现象。如果大学教师科研专项荣誉数量多于教学专项荣誉数量，则可能有将大学教师引向偏离教学而完全步入学术研究单轨的危险。

另一方面，在大学教师荣誉评选中很多时候是唯科研论英雄，特别是在科研量化偏好的荣誉评选系统中，科研"硕果累累"的大学教师往往是制度的最大获益者。科研的学术性、创造性和巨大的社会价值都决定了

---

① 参见戴鑫韬《国家荣誉制度研究》（硕士学位论文），云南财经大学，2013 年，第 49 页。
② 参见薛晓源、陈家刚《全球化与新制度主义》，社会科学文献出版社 2004 年版，第 211 页。

大学教师往往需要长期的学术积累才能有所突破。泛化的科研量化评价方式与科学研究讲究"十年磨一剑"的逻辑本质背道而驰，容易滋生学术浮躁之风。同时，在科研量化评选的荣誉制度框架中，科研成果很多时候也被异化为换取荣誉的筹码，许多大学教师并不能按照"自己的偏好"选择研究领域，而是被迫做出行为选择，即其所投身的研究并非自己真正感兴趣的领域，而是一些研究周期短、可以立竿见影的研究点，至于一些研究周期长的基础性研究则被束之高阁。最终，与快速攀升的学术成果数量形成对比的是自由思维的式微，从而导致许多大学教师精神压抑和职业枯竭，甚至导致其独立人格的丧失。

三、大学教师荣誉制度与荣誉体系有效构建的基本路向

"一种制度能否有效实行，主要取决于该制度所制约的大多数人对制度的认同和尊重程度。只有个体的制度认同内化，并产生制度期待行动，制度的工具性功能和制度化过程才宣告实现。"① 个体对大学教师荣誉的制度认同和行动逻辑，既受制于外在制度设计的科学性和权威性、制度运行的公正性，也依赖于内在的制度伦理与个人利益偏好和价值信念的吻合。

（一）构建统一的大学教师荣誉体系，增强大学教师荣誉的社会公信力

统一的大学教师荣誉体系指的是各级各类荣誉内在的一致性和外在的相互衔接，构建这一体系旨在达成以下两方面目标：一方面是能对我国多样化的大学教师荣誉制度进行分级分类管理，规范各级各类荣誉制度的授予条件、评审程序、实施办法、监督措施等，并使各级各类荣誉制度相互衔接；另一方面是能以统一规范化的管理克服荣誉设置和授予中的随意性和主观性，提升荣誉授予的严肃性和权威性，增强大学教师荣誉的社会公信力。

具体而言，构建大学教师荣誉体系就是在结构设置、运行机制和法律

---

① 卢晓中、陈先哲：《学术锦标赛制下的制度认同与行动逻辑——基于 G 省大学青年教师的考察》，载《高等教育研究》2014 年第 7 期，第 38 页。

保障三方面形成统一的制度规范。首先，在结构设置上，由国家层面制定荣誉授予主体和客体、荣誉项目名称、荣誉的级别和类别、授予周期、监督机制等统一规定，明晰不同类型荣誉项目间的横向级别比较，避免荣誉之间的割裂和排斥，以增强大学教师荣誉项目设置和运行的科学性。其次，在运行机制上，形成全国统一、高效、公平的运行机制，以此预先限定大学教师荣誉制度决策者的权力而不至于滥用权力，使大学教师对自己的荣誉评选结果有比较准确的预期，最大限度地保证制度运行结果的实质性公正，增强大学教师对荣誉制度的公正感和认同感。最后，在法律保障上，构建全国性的大学教师荣誉制度法律法规，全国人民代表大会和教育部分别制定大学教师荣誉制度的一般法律和行政法规，省市和高校在此基础上制定地方性的大学教师荣誉制度法规规章，以法律保障大学教师荣誉制度的权威性。

（二）完善多层分类的大学教师荣誉制度，给予教师职业生涯全程观照

完善覆盖全体的大学教师荣誉制度，不仅着眼于提升绝大多数大学教师对荣誉制度的公平感和认同感，以制度唤起大学教师内心的责任感、荣誉感等职业内驱力，更为重要的是，旨在对教师职业生涯的全程观照，提升大学教师整体的工作积极性，使每个教师在其职业生涯的不同阶段都能获得适当的荣誉，让更多教师有更多的获得感和幸福感。

完善覆盖全体的大学教师荣誉制度，总体上按照纵向层次和横向类别两个向度进行，做到荣誉位阶和类别分布严整有序，实现荣誉对处于不同专业发展阶段、不同学科、不同岗位大学教师的全覆盖。

一是在纵向上，按照大学教师专业发展阶段设计阶梯形荣誉项目。美国学者柏林纳以教师经验的形成为考察依据，提出教师专业发展涵盖新手、进步的新手、胜任、能手和专家五个阶段。处于不同专业发展阶段的大学教师都有获得荣誉的需求：第一、第二阶段的"新手型"教师，初为人师的他们渴望社会对其新的社会角色的认可；第三、第四阶段的"成熟型"教师，完全胜任基本工作后的他们，渴望得到尊重和获得成就感，避免职业倦怠；第五阶段的"专家型"教师，取得教学与科研突破后的他们，渴望得到尊重和名望，实现教师价值的圆满终结。满足不同专业发展阶段的大学教师的荣誉需求，需要分层设计阶梯式荣誉项目。

二是在横向上，依据大学教师学科背景和具体工作岗位设计多类别的荣誉项目。大学教师具有迥异的学科背景和相对独立的价值观，其劳动也具有创造性和个体差异性，故而需要分类设置荣誉项目。一方面，依据不同的学科门类设置荣誉项目。从学科性质上看，按照自然学科与人文学科、基础学科与应用学科等基本学科类型分别设置荣誉项目，并在评选中充分考量不同学科教学方式、教学效果体现、科研成果呈现的差异。另一方面，根据大学教师教学科研并重岗、研究为主岗、教学为主岗、社会服务与技术推广岗、教学管理岗等不同工作岗位设置荣誉项目。大学教师工作重心的个体差异客观存在，应理解和尊重大学教师在工作中的差异性，根据不同工作内容和工作环境设置荣誉项目，鼓励大学教师多元化发展。

（三）建立教学与科研互促机制，克服"教学漂移"现象

大学被赋予科研职能的初衷在于，"让科学研究作为人才培养的重要路径和不可或缺的主要环节"[1]，但此后关于教学与科研孰重孰轻的博弈从未停止。直至21世纪末，欧内斯纳·博耶提出"教学的学术"这一概念，打破了教学与科研的二元思维，弥合了教学与科研间的鸿沟，并期冀以此构建教学与科研协调发展的大学制度。[2] 建立大学教师荣誉评选中教学与科研互促机制，架起教学与科研互通互促的桥梁，是引导大学教师寻求"教学的学术"，实现专业领域研究和有效教学统一的应然选择。

大学教师荣誉评选中的教学与科研互促是指对教学与科研的价值给予合乎规律的价值判断，以便在激励教师荣誉感过程中达到同等效用。首先，荣誉评选中教学与科研是平等均衡的，不存在厚此薄彼，因而要适当增设教学专项荣誉项目，均衡综合类荣誉项目评选中教学与科研权重。增设教学专项荣誉项目，突出教学能力在荣誉评选指标中的权重，对在教学中表现特别突出的教师加大奖励，引导大学教师行为偏好转向教学，调动

---

① 王一军、龚放：《高等教育大众化阶段高校教学定位的再思考——基于伯顿·克拉克"教学漂移"观点的分析》，载《高等教育研究》2010年第2期，第62页。
② 参见王一军、龚放《高等教育大众化阶段高校教学定位的再思考——基于伯顿·克拉克"教学漂移"观点的分析》，载《高等教育研究》2010年第2期，第62页。

其从事教学的积极性。其次，荣誉评选中教学与科研是互促的，提倡考量教学成果与科研成果相互转换的效率。一方面，在评价教学能力的指标中融入科研活动要素，如大学教师对授课中热点问题的研究情况、研究成果自觉转化为教学内容等；另一方面，在评价科研能力的指标中引入教学活动要素，如研究方向与所授课程的关联性、教学中实际问题转化为科研选题情况等。需要指出的是，教学与科研互促机制是一个相对动态的概念，反映在不同大学教师荣誉项目评选中有教学与科研权重的差异。

（四）重构伦理性标准，让大学教师荣誉制度回归本位

大学教师教学效果预测困难且具有长效性和滞后性、教学科研价值难以精确计量和评估的职业特征，决定了宽松自主的教学科研环境是教师从事教学活动和取得高水平学术成果的保障条件。正如布鲁贝克所言，"学者的才能在监督减少到最低限度的自治条件下可以得到最充实的发挥"①。就大学教师荣誉制度而言，其制度效应的发挥在很大程度上取决于该制度创造一种让大学教师充分发挥自主性的环境。

首先，荣誉评选中兼顾数量与质量。纵观学术史，凡学术集大成者往往都是就某一研究领域进行了持久、精深、开创性的研究而名扬于世，以研究数量而著称于世的学者寥若晨星。"从某种意义上来说，把一名教授终身工作的质量还原为一个简单的数字是完全没有道理的。事实上，要对一种思想、一种理论或研究发现的质量进行量化看来是不可能的。"② 对大学教师的荣誉评选不能仅仅以课程量定教学能力，还要考量课堂教学质量和教学效果；不能以课题级别、经费多少或论文、专著数量论科研能力，而应加强学术成果的质检，以杜绝急于求成、抄袭剽窃等有违大学教师荣誉制度伦理的现象。

其次，荣誉奖励重在对教师工作的精神认可。根据马斯洛需求层次理论，大学教师荣誉应属于尊重和自我实现的需要的层面，超越了基本的物质层面，对其的奖励也更强调应是一种精神肯定而不是与待遇、名利直接挂钩。大学教师荣誉制度以精神奖励为主、物质奖励为辅，弱化荣誉与利

---

① ［美］约翰·布鲁贝克：《高等教育哲学》，浙江教育出版社 1998 年版，第 46 – 48 页。

② ［美］乔治·理茨尔：《社会的麦当劳化——对变化中的当代社会生活特征的研究》，上海译文出版社 1999 年版，第 10 页。

益的关系，既能在一定程度上让大学教师在追求荣誉的过程中摒弃功利心，体会到学术的乐趣，又能避免荣誉背后的特权和经济利益扭曲荣誉制度的初衷，促使荣誉制度回归激发教师荣誉感、引领崇文重教社会风尚的伦理本位。

（原载《江苏高教》2017 年第 11 期）

卢晓中
自选集

第三部分

研究
教育发展与教育现代化

简论教育现代化的标准化与特色化

当时代列车即将驶入 21 世纪之际，世人都在憧憬新世纪的来临，并积极为此做准备，其中教育现代化的理论与实践问题日益成为人们关心的热点。本文试图从教育现代化的目标意义和过程意义两方面对其标准化与特色化及两者的关系作一探讨。与此相关或类似的问题还包括教育现代化的全球化与本土化、共同性与个性等。

一、教育现代化的标准化

标准化指的是一种从地域意义上具有普遍性、共同性和统一性的教育现代化，但它又有别于"西化"。这里实际上涉及教育现代化的全球化问题。

早期的现代化倡导者和实践者便试图给现代化勾勒出一幅全球普遍适合、万世经用的目标蓝图。如奥古斯特·孔德、圣西门等在 19 世纪对未来工业社会描绘了一幅美好的蓝图。而伴随着 19 世纪后期至 20 世纪初西方新兴工业社会的发展，许多人开始纷纷赞美这一人类有史以来的工业文明，认为西方工业资本主义的胜利是科学、民主、世俗主义与理性主义的胜利；西方文明是人类文明的顶峰。这种所谓的"现代化"，实质上就是"西化"，是把西方的现代化作为一个标准蓝本，其他区域则进行"现代化"的仿效，统一于这一蓝本之下。早在"五四"时代，在我国频繁出现的一个词就是"西化"与"欧化"。当时一些改良主义者认为，西方即欧美列强，是现代国家中独立富强的典范，中国要走向独立富强，就要向西方国家学习，奋起直追，以达到富国强兵的目的。这就是中国人的早期现代化思想。虽然经历第一次世界大战后，由于世界性的政治动乱、经济大危机、法西斯极权主义在欧亚资本主义心脏地区先后迭起等，人们曾对西方现代化的样板性产生过疑虑，但很快随着第二次世界大战后美国的兴起以及战后西方经济的持续繁荣而烟消云散。20 世纪 50 年代后期和 60 年代兴起的现代化理论的倡导者们干脆把其理论使用的一般命题、模式、观念等，都扎根于西方现代社会，企图从西方现代化历史经验中抽象出全球普遍适用的发展图式。

真正对这种"西式现代化"提出的挑战主要来自两方面：一是进入20世纪70年代以后，随着西方工业国战后的经济景气开始衰退，以及一些新兴工业化国家与地区走出一条与西方不尽相同，甚至完全不同的崛起道路，人们开始怀疑西方现代化实践的样板性，甚至对是否能找到全球普遍适用的现代化图式提出质疑，随之而来的是现代化理论也因而遭到诸多激烈批评与非难。二是自苏联创立以来，世界上开始出现了与西方社会完全不同的社会制度，而且在20世纪50年代，以这一制度为纽带的社会主义阵营日益发展和壮大，这对"西化"倾向起到了有力的遏制作用。

相对以上的社会现代化而言，教育现代化的标准化又显得复杂得多。在18世纪后期以后，伴随着西方工业技术革命的兴起和现代化的真正启动，并由此带来的包括教育在内的"可怕的非常复杂的政治、社会和文化大变动的问题"①，教育现代化也曾出现过向西方学习、以西方为样板的倾向，如"西学东渐"继文艺复兴特别是17世纪英国资产阶级革命以来又一次形成高潮。但这种教育现代化的"西式标准化"从未彻底过，或像国家工业化"西式标准化"那样为人们所推崇，而是有所保留。如中国19世纪末的"洋务运动""戊戌变法"等，虽然其目的就是要"师夷长技以制夷"，但仍然坚持"中学为体，西学为用"的指导思想。这或许是缘于教育这一独特的社会活动性质，即教育与一个国家与地区的文化传统和民族性等这些反映其本土性的因素更加紧密相关。

综上所述，实际上这里蕴含着两个问题：一个问题是教育现代化需不需要，或者说有没有一个在全球范围里相对统一、相对稳定的目标蓝图。如果这个问题确定下来了，第二个问题就是这个目标蓝图是不是"全盘西化"。

关于第一个问题，实际这里牵涉到过程意义上的现代化与目标意义上的现代化的关系问题。对这两个意义上的现代化，笔者曾分别作过一些论

---

① ［意］卡洛·M. 奇波拉：《欧洲经济史》（第三卷），商务印书馆1989年版，第10－11页。

述①，但没有涉及两者的联系与区别。从两者的联系的角度来看，过程意义上的现代化的终极目的是目标意义上的现代化，而现代化目标又牵引和指导着现代化过程。从两者的区别的角度来看，过程意义上的现代化显示出更多的多样性，而目标意义上的现代化则有相对广泛的统一性。总而言之，对第一个问题似应从如下两个层面来认识：首先是作为一个在全球范围内得到广泛认同的概念和致力的目标，现代化目标在某个确定时期应有一个获得广泛认可的相对客观和相对稳定的基本标准。而对于选择实现现代化目标的现代化过程，由于各国（地）的自然地理条件、社会文化背景和原有基础等的不同而应是多种多样、各富特色的。如果把它们两者之间的关系做一个形象的比喻，就如我们常常所说的"殊途同归"（也包括"同途同归"）。

而对于第二个问题，是与第一个问题相联系的，即教育现代化的目标蓝图尽管是相对统一、相对稳定的，但绝不可把其视为"全盘西化"。至于目前许多现代化指标与西方现代化指标一致或相似，并不意味着这是西方特有的，更不可认定为"西化"。这只是说明许多具有全人类性质的制度或观念（以具体指标形式反映出来），首先被较早走上现代化道路的西方国家所得到，尔后才扩展到其他民族、国家和地区，这些应看作全人类的文明成果的结晶，不能因为其他国家在西方国家之后得到它，就断定这是什么"西化"。如果从过程意义上的现代化来看，如前所述，就更无"全盘西化"可言。当然，这也不排除发展中国家和地区有鉴别、有选择地选择西方化。因为"这样的西方化并不可怕，可怕的是把这种西方化当成最终的目标"②。

二、教育现代化的特色化

"特色化"指的是基于一定区域，对其社会、文化、环境认同并与之相融合、相适应的教育现代化。这实际上涉及教育现代化的本土化问题。

关于这一问题，我们仍可以从目标意义上的现代化和过程意义上的现

---

① 参见卢晓中《社会现代化进程中的教育现代化》，载《中国教育报（教育科学版）》1996 年 12 月 14 日。

② 李秀林等：《中国现代化之哲学探讨（修订本）》，商务印书馆 2022 年版，第 9 页。

代化两种视角来认识。从目标意义上来看，尽管如前所述，教育现代化目标有其相对的统一性和稳定性，但必须认识到，它是一个历史范畴。而属于历史范畴的教育现代化目标至少包括两层涵义：一层涵义是教育现代化目标不是一个终极目标，即它是一个动态的、不断发展以至无穷的"目标系列"；另一层涵义则是它的阶段性，即在每一个历史阶段，都有其确定的目标。处在不同历史阶段，教育现代化的目标是不一样的，这就决定了一个国家和地区在确定其教育现代化目标时必须充分考虑其所处的社会发展阶段。至于前面所说的"统一性"，主要是就同一阶段而言的。即使处于同一阶段，这种"统一性"也只是相对的，每一个国家和地区的社会制度、地理环境、人口因素、民族文化传统等的差异性，使得它们在选择现代化目标的一些具体方面，必定存在相异的地方。特别是对于教育这样一个具有浓厚的政治文化性质、人文地理特点的事业，其现代化目标的确立无疑更应考虑到以上因素，即使之如何更好地与本国（地区）的独特的政治文化、人文地理等特点结合起来，相互认同与融合。

从过程意义上来看，如前所述，教育现代化的特色化是其实现教育现代化目标的必然选择。下面我们从更具体的一些问题上做进一步考察。从大的方面来考察，以亚、非、拉国家和地区为代表所选择的突进方式行进的后发型现代化，与以西欧早发型现代化国家和地区所走过的渐进式发展道路相比，明显有很大的差异。即使是同一教育现代化类型的国家和地区，它们在选择教育现代化的具体道路上也有许多不同。例如，德国高等教育现代化走的是学术发展的道路，倡导学术自由、科研与教学并重的原则，德国高等教育因此一度成为"世界现代大学的楷模"；而美国高等教育现代化追求的则是功利主义的理想，虽然美国许多大学是由欧洲移民创建的，或多或少带有欧洲特别是英国大学的痕迹，但是为了争取独立和生存，美国不得不抛弃殖民者的传统，寻求具有创业精神并有利于工农业发展的大学新模式，从而形成了风靡世界的"威斯康星理念"；英国高等教育现代化致力于人文主义理想，"英国大学目标的实质仍然是造就有教养的人而不是有学问的人"[①]。而对于后发型现代化国家和地区诸如"亚洲四小龙"，它们在选择教育现代化的具体道路上也有明显的不同。例如，新加坡和中国香港在它们的教育现代化进程中更多地受市场机制驱动，而

① 冯增俊：《现代高等教育模式论》，广东高等教育出版社 1993 年版，第 1 页（序）。

韩国和中国台湾则在选择教育现代化道路时政府（当局）的作用更为明显。

由此可见，一个国家和地区教育现代化的特色化实际上反映了其主体性，而主体性是任何现代化的前提和基础。脱离了主体性（特色化）的教育现代化（无论是从目标意义或是过程意义上），而一味去模仿或被动地接受所谓先进的现代化的传导，必然是一条死胡同。这或许是许多殖民地国家和地区在获得独立以前并未真正启动现代化，而是在独立以后才踏上了现代化征程的最好注脚。

三、标准化与特色化的兼顾和平衡

标准化与特色化的兼顾和平衡，往往成为使教育现代化实践处于两难境地，但又不得不去面对和解决的问题。

如果说从以上理论层面对教育现代化的标准化与特色化的认识是清楚的，那么进入实践层面，要处理好教育现代化的标准化与特色化的关系则不是一件轻而易举的事，它甚至使我们的教育现代化实践处于一种两难境地。例如，在确立教育现代化的目标体系这一问题上，一方面要参照国际通行的标准制定现代化的目标，另一方面又要立足于本国（地区）的实际（社会发展所处的阶段、政治文化环境等）来制定教育现代化目标。更具体地说，就是我们在确立教育现代化目标时应在多大程度上既考虑其标准化，又注意到它的特色化。这里实际上牵涉这样一个问题，即如果标准化程度太高、特色化程度太低，往往会使一些刚刚启动教育现代化的发展中国家和地区感到与它们的实际相去甚远，可望而不可及，或望而却步，或缺乏必要的动力，以致阻碍了它们的教育现代化实践。另外，一个脱离国家（地区）实际的教育现代化目标，也会给它的实现过程与最终效果带来诸多的不适合和缺乏实践意义的结果。如果标准化程度太低、特色化程度太高，这种教育现代化目标实际上演变成了狭隘的区域化，这将使教育化这样一个人类所共同拥有的一种理想失去其本身应有的全球普遍意义，也将导致一个国家及地区的教育发展与世界教育发展潮流脱节。无疑，这种所谓的"教育现代化"很难称得上是真正意义上的教育现代化。由此可见，如何兼顾与平衡教育现代化目标的标准化和特色化，是教育现代化理论与实践首先必须解决的问题。

那么，作为解决这一问题的总体思路，显然可以从以下两方面来考虑：一是从教育现代化目标的标准化与特色化的相融性上来考虑。因为不仅从理论上，一个国家和地区教育现代化在标准化与特色化上并不一定是相互排斥和不相融的，而且在教育现代化实践上，只有当标准化适度地融入特色化之中，特色化又在某种程度上体现出标准化，这样的教育现代化才是比较完善的。二是从教育现代化目标的标准化与特色化各自的程度上来考虑，即教育现代化目标应在多大程度上保持其标准化和在多大程度上来体现其特色化。当然，以上两个问题的真正解决，实际上本身就有一个"特色化（本土化）"的问题，即依据本国（地区）的社会、经济、文化和教育的实际，寻求最佳的选择。

（原载《比较教育研究》1998 年第 2 期）

我国教育信息化发展的历史审思与未来路向
——从教育信息化与教育现代化关系的角度

20 世纪五六十年代以来，以信息技术为代表的新一轮技术创新驱动了新一轮的产业革命（信息革命），标志着人类社会进入第二次现代化进程，教育现代化就是此次现代化进程中的重要组成方面。而教育信息化又是伴随着教育现代化进程而出现和发展起来的，因此，它与教育现代化有着十分密切的内在关联，论及教育信息化离不开教育现代化。本文从教育信息化与教育现代化关系的角度，审思我国教育信息化历史发展的特征、制约因素，并对教育信息化发展的未来路向作一探讨，以寻求正确的认识。

一、我国教育信息化发展历程及特征

从教育信息化与教育现代化关系的角度，我国教育信息化经历了教育信息化"即是"教育现代化、教育信息化"带动"教育现代化、教育信息化"引领"教育现代化三个重要时期。

（一）教育信息化"即是"教育现代化时期（1978—2000 年）

在我国，"教育信息化"这一概念的提出，并与"现代化"首次同时出现在国家层面的官方文件中，是 1999 年颁布的《中共中央　国务院关于深化教育改革全面推进素质教育的决定》，该决定提出"大力提高教育技术手段的现代化水平和教育信息化程度"[1]。但教育信息化实践则远早于其概念的提出，它是伴随着国家改革开放的启动，以电化教育的推动为肇始的。邓小平同志在 1978 年 4 月召开的全国教育工作会议上富有远见

---

① 中共中央、国务院：《中共中央　国务院关于深化教育改革全面推进素质教育的决定》，见中国教育学会网（https://www.cse.edu.cn/index/detail.html？category = 129&id = 2281）。

地指出，"要制订加速发展电视、广播等现代化教育手段的措施"①。随后，国家又成立中央电化教育馆，批准设立电化教育学科，成立中国电化教育协会，电化教育开始得到有力推动。1997 年颁布的《全国电化教育"九五"计划》明确指出，"电化教育已经成为推动我国教育现代化发展的重要力量"②。显然，这里已将电化教育与教育现代化紧密关联起来。随着现代信息技术的发展，计算机教育和计算机辅助教学的兴起不断推动电化教育转向信息化教育，信息化教育就是信息时代的电化教育，也就是教育信息化。进入 20 世纪 90 年代末，教育信息化得到国家高度重视，在诸多政策文件中均表明教育信息化在促进教育改革和发展中的重要作用。1998 年 12 月，教育部制定的《面向 21 世纪教育振兴行动计划》提出实施"现代远程教育工程"，形成开放教育网络，构建终身学习体系。③ 该计划指明了我国教育信息化在新世纪的发展方向和重要任务，教育信息化事业开始蓬勃发展。

但此时，人们对信息技术在教育中的影响与作用的认识还比较初步，尤其是在理论认识、政策解读及其实践上也出现了一个明显的误区，即把教育现代化等同于教育信息化，把教育信息化狭隘地理解为教育手段和教育装备的信息化。如 1983 年出版的《电化教育》一书指出，"电化可以理解为现代化，代表最新科技成就，电化教育可以理解为教育的现代化或现代化教育"④。此外，一些省份在推进区域教育现代化实践中，出现了把教育装备的信息化标准当作教育现代化主要标准的情况。如江苏省1996 年发布的《江苏省乡镇教育基本实现现代化建设标准（试行）》将"教育装备水平"作为评估教育现代化水平的核心指标。⑤ 广东省 1999 年印发的《珠江三角洲中小学基本实现现代化标准》将校园网、多媒体教

---

① 任友群：《我们该怎样研讨"教育信息化 2.0"？》，载《远程教育杂志》2018 年第 4 期，第 3 页。

② 国家教育委员会：《全国电化教育"九五"计划》，见法邦网（https://code.fabao365.com/law_224352_1.html）。

③ 参见《〈面向 21 世纪教育振兴行动计划〉的主要目标和内容》，载《人民教育》1999 年第 1 期，第 9 页。

④ 李祺：《电化教育与教育的现代化、信息化、最优化》，载《电化教育研究》2003 年第 1 期，第 4 页。

⑤ 参见《江苏省乡镇教育基本实现现代化建设标准（试行）》，载《江苏教育》1996 年第 4 期，第 4 - 5 页。

学应用、网络设备数等量化指标作为衡量教育现代化的主要标准。① 由此可见，这一时期教育信息化的突出特征就是教育信息化"即是"教育现代化，两者基本没有区别。

（二）教育信息化"带动"教育现代化时期（2001—2015 年）

2001 年颁布的《全国教育事业第十个五年计划》提出"要把教育信息化工程列入国家重点建设工程，以信息化带动教育现代化"②，这是在阐述二者关系时首次使用了"带动"一词。直到 2016 年《国家开放大学改革建设"十三五"规划》发布之前，无论是官方发布的文件还是学者发表的文章，对教育信息化与教育现代化的关系表述基本都采用了"带动"一词，即教育信息化"带动"教育现代化。"带动"一词包括两方面含义：一是"带头引导着前进"；二是"通过动力使有关部分相应地动起来"③。而教育信息化"带动"教育现代化主要指，一方面教育信息化要作为教育现代化的核心内容，为教育现代化提供保障条件和支撑环境；另一方面教育信息化要以特有的技术创新力量，成为驱动教育的理念、目标、体系、制度、内容、方法、治理等要素现代化的动力。梳理这一时期教育信息化发展的基本脉络，基本也能反映其对教育现代化的这种"带动"作用。

2001 年至 2015 年我国教育信息化的发展，可以大致分为建设驱动期和应用驱动期。实际上，自 1998 年发布的《面向 21 世纪的教育振兴行动计划》宣布启动"现代远程教育工程"后，我国便开始进行网络课程、精品课程、远程教育资源库、网络教育公共服务平台、网络教育学院的建设。2000 年 11 月，教育部发布《教育部关于在中小学实施"校校通"工程的通知》，强调利用信息技术营造信息化的学习环境，具备数字化校园特征的"校校通"建设逐渐成为教育信息化的主流。经过 21 世纪前 10 年的建设驱动期，我国教育信息化的基础网络设施和应用支撑平台已初具

---

① 参见广东教育学会《广东教育现代化之路（上）综合卷》，中国教育出版社 2002 年版，第 44－50 页。

② 中华人民共和国教育部：《全国教育事业第十个五年计划》，见中华人民共和国教育部官网（http://www.moe.gov.cn/jyb_xxgk/gk_gbgg/moe_0/moe_7/moe_17/tnull_210.html）。

③ 中国社会科学院语言研究所词典编辑室：《现代汉语词典》（第 7 版），商务印书馆 2016 年版，第 251 页。

规模。2012 年 3 月，教育部印发《教育信息化十年发展规划（2011—2020 年）》，指出要坚持"应用驱动"的工作方针。随后，以应用驱动建设的"班班通"和"人人通"工程开始在全国推进，教育信息化由基础设施建设转向资源和环境的共享与应用。这一时期，在国家"三通两平台"工程的推动下，教育信息化各项工作取得突破性进展。教育信息化对教育现代化的推动作用也逐步显现：智能一体机、电子白板、电子书包、移动学习终端构建的数字化教学环境，使教学空间拓展为物理空间、资源空间、社区空间的无缝链接；教育资源服务体系全面建成，优质教育资源得到广泛使用和共享；教师信息技能得到提升，开始有意识地引入信息技术变革教学方法；教育主管部门和学校开始采用信息技术来提高教学管理效率。

从总体上看，这一时期我国教育信息化发展以"建设"和"应用"为抓手，基本实现了信息承载数字化、环境设施网络化、资源呈现多媒体化，为实现教育变革提供了外部条件支撑。但遗憾的是，大部分学校并未利用技术将课程转化为更个性化、更吸引人的学习体验，而只是将网络学习环境和在线教育资源作为传统教学任务自动化的一种手段，如自动评分、自动考勤、自动指导反馈。因此，在一定程度上可以说，学校教育采纳技术的目的不是变革，而是提高教育效率和节约教育成本。事实证明，完备的基础设施和技术工具的常态化应用虽能大大提升教育的技术水平和教学的效率，但这种技术带来的便利性并不能产生直接的教育价值。尤其是信息化教学环境支撑下的教学模式变革、教育体系重构并未得到充分彰显。由此，教育信息化对教育现代化的带动作用遭遇了诸多质疑。究其原因，主要是人们受技术乐观主义情绪的感染，没有充分认识到教育变革的复杂性和系统性，将教育信息化视为纯技术问题，盲目地以为只要应用了最先进的技术就能实现教育现代化，以致人们将过多的精力放在硬件建设和资源开发上，而忽视了那些能从根本上变革教育的新理念、新思想以及新技术环境下学习方式和教学方式等其他教育要素的创新。值得提及的是，这一时期教育信息化在相当程度上是作为教育现代化的一种外在力量，并未内化于教育现代化之中，以致出现了教育信息化与教育现代化相对独立的"两张皮"状况，教育信息化缺乏"带动"教育现代化的内生动力。

（三）教育信息化"引领"教育现代化时期（2016 年至今）

随着推进教育现代化的理论与实践的深化，人们逐步认识到教育现代化不仅是一个物质建设工程，更是一个体制与文化变革的过程；信息技术并不会直接带来真正意义上的教育现代化，只有当信息技术与教育深度融合，推动教育理念更新、教育制度变革、教育体系重构时，教育信息化赋能的教育现代化才有可能全面实现。进入"十三五"时期，我国教育信息化开始由"建设驱动与应用驱动"的"第一步"阶段进入"融合创新、智能引领"的"第二步"阶段。2016 年发布的《国家开放大学改革建设"十三五"规划》提出"以教育信息化引领教育现代化"[1]，2018 年发布的《教育信息化 2.0 行动计划》强调"将教育信息化作为教育系统性变革的内生变量，支撑引领教育现代化发展"[2]，2019 年《中国教育现代化2035》重申信息化对教育变革的内生作用[3]。由此，教育信息化从"带动"教育现代化转向"引领"教育现代化的新时期。"带动"与"引领"有本质区别，"带动"遵循技术逻辑，强调以技术为工具对传统教育的物质形态进行改造，而不涉及教育理念、教育目标、教育制度、教育治理等深层次变革；而"引领"则是将信息技术由外在于教育场域的器具变成与个体生命成长共生的内蓄力量，其深刻内涵是颠覆、是变革、是重构和再生，即利用信息技术对教育实行全方位改造、颠覆性重构，使其升华为信息时代的新形态。概而论之，教育信息化"引领"教育现代化的核心要义主要在于技术与教育的深度融合、教育的系统性变革及信息技术的拟人化发展三方面。

（1）技术与教育的深度融合。融合是指不同个体或群体以互补的方式共同发展，产生实质的、有意义的联系，最终融为一体的过程。[4] 信息

---

① 国家开放大学：《国家开放大学改革建设"十三五"规划》，见国家开放大学时讯网（http://www.ouchn.edu.cn/News/zbxw/68bfe9c279f14a3bbc2c864e6fdcfc13.htm）。

② 中华人民共和国教育部：《教育信息化 2.0 行动计划》，见中华人民共和国教育部官网（http://www.moe.gov.cn/srcsite/A16/s3342/201804/t20180425_334188.html）。

③ 参见钟登华《深入推进教育信息化 2.0 发展更加公平更有质量的教育》，见教育信息化网（http://www.edu.cn/info/focus/xs_hui_yi/201904/t20190419_1655242.shtml）。

④ 参见余胜泉《推进技术与教育的双向融合——〈教育信息化十年（2011—2020 年）发展规划〉解读》，载《中国电化教育》2012 年第 5 期，第 11 页。

技术最初是作为外在工具引入教育领域的，其目的是提高知识传播效果和效率，最终只带来教学媒介的转换，并未催生教育创新。《教育信息化2.0行动计划》提出"信息技术与教育教学深度融合"的核心理念，要求我们必须重新审视信息技术在教育中的角色定位。也就是信息技术对教育变革的作用要超越工具的常态化运用，逐步渗透到教育教学的全方位，内嵌于教育主体、教育活动、教育环境、教育内容之中，以信息人、信息资源、泛在学习环境、个性化学习路径构成的教育信息生态呈现出来。在教育信息生态系统中，信息技术不仅是承载信息的媒体，更是沟通学习者社群、学校教育环境和社会文化环境、实体空间和虚拟空间的连接点，使教育的各个要素以最优化的方式共同作用于学习者的个体成长。此外，技术与教育的融合并非技术的单路冒进，而是二者的双向融合。在转换信息技术角色的同时，教育自身也做出调整，为技术变革价值的发挥创造空间。如"众创空间"、STEAM 教育、创客教育、学分银行等新兴教育实践，都是信息技术与教育深度融合的产物。此时的信息技术已逐渐由一种外在于教育过程的技术工具，走向教育过程的内生元素甚至成为教育本身。传统教育在经过技术化改造后，自身的关系和结构也得以优化。

（2）教育的系统性变革。如果说在"第一步"阶段，教育信息化实际上仅仅是对传统教育的局部优化，那么在"第二步"阶段，教育信息化则着眼于推动教育系统性变革，承担引领全面实现教育现代化的角色。教育的系统性变革包括教育系统内部变革和教育系统外部变革两方面，教育系统内部变革的目的在于构建开放、公平、有质量的全纳教育体系，教育系统外部变革的目的在于创建教育发展与国家战略需求间的良性互动关系。[①] 就教育系统内部变革而言，主要依托于技术创新优化教学过程和驱动教育供给侧改革。如依托网络学习空间集成在线教学、资源推送、学籍管理、学习生涯记录等功能，诱发个性化学习、差异化教学、证据型管理和智能化服务；依托互联网平台和智能终端，使互联网企业和社会教育培训机构成为教育服务的重要供给方，打破学校实体围墙的限制，创建低成本的、灵活的、与社会融合的终身教育服务体系。就教育系统外部变革而言，当前我国教育信息化已进入由点到面发展的关键期，教育信息化不仅

---

① 参见胡钦太、张晓梅《教育信息化2.0的内涵解读、思维模式和系统性变革》，载《现代远程教育研究》2018年第6期，第14–22页。

要着眼于课堂教学的微观层面和学校教育的中观层面，更要从世界政治经济格局和国家的经济、科技、社会诸方面发展等宏观层面进行全面认识。教育信息化在发挥教育系统内部变革优势的基础上，配合国家整体战略部署，担负起构建教育强国和社会主义现代化强国，助力精准扶贫、乡村振兴和"一带一路"倡议，实现中华民族伟大复兴的历史使命。

（3）信息技术的拟人化发展。虽然信息技术在教育中的应用已有近半个世纪，但由于最初的技术并不成熟，且当时社交网络尚未建立，信息技术只能作为准确表征和单向传递教学信息的实体工具。信息技术"工具论"造成教育过程中出现重教轻学、重物轻人的异化现象，人的主体地位被遮蔽。事实上，任何信息技术都是由去情境性的代码和算法构成的，而教育却是个体在活动和互动过程中内化而成的。要在教育领域发挥作用，信息技术就要从单纯的"工具"变成"学习伙伴"。信息技术拟人化将人类独有的特质赋予技术实体[1]，刺激人与技术之间的良性互动，有可能改变技术与人的先训关系，走向技术服务于个体生命成长，这是与教育现代化本质追求相一致的方面。近年来，物联网、大数据、云计算、机器学习、机器语言等一系列核心技术的发展使人机交互成为拟人化研究的重点领域，并开始赋予机器以人类智能（人工智能），具备一定人类智能特征的机器可以为人类提供更加个性化、灵活、真实的学习体验。2018年4月我国教育部印发《高等学校人工智能创新行动计划》[2]，2019年3月联合国教科文组织发布报告《教育中的人工智能：可持续发展的机遇和挑战》[3]，可以发现，教育与人工智能融合成为教育变革的强大动力。目前，人工智能及相关技术在教育领域的应用主要在自适应/个性化学习、虚拟导师、教育机器人、基于编程和机器人的科技教育、基于虚拟现实/增强现实的场景式教育五大方面[4]，随着技术拟人化的蓬勃发展，人工智

361

---

① Gray H M, Gray K, Wegner D M, "Dimensions of Mind Perception," *Science*, 2007 (5812), p.619.

② 中华人民共和国教育部：《高等学校人工智能创新行动计划》，见中华人民共和国教育部网（http://www.moe.gov.cn/srcsite/A16/s7062/201804/t20180410_332722.html）。

③ UNESCO：《Artificial Intelligence in Education：Challenges and Opportunities for Sustainable Development》，见联合国教科文组织官网（https://en.unesco.org/news/challenges-and-opportunities-artificial-intelligence-education）。

④ 参见杨宗凯《教育信息化2.0：颠覆与创新》，载《中国教育网络》2018年第1期，第18－19页。

能将渗入教学内容、教学方法、教学模式、教育评价、教育治理乃至整个教育体系，教育将在技术的助推下更加接近其本质。

二、教育信息化引领教育现代化的制约因素

作为当下和未来教育信息化的基本样态与发展趋势，教育信息化对教育现代化的支撑引领主要体现在两个层面：量变层面和质变层面。教育信息化带动教育现代化阶段以量变为主要特征，教育信息化亟待完成的任务是加快教育基础设施建设，增强师生的教育技术能力，以信息技术手段快速改变教学环境和信息传递方式。教育信息化引领教育现代化阶段以质变为主要特征，注重教育信息化的创新作用，引领教育变革，重塑教育生态。变革取向的转变决定了教育信息化引领教育现代化实践工作的难点不再是建设技术环境和推动技术应用，而是如何把技术在工具层面的先进性转化为教育变革的内蓄力量。从理论层面上看，世界各国均对教育信息化给予了极高的期望，但从历史的经验和当前的实践情况来看，技术的先进性未必能有效转化为教育的有效性。从1928年到现在，不断有研究证明：不同的技术手段对教学效果的影响不存在显著差异。[①] 进入21世纪，我国"三通两平台"工程的推进虽然改变了教育的"器物层面"，但却仍未引发教育的革命性变化。技术的先进性为何不能如期地转化为教育的有效性？这是在教育信息化引领教育现代化进程中不得不面对的问题。对于这一问题，许多研究者先后从学校教育与信息技术的关系[②]、教育过程的复杂性[③]、教育理念[④]等方面进行探寻。但这些研究所关注的要素，并不是制约技术先进性转化为教育有效性的最大变量。事实上，我国教育信息化的开展一直都秉持先进的教育理念，且信息技术的先进性已经诱发了金

---

① 参见杨浩、郑旭东、朱莎《技术扩散视角下信息技术与学校教育融合的若干思考》，载《中国电化教育》2015年第4期，第1页。

② 王亦标：《信息技术何以未能有效变革教育的框架分析——兼论技术变革教育的"社会变革中介论"》，载《电化教育研究》2012年第2期，第12–15页。

③ 李怀龙、李慧、裴新宁：《教育过程复杂性及对技术变革教育的制约》，载《现代远程教育研究》2014年第5期，第46–52页。

④ 王珠珠、费龙：《信息技术促进教育变革的内涵及其难点探析》，载《中国电化教育》2015年第7期，第1–5页。

融、医疗、交通、军事等社会各个领域的结构性变革，却唯独对教育影响甚微。笔者认为，制约技术先进性转化为教育有效性的关键因素表现在以下两个方面。

（1）技术的外生性导致信息技术与教育融合的滞后。从经济学角度看，以云计算、大数据、物联网等为基础的颠覆性技术能够提升要素生产率，产生实际的经济价值，因而能被各行业领域迅速采纳。这种靠技术革新提高生产率的方法，是现代组织的命脉。但当涉及教育时，情况却大为不同，技术之于教育，不仅在于提高教学过程的效率，更在于提升教育的内在品质，为人的终身幸福奠基。只有当技术成为教育的有机组成部分时，才能真正发挥有效性。但大部分技术都产生于教育之外的其他社会领域，一项新技术顺利进入学校教育，并得到有效的推广和使用，一般要经过技术→引入教育领域→二次开发→推广应用→技术整合的演进周期[1]，其间会受到学校组织文化、教育主体的行为习惯和各种社会制度的干扰，这就注定了技术与教育融合的滞后。此外，不同于原始手工技术和近代机械技术必须依赖于人的肢体操作，现代信息技术逐渐形成自己的演进体系和发展逻辑，成为独立于人的存在物。特别是人工智能技术，不断彰显"取代人"甚至"超越人"的价值，对一部分技术使用者而言，技术成了外在的、异己的、必须与之对抗的东西。在教学中，教师必须努力更新自己已有的教学观念、知识体系和能力结构才能控制技术。这种人对技术控制的过程实际上变成了技术对人的反控制，进而引发教师的焦虑感和无所适从感，这在一定程度上会延缓技术的采纳与扩散。

（2）教育的制度惰性消解信息技术变革的有效性。制度惰性是指由于生产力发展水平、社会意识的历史继承性、正式与非正式规则的约束、利益集团的利益冲突等因素的制约，制度变迁不会随着经济和社会收益的扩大即刻发生，而是有着极为鲜明的外生后发性特征，表现出很强的惰性。[2] 众所周知，现行的教育体系脱胎于第一次工业革命，兴盛于第二次工业革命，其目的在于满足社会大生产对大批量标准化技术工人的需要。学校教育就是按照工业体系标准化、集约化、规模化的模式发展起来的，经过长时间的演化形成高度固化的学校教育制度，运行至今已有 200 多

---

① 左明章：《技术—教育—人的发展：教育技术价值论》，科学出版社 2018 年版，第 7 页。
② 参见涂晓春《制度惰性与我国的体制改革》，载《改革与开放》2007 年第 4 期，第 7 页。

年。自现代学校制度建立以来，人们对教育的时空认识便是，"把学生集中在固定的地方、规定的时间内，采取基于年龄和学科的学习组织模式，对同一学习内容采用相同的教学方式"。基于这样的认识，家长按照规定的时间送孩子入学，高等院校按照学科培养学生，企业按照学业成绩等标准招录职员，政府管理部门通过集中管控的方式对学校进行管理，从而形成家长群体、教师教育机构、公司、政府管理部门等组织间正式和非正式的规则、习俗和利益。任何一方的改变，都将引发"牵一发而动全身"的效应。以上因素相互作用，形成教育的制度惰性，在这种情况下，任何变革的尝试都将导致弱化或表面化。信息技术作为一个外来力量被引入教育领域，目的在于打破教育原有的生态平衡，推动教育服务模式、管理模式和教育组织体系的创新，这些创新实际上已突破了教育制度的规限，势必遭到教育生态系统的排异。如果没有新制度环境的供给与支撑，那么信息技术的先进性可能永远无法转化为教育的有效性。

三、教育信息化引领教育现代化的未来路向

基于以上对教育信息化引领教育现代化的制约因素的分析，着眼于未来，我们必须为教育信息化引领教育现代化确立基本路向。实际上，早在1972 年联合国教科文组织国际教育发展委员会编著的《学会生存——教育世界的今天和明天》一书就指出："问题不仅是从外部使教育现代化（虽然这是人们时常想做的事情），不仅是简单地解决设备问题……只有当教育技术真正统一到整个教育体系中去的时候，只有当教育技术促使我们重新思考和革新这个教育体系的时候，教育和技术才会有交织。"[1] 教育信息化已经在一定程度上对教育变革产生了深远影响，但信息化只能赋能现代化，而不必然导致现代化。这就要求我们立足新的时代背景，准确把握教育信息化与教育现代化的时代内涵，创新建设现代教育制度，理性守护教育的精神特质与伦理诉求。

---

[1]　联合国教科文组织国际教育发展委员会：《学会生存——教育世界的今天和明天》，教育科学出版社 1996 年版，第 166 – 167 页。

（一）准确把握教育信息化与教育现代化关系的时代内涵

首先需要深入思考的是教育信息化与教育现代化的现代关系，我们可从以下两个维度来认识：

第一，面对信息时代的来临，技术的领跑态势催生了诸多领域的颠覆性创新，推动了社会第二次现代化进程。信息技术所重塑的社会形态引发了新的人才需求，这就对培养人才的教育提出了变革要求，这便是信息时代的教育现代化。

第二，信息技术具有变革教育的巨大潜力，以信息技术深度融合于教育为重要标志，即教育信息化高度内洽于信息时代的教育现代化，二者体现出高度的一致性。这种高度的一致性形塑着新时代教育的理念、目标、体系、制度、内容、方法、治理的现代化样态，准确地建构并丰富其关系内涵。教育信息化与教育现代化的互动关系如图 1 所示。

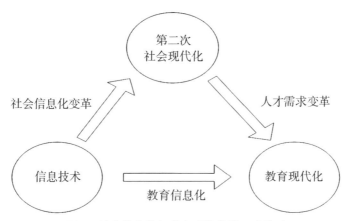

图 1　教育信息化与教育现代化的互动关系

值得反思的是，在过去很长一段时间，技术都是作为外在工具发挥作用的，并造成了教育与技术关系的异化。技术"工具论"是与传统的教育观相适应的，传统的教育观把知识看作对外部事物的客观表征，教师先于学生获得知识，教师通过教学工具把知识准确地传递给学生，就达成了有效教学。在这种教育观下，教师和教材是知识的唯一来源，技术是承载和传递知识的媒介，学生是知识的被动接受者，教学过程是教学设计的重演。如果我们只是一味地在传统教育框架下，进行简单的技术叠加，即便再先进的技术也无法改变教育的现有面貌。信息技术时代的到来，冲破了教育的时空界限，丰富了资源的分布和表现形态，使教学环境从数字化走向智能化，这些转变为个性化、适应性和选择性学习提供了广泛的空间与时间。在这个时间节点，教育信息化引领教育现代化面临的不是技术挑战，而是教育挑战。所有的利益相关者都必须以深刻的方式抓住这些变化，重新思考教育的本质是什么、什么是最重要的学习内容、学习和工作转换之间的关系发生了什么变化。从某种意义上讲，我们需要对整个教育体系进行一定程度上的解构和重构，重新规划适应时代需求与技术特性的学校观、教师观、学生观、课程观、质量观和发展观，以引领和推动教育的内生性变革。

（二）创新建设现代教育制度

创新包括技术创新和制度创新，二者密不可分、相互促进。制度创新决定技术创新，好的制度选择促进技术创新，不好的制度选择会遏制技术创新。[①] 技术创新与制度创新的这一关系，同样适用于教育领域。先进技术可以用更低成本为更多人提供更具个性化的教育，但技术却无法突破教育隐性的"围墙"，这堵"围墙"是制度、习惯和相关的社会资本集结而成的历史产物。当下技术虽然引发了社会的深刻变革，但却依旧游走于学校边缘，这也从侧面反映出现有教育制度与技术创新之间的不协调。教育信息化引领教育现代化的一个重要旨趣就在于借助信息技术的破坏性创新之力，打破传统教育的僵化格局，构建学校教育与社会教育、正式学习与非正式学习、线上学习与线下学习无缝连接的开放、公平、优质的现代教育体系。这就必然涉及学校的课程管理、学籍管理、学位管理乃至学校的一些组织架构等一系列制度的转型与变革，目标是更好地发挥信息技术在当代教育中的优势。而各级政府和教育行政部门则需要给学校的制度转型与变革提供指引甚至主导，并创设必要的政策环境，这在我国特有的教育管理体制下往往是至关重要的。

---

① 参见李玉虹、马勇《互动：技术创新与制度创新关系的理论比较》，载《经济学家》2001 年第 1 期，第 77 页。

（三）理性守护教育的精神特质与伦理诉求

当下，信息技术正在以不可逆转之势融入教与学的各个方面，在信息技术的介入下，学习环境具有了明显的智能化特征，学习方式、教学交互、组织管理、服务方式、教学评价也发生了一些改变，但技术引领的教育变革仍存在建设和使用相关的诸多障碍。如何突破地理阻隔与空间障碍，实现优质教育资源共建共享？如何提升教师的数字胜任力，有效整合技术与课程教学？如何培养个体的自控力，引导学生成为理性的互联网学习者？如何在教育信息化高投入的背景下，准确测评技术投入与教育产出的关系？如何调节技术创新与原有教育体系观念、思维、制度、模式之间的冲突？以上的诘问将伴随教育信息化引领教育现代化的整个进程，对此，无论是国际还是国内，都还处于摸索之中，并无太多成功经验可供参考。如果说信息化具有效率至上的价值诉求，那么教育作为培养人的社会活动，则具有"百年树人"的精神特质，这便决定了教育信息化的未来趋势是一个复杂系统的渐变过程，需要以理性的态度对待教育信息化这一"慢性特征"，共同守护教育的精神特质。

如何避免教育信息化进程中可能出现的一些伦理诉求也值得给予足够的理性关注。特别是在以物联网、人工智能、云计算、大数据为特征的人工智能时代，出现的教育伦理问题不仅会增多，而且更为多样、更加复杂。教育现代化具有强烈的价值属性和伦理规范，技术在教育领域的变革与在其他社会领域的变革间具有明显的差异，这是在讨论教育信息化引领教育现代化时必须坚守的一个基本立场。正如联合国教科文组织在《北京共识——人工智能与教育》中所指出的，"支持对人工智能领域深层次伦理问题进行稳妥、长期的研究，确保善用人工智能，防止其有害应用"[①]。虽然技术进步的步伐加快了，但对技术伦理和人的主体地位的思考必须持续进行下去。要实现技术创新服务于教育和人，就必须重申以人类价值为中心的技术使用方法和伦理规范。

（原载《江苏高教》2019 年第 12 期）

---

① 苗逢春：《引领人工智能时代的教育跃迁：2019 年北京国际人工智能与教育大会综述》，载《电化教育研究》2019 年第 8 期，第 12 页。

教育发展一体化趋势简论

　　教育伴随人类社会产生与发展，它既受制于社会、经济及科技的发展，又为之服务。当今社会、经济及科技发展呈高度分化和综合化趋势，要求教育发展呈多样化和一体化与之相适应。

　　一体化意味着协同和有序化，即人或事物的各方相互配合。用系统论的语言来表达，也就是系统中诸要素（子系统）间的相互合作与协调。从事物的发展过程及规律看，不仅事物在综合化过程中需要协同，而且在分化过程中同样也离不开（甚至更需要）协同，这样才能使其经常处于一种有序的状态。这是社会进步的表现，是人类追求的理想境界。因此，从这种意义上讲，教育发展一体化是教育在社会、经济及科技高度分化和高度综合化过程中发展的必然趋势，具有客观必然性。但是，客观必然并不等于现实，如何顺应教育发展一体化这一趋势，仍需要人们发挥主观能动性，在教育事业发展中自觉和正确地去认识、去实践。

　　教育发展一体化是一个涵盖内容相当丰富的问题，本文试图从教育自身这一视角，对教育发展一体化的若干相互关联的主要方面作一考察，以寻求有关教育发展一体化的正确认识及其实现途径。

一、教育功能一体化

　　教育发展一体化的本质是教育功能一体化。从微观层次上，教育功能可分为政治功能、经济功能、文化功能、个体发展功能等；从宏观层次上，则可以把以上诸功能概分为两大功能，即社会功能（包括政治功能、经济功能及文化功能等）和人的发展功能。不论是宏观层次，还是微观层次，教育的诸功能既彼此独立，各具特殊效力，又相互联系、相互促进、相辅相成，形成教育功能的整合效应。忽视任何一个方面或任意割断它们之间的内在联系，都不可能充分认识并发挥其功能。对此，我们可以从以下三个方面来认识。

　　第一，从现代社会的发展进程看，一个良性的社会，要求其构成元——政治、经济、科技、文化等诸要素在保持协调统一状态下综合发展，因此，对既受制于斯又服务于斯的教育来说，它的功能理应是整合性的。

第二，从人的素质构成看，其无疑是由思想道德、文化知识、身体、心理等方面素质综合构成的，以培养人为其本质属性的教育，其功能当然应当是整合性的。

第三，从教育自身的属性来说，它具有长期性、长效性和衔接性，及功效的兼容性等整体性特点，自然，教育的功能也应当是整合性的。

在相当长的一个时期内，我们在教育功能这一问题上采取非此即彼的"钟摆式"思维模式，如在"文化大革命"时片面强调教育的政治功能，而忽视其他功能，以致形而上学猖獗，带给我国教育领域的是一场灾难。"文化大革命"结束后，我们汲取了过去的教训，开始强调教育的经济功能等其他功能，但在一段时间内却矫枉过正，忽视了教育的政治功能，同样使我国教育事业蒙受了不应有的损失。近年来，人们试图纠正过去教育功能中的"目中无人"和"见物不见人"的状况，结果又走向了另一个极端，即把人及其发展过于自然化，一味强调教育的个体发展功能，而漠视教育的社会功能，以致"自我至上"的极端个人主义思潮一度泛滥。

教育的整合功能，既不是教育的某一功能所能替代的，也不是教育功能诸方面的简单叠加，它是教育功能各方面的有机联系与和谐统一。如果用系统的观点来说，就是教育的整合功能应大于其各方面功能之和。因此，我们对教育功能诸方面均应赋予足够的、恰当的重视。当然，这种重视的权重并不是在任何时期和任何条件下都平均分配于其每一方。在某一特定时期，完全有可能某个功能显得更为突出一点，而其他功能则相对隐含一些。譬如，当一个国家处于政治变革时期，教育就会侧重于为这一变革服务（政治功能）；当一个社会处于建设发展的稳定时期，教育就要侧重服务于经济的发展（经济功能）。但是，这种突出与侧重某一功能，并不以完全牺牲与偏废其他功能为代价。对其他功能仍然须给予适当的重视和应有的地位。这也正是"整体功能可以大于部分功能之和"的道理所在。教育诸功能并存且相互联系、相互促进和相辅相成，形成了教育的整合功能，这是一条不以人的主观意志为转移的客观规律，对这一客观规律的认识程度将直接影响到教育功能的发挥与教育事业的发展，乃至社会的进步。我们不能因为历史上曾出现过教育功能单一的情况（如奴隶社会的"学在官府"，当时的教育主要为统治阶级培养统治者、发挥其政治功能），而把教育功能狭隘地理解为某个单一功能。这只能说明当时人们在认识上的局限性。历史已证明，这种违背客观规律的教育功能的单一性必然阻碍教育及社会的发展，带给国家和社会的不可能是福音。

二、教育结构一体化

从意涵来看，"教育结构"一词本身就是一个整体性概念，它指的是教育总体的各个部分的比例关系及组合方式。教育结构一体化是多层次和多方面的，看待这一问题也可以是多角度的。在宏观意义上，它主要包括如下内容：第一，教育层次结构一体化，即初等、中等、高等教育的合理配比；第二，教育类别结构一体化，即普通教育、职业教育、技术教育的协调发展；第三，教育形式结构一体化，即正规教育、非正规教育、非正式教育的渗透互补；第四，教育区域结构一体化，即发达地区、中等发达地区和不发达地区教育的梯度推进。

在各个教育层次、类别、形式及区域内部仍然有一个结构一体化问题。如在高等教育这一层次中又有一个次级层次，即如何依据社会对各层次人才的需求情况合理安排研究生、本科生和专科生的比例；农、林、师范、财经、政法、管理等各科种如何根据社会、经济发展有序匹配；等等。类似地，这样的层次还可以继续往下细分并考察其一体化问题。

在教育结构一体化的进程中，应当充分考虑到如下三方面因素。

第一，教育结构必须适合社会需要，即与社会、经济、科技及文化的发展相适应。教育不仅受制于其内部规律，而且为其外部规律所制约，这主要体现在教育的宏观结构上。如在教育层次结构中，根据我国国情的需要，应有计划、有步骤地发展初等教育，普及九年制义务教育。而对于中等教育，在稳定普通教育发展规模的同时，主要是大力发展职业技术教育，以培养社会主义现代化建设所亟需的大量的初、中级技术人才。至于高等教育，则主要是进一步贯彻落实"坚持方向、稳定规模、优化结构、深化改革、改善条件、提高质量"的方针。

第二，教育结构必须保持动态平衡，即在动态发展中维持整体平衡与一体化。具体来说，就是在教育发展过程中，我们不仅要考虑到教育结构当前的一体化，而且应在科学预测社会、经济及教育事业的未来发展的基础上来考虑教育结构一体化的未来走向。

第三，教育结构必须坚持整体优化的原则，即根据社会、经济及科技的状况和教育内、外部规律，使教育结构内的诸要素（方面）处于最佳的协调与配合状态，构成整个教育的有机体系，以保证教育系统发挥最大的功能和产生最好的效益。

三、教育目标一体化

所谓目标，简言之就是人们活动所追求的预想结果。而教育目标则是人们在参与教育活动过程中所产生的目标。教育目标既有团（群）体的目标（如初等教育目标、中等教育目标及高等教育目标），也有个人的目标（如教师的目标和学生的目标）。教育团（群）体目标之间、教育个人目标之间，以及教育团（群）体目标与个人目标之间，都需要配合与衔接，即教育目标的一体化。

（一）各级教育目标一体化

这里的各级教育是指相互衔接的小学、中学和大学教育等纵向教育结构体系。"十年树木，百年树人。"单就教育具有长期性、长效性及后效应等特点而言，一个人的成长需要教育各个阶段共同协调、相互衔接的努力。很难设想一个人的素质养成只是教育某一阶段的结果。然而，在教育实践中，我们经常会遇到这样一种情形：中学抱怨小学没有使学生养成良好的学习习惯，以致学生进入中学后学习成绩跟不上，影响学校的升学率；大学则抱怨中学没有为他们提供智能发展良好、具有自主意识的学生，以致许多考入大学的学生高分低能，独立生活能力差；用人单位又抱怨大学没有为它们输送基础扎实、知识面宽、应用知识和实践能力强的毕业生，以致有的毕业生因不适应工作或被退回原学校，或改做非专业的一般性工作；如此等等。形成这一长串"抱怨链"的原因固然是多方面的，但主要在于各层级教育目标缺乏衔接性与一体化，由此，人们所关心的只是自己这一阶段的局部目标而缺乏整体思想，这就不可避免地导致各级教育的实际目标狭隘和功利化。其情形非常类似工厂里的"生产流水线"，即各教育阶段只按自己这一阶段的功利目标去加工"毛坯"（学生）。至于这个"毛坯"在下一阶段，乃至最终会成为什么样的成品，则大可不必伤神。正如马克思深刻剖析大工业的"生产流水线"的弊端一样，在这种教育模式里，人们普遍缺乏整体意识与观念，自然对整体、对学生最终成才与否缺乏责任感、使命感和荣誉感，因此出现了上述的"抱怨链"也就不足为奇了。

那么，应如何促使各级教育的目标一体化，以形成人才健康成长的合力呢？首先，各级教育目标应统一于党和国家的教育总目标、教育方针之中，要使人们认识到，虽然各级教育根据不同特点需要有针对性地开展工作，但培养人是一个完整的接力过程，其成败与各阶段都有直接关系。其次，各级教育应形成一种科学的教育合力结构。如中学应努力克服片面追求升学率的弊端，抓好学生的全面发展，并主动与大学建立联系，介绍自己毕业生的情况和了解他们在大学的表现；大学也应积极配合中学，做好学生情况的反馈工作，以利于中学总结经验教训，改进工作。最后，各级教育目标的衔接与一体化应当是全方位的，不能只重视某一方面（如智育）的衔接与一体化，而忽视其他方面（如学生的思想教育、体育等）。

（二）教育过程诸育目标一体化

教育过程是德育、智育和体育等诸育共同协调，促使学生品德、智力及体质、非智力因素各方面全面、和谐发展的过程。教育过程的诸育是相互联系、相互促进和相辅相成的辩证统一体，形成人的教育的整体效应，这同样是一条客观规律。过去我们对这一客观规律缺乏认识，以致在教育实践上出现过偏差，主要表现为或把它们割裂开来，或使之对立起来。在"文化大革命"时期，德育与智育就被割裂，甚至对立起来。近几年，德育与智育"两张皮"现象也相当严重，德育被认为是专职政工人员的事，而专业教师则只管专业教学，可以不问及学生的思想政治教育。由于高考"指挥棒"的导向作用，许多中学只重视对学生的智育而忽视对学生的德育，体育更是被置于可有可无的位置。其不仅导致学生思想政治素质下降，而且导致学生的学风滑坡。

要使德育、智育及体育诸育过程成为一个有机的整体，以保证其整体效应得以实现，关键在于明确诸育目标，使之相互协调和一体化，并切实付诸教育实践。德育、智育及体育的目标一体化，主要是促使其内涵及深层机制的一体化。如体育，就其目标的深层而言，就不应囿于增强学生的身体机能，还包括提高学生的审美能力和情趣，培养学生的集体主义精神和增强个体行为意志力等外显或内隐的目标，这些无疑又是德育目标不可缺少的重要方面。德育目标所涵括的"培养学生的辩证唯物主义思想"，更是与智育目标密切相联系的。

（三）教师与学生的目标一体化

教学过程是教师与学生双边活动的过程，是教与学的过程的统一体。在这一过程中，作为活动主体的教师与学生，无疑都有各自的目标。只有当教师教的目标与学生学的目标相互认同并耦合，成为教师与学生共同接受、理解并致力于实现的一体化教学目标，教学活动才能更加有效。教学目标的确定不仅是教师的责任，同样也是学生的事情。正如布卢姆所认为的"毫无疑问，学生必须参与决定教育的目标与任务的过程"。

围绕教学目标问题，历史上出现过不同的教学思想，归纳起来大致可分为以下三种：一是把教学过程看成单向教的过程，教学目标单纯被理解为教师（确定）的目标，它完全忽视学生方面，以致压抑了学生的积极性、主动性和创造性；二是在教学目标中仅重视、迁就学生的目标，而把教师完全置于被动、附属的地位，以致对学生的目标缺乏正确的指导，甚至误入歧途；三是尽管人们承认教师目标与学生目标的存在及重要性，但忽视两者的联系与契合，以致它们分离开来，这种教学观同样不可能达到教学的最优化。

当然，强调学生的目标及其与教师目标的耦合的重要性，并不是否认教师在确定教学目标过程中的主导作用和承担主要责任。这是因为在多数情况下，"学生并不能预见到可选择的各种可能。在许多情况下，学生并不能充分意识到特殊选择的意义"。

四、课程一体化

课程是教育的一个基本单元，教育一体化最终要落实到如何实现课程的一体化上。课程一体化的含义是多方面、多层次的，形式也是多样化的。总的来说，它主要包括以下三方面：

第一，课程设置一体化不单单是先后、并行课程的衔接与配合问题，更重要的是各门学科通过相互联系、相互影响和相互渗透而趋向统一，形成一个有机整体。具体来说，它至少涵括如下内容：一是文、理等诸学科课程综合设置；二是普通教育课与专业课的一体化，二者穿插进行；三是集结相近学科的专业结合设课，建立边缘学科综合课程中心；四是围绕一个大的课题，设置与其相关的各种课程，形成多科性的课程中心。当然，在课程设置一体化的过程中，要注意研究学生到底应具有什么样的知识结构以及必须具备哪些能力。如果不分清轻重主次，把知识面宽理解为"无所不知"，把学生能力强理解为"无所不能"，那就会违背教育规律，必然走向事物的反面。

第二，以系统论的观点来设计课程内容。主要是依据新时期对学生的合理智能结构的要求，明确课程分工，调整好各学科课程内容的衔接，实行教材的配套和系列化。如按学科关系实现纵向和横向的学科教材配套；围绕一门主课程，选配好相应教学参考书、学习指导书、实验指导书、工具书，以及中、外文参考资料。

第三，根据教学需要和教学规律，使课程内容与适宜的教学方法、先进的教学手段相配套。如考虑各种电化教育技术手段的特点，以及根据不同学科的课程内容特点，引进现代化技术手段，开发声像和电子计算机辅助教学。

五、教育管理一体化

教育管理一体化是实现教育结构、教育目标及课程一体化，充分发挥教育整体功能的基本前提和必要保证。教育管理一体化包括宏观教育管理体制一体化和学校内部微观教育管理一体化两方面。长期以来，宏观管理体制上的"条条、块块"往往把本应"目标一致、机能协调、有机结合"的管理系统分割成一个个孤立的部分，以致部门、地方及学校自我封闭。自《中共中央关于教育体制改革的决定》公布以后，我国在宏观教育管理体制上进行了卓有成效的改革。如理顺中央与地方的教育管理关系，中央在加强宏观调控的同时扩大地方、学校的办学自主权；加强高等学校跨部门、跨地区的横向联系。在管理组织形式上，从中央到地方，成立各级教育委员会，扩大和强化教育的宏观统筹管理权等。这些改革措施说明我国教育宏观管理一体化趋势已经形成。应当说，在实行教育管理一体化方面，我们是有优势的。当前关键在于如何充分发挥社会主义教育的优势，从指导思想上把计划性与灵活性结合起来，进一步深化宏观教育管理的改革。

在学校内部的微观教育管理上，其中的思想政治教育、教学、后勤、计财等诸方面应努力打破过去那种"画地为牢""老死不相往来"的沉闷局面，围绕以育人为中心，以培养社会主义的建设者和接班人为目标，共同协调，完成培养合格人才的任务。

六、教育观念一体化

观念属于意识的范畴。社会存在决定社会意识。上述教育诸方面的一体化决定了教育观念的一体化。反过来，教育观念的一体化对于全面实现教育的一体化又起着不可缺少的指导作用。这首先是因为观念是行为的先导。社会观念既凝聚了丰富的理论内容，又统摄着人们的社会心理，因而新的观念一旦为人们所接受，就会在人们意识的深层，和人们的感情、意志、习惯纠缠在一起而支配着人们的思想和行动。其次，教育观念一体化的建立有助于形成相应的舆论环境。人们的社会行为都是在一定的舆论环境中受到强化或弱化的，所以，受一定观念支配而形成的舆论力量对教育一体化有着举足轻重的作用。

因此，在当前实现教育发展一体化的进程中，最重要和最迫切的就是人们教育观念的一体化。只有教育观念一体化，才能从根本上保证其他方面乃至整个教育的一体化。教育观念一体化，就是要牢固树立大教育的思想与观念，其中一个很重要的观念就是"教育的成功是整体的成功，教育的失败同样是整体的失败"。换句话说，检验教育任何一方面成功与否的指标体系都必须是综合的，而不应是单一的。这里需要申明的是，强调教育发展一体化，并不意味着抹杀教育各个阶段、各个方面在其发展进程中的个性及其活力，更不意味着教育体系的僵化和一潭死水。教育发展一体化更多的应是在党和国家统一教育方针、政策指导和加强宏观调控下，各级、各类教育，以及教育的各个方面充分发挥各自的功能、特点和优势，主动地互相协调与配合，以实现教育的最优化。这种教育发展一体化，不光是外显意义上的，更是内涵意义上的一体化。

（原载《未来与发展》1991 年第 5 期）

自主权·竞争·特色化

——高等教育未来发展的现实思考

《中国教育改革和发展纲要》就高等教育的发展问题做出了一系列重大战略决策，这必将对我国高等教育的未来发展产生巨大且深远的影响。如何在《中国教育改革和发展纲要》的总的指导思想下，现实地选择高等教育未来发展的途径与模式，无疑是当前高等教育理论界及各高校面临的重大课题。

关于高等教育的自主权、竞争、特色化，并不是新鲜的概念和陌生的话题。本文试图通过探求以上三者之间的内在逻辑关系（图1），来考察高等教育的未来发展模式与走向。

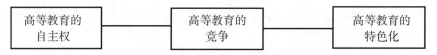

图1 高等教育的自主权、竞争、特色化之间的内在逻辑关系

依据以上图示，高等教育的自主权的获得与扩大是世界高等教育发展的一般趋势，而自主权的获得与扩大又必然带来或相伴随的是高等教育内部的竞争加剧，如何在竞争中立于不败之地和谋求更大的发展则有赖于高等教育的特色化。

一、高等教育的自主权

高等教育的自主权是与高等教育的自治、自我调节等基本同义或近义的概念，主要指高等学校应当拥有决定学校的专业和学科设置、人事和师资的任免与聘任、课程发展、学位资格的审查与认可及授予、学生入学与分配等方面的权力，即大学可以自主地治理学校，自主地处理学校的内部事务，最小限度地接受来自外界的干预和支配。

从世界范围来看，对于一些实行地方分权制的教育行政的国家如美国，高等教育的自治是其最悠久的传统之一，大学也以自身的自治而引为自豪。实际上，自治本身已成为美国高等教育最具特色的方面之一，它也是美国高等教育之所以能在近百年的时间内得以迅速发展，并创造了诸多世界之最的重要因素之一。早在19世纪，美国、英国就试图"通过国家立法来打开自治的高等学府的铁门"①，特别是第二次世界大战以来，美国联邦政府通过立法、直接资助学生和科学研究等手段不断加强对高等教育的影响，甚至在相当长的时期里成为推动高等教育事业发展的一种主要力量。但从总体上来说，美国大学的历史传统及其独立性、经费系统多样化、宪法保护言论自由等多种因素，最终使得政府这种宏观控制与干预的加强成为在确立大学自治这一主体构架的前提下对其不足的一种必要补充和自我完善。应当说，从历史上看，美国大学的自治权得到比较好的维护是人们所公认的。20世纪80年代初，在美国国内，由于人们普遍感到高等教育质量持续呈下降趋势，不论是其本身的质量标准还是实际完成均不尽如人意，如入学标准和毕业要求过低、教师工作状态不佳、大学内部管理混乱、大学体育运动会上丑闻不断、对无能的教师无动于衷、"文凭工厂"等问题，曾出现了过分强化联邦政府的控制和干预来保证与提高高等教育质量的倾向，如美国国会就要求联邦政府对学生（特别是那些接受联邦政府资助的学生）确定一个最低标准（而这些原本都应是大学教员和学术管理机构的特权与职责）。这实际上已严重侵犯了高等教育的自治权。所以，这一倾向刚出现就引起了美国高等教育界的警觉，并在一段时期内引发了要求重新认识大学自治的重要性并切实予以保护之的广泛呼声和舆论。② 美国一些学者对保护高等教育自治的重要性有些颇为精辟的见解和认识，如"失去了自治，高等教育就失去了精华"③。高校之所以对其自治权情有独钟，是因为"这对高等教育特别适当，有效的自治是一个充满活力和富有责任感的大学必不可少的"④。

至于在中央集权制的教育行政的国家，20世纪中叶以来高等教育也

---

① ［美］约翰·S·布鲁贝克：《高等教育哲学》，浙江教育出版社2001年版，第29页。

② Gasman M，Samayoa A C，*Contemporary Issues in Higher Education*，Routledge，2018，p. 11.

③ ［美］约翰·S·布鲁贝克：《高等教育哲学》，浙江教育出版社2001年版，第28页。

④ Gasman M，Samayoa A C，*Contemporary Issues in Higher Education*，Routledge，2018，p. 11.

普遍出现了扩大大学办学自主权、逐步加强高等教育民主化的趋势。如20世纪60年代以来，法国三次高等教育改革的主要目标就是调整大学与政府的关系，扩大学校本身的自主权。我国自20世纪80年代中期以来，高等教育改革的一个重要目标与内容就是扩大高校的办学自主权。从1985年颁布的《中共中央关于教育体制改革的决定》到1993年公布的《中国教育改革和发展纲要》，这两个关于我国教育改革与发展的纲领性文件，都把扩大高等学校的办学自主权，加强高等学校同生产、科研和社会其他各方面的联系，使高等学校具有主动适应经济和社会发展需要的积极性与能力，提到了重要、突出的位置。从高等学校扩大办学自主权的实践来看，已经迈出了比较大的步子。如在招生、专业调整、机构设置、干部任免、经费使用、职称评定、工资分配和国际合作交流等方面，高等学校的自主权都有了不同程度的扩大。所以，从总的情况来看，扩大和保护高等学校的自主权是现代世界高等教育发展的一个主流趋势。此外，现代意义上的高等学校的办学自主权有两个非常突出的特征。第一，在高等学校办学自主权扩大的同时，政府的宏观管理并没有被忽视，而是在相应地加强，并且，为了消除和避免因扩大高校办学自主权与加强政府宏观控制而可能产生的冲突，一些国家正试图通过制定一些高等教育的法规来取得两者间的平衡，如美国的《高等学校设施法》《第一次高等教育法》《第二次高等教育法》《第三次高等教育法》，法国的《高等教育方向法》《高等教育法》，英国的《教育改革法》，等等。这些法规通过规定政府与高等院校之间的关系，认定高等教育机构的性质、地位、权利和义务，以及明确规定政府的职权范围和履行职权的途径，来实现扩大高校自主权与加强政府管理的有机耦合。由此可见，高校扩大办学自主权与政府加强宏观管理之间的关系已不再像过去那样互相排斥，即一方的获得以另一方的牺牲为代价，而是双方可以相互融合、相辅相成、相互补充。这种从排他性走向兼容性应当是现代高等教育发展的一个重要的时代特征。第二，对于高等教育的自治问题，人们过去（如中世纪）的认识往往局限于对研究高深学问的一种保护和适应，其结果是使高校远离社会生产的实际，封闭于高高的"象牙塔"内。但现代意义上的高校自主权的涵义绝不仅限于此，它要求高校走出"象牙塔"，自主地与社会建立并保持密切的联系；要在善于行使自己的权力，承担应负的责任的同时，"建立起主动适应经济建设和社会发展需要的自我发展、自我约束的运行机制"。

二、高等教育的竞争

如果说现代高等教育发展的一个主流趋势是扩大自主权，那么不管是自觉或是不自觉，愿意或是不愿意，高等教育内的竞争都是不可避免的，甚至可以说高校扩大自主权与高校之间的竞争在一定程度上是一对相互衍生物。也即，正是高校所拥有的自主权，使校际竞争能够产生；同时，竞争又微妙地保存和加强了学校的自主权。当然，由于高等教育的传统与环境不同，竞争在程度及方式上也有所差异。

哈佛大学前校长德里克·博克曾把竞争归纳为美国高等教育的最显著的特点之一。由于美国大学传统上有自治的特点，因此高等院校相互竞争非常激烈，大学之间为师资、学生、资金，甚至为运动队而竞争，这种竞争是全面竞争，其竞争目标不是单一的。对于求生存的学院，目标是提供合适的教育，以防学校停办；对于研究型大学，目标是更高的名誉。在博克看来，竞争虽然很少给各大学带来眼前的利益，但确有许多长期效应，其中一个最大的功效就是促使高等教育质量的提高。如在美国，由于许多私立大学声望很高，竞争的结果常常促使州的立法者允许他们的州立大学在质量上向私立大学看齐，避免落后。

长期以来，在我国教育领域，竞争是一个讳莫如深的词，学校之间和学校内部均很少有竞争。实际上，在计划经济体制下，国家统包的教育体制和政策也使得高校大部分时候无须竞争。随着 20 世纪 80 年代中期教育体制改革的全面铺开，特别是《中共中央关于教育体制改革的决定》提出要在扩大高校办学自主权的同时，"国家及其教育管理部门要加强对高等教育的宏观指导和管理。教育管理部门还要组织教育界、知识界和用人部门定期对高等学校办学水平进行评估，对成绩卓著的学校给予荣誉和物质上的重点支持，办得不好的学校要整顿以至停办"，"使高等学校具有主动适应经济和社会发展需要的积极性和能力"。这里虽然没有明确出现"竞争"这个词，但高校要获得"荣誉和物质上的重点支持"、避免"停办"，以及"主动适应经济和社会发展需要"，势必就存在和需要竞争。《中共中央关于教育体制改革的决定》公布后不久，对于教育领域要不要，或适不适合引入竞争机制问题，在教育界曾引发了一场热烈的讨论，虽然见仁见智，但总体上对教育领域适度的竞争还是持肯定态度。事实上，不管人们如何去认识竞争，随着各高校间以及学校内部的一些竞争机制逐步被引入，竞争在教育领域已经是一个"客观存在物"。正如前述，这是由自主权与竞争之间所存在的内在的规定性所决定的，是当代高等教育发展的一个客观规律。高校不可能一方面既想要获得更大的自主权，另一方面又试图去避免或不愿参与竞争。

随着我国社会主义市场经济体制的建立，在这一背景下制定的《中国教育改革和发展纲要》，对这一问题有了更进一步的认识。《中国教育改革和发展纲要》明确提出，"进行高等教育体制改革，主要是解决政府与高等学校、中央与地方、国家教委与中央各业务部门之间的关系，逐步建立政府宏观管理、学校面向社会自主办学的机制"，"学校要善于行使自己的权力，承担应负的责任，建立起主动适应经济建设和社会发展需要的自我发展、自我约束的运行机制"。特别是《中国教育改革和发展纲要》做出关于在高等教育领域实施"211工程"的战略决策以后，可以预料，我国高等教育领域的竞争必将愈来愈激烈，并成为高等教育发展的一种自觉行为和强劲的驱动力。高等教育的竞争将主要体现在三个层面上。

第一个层面的竞争是"211工程"实施之初为进入"211工程"及其以后的发展而进行的竞争。这一竞争实际上已全面展开。自《中国教育改革和发展纲要》公布后，从中央各部委到各地方纷纷采取措施，对所隶属且有望入"围"的一些高校给予积极鼓励和重点扶助，以使之早日进入"211工程"的行列。高校自身也迅速行动起来，从学校软、硬件等各方面抓起。如有的高校不惜代价，千方百计地大量引进高层次人才；有的则在地方政府或主管部委的支持、协调下，采用联合其他高校的方式，组成新大学，以求集众校之合力，在竞争中一搏取胜。这种竞争的激烈程度是可想而知的，因为能进入"211工程"不仅标志着一所高校的地位，而且由此带来的发展机遇和条件也颇具吸引力。在这一层次上的竞争并不会随着"211工程"的确定而结束。由于"211工程"的非终身性，为了保持既处的地位及谋求更大的发展，这些处于"宝塔之巅"的高校仍面临着激烈的竞争和严峻的挑战。

第二个层面的竞争是有望进入"211工程"却未能进入的高校之间为在下一轮进入"211工程"而展开的竞争。按"211工程"的总体设计思路及所采取的遴选方式（常模参照选拔），绝大部分学校是不能入"围"的，而其中一部分是有望入"围"却因名额所限及稍逊一筹只能屈居

"围"外，这部分学校将利用"211 工程"的非终身性提供的机遇，在下一轮中为入"围"而竞争。

第三个层面的竞争就是一般院校（主要是以教学为主要职能的学校）为生存下去而进行的竞争。这部分院校由于历史的、客观条件的局限，一般是没有力量去竞争进入"211 工程"的，它们的竞争主要是在国家扶助相对减少的情况下如何更好地生存下去，这是一个很值得高等教育界重视和研究的问题。当前高等教育理论界把更多的关注放在"211 工程"上，对一般院校的生存与发展问题却缺乏应有的重视，这不能不说是高等教育理论界的一个误区。下面笔者在对高等教育未来发展途径作总体思考的同时，将对这部分院校的今后发展给予更多的讨论。

三、高等教育的特色化

所谓特色，即"事物所表现的独特的色彩、风格等"①。如果说从以上"特色"的一般涵义上，任何高校或多或少都会有其自身的特色，那么我们这里所说的"特色化"则是从主观意义上高校在办学过程中对那些适应社会、经济发展需要，符合教育规律，利于自身生存与发展的"特色"的自觉追求。

一所高校特色的形成是一个长期的、渐进的历史过程，同时又是一种特有的文化嬗变现象。决定特色的因素是多元的，如与学校的历史文化传统、社会自然环境等莫不紧密联系着。英国著名教育家阿什比说过一句名言："任何类型的大学都是遗传与环境的产物。"综观那些以其特色而著称于世的大学——如德国的柏林大学曾以其浓厚的重科研气息使之一度成为"世界现代大学的楷模"；美国的威斯康星大学则以其面向实际、注重实用的办学思想与模式，形成了风靡世界的"威斯康星理念"，创造出现代大学发展的一种崭新模式；等等——无不折射出传统与环境的作用之使然。而最终决定高校特色的主要力量乃是高校在办学过程中有意识地对传统的不断继承与扬弃和对环境的不断适应与改造。

作为一种特有的文化现象，高校特色一旦形成，所产生的影响与功效

---

① 中国社会科学院语言研究所词典编辑室：《现代汉语词典》，商务印书馆 1983 年版，第 1025 页。

是多方面且深刻、持久的。其中尤为突出的是对高校的生存与发展所产生的积极、深远的影响与效应。如果说大众化（或从众化）是"适者生存"的一种具体体现，那么特色化则是从另一种意义上反映了这一宇宙间不以人的主观意志为转移的普遍规律。对此，我们可以具体从以下四个方面来认识。

第一，特色化有利于高校树立独特且良好的公众形象。所谓公众形象，指的是公众对高校的总体看法。它初始于高校在公众中的印象，是印象的不断积累与强化之物。正如一个没有特点的东西难以给人留下印象一样，一所毫无特色、缺乏个性的高校也是不会给公众烙下深刻印象的，更遑论有一个好的形象。唯有那些富有个性、蕴涵特色的高校才可能成为公众的口碑。过去在计划经济条件下，国家对高校采用的是"全包"的办法，如办学经费全由国家拨给，毕业生则是"皇帝的女儿不愁嫁"。无论社会及公众对高校的看法如何，只要国家认为这所高校需要办，其就可以生存与发展下去。在这样一种机制的运作下，高校自然不必过多地考虑其公众形象。随着计划经济逐步向社会主义市场经济过渡，伴随而来的是高等教育体制的改革和运行机制的转变，高校必将从过去的单一的国家办学逐步过渡到面向社会自主办学，在这一形势下，公众在一定程度上日益成为高校的"衣食父母"。因此，有无良好的公众形象已直接关系到高校自身的生存与发展。

第二，特色化有利于高校取得不可替代的地位。就特色化的终极目标而言，它所追求的是一种"人无我有"的结果，从而达到"舍我其谁"的境地。因此，高校特色的形成无疑有助于其获得一种不可替代的地位，而这种不可替代的地位的取得会使之在日益激烈的竞争中处于相对有利的地位，从而大大增强其竞争力。这对于高校的生存与发展来说，意义是非常重大的。

第三，特色化有利于高校形成各自独特的人才市场体系，在招生、培养和人才消化上形成相互支持的"一条龙"系统：固定的生源、固定的人才分配形式、固定的人才消化市场和独特的人才培养方式。

第四，特色化有利于高校不断完善教学体系，按照特色要求，在师资建设、图书资料建设、教材建设、教学方法、教学质量和管理等环节上，不断调整、完善、更新，使之特点更加鲜明，系统更加完善。

由上可见，高校特色化是其自身生存与发展的内在要求。同时，从我国社会、经济发展的客观需要的宏观视角来看，高校特色化又是时代的呼唤。随着改革开放的不断深入和社会主义市场经济体制逐步建立，社会、经济发展日益呈现多元化的趋势。而对于与社会、经济有着直接关系的高等教育来说，要顺应这一发展趋势，更好地为之服务，就必须从根本上打破过去在计划经济条件下形成的"大一统"的格局，使各高校各有特色，从而形成一种色彩缤纷的局面以与社会、经济发展的多元化相适应。这也是高等教育与社会、经济发展之间的客观规律的反映。

如果说特色化对每所高校来说都是一种有意义的追求，那么在当前形势下，一般院校致力于形成自身的特色以谋求更好地生存与发展就显得尤为迫切和重要。首先，一般院校多属地方院校，主要是为地方经济、社会发展服务；而对于各行业的一般高校，根据《中国教育改革和发展纲要》精神，地方对之拥有统筹权。因此，这些院校今后在服务取向上也将加大为地方服务的力度。如今我国经济和社会发展越来越呈现出地域性和区域性，如近些年兴起的珠江三角洲经济带、长江三角洲经济带等。由于各地区发展的基础不同，资源状况不同，与外界联系交往的方式及对象不同，在改革和发展中所面临的问题与课题不同，因此对教育的需求方式、层次、规模、侧重点等必然会有很大的差异性。相应地，这些一般院校为经济建设和社会发展服务的对象、方式、层次及途径也会各不一样，如沿海与内地、发达地区与落后地区对高等教育的需求状况、层次、规模等就各有不同。这就要求一般高校在认真研究本地经济和社会发展的实际需要的基础上，认清自己的任务与职责，以特色适应需要，从特色中找到自己发展提高的新起点。其次，如前所述，高校特色化的一个基本功效就是大大增强了高校自身的生存与发展的机能。如果说对处于高等教育系统"宝塔"之顶端的少数重点高校，特色化更多的是在追求高学术地位与水平、谋求更大发展的过程中的自觉或自然行为，那么对于一般高校而言，特色化则是它们为争得自身的生存空间，以便在激烈的竞争中立于不败之地的刻意的追求。无疑，特色化对一般高校来说就显得更为迫切，意义也更为重大。

从世界高等教育发展来看，许多一般高校往往是通过走特色化道路，一方面在激烈的竞争中狭缝里求生存，另一方面也为发展成为名牌大学找到了一条有效的捷径。譬如威斯康星大学正是坚持走面向实际、注重实用的特色化道路，从而由一所在美国并不起眼的学校，一跃进入美国乃至世界著名大学之列。我国珠江三角洲地区的一些新办地方大学之所以日益显示出勃勃生机，也主要是因为它们选择了一条特色化——实用型的发展途径。还有一些社会大学、民办大学，其生命力之源泉就是走与社会、经济发展紧密相连的特色化办学道路，以特色求生存、求发展。

关于一般高校究竟如何走特色化道路的问题，由于高校特色化本身所涵括的内容非常丰富，如体现在办学思想、专业发展、课程体系、管理风格、校园文化等诸方面的特色化，而专业发展的特色化在其中则居于一个承上（办学思想等）启下（课程体系等）的核心地位，下面仅就此问题作一考察。

从总体思路上，高校专业发展的重点应放在那些既富有自身特色又有发展前途的专业上，特别要注意发展目前尚没有建立而又有社会需求的专业。具体可从以下两方面考虑形成高校的专业特色。

第一，专业发展要紧密与经济、社会发展，特别是与所在的地域经济、区域经济发展相联系和相适应，体现出为地方经济和社会发展服务的地方特色。同时，一方土地孕育出一方独特的文化与环境，这对于一般院校的专业发展体现其地方特色而言是十分重要的。

第二，一般院校的专业发展应注意选择其优势学科及独特领域，包括在局部范围形成的优势。因为虽然有的学科就全国范围而言并非一般高校的优势，但在一定区域内则可能体现其优势，这种局部优势的取得对一般高校的专业发展的前途往往是至关重要的。

（原载《教育研究》1995 年第 5 期）

超前的教育与教育的超前

所谓超前的教育，是指从教育的客观属性来说，教育是超前的；教育的超前则是从主观意义上来说，教育必须超前。而这两方面又是密切相关的，反映出主、客观之间的内在联系，即作为一个客观的东西，"超前的教育"具有客观必然性，但是，要使之成为现实，也就是真正实现"教育的超前"，尚需人们充分发挥主观能动性，正确、自觉地去认识和顺应。

一

就教育的本质属性而言，教育原本就是超前的。因为从根本上来说，教育是培养人的一种社会实践活动，它是在为未来培养人，即按照未来社会的需求来培养、塑造人，使之"未来社会化"。教育的超前性正体现于此。我们通常所说的"十年树木，百年树人""今天的教育，明天的科技，后天的生产"等，正是从教育的超前意义上来认识的。而且，教育成果的滞后性及长效性使得教育的超前性显得更为突出和重要。

"超前的教育"决定了"教育的超前"的客观必然性。然而，纵观教育的发展史，我们不能不注意到这样一个事实：本应超前的教育在很多时候并未真正的超前，即"超前的教育"与"教育的超前"并不总是合拍与同步的。如在古代教育中，尽管教育也是为未来培养人才（应当说，在任何时候这一点都是共同的），但由于当时社会发展非常缓慢，所以教育所着眼的"未来"仅是时间意义上的未来。实际上，这个"未来"与"现在"、与"过去"除了有时间上的变化外，很少有其他变化。因此，在这样一个相对稳定的社会里，"教育的功能只是再现当代的社会和现在的社会关系"。教育培养能适应现在社会的人，就是培养能适应未来社会的人，学习过去就是为了未来。当然，以此情形，教育根本无须超前，社会发展还没有，也不可能提出相应的要求。在这"并未超前的教育"中的一个显著特征就是教育的继承与传播职能显得尤为突出和重要，而对教育的发展职能则相对忽视，甚至还未出现。

虽然不少古、近代的哲学家、教育家，为当时的未来教育也设想过种种美妙的图景，提出了许多"理想"的教育模式，如柏拉图的《理想国》、卢梭的《爱弥儿》等，其中不乏有许多合理、进步的思想，甚至真知灼见。但是从总体上来说，由于受其所处的时代与社会的局限，这些"超前"的教育或是只有一个超前的外壳，而其内核依然是守旧的；抑或是严重脱离于当时的社会实际和教育现实，因此，也就不可避免地落入了"空想"和唯心主义的窠臼。

进入 20 世纪，尤其是 20 世纪中叶以来，现代社会、经济飞速发展，特别是现代科学技术发生着日新月异的变化，这就使得任何人再也不可能像过去那样，用静止的眼光去看待面前这个不断变化、发展的社会。由此决定了人们从事任何工作、任何事业都必须着眼于未来，要具有超前意识。缺乏超前意识，不着眼于未来的事业是没有生命力和前途的。20 世纪中叶以来在世界范围内兴起的"未来学热"，以及 20 世纪 80 年代以来我国的"发展战略热"正是源于这一社会背景。而对于为社会服务又受制于社会的教育，由于其超前的本质属性，在瞬息万变的现代社会里，就更应当面向未来，培养人类去适应变化，应付未来。于是，在适应以上这一现代社会、经济及现代科学技术发展的客观需要的过程中，人们逐步取得了以下共识：教育"在历史上第一次为一个尚未存在的社会培养新人"，"替一个未知的世界培养未知的儿童"。这是教育观念的一个具有历史意义的重大更新，它要求教育必须从根本上摒弃过去那种因循守旧、墨守成规的教育思想与模式，还原教育的本性——超前性，建立起适应时代需要、面向未来的新的教育思想与教育模式。在新的教育模式中，"学校的使命不再是纯粹简单地传授一定数量的知识。……在于使每一个人有可能自由地发展他的才能和爱好"。虽然人们仍然重视教育的继承与传播这一传统的基本职能，但对继承的选择（即应当继承什么）更为重视和强调，如要求继承的东西必须是未来社会所必需的，是比较稳定且有利于学生今后在此基础上进一步去学习、掌握新知识，以适应未来社会的变化与发展的；同时，人们更加重视教育的发展职能，如注重发展学生的智能，培养学生的创造能力和创新意识，促使学生学会如何主动地去获取知识和发现真理，以推动社会的发展和人类文明的进步。

综上所述，如同教育自身的发展历史一样，"教育的超前"也是社会历史发展的必然产物，是人类不断追求社会进步文明的结果，而不单单是教育向着"超前的教育"返璞归真之使然。

二

无论从纵向的人类社会的发展历史来看，还是从横向的国与国之间、地区与地区之间的比较中，我们都不难发现社会的发展与教育的超前之间总是呈现一种正相关关系，也就是社会越发展进步，教育的超前意识则越强，其内容也越丰富和深刻。特别是当社会进入 20 世纪 90 年代的今天，教育日益成为形成未来的一个主要因素。所以教育的超前已经不仅关系到教育的未来，还与国家的未来、人类社会的未来更加紧密地联系在一起，并且它涉及教育的一切方面，而不只是牵涉教育投资的超前问题。下面笔者将试从我国教育内外部如何顺应"教育的超前"这一世界性趋势与潮流的视角，对其宏观和微观的主要方面作一简要探讨。

（1）教育观念的超前。这是从教育的超前观念的确立来说的，它也是"教育的超前"的核心，决定并支配"教育的超前"的其他诸方面。这是因为观念是行为的先导，社会观念既凝聚了丰富的理论内容，又统摄着人们的社会心理，因而新的观念一旦为人们所接受，就会在人们意识的深层，与人们的感情、意志、习惯糅合在一起来支配人们的思想和行动。而且，教育超前观念的建立有助于形成相应的舆论环境。所以说，教育超前的关键首先在于观念的超前，教育的滞后也主要源于观念的落后。

中华人民共和国成立以来，教育在我国长期被视为消费性事业甚至福利事业，往往是滞后发展的。虽然在 1958 年"大跃进"中，教育也有过一段"超常规"的"跃进"时期，但由于当时指导思想和观念上的偏颇，加之整个大环境的影响，"超常规"的超前发展事实上是不顾教育规律的盲目发展，以致严重脱离了我国教育和社会的实际，其结果是给教育事业带来了重大损失。而在"文化大革命"时期，教育主要被看作意识形态中阶级斗争的工具，就更无超前可言。

随着人们对教育的性质、功能及地位的认识与理解的不断全面和正确，教育的超前问题也逐渐受到重视。在党的十二大报告中，教育第一次与农业、能源和交通等一样，作为经济发展的战略重点而被列为优先发展对象，这就从整体上确立了教育发展的战略地位。邓小平同志著名的

"三个面向"，其中一个是"面向未来"，这实际上是从教育自身的角度，高度概括了教育超前的思想。党的十三大报告又进一步明确提出，要实现我国经济发展战略，必须"把发展科学技术和教育事业放在首要位置"，"坚持把发展教育事业放在突出的战略位置"。这些思想观念的确立是来之不易的，其意义非常重大。

当前，我们应当在加强对教育战略重点地位认识的同时，切实树立"教育的超前"观念，强化"教育先行"的意识，使之不光成为教育界的认识与呼唤，而且要真正成为全社会的共识和认同的观念，并付诸实际行动。

从教育自身这一视角来看，"教育的超前"就是要从教育的各方面着手，使教育事业真正成为面向未来的事业。当然，教育的超前并不意味着教育的各个方面、各个层次在超前问题上都是等量齐观的，而需要依据各自的实际情况，考虑其轻重缓急、先后次序，在教育体系内进行超前"权重"的合理安排与分配。因为虽然对教育整体来说，"超前"是绝对的，但具体如何超前则是一个相对的概念，有一个"度"的把握问题。

此外，我们还应当从大教育观的视角来认识教育的超前问题。譬如终身教育思想与观念的提出，就是教育超前的大教育观的一种体现，因为这一思想与观念提出的本身就是基于这样一种教育超前的思想：未来是变化的，人们需要不断地更新自己的知识，因而要"活到老、学到老"，终身受教育。如果仅从狭隘的微观教育观的视角来看，既然人们需要不断地学习、更新知识，那么现在的学习是否还有必要面向未来，教育是否还须超前？这样，终身教育观与教育面向未来观和教育的超前观就难以统一。

（2）教育规划的超前。这里的教育规划是从广义而言的。教育规划本身就是设计教育的未来，因此，它的超前性应是不言而喻的。同时，是否具有超前性也是衡量、评价一个教育规划的重要指标之一。教育规划的超前不仅仅是外在形式上的超前即时间意义上的超前，更重要的是其内涵的超前。虽然任何一个教育规划在时间意义上的超前是毫无问题的（只要称得上是规划），但是考察其内涵，则不是每个规划都能做到真正的超前即面向未来、着眼未来。而要使其内涵做到真正的超前，对未来的预见性是至关重要的，即对未来社会、教育将发生的变化、状态及走向作出正确的预测。这是教育规划超前的基础，也是其目的。预见性并不是凭空想象、主观任意臆造出来的，它必须占有大量的现实材料以及了解未来社会发展变化情况，必须进行调查研究，然后进行分析、论证，在正确的指导思想下制定教育发展规划。比如在研究制定 2000 年中国的教育发展规划（战略）时，首先必须预见 2000 年之后的政治、经济、文化、人口等各方面的发展情况，以及对教育的要求，对发展教育可能提供的条件，这样才能预见未来教育的发展状况。与此同时，可行性对一个超前的教育规划也是不可缺少的。没有可行性的教育规划，哪怕其再美妙也无疑是一纸空文。所以在进行教育规划时我们必须处理好预见性与可行性的关系，预见性必须建立在科学的基础上，遵循教育发展的客观规律，确保占有的材料、资料数据的可靠性，并充分考虑到主客观方面的条件，保持其适当的弹性。

如果说过去封闭的环境致使我们对教育规划的超前重视不够的话，那么，从 20 世纪 80 年代中期以来，以中国的改革开放为契机，教育界广泛兴起的"教育战略热"则充分体现了人们的教育规划的超前意识的觉醒与强化，这里既有教育总体战略的研究，也有分地域、分层次及分形式的教育战略的探讨。这些教育发展战略注意克服过去那种仅仅囿于一般日常工作安排式的狭义性，而更重视从宏观层面上突出超前性。当前，关于教育战略方面的研究在我国仍方兴未艾，并逐步深入。特别是著名教育战略理论专家薛焕玉先生的著作《教育发展战略学》，标志着具有中国特色的教育发展战略理论体系的形成并臻于成熟。可以相信，超前的教育战略研究，必将为走向 21 世纪的我国教育，进一步适应未来社会发展的需要，沿着具有中国特色的正确道路健康、蓬勃发展，提供方向性指导。

（3）教育投资的超前。教育成果的滞后性，决定了教育投资必然是超前的。但我们这里所说的"超前"主要是指把对教育的投资置于优先的地位。

要认识和实施教育投资的超前，首先必须对教育投资的性质有一定的认识。关于教育投资的性质问题一直为经济学家、教育学家所探究和争论。在"人力资本理论"产生以后，人们的认识才趋于认同。这一理论的代表性人物应首推美国著名经济学家舒尔茨。他关于人力资本及其与教育的关系的一些观点是非常精辟的。他认为传统经济理论中资本的概念仅包含生产资料和货币，而忽视了重要的生产要素——人的能力，这是不全面的，难以对经济增长作出合理的解释。因此，应该建立起包括人力资本与物质资本在内的完整概念。人力资源的利用与改善必须通过多种形式的教育才能实现。所以，"教育远不是一种消费活动，相反，政府和私人存意识地投资，为的是获得一种具有生产能力的潜力，它蕴藏在人体内，会在将来作出贡献"，因为"空间、能源和耕地并不能决定人类的前途，人类的前途将由人类的才智的进化来决定"。

现在，教育投资是人力资本的投资，是生产性投资，这一观点已在世界范围内获得了广泛的共识，而且，"教育在全世界的发展正倾向先于经济的发展"，这甚至包括像刚果、古巴这样一些发展中国家在内。

过去，我国对教育的投资不仅渠道单一（国家拨款），而且是在先满足其他主要行业之后，"剩下一点给教育"。舒尔茨在考察中国的情况后曾写道："在中国，最优先受到考虑的是钢厂、民航、辅助工业及土地开发等等，而只把少量资源留给中等和高等教育，这种反常的投资减少了生产和福利的潜力。"显然这与把教育看作福利事业的观念以及教育投资效益的滞后性有直接关系。从反映教育经费投入量的重要指标——教育投资比例来看，我国教育投资的增长速度和教育投资在国民经济中的比例明显不能适应国民经济发展及其部门结构变化的需要。我国教育投资在国民生产总值中的比例偏低。根据有关资料，在世界上 34 个发达国家中，把国民生产总值的 5.5% 以上用于教育的国家，在 1981 年有 19 个，而我国这一比例还不到 3%；就国民收入来说，各国一般都把其中的 6%～7% 用于教育，而我国这一比例还不到 6%。发达国家的人均教育经费已超过 500 美元，而我国则远低于这一水平。教育投入的严重不足日益成为制约我国教育发展的一个"瓶颈"。

多年来，教育界及社会各界人士一直在大力呼吁加大教育投入。随着教育战略地位的确立，教育投资作为一种生产性投资，逐步受到重视。特别是 1985 年发布的《中共中央关于教育体制改革的决定》明确提出：在今后一定时期内，中央和地方政府的教育投资拨款要高于经常性收入的增长；并使按在校生人数的平均的教育费用逐步增长。这两个增长不仅从理论观念上，而且在具体物质条件上要求确保教育发展的优先位置。

当前，在我国要做到教育投资的超前，一方面，要进一步解决观念上的问题，牢固树立"教育投资是收益最大的投资"的新观念；另一方面，就是通过政策措施、法律手段等，确保教育投资的优先地位并落实到位。具体来说，必须认真落实"两个增长"，并保证教育投资经费不被挤占、挪用；同时，我们也应当认识到国家对教育的投入终究要受经济发展水平的制约。在目前我国生产力发展水平尚不高的情况下，要求国家大幅度增加对教育的投资是不现实的。所以，除国家投资这一主渠道外，应努力拓宽投资路子，建立多渠道的教育投资体系，开始逐步建立和健全教育投资的法律保障制度。

（4）教育目标的超前。所谓目标，简言之，就是人们在活动中所追求的预想结果。而教育目标则是人们在参与教育活动过程中所追求的目标。因此，教育目标的本质也是超前的。在教育目标确定以后，一切教育活动都是围绕着实现教育目标而进行的；同样，评价、衡量一项教育活动也是以此为标准和依据的。因此，教育目标确定得如何、能否真正体现其超前性，对于教育的成功与否是至关重要的。

过去我们在教育目标的确定中有一种倾向，就是教育目标过于狭隘功利化。如在普通教育中主要把升学率作为其实际的教育目标，各级教育管理部门以及社会上也都常常以这一功利目标作为评价一个学校办学成绩的主要甚至是唯一的依据。在这一功利目标的驱动下，就有了"千军万马挤独木桥"的"壮观"场面。由于片面追求升学率的"高温"久降不下，学校考虑更多的是怎样使尽可能多的学生顺利通过"独木桥"，而不是使他们如何成为未来社会生活的成功者；教师所致力的是如何提高学生的应试技巧，而很少顾及他们适应未来社会发展需要的全面素质的养成；学生及其家庭也把获得升学的"入场券"作为主要甚至是唯一的奋斗目标，"毕其功于一役"，而对如何选择一条适合自己（子女）成长的道路则思索甚少。而且，从能上大学者在我国目前毕竟为少数这一现实来说，这样的功利目标所要求达到的实质上是"少数人成功，大多数人失败"。所以，如此教育目标不仅根本无超前可言，而且可以说"是现行教育体系中破坏和毁灭性最大的一个方面"。

表现在教育目标中的另一个问题是只注重未来社会所需要的技能素质的培养，而忽视未来社会所要求的人的精神素质的养成。如在家庭教育中，有些父母可以为孩子学钢琴一掷千金，为孩子读上收费昂贵的"贵族学校"慷慨解囊，却很少考虑如何培养孩子迎接未来挑战的精神素质，就连过去我们倡导的、有助于培养孩子爱劳动和吃苦精神的家务劳动，现在也都一般由父母代办了。

要建立一个面向未来发展需要的超前的教育目标，笔者认为必须从以下三方面来考虑：第一，应着力研究未来社会到底需要什么样的人才？未来人才需要具备哪些素质？在此基础上确定面向未来的多层次、多样化的教育目标体系，防止教育目标的狭隘功利化和片面化。第二，应努力克服教育目标的肤浅化，提高其涵括度。如体育目标，就其深层机制而言，就不应囿于增强学生的身体机能，它还应包括提高学生的审美能力与生活情趣，培养学生的集体主义精神和增强个体行为意志力等外显或内隐的目标。第三，作为一个超前的教育目标应当是动态发展的，而不是一成不变的，即根据现代社会变化发展不断对人才提出的新要求，及时调整教育目标，使之跟上时代发展的步伐。

（5）课程的超前。课程是教育的一个基本单元。如果说过去教育的落后具体反映在课程的落后上（如设置的课程几十年一贯制，教师一本讲稿可以终身受用等），那么，教育的超前最终也要体现并落实到课程的超前上。

课程超前的涵义是多方面的，概括起来，大致可以归纳为如下四个方面。

第一，课程的超前不仅要求课程尽可能及时地反映当代科学技术的最新成果，使学生能学到最新的科学文化知识，而且要求课程强化学生对基础知识的掌握，以便为其未来进一步学习及工作奠定坚实的知识基础。因为人类知识宝库浩如烟海，任何人都不可能把正以几何级数倍增的人类全部知识学完。而基础知识是相对稳定、不易过时的，并且又是未来新知识的生长点与基础。所以说，强调课程促使学生对基础知识的掌握，实际上就是面向未来，也是课程超前的一种体现。

第二，课程的超前对课程培养学生适应未来社会的能力提出了更高的要求。如果说知识的不断发展与更新给教育传授知识于学生出了一个难题的话，那么着力发展学生适应未来社会的能力（包括学生自己去获取和创造知识的能力），无疑是一个以不变应万变的最佳选择。这实际上又回到了"猎枪与面包""渔与鱼"等这样一些古老的命题上。当然，当今及未来社会对学生能力的要求，无论从内涵的深刻性，还是外延的宽泛度上，都要比以往任何时候高得多。

第三，课程的超前强调课程的弹性与灵活性，注重拓宽学生的知识领域，以适应未来社会的多变性及满足学生在未来社会中对职业和工作的选择与再选择的需要。

第四，适宜、先进的教学方法与教学手段的运用，是课程超前的一个重要方面与特征。因为要实现以上课程超前的诸方面，没有与之配套的适宜、先进的教学方法与手段是难以想象的，就如我们不可想象仍停留在银头、铁钳阶段的工艺能造出运算速度高达每秒几十亿次的巨型计算机一样。

总之，"课程不应该反映一个正在消失的社会职业和生活的需要，应该反映急剧变革的当代和未来社会生产与生活的需要"。

（原载《未来与发展》1994 年第 3 期）

以教育现代化推进教育强国建设的理论内涵与模式创新

党的十九大报告指出，"建设教育强国是中华民族伟大复兴的基础工程，必须把教育事业放在优先位置，深化教育改革，加快教育现代化，办好人民满意的教育"。党的二十大报告进一步提出深入实施科教兴国战略、人才强国战略、创新驱动发展战略，"加快建设教育强国、科技强国、人才强国"。从"建设"到"加快建设"，充分反映了教育强国建设的重要性和紧迫性。2023 年 5 月，习近平总书记在中共中央政治局第五次集体学习时深刻指出："建设教育强国，是全面建成社会主义现代化强国的战略先导，是实现高水平科技自立自强的重要支撑，是促进全体人民共同富裕的有效途径，是以中国式现代化全面推进中华民族伟大复兴的基础工程。"[1] 本文以教育现代化与教育强国的关系为切入点，对加快教育现代化强国建设提出若干思考。

一、教育现代化与教育强国的关系

2019 年 2 月，中共中央、国务院印发的《中国教育现代化 2035》提出，"到 2035 年，总体实现教育现代化，迈入教育强国行列，推动我国成为学习大国、人力资源强国和人才强国"。这里将教育现代化与教育强国建设相提并论，同时纳入 2035 年教育现代化总体目标。这就有必要厘清教育强国与教育现代化这两个概念，正确认识和把握两者的关系。

教育强国与教育现代化都属于比较的概念。从比较范围与对象而言，教育强国主要是作国际范围内的横向比较（空间维度），也就是教育强国在主要的教育指标上占有优势或强势地位。教育强国也有纵向比较，即历史比较。我们说，中国现在是教育大国，正向教育强国迈进，

---

① 习近平：《在中共中央政治局第五次集体学习时强调：加快建设教育强国为中华民族伟大复兴提供有力支撑》，载《人民日报》2023 年 5 月 30 日第 1 版。

显然是一种纵向的历史比较。不过这一纵向历史比较中又暗含着横向比较，因为"从教育大国到教育强国是一个系统性跃升和质变"。系统性跃升和质变是一个纵向的历史比较，但其程度达至可以称得上是教育的强国，又是在进行横向比较。"系统性跃升和质变"可作以下认识：教育大国更多的是从教育发展的规模与外延意义而言的，教育强国则更强调教育发展的内涵意义，这种内涵意义的教育变化与发展便是一种质变，是一种系统性跃升。

教育现代化主要是作纵向的历史比较（时间维度），它既体现理想目标意义，又表明动态进程意义。值得注意的是，在动态进程意义上，每个阶段的教育现代化目标不等于当时横向比较意义上的优势或强势目标，而仅仅是某个时期或阶段的教育发展目标。比如，2010 年《国家中长期教育改革和发展规划纲要（2010—2020 年）》提出，"到 2020 年，基本实现教育现代化，基本形成学习型社会，进入人力资源强国行列"。显然，这里所说的基本实现教育现代化是中国教育改革和发展在 2010—2020 年这一时期的发展目标。与一些教育发达国家或教育强国比较，这一目标并不是优势或强势目标。但当教育强国成为国家教育现代化建设目标时，这就意味着在教育现代化进程的某个时间节点上，教育现代化目标应当成为一个横向比较意义上的优势或强势目标，即真正体现出优势或强势，也就是通过各阶段性目标的接续实现，教育现代化进程累积到一定程度和到达某个时间节点时，便意味着教育现代化目标与教育强国建设目标合二为一。所以，从这一意义上，教育现代化进程着眼于推进教育强国建设。而这个合二为一的目标便可统称为教育现代化强国的建设目标。因此，我们也很有必要关注和测算这个时间节点。实际上，《中国教育现代化 2035》提出的 2035 年教育现代化总体目标便表明了这个时间节点。当然，这个时间节点也不是凭空而来的。据中国教育科学研究院课题组测算，我国目前的教育强国指数居全球第 23 位，比 2012 年上升 26 位，是同一时期进步最快的国家。[①] 这一方面充分证明，中国特色社会主义教育发展道路是完全正确的；另一方面也表明，如果我们坚持沿着这条正确的道路走下去，通过教育现代化进程的阶

① 参见《习近平主持中央政治局第五次集体学习并发表重要讲话》，见中华人民共和国中央人民政府网（https：//www.gov.cn/yaowen/liebiao/202305/content_6883632.htm）。

段性目标不断达成，到 2035 年完全可望实现教育强国建设目标和总体实现教育现代化目标。

二、以教育现代化推进教育强国建设模式创新

1. 教育现代化模式的选择与转型

党的二十大报告指出，"中国式现代化，是中国共产党领导的社会主义现代化，既有各国现代化的共同特征，更有基于自己国情的中国特色"。这是对中国式现代化的精辟阐述，揭示了中国式现代化的三个核心要义，即共同特征、中国特色和时代意义。所谓中国式现代化的共同特征，实际上涉及现代化这一人类普遍趋势的共同价值问题，也就是"全人类的共同价值"，即现代化作为人类社会发展的一个普遍趋势必然拥有共同价值，没有共同价值的现代化就不可能成为一个普遍趋势。这也意味着推进中国式现代化进程中学习借鉴的必要性，以及需要对世界现代化这一普遍趋势的适当顺应。除学习借鉴外，还应特别提及的是共同特征的创生意义，也就是说，我们对普遍趋势不应只是一味学习借鉴和被动顺应，同时也要力求成为普遍趋势的引领者和共同价值的创立者，即在中国式现代化进程中通过开辟发展新领域新赛道，塑造发展新动能新优势，成为共同特征的创生者和贡献者。中国式现代化的中国特色则主要指中国现代化的自主探索，作为中国共产党领导的社会主义现代化，中国式现代化这种自主探索一直伴随现代化进程之中并体现在现代化诸方面。如同现代化是一个历史范畴，从历时性的角度看，中国式现代化在不同时期其外生性或内生性并不相同，这也是中国式现代化的另一要义即时代意义。同时，这也是当代中国式现代化理论所体现的马克思主义社会发展理论的中国化时代化。而且，中国式现代化的时代意义表明，无论是共同特征，还是中国特色，都必须与时俱进，具有不同时代的特有内涵。比如，当今中国式现代化的共同特征和中国特色均具有数字时代特有的内涵。

根据经典现代化理论，现代化通常被划分为先发内生型现代化和后发外生型现代化两种模式，这也经常成为人们分析现代化的典型范式。依据这一分析范式，从历史维度来考察，中国现代化常被认为是后发外生型现代化。但若把其置于中国式现代化这一时代话语来理解，如果说

中国式现代化从"共同特征"意义上在相当长的时期更多地体现出后发外生性，那么中国式现代化的中国特色从一开始便具有先发内生意义。因为，无论是从实然的角度还是应然的角度，作为中国共产党领导的社会主义现代化，中国式现代化从来就不是完全意义上的后发外生型现代化，而是具有内生性。正是这种内生性，造就了中国式现代化的中国特色。

值得一提的是，一个国家的现代化总体上属于后发外生型，在某个领域或方面却可能是先发内生型。如德国的现代化，总体上就被认为是一种后发外生型现代化，但其教育现代化则具有比较明显的内生性，尤其是洪堡创立的"教学与科研相统一"的办学模式，使德国高等教育一度被誉为"现代高等教育的楷模"。对中国来说，党的二十大报告从实施科教兴国战略、强化现代化建设人才支撑的角度，提出教育、科技、人才是全面建设社会主义现代化国家的基础性、战略性支撑。必须坚持科技是第一生产力、人才是第一资源、创新是第一动力，深入实施科教兴国战略、人才强国战略、创新驱动发展战略，开辟发展新领域新赛道，不断塑造发展新动能新优势。这四个"新"，意味着要在变革浪潮中下好先手棋、掌握主动权，显然这对于教育现代化强国建设来说具有内生意义。也就是说，在教育现代化强国建设过程中，如果说从教育大国到教育强国是一个系统性跃升和质变，那么无论是系统性跃升还是质变，无疑都需要一种内生性。这就决定了教育现代化强国建设必须坚持以改革创新为动力，在深化改革创新中激发教育发展活力，包括统筹推进育人方式、办学模式、管理体制、保障机制改革，坚决破除一切制约教育高质量发展的思想观念束缚和体制机制弊端，全面提高教育治理体系和治理能力现代化水平。

就高等教育而言，伴随着国家现代化进程，中国高等教育现代化始于19世纪后期，走过了一百多年的历程。从师法欧美，再到学习模仿日本，早期的现代化基本上也是在"跟跑"，体现出典型的后发型现代化特征。而真正开启中国式高等教育现代化进程则是在新中国成立后，尤其是在改革开放以后。中国式现代化对高等教育现代化的中国特色提出了更多要求，特别是20世纪80年代中期提出的"教育必须为社会主义建设服务，社会主义建设必须依靠教育"成为一个时期我国教育工作的重要指导思想，这意味着高等教育要更好地为社会主义建设服务，就必须高度重视中国特色。后来在党的教育方针里明确提出教育要"为社会主义现代化建设服务、为人民服务"，更需要走中国式高等教育现代化之路。但不可否认的是，在改革开放后的一个时期，中国高等教育主要还是学习借鉴国外高等教育的先进经验，仍然是以"跟跑"为主。一方面，这种"跟跑"为我国高等教育改革发展迅速跟上世界先进高等教育发展的步伐发挥了重要作用；另一方面，这也使中国高等教育改革发展在某些方面不同程度上产生了路径依赖，甚至有时还存在一味依附现象。有关发展理论告诉我们，当一个国家的发展在经历了"跟跑"阶段，达到一定层次和水平后，往往更关注自身特色发展的道路选择，这显然具有后发内生意义。进入新时代，随着国家经济社会发展水平的不断提升和高等教育实力的持续增强，中国高等教育现代化在指导思想上有了一个重大转变，即强调"扎根中国大地办高等教育"。比如，2015 年启动的"双一流"建设，一个重要指导思想就是"中国特色、世界一流"，并努力寻求中国特色与世界一流的高度一致，即扎根中国大地建设世界一流大学，以中国特色表征世界一流和以中国特色成就世界一流。① 面对世界百年未有之大变局的加速演进和错综复杂的国际国内形势，我们高度重视自主培养拔尖创新人才和高水平科技自立自强及高校有组织的科研等。

总之，把中国高等教育现代化放置于世界高等教育现代化的历史长河里，其现代化模式经历了从后发外生型到后发内生型，再在新的历史起点和一定意义上逐步向先发内生型的转型，这种先发内生型的中国教育现代化推进教育强国建设的模式选择，彰显了中国高等教育自主探索具有自身特色的现代化模式的时代路向。

2. 中国教育现代化强国建设的"四新"之路

当前，中国正在实施科教兴国战略、人才强国战略、创新驱动发展战略，进行教育、科技、人才"三位一体、统筹部署"，这最终都要统一于创新上。

创新对于中国教育现代化来说，意味着教育现代化强国的建设方式应该实现转型，即从一个内生的角度来创新教育。这与"开辟发展新领域新赛道，不断塑造发展新动能新优势"高度一致，即"四新"是与内生

---

① 参见卢晓中、杨蕾《"双一流"建设的中国特色与世界一流》，载《国家教育行政学院学报》2018 年第 9 期，第 25 页。

发展高度统一的。

　　当前值得关注的一个时代命题是，当代中国教育现代化强国建设的新领域新赛道在哪里，以及应当如何开辟教育现代化强国建设的新领域新赛道，不断塑造中国教育发展的新动能新优势？要回答这一时代命题，首先需要弄清楚教育发展这"四新"之间的关系。这里涉及以下两对关系：新领域与新赛道的关系、新动能与新优势的关系。[①]"新"是一个相对的概念，也是一个比较的概念，这就需要明确比较的范围和对象：一是从纵向维度上，中国教育发展与自身的比较体现出来的"新"；二是从横向维度上，中国教育发展与其他国家的比较体现出来的"新"。前者是相对于自己的过去和现状而体现出来的"新"，但可能相对于其他国家未必是"新"；后者则是与其他国家相比较体现出来的"新"，从这一意义上，这个"新"无论对哪个国家而言都是一种"前所未有"。对于中国教育现代化强国建设而言，从横向维度比较而来的新领域，意味着学习借鉴的必要性。比如，要坚持扩大教育对外开放不动摇，不断完善教育对外开放战略策略，统筹做好"引进来"和"走出去"两篇大"文章"，有效利用世界一流教育资源和创新要素，使我国成为具有强大影响力的世界重要教育中心。同时，积极参与全球教育治理，增强我国教育的国际影响力和话语权。而从纵向维度比较而来的新领域，则为更具内生意义的创新。虽然不论何种意义上的新领域，都可成为今天的新赛道，但从新领域新赛道的开辟角度而言，则更要从内生意义上进行原创性的领域开辟，从而在这一新赛道上"起跑即领跑"，领跑无疑意味着新动能新优势的塑造。总之，中国式现代化要牢牢抓住内生意义的创新，特别是科技创新这一关键，即"以科技创新开辟发展新领域新赛道，塑造发展新动能新优势"，推动高质量发展，从而真正"依靠创新特别是科技创新实现动力变革和动能转换"。对于中国教育现代化强国建设而言，科技创新的一个重要表征就是教育数字化转型，使教育数字化成为开辟教育发展新赛道和塑造教育发展新优势的重要突破口，同时以教育数字化支撑引领教育现代化。教育现代化有三个核心价值：一是人本，即尊重人的个性发展；二是公平，即让每个人都获得均衡的教育资源；三是终身，即为每个人奠定终身发展的基

---

　　① 参见卢晓中《积极推进中国高等教育现代化建设》，载《光明日报》2024 年 1 月 30 日第 15 版。

础。教育数字化转型的重要旨趣则在于个性化学习、终身学习、扩大优质教育资源覆盖面，从而为教育现代化提供有效支撑。

三、教育强国建设中高等教育龙头的引领意义

习近平总书记指出，"建设教育强国，龙头是高等教育"。放眼全球，任何一个教育强国都是高等教育强国。这表明高等教育除了在教育强国建设中具有重要地位外，更体现龙头的引领意义。所谓引领意义，主要涉及"引领什么"和"如何引领"两个方面。"引领什么"包括高等教育在整个教育体系中的引领角色和高等教育对经济社会发展的引领作用。"如何引领"则包括超前引领和创新引领两个向度。所谓超前引领，是指在新一轮科技革命和产业变革浪潮中，高等教育须着眼于未来的不确定性和技术发展带来的无限可能性，对学科专业超前布局，比如大力加强基础学科、新兴学科、交叉学科建设，瞄准世界科技前沿和国家重大战略需求推进科研创新，不断提升原始创新能力和人才培养质量。所谓创新引领，则指的是高等教育通过自身的不断创新发挥对整个教育体系和对经济社会发展的引领功能。实际上，在当今时代，高等教育不创新就无法引领教育和经济社会发展，也不可能真正成为"社会的中心"，这与社会对高等教育的期待和高等教育所肩负的时代使命是格格不入的。值得一提的是，高等教育要做到超前引领，关键在于对未来的预测的精准程度。但人类的眼界总是有限的，与世界的无限变化构成了一对矛盾范畴，世界的变化莫测使得对未来的精准预测难度大为增加。尽管大数据、物联网、云计算等新技术带来了预测技术与手段的极大发展，大大提高了人们对未来预测的确定性，但也正因为技术的发展，未来变得更加不确定、更加不可预测。对此，吉姆·达特（J. Dator）在她的"未来第一定律"中提出，"未来无法'预测'，但可以'预测替代性未来'，并且可以'预见'和'发明'首选性未来"[1]。美国未来学家尼葛洛庞帝（Nicholas Negroponte）更提出

---

[1] Dator J，"Futures Studies as Applied Knowledge，" In：Dator J，*A Noticer in Time*，Springer，2019，pp. 7 – 16.

"预测未来的最好办法就是把它创造出来"①。由此，高等教育引领的两个向度归根结底须统一于创新引领上。

高等教育在整个教育体系中的引领作用，包括高等教育对基础教育的引领作用和在统筹职业教育、高等教育、继续教育协同创新中发挥引领作用。就对基础教育的引领而言，建设教育强国的基点在基础教育，基础教育搞得越扎实，教育强国的步伐就越稳、后劲就越足。而要使基础教育沿着正确的方向"搞得越扎实"，高等教育能够也需要提供适当的方向指引和必要的支持。例如，着力造就拔尖创新人才无疑是当前国之大计，也是国之急需。把拔尖创新人才培养作为纵向教育体系的一个整体目标，有赖于教育各个学段协同完成。特别是需要基础教育各个学段克服功利化倾向，更加着眼于学生的持续发展和学生创新素质的养成。基础教育既要夯实学生的知识基础，也要激发学生崇尚科学、探索未知的兴趣，培养其探索性、创新性思维品质。因为这些思维品质对于拔尖创新人才的造就十分重要。拔尖创新人才培养的起点在于发现和选拔，在教育的各个阶段进行系统化的协同培养。这就要求从纵向教育体系上建立协同育人机制，尤其需要加强高等教育与基础教育的关联，并增强高等教育的引领功能。长期以来，高等教育与基础教育的联系大都聚焦于高考，高中阶段主要是围绕高考升学率而展开教育活动。尽管高考"指挥棒"对基础教育的引领功能强大，但更多的是局限于高考，对学生的后期教育和可持续成长关照不够。特别是在拔尖创新人才培养上，基础教育并没有充分发挥"搞得越扎实，后劲就越足"的基点作用。因此，当前亟须坚持系统观念，除深化高考改革外，还要进一步加强高等教育与基础教育的多方面联系，增进彼此的了解和大学对培养拔尖创新人才早期的实质性参与，使教育链与拔尖创新人才的成长链有机衔接，尤其要注意发挥大学的引领作用。近年来，一些大学也注意加强和中学的联系与衔接，发挥引领作用。对于统筹职业教育、高等教育、继续教育协同创新来说，高等教育在与职业教育、继续教育统筹发展、协同创新中发挥引领作用，在职普融通的现代高等教育体系构建和建设全民终身学习的学习型社会、学习型大国中，高等教育扮演着引领性主导角色，也处于基础性主体地位，亟须从教育链、人才链与创新链、

① ［美］尼古拉斯·尼葛洛庞帝：《数字化生存》，海南出版社1997年版，第9页（译者前言）。

产业链相融合、相统一的角度，充分发挥好高等教育的龙头引领作用。

高等教育龙头对经济社会发展的引领作用，主要是通过为经济社会提供人才支撑、发展科学及直接为经济社会服务等途径促进经济社会结构尤其是产业结构的转型升级。一个典型事例就是 20 世纪 90 年代，印度高等教育所培养的信息产业人才在相当大程度上促进甚至引领了印度经济结构的调整和产业的转型。在新一轮科技革命和产业变革时代，高等教育对以高科技、数字化为主导的经济社会发展的引领作用更加凸显。在我国，高等教育对经济社会发展引领性不足，主要存在以下两个问题。

一个问题是高校人才培养模式未能很好地适应经济社会的发展。一是大部分高校的人才培养模式是求职取向式的，即针对当前经济产业结构所确定的工作岗位来培养从业者，而对经济产业结构调整转型所需要的创业型人才的培养则相对薄弱；二是大部分高校的人才培养模式是理论导向式的，"大学教育采用的是理论化的局限于书本的和老师传授的方法"，"这使他们难以学到行业企业所需要的实用技能和团队精神"。为此，为了更好地发挥人才培养模式对经济社会发展的引领功能，就需要改革"求职者"的人才培养模式，建立"创业者"的人才培养模式。实际上，早在20 世纪 90 年代，联合国教科文组织就曾提出要使高校毕业生"不仅成为现有工作岗位的求职者，而且要成为未来工作岗位的创造者"。这就要求高校切实加强以创新素质培养为核心的创业教育。高校更加注重学生实践能力的培养，并在培养实践能力的过程中提高学生的创新素质。同时，要大力推进产教融合、科教融汇的高校人才培养模式改革，建立高校与行业企业、科研院所之间的协同育人机制，让学生能够学到行业企业所需要的各种技能和团队精神，在"双融"中提升学生的创新素质。特别是要建立起高校教学与科研的互转机制：一是将科学研究深度融入高校教育教学过程之中，让学生参与课题研究，培养学生的创新素质和科学精神；二是通过建立科研及其成果向教学转化的评价和激励机制，促进高校科研及其成果自觉和有效地转化为人才培养的优质资源；三是通过推动高校创新组织模式，培育跨学科、跨领域的科研与教学相结合的混合团队，促进科研与教学互动互促。

另一个问题是高校学科专业设置的前瞻性不够、过于单一，特别是学科专业边界过于封闭、缺乏交叉融合，以致难以引领经济社会发展，尤其是为科技与产业发展提供有力支撑。因此，亟须瞄准世界科技前沿和国家重大战略需要，着眼于战略性新兴产业和未来产业，大力加强高校基础学科、新兴学科、交叉学科建设，超前布局未来学科建设，不断提升原始创新能力和人才培养质量。尤其是在学科专业建设过程中，要着力打开学科专业之间的边界及学科专业通向科技与产业的边界，使高等教育龙头对经济社会的引领意义得到更大彰显。

（原载《中国高等教育》2024 年第 Z1 期）

推进教育高质量发展，为中国式现代化提供人才支撑

习近平总书记在党的二十大报告中指出：从现在起，中国共产党的中心任务就是团结带领全国各族人民全面建成社会主义现代化强国、实现第二个百年奋斗目标，以中国式现代化全面推进中华民族伟大复兴。实现高质量发展是中国式现代化的一个本质要求，其中必然包含着教育高质量发展。推进教育高质量发展，离不开教育现代化。

对教育现代化的理解，通常包括目标意义和进程意义两个向度。前者意指教育现代化是现代教育发展的一种理想标准，包括教育理念、体系、制度、内容、方法、治理等，同时，这一理想标准又是一个历史范畴，不同时期有不同的理想标准；后者指的是达成教育现代化理想目标的过程与途径。不论从哪一个向度看，中国教育现代化一定是中国特色的教育现代化。实现中国教育现代化，加快推进教育高质量发展，建设高质量教育体系，需要牢牢把握以下五个特征。

1. 牢牢把握中国教育现代化的本土性特征

正如中国式现代化既有各国现代化的共同特征，更有基于自己国情的中国特色一样，中国教育现代化同样不能脱离中国特色。比如，在高等教育领域，扎根中国大地办大学成为中国高等教育改革发展的重要宗旨，"双一流"建设所确立的中国特色与世界一流的建设定位充分体现了对高等教育现代化"中国式"的强调和重视。在基础教育领域，其现代化的一个重要取向就是从推进义务教育基本均衡上升到实现义务教育优质均衡和高质量发展，与乡村振兴、共同富裕等战略追求相辅相成，这既彰显了教育现代化追求教育公平的共同特征，也与中国共产党以人民为中心的发展思想高度一致。可见，中国教育现代化必须重视中国特色，并努力寻求教育现代化的中国特色与各国现代化的教育共同特征的一致性，以中国特色表征教育高质量发展，以中国特色成就教育高质量发展。

2. 牢牢把握教育优先发展的时代性特征

教育优先发展的时代性特征，主要体现在"教育是国之大计、党之

大计"的时代高度和"为党育人、为国育才"的时代使命上。改革开放以来，教育在我国社会主义现代化建设中的重要战略地位逐步确立，坚持教育优先发展也已成为各级党委政府的高度共识和重要遵循。进入新时代，教育被置于"国之大计、党之大计"这一前所未有的重要战略地位。尤其值得关注的是，在党的十九大报告中，"坚持优先发展教育事业"是"提高保障和改善民生水平，加强和创新社会治理"章节论述的第一个要点；而面对世界百年未有之大变局，党的二十大报告中则专门设了一个独立章节论述"实施科教兴国战略，强化现代化建设人才支撑"，并首次把教育、科技、人才进行"三位一体"统筹安排、一体部署。这意味着教育不仅要作为"最大的民生"给予优先发展，而且是全面建设社会主义现代化国家的基础性、战略性支撑。近年来，党和国家高度重视拔尖创新人才培养、发展交叉学科、建设新兴学科、加强基础学科、实施"强基计划"、推进"双　流"建设等各项重大举措。这些举措都从新的战略高度充分彰显了坚持教育优先发展的时代特征。

3. 牢牢把握素质教育的发展性特征

党的二十大报告强调"发展素质教育"，进一步表明了素质教育在我国教育国策中的重要地位。应当说，素质教育是最具中国特色、中国智慧、中国方案和中国力量的中国教育现代化的重要体现。我国在 20 世纪 80 年代末就提出素质教育，党的十八大报告提出"全面实施素质教育"，党的十九大、二十大报告都提出"发展素质教育"，从"实施"到"发展"，体现了素质教育的发展性。这一方面表明素质教育是与时俱进的，并没有固定的模式，不同时代的素质教育有不同的时代特征。从 20 世纪 80 年代对掌握学科知识的强调，到 90 年代对学生能力发展的要求，再到今天对学生社会责任意识、文明素养、创新能力、实践本领等综合素质的培养，素质教育越来越趋向于德智体美劳全面发展。另一方面也反映了当前素质教育仍存在种种问题和缺陷，需要不断加以改进和完善。因此，基于问题导向强化发展，是当前改进和完善素质教育的重要取向。同时，发展素质教育必须做到大中小学有机衔接，并促使实施科教兴国战略与办好人民满意的教育高度内洽。

4. 牢牢把握现代教育的公平性特征

教育公平是教育现代化的基本目标之一，也是世界各国教育现代化的一个共同特征。中国在实现教育现代化的过程中，始终把促进教育公平放在重要位置。在基础教育领域，坚持人民至上，策应脱贫攻坚成果的巩固与拓展、乡村振兴的全面推进等战略部署，统筹推进城乡义务教育一体化、缩小城乡教育资源差距，促进教育公平，切断贫困代际传递，推动义务教育优质均衡发展，使教育公平真正成为社会公平的重要基石，切实助推全体人民共同富裕。在高等教育领域，为了让每个学生都成为社会的有用之才，着力建立高校分类发展体系，并对每个层类给予应有的制度支持，让人人都可接受适合自己的高等教育，进而拥有人生出彩的机会。这具体体现在诸如注重研究型人才培养的"双一流"建设，注重本科人才培养的"双万计划"，注重应用技能型人才培养的高职院校"双高计划"等。同时，通过建立和完善高等教育的资助制度体系，确保每个学生不因贫困而失去上大学和完成学业的机会。

5. 牢牢把握教育、科技、人才、创新的一致性特征

从宏观层面看，教育、科技、人才、创新的一致性特征是与科教兴国战略、人才强国战略、创新驱动发展战略的一致性，以及教育强国、科技强国、人才强国的一致性高度关联的。具体来说，四者的一致性特征主要体现在：教育通过培养人才，尤其是创新型人才，推动科技发展，尤其是科技创新。对于高等教育而言，发展科技本身就是其重要功能，"双一流"建设高校更是承担着科技创新、突破"卡脖子"技术的重要职能。同时，科技发展与创新也将带来教育的发展与创新，即科技赋能教育。由此可见，教育在四者的一致性中处于基础性地位。党的二十大报告指出"科技是第一生产力、人才是第一资源、创新是第一动力"，科技、人才、创新能否真正成为这三个"第一"，归根结底取决于教育，没有教育的优先发展，就很难实现这三个"第一"。如果说教育、科技、人才是全面建设社会主义现代化国家的基础性、战略性支撑，那么，教育则是科技、人才、创新三个"第一"的基础性、战略性支撑，是基础的基础、战略的战略。四者一致性的关键在于创新，即通过教育的创新培养创新型人才，推动科技创新，建设创新型国家。当前，着力自主培养和造就拔尖创新人才是我国科技自立自强的关键一环，应当用系统思维加强有关工作，把拔尖创新人才培养作为教育体系的一个整体目标，由各个学段协同完成。这就要求教育各个学段摒弃过于狭隘和功利化的目标取向，着眼于学生的长远发展，特别是学生创新素质的养成。如果说人的成长对教育而言是一个接力和合力的系统化过程，那么，培养拔尖创新人才，教育体系的系统

性、协同性更为凸显。因此，亟须推动纵向教育体系建立协同育人机制，尤其需要加强高等教育与基础教育的多方面联系，增进彼此了解，使教育链与拔尖创新人才的成长链有机衔接，从而增强拔尖创新人才选拔和培养的针对性与有效性。

（原载《光明日报》2022 年 11 月 8 日第 13 版）

积极推进中国高等教育现代化建设

一、中国式现代化要求高校在变革中下好先手棋

党的二十大报告指出，中国式现代化，是中国共产党领导的社会主义现代化，既有各国现代化的共同特征，更有基于自己国情的中国特色。这是对中国共产党领导的社会主义现代化的精辟概括。根据经典现代化理论，现代化通常被划分为先发内生型现代化和后发外生型现代化，这也成为分析现代化的典型范式。值得关注的是，有时从总体上看一个国家的现代化属于后发外生型，但并不能否认它在某个领域或方面可能是先发内生型。

党的二十大报告从实施科教兴国战略，强化现代化建设人才支撑的角度提出，教育、科技、人才是全面建设社会主义现代化国家的基础性、战略性支撑。必须坚持科技是第一生产力、人才是第一资源、创新是第一动力，深入实施科教兴国战略、人才强国战略、创新驱动发展战略，开辟发展新领域新赛道，不断塑造发展新动能新优势。新领域、新赛道、新动能、新优势这四个"新"，意味着要在变革浪潮中下好先手棋、掌握主动权，显然具有内生意义。

深入实施科教兴国战略、人才强国战略、创新驱动发展战略，将教育、科技、人才"三位一体"统筹部署，最终都要统一在创新上。因此，创新驱动发展战略是国家发展战略的落脚点。创新驱动对于中国高等教育现代化来说，意味着高等教育现代化的建设方式应当进行时代转型，也就是从内生的角度来创新高等教育现代化发展模式，这与"开辟发展新领域新赛道，不断塑造发展新动能新优势"高度一致。这就提出了一个时代命题：当代中国高等教育现代化建设的新领域新赛道在哪里，以及应当如何开辟高等教育建设的新领域新赛道，不断塑造中国高等教育现代化发展的新动能新优势？

要回答好这一时代命题，首先需要弄清楚高等教育现代化发展这四个"新"之间的关系。这里涉及以下关系：新领域与新赛道的关系、新动能

与新优势的关系，以及两对关系之间的关系。实际上，"新"是个相对的概念，也是一个比较的概念。比如，新领域可以是就自身意义而言，也可以从更广泛意义来说，前者是相对于自己的过去和现状而体现出来的"新"，但相对于其他则未必是"新"，后者则是指与其他比较而言的"新"，从这一意义上这个"新"对谁都是一种"前所未有"。对于高等教育现代化发展而言，自身意义上的新领域，意味着学习借鉴，加大教育对外开放，开拓视野、兼容并蓄，而更广泛意义上的新领域，则更具内生性。从新领域新赛道的开辟角度看，主要指的是后者，即从更广泛意义上进行原创性的领域开辟，从而在这一新赛道上起跑即领跑，实现新动能新优势的塑造。

中国式现代化的共同特征、中国特色、时代意义，为"开辟发展新领域新赛道，不断塑造发展新动能新优势"、推进中国高等教育现代化指明了重要路径，即：交叉融合，创生共同特征；植根本土，彰显中国特色；技术变革，形塑时代意义。

二、交叉融合创生共同特征

创生的意义不是对已有共同特征的简单遵循或仿照，更为重要的是通过创新发展路径生成共同特征。这与当代中国教育现代化的内生性是一致的。自20世纪第三次科技革命后，学科就已呈现高度综合、高度分化的发展态势，尤其是随着第四次科技革命的到来，学科的高度交叉融合成为当代大学学科发展一个显著的共同特征，也为高等教育发展创造了新领域新赛道。

学科交叉融合，一方面要面向国家重大需求，特别是着眼于国家重大科技领域实现从0到1的突破；另一方面需遵循学科发展的内在规律和学理逻辑。

一是加强高校有组织科研，不断健全瞄准科技创新重点突破的新型举国体制，强化国家战略科技力量，推动科技自立自强。有组织科研主要是针对关键核心技术，也就是"卡脖子"技术开展攻关，健全关键核心技术攻关的新型举国体制，最核心的就是开展有组织科研，集中优势力量，优化机制、协同攻关。学科需要有组织地去建设，而关键核心技术需要有厚实的学科积淀，这也是高校承担科技攻关任务的优势所在。

二是推动基层学术组织和评价机制的变革。伴随着新科技革命带来的学科专业交叉融合新趋势，高校的学术组织制度也在发生变化，一些新的学术组织制度形式开始出现，比如在一些大学，枢纽、学域等正在取代传统的学院和学系，这种组织形式在国际上并无先例，而国际流行的项目负责人制度也广泛流行于高校基层学术组织。实际上，为了既保持学科发展的稳定性，又有利于学科交叉融合、开展大协作，亟须突破现有组织形态，探索构建矩阵式学术组织构架，下放权力，增强综合研究机构的自主性和灵活性。高校有组织科研的评价机制变革要有利于团队协同攻关，一方面要强化对科研成果的考核，解决好以往科研项目中重立项不重成果考核、验收周期"一刀切"等问题；另一方面要科学合理地评价成员的贡献，建立合作共享成果的评价机制，充分调动成员参与有组织科研的积极性。

三、植根本土彰显中国特色

从中国高等教育现代化发展历史来看，新中国成立以后建设了深受中国文化传统、政治思想、国家需求诸因素影响的高等教育制度体系，比如全国统一的高校招生考试制度、高等师范教育体系、行业型高校发展制度等。这些富有中国特色的高等教育制度是中国高等教育现代化的重要表征，为国家现代化做出了独特贡献，至今仍显示出其生命力。

当前，扎根中国大地办中国特色的世界一流大学是中国高等教育现代化的重要路径。扎根中国大地就是要基于本土基因建设有中国特色的世界一流大学。只有扎根中国大地、基于本土基因，才能有真正意义上的中国特色，有效形成和转化为推动世界一流大学建设的强大力量。"双一流"建设所确立的"中国特色、世界一流"的主旨和方向，关键在于寻求中国特色与世界一流的高度内洽和一致，并体现在中国特色表征世界一流、中国特色成就世界一流两个层面。中国特色表征世界一流可从以下两个角度来认识：一是中国特色符合世界一流的事实特征，二是中国特色符合世界一流的概念特征。中国特色成就世界一流，主要涉及"双一流"建设的路径选择，即通过走中国特色发展路径来推进中国高等教育现代化，并使一些大学发展成为世界一流大学。从这一意义上看，中国特色既是高等教育的一种发展资源，更是一种发展策略。

值得指出的是，"双一流"建设的中国特色表征世界一流同中国特色定义世界一流并不是一回事，更不能将世界一流简单化为中国定义，最后演变为"自说自话"；同时，走中国特色的"双一流"建设之路并不意味着不需要学习借鉴国际上世界一流大学与一流学科建设之先进经验，更不是排斥这些先进经验，而是必须坚持中国特色与融通中外相结合，其关键在"融通"，即对国外经验不是一味依附或简单照搬，以致"食洋不化"，而是需要结合中国国情和历史文化传统进行具有可比性的内化借鉴，使之与中国高等教育发展的实际高度契合。

四、技术变革形塑时代意义

数字时代的技术领跑态势催生了诸多领域的颠覆性创新，推动了社会第二次现代化进程，也加速推进了高等教育现代化。数字制造和"工业4.0"正在改变资本投资和劳动力投资的相对盈利能力，这种带着技术偏好的经济变革引发的人力资本新需求已经成为未来就业讨论的中心议题。在经济变革和就业压力等多种因素推动下，非传统生源逐渐成为高等教育规模的最大增长点，催生个性化学习需求。受市场需求驱动，大批互联网企业和传统教育培训机构纷纷瞄准在线教育新"蓝海"，通过个性化、定制化等新兴教育形式不断挤压高等学校的生存空间。高等教育机构必须开拓新的道路来突破业已滞后的人才培养格局和服务方式，使高等教育变得更加开放、多元、全纳和终身，这是数字时代高等教育现代化的重要方向。

同时，数字技术具有变革教育的巨大潜力。当前，在线学位、开放徽章（Open Badge）学习成果认证、斯坦福大学"开环大学计划"（Open Loop University）、密涅瓦大学（Minerva Schools）O2O办学体制等高等教育数字化创新实践，不断彰显数字技术开放、共享机制与高等教育现代化创新发展的高度一致性。这种高度一致性不断形塑新时代高等教育的理念、目标、体系、制度、内容、方法、治理的现代化样态，并持续丰富其关系内涵。

虽然数字技术可以用更低成本为更多人提供更具个性化的教育，但技术无法突破教育隐性的围墙，这堵围墙是制度、习惯等集结而成的历史产物。当下技术虽然引发了社会的深刻变革，但依旧游走于学校边缘，这也从侧面反映出现有教育制度与技术创新的不协调。面对可自我学习和进化的人工智能带来的巨大冲击，教育数字化转型并引领高等教育现代化迫在眉睫，其重要旨趣就在于借助数字技术的创新之力，打破传统教育的僵化格局，构建学校教育与社会教育、正式学习与非正式学习、线上学习与线下学习无缝衔接的开放、公平、优质的现代教育体系。这就必然涉及学校的课程管理、学籍管理、学位管理乃至组织架构等一系列制度的转型与变革，为更好地发挥数字技术在当代教育中的优势提供基础和保障，从而使教育数字化真正成为我国开辟高等教育发展新赛道、塑造高等教育发展新优势的重要突破口，为个性化学习、终身学习和优质教育资源共享提供有效支撑。

（原载《光明日报》2024 年 1 月 30 日第 15 版）

附录

卢晓中主要著述目录

一、主要著作

[1] 《大学教学理论与方法》，江西高校出版社1991年版，1992年获得江西省社会科学研究优秀成果三等奖。

[2] 《战后东盟教育研究》，江西教育出版社1996年版。

[3] 《亚洲"四小龙"教育发展战略研究——兼论中国教育发展问题》，广东人民出版社1999年版，入选广东省中青年社会科学家文库和获得广东省社会科学出版基金资助。

[4] 《跨世纪广东教育发展论纲》，广东高等教育出版社2000年版，2001年获得广东省哲学社会科学"九五"规划优秀成果三等奖。

[5] 《当代世界高等教育理念及对中国的影响》，上海教育出版社2001年版，2005年获得中国高等教育学会高等教育研究优秀成果一等奖。

[6] 《现代高等教育发展论纲》，广东教育出版社2005年版，获得广东省优秀教育著作出版基金资助。

[7] 《比较教育学》，人民教育出版社2005年版，2007年获得广东省哲学社会科学研究优秀成果一等奖。

[8] 《高等教育概论》，高等教育出版社2009年版。

[9] 《现代高等教育发展研究》，中国海洋大学出版社2009年版。

[10] 《佛山模式——区域教育现代化的探索》，广东人民出版社2011年版。

[11] 《新编教育学》，北京师范大学出版社2012年版。

[12] 《现代高等教育发展的战略管理研究》，北京师范大学出版社2015年版，2020年获得教育部高等学校科学研究优秀成果二等奖（人文社会科学）。

[13] 《广东省教育事业发展统计分析（2014—2021年)》，华南理工大学出版社2016—2023年版（共8册）。

[14] 《高等教育新论》，高等教育出版社2016年版。

[15]《比较教育学》（典藏版），人民教育出版社 2016 年版，2017 年获得全国教育科学研究优秀成果三等奖（教育部）。

[16]《广东教育改革发展 40 年》，中山大学出版社 2018 年版。

[17]《比较教育学》（修订版），人民教育出版社 2020 年版。

[18]《高等教育现代化：理论发展与实践探索》，科学出版社 2021 年版，2021 年获得全国教育科学研究优秀成果二等奖（教育部）。

[19]《当代中国教育学术史：高等教育研究》，福建教育出版社 2022 年版。

[20]《新编教育学》（修订版），北京师范大学出版社 2023 年版。

二、代表性论文

（一）教育发展与未来教育

[1]《教育研究中的定性与定量研究的哲学思考》，《上海高教研究》1991 年第 3 期。

[2]《教育发展一体化趋势简论》，《未来与发展》1991 年第 5 期，1992 年获得江西省社会科学研究优秀成果一等奖。

[3]《教学过程散论》，《江西教育科研》1991 年第 5 期。

[4]《误区与超越》，《教育研究》1991 年第 11 期。

[5]《论教育的创造性》，《教育导刊》1994 年第 Z2 期。

[6]《超前的教育与教育的超前》，《未来与发展》1994 年第 3 期，1996 年获得广东省青年社会科学研究优秀成果一等奖。

[7]《教育的创造——一个跨世纪的教育命题》，《未来与发展》1995 年第 3 期。

[8]《论教育的个性》，《江西教育科研》1995 年第 5 期。

[9]《还原教育的本性——21 世纪教育的新走向》，《教育评论》1996 年第 5 期。

[10]《社会现代化进程中的教育现代化》，《中国教育报》1996 年 12 月 14 日。

[11]《论教育发展战略的若干特征》，《未来与发展》1997 年第 4 期。

[12]《教育现代化与珠江三角洲教育发展简论》，《教育导刊》1997 年第 5 期。

[13]《简论教育现代化的标准化与特色化》，《比较教育研究》1998 年第 2 期。

［14］《简论素质教育的基本理念》，《中国教育报》1998 年 7 月 10 日。

［15］《现代素质教育：理念的更新》，《江西教育科研》2000 年第 6 期。

［16］《努力办好人民满意的教育》，《中国高教研究》2014 年第 2 期。

［17］《对教育政策研究的若干思考》，《华东师范大学学报（教育科学版）》2018 年第 2 期。

［18］《我国教育信息化发展的历史审思与未来路向——从教育信息化与教育现代化关系的角度》，《江苏高教》2019 年第 12 期。

［19］《确定与不确定之间：面向未来的教育如何选择?》，《基础教育》2020 年第 3 期。

［20］《我国教育方针的历史发展与时代创新——兼论新时代劳动教育的创造性转化与创新性发展》，《西北工业大学学报（社会科学版）》2021 年第 4 期。

［21］《教育强国建设是国之大计党之大计》，《南方日报》2023 年 6 月 7 日。

（二）现代高等教育发展理论研究

［1］《"回归律"质疑》，《上海高教研究》1990 年第 4 期。

［2］《刍议教学过程的本质——兼论大学教学过程的本质、规律及特点的关系》，《辽宁高等教育研究》1992 年第 5 期。

［3］《特色化：我国普通高校发展的现实选择》，《江苏高教》1994 年第 6 期。

［4］《自主权·竞争·特色化——高等教育未来发展的现实思考》，《教育研究》1995 年第 5 期，1997 年获得广东省社会科学研究优秀成果二等奖。

［5］《高等学校的教学任务简论》，《辽宁高等教育研究》1995 年第 6 期。

［6］《素质教育——高等教育不容忽视的命题》，《江苏高教》1998 年第 6 期。

［7］《布鲁贝克的高等教育哲学观评析》，《现代教育论丛》2000 年第 2 期。

［8］《对高等教育学研究中若干问题的认识》，《高教探索》2000 年第 3 期。

［9］《90 年代以来世界高等教育的核心理念》，《高等教育研究》2000 年第 5 期。

[10]《高等教育大众化——当代的观点》,《教育导刊》2000 年第 11 期。

[11]《论当代高等教育的私营趋势》,《江苏高教》2001 年第 1 期。

[12]《高等教育：概念的发展及认识》,《高教探索》2001 年第 3 期。

[13]《走向"社会的中心"——现代大学发展理念简论》,《教育研究》2002 年第 9 期。

[14]《大学理念——从历史发展的角度》,《现代大学教育》2003 年第 6 期。

[15]《简论现代高等教育发展理念与实践》,《高教探索》2004 年第 1 期。

[16]《试论现代高等教育发展理念的整合》,《高等教育研究》2004 年第 1 期。

[17]《对高等教育分层定位问题的若干思考》,《高等教育研究》2006 年第 2 期, 2016 年获得全国教育科学研究优秀成果三等奖（教育部）。

[18]《试论高等教育发展研究》,《高等教育研究》2007 年第 8 期。

[19]《当代高等教育理念与中国高等教育改革》,《华南师范大学学报（社会科学版）》2008 年第 2 期。

[20]《高等教育发展目标的定位视角与大学发展的分层定位——从战略规划的角度》,《华南师范大学学报（社会科学版）》2010 年第 3 期。

[21]《高等教育发展与代价的关系探析》,《大学教育科学》2010 年第 5 期。

[22]《大学精神文化刍议》,《教育研究》2010 年第 7 期, 2013 年获得教育部高等学校科学研究优秀成果二等奖（人文社会科学）。

[23]《论潘懋元先生高等教育研究的社会责任意识》,《高等教育研究》2010 年第 8 期。

[24]《社会变革视野下高等教育发展理论创新》,《高等教育研究》2011 年第 10 期, 2013 年获得广东省哲学社会科学研究优秀成果二等奖。

[25]《高等教育走向"社会中心"与人才培养模式变革》,《教育发展研究》2011 年第 19 期。

[26]《大学校庆：价值与功能》,《华南师范大学学报（社会科学版）》2013 年第 5 期。

[27]《论高等教育变革背景下的高等教育发展研究》,《高等教育研究》

2013 年第 12 期。

［28］《大中小学德育课程衔接认同差异的实证分析》，《大学教育科学》2016 年第 6 期。

［29］《高等教育学的学科性质及相关问题》，《中国高教研究》2016 年第 11 期。

［30］《教育现代化视域下人的现代化与大学素质教育》，《中国高教研究》2017 年第 6 期。

［31］《扎根中国大地办大学亟须高等教育发展理论中国化》，《光明日报》2017 年 9 月 5 日。

［32］《中国高等教育研究的"出世"与"入世"——兼评〈论大学〉》，《高等教育研究》2018 年第 6 期。

［33］《新中国高等教育 70 年的中国特色》，《苏州大学学报（教育科学版)》2019 年第 3 期。

［34］《现代大学制度构建的人文向度》，《中国高教研究》2020 年第 5 期。

［35］《"有组织科研"对高校意味着什么》，《光明日报》2022 年 9 月 20 日。

［36］《什么是高等教育现代化的"中国式"》，《教育科学》2023 年第 1 期。

［37］《自主培养拔尖创新人才亟需构建培养共同体》，《大学教育科学》2023 年第 1 期。

［38］《中国高等教育学研究的历史特征与时代方位》，《高等教育研究》2023 年第 1 期。

［39］《中国式现代化视域下需准确把握高校劳动教育四大特征》，《光明日报》2023 年 5 月 2 日。

［40］《从融合到融汇：高等教育与科技创新更好结合》，《苏州大学学报（教育科学版)》2023 年第 4 期。

［41］《蒋南翔高等教育思想的时代意义及对教育强国建设的启示》，《清华大学教育研究》2023 年第 5 期。

［42］《科教融汇视角下高校教学与科研更好结合刍论》，《中国高教研究》2023 年第 11 期。

（三）国际与区域比较教育研究

[1]《比较研究：我国教育科学方法论体系构建的新思路》，《江西教育科研》1994 年第 3 期。

[2]《试论马来西亚的教育一体化》，《外国教育研究》1995 年第 3 期。

[3]《对比较教育中几个问题的认识》，《比较教育研究》1995 年第 3 期。

[4]《世界教育的未来发展展望》，《未来与发展》1996 年第 3 期。

[5]《马来西亚高等教育改革与发展的新动向》，《外国教育研究》1996 年第 5 期。

[6]《新加坡职业技术教育的发展与改革》，《职教论坛》1996 年第 11 期。

[7]《论韩国教育发展战略的若干特征》，《现代教育论丛》1997 年第 3 期。

[8]《论新加坡教育发展战略的若干特征》，《外国教育研究》1997 年第 5 期。

[9]《论台湾教育发展战略的若干特征》，《现代教育论丛》1998 年第 5 期。

[10]《亚洲"四小龙"教育发展战略选择的比较与评析》，《教育导刊》1998 年第 10 期。

[11]《国际性高等教育政策的影响因素探析》，《现代大学教育》2002 年第 3 期。

[12]《比较教育研究的性质评析》，《现代教育论丛》2002 年第 5 期。

[13]《比较教育的"身份"论》，《现代教育论丛》2003 年第 3 期。

[14]《当代比较教育学研究的发展动态》，《华南师范大学学报（社会科学版）》2004 年第 1 期。

[15]《当代比较教育学方法论的发展趋向》，《华南师范大学学报（社会科学版）》2005 年第 4 期。

（四）高等教育质量与改革研究

[1]《高等教育的新质量观》，《现代大学教育》2001 年第 2 期。

[2]《论高等教育的质量及其保障问题》，《教育导刊》2001 年第 Z2 期。

[3]《我国高等教育质量政策的特点及走向》，《教育发展研究》2008 年第 Z3 期。

[4]《协同创新——一种新高等教育质量观》，《中国高等教育评论》

2012 年第 3 卷。

[5]《对创建高校内部质量文化的认识》,《大学教育科学》2012 年第
4 期。

[6]《深化高教领域综合改革的"自上而下"与"自下而上"》,《中国高
教研究》2016 年第 6 期。

[7]《质量文化:一种高等教育内涵式发展的价值建设》,《中国高教研
究》2018 年第 7 期。

[8]《高等教育质量发展的五大趋势》,《大学教育科学》2019 年第 5 期。

[9]《基于人类命运共同体发展需要的高等教育体系构建》,《探索与争
鸣》2019 年第 9 期。

[10]《高等教育治理现代化的中国特色与世界水平》,《南方日报》2019
年 11 月 25 日。

[11]《围绕建设高质量教育体系　统筹推进教育改革》,《南方日报》
2021 年 3 月 30 日。

[12]《基于系统思维的高质量教育体系构建与教育评价改革——兼论拔
尖创新人才培养的系统思维》,《国家教育行政学院学报》2021 年
第 7 期。

[13]《以教育评价改革为牵引　统筹推进高质量大学建设》,《南方日
报》2021 年 12 月 21 日。

[14]《基于"职普融通"的现代职业教育体系构建》,《河北师范大学学
报(教育科学版)》2022 年第 1 期。

[15]《系统性、整体性、协同性:新时代中国高等教育管理改革发展的
十年探索》,《国家教育行政学院学报》2022 年第 10 期。

[16]《高等教育高质量发展:竞争或合作?》,《江苏高教》2022 年第
10 期。

[17]《推进教育高质量发展,为中国式现代化提供人才支撑》,《光明日
报》2022 年 11 月 8 日。

[18]《高等教育高质量发展的区域向度》,《教育家》2023 年第 13 期。

(五)"双一流"建设研究

[1]《一流大学既要"至真"也要"至善"》,《光明日报》2016 年 3 月
22 日。

[2]《世界一流大学与一流学科建设孰轻孰重》,《探索与争鸣》2016 年

第 7 期。

[3]《"双一流"建设：破除身份固化》，《中国教育报》2016 年 9 月
27 日。

[4]《"双一流"建设亟需探讨的若干问题》，《中国高等教育》2017 年第
21 期。

[5]《"双一流"建设背景下高等教育的内涵式发展》，《苏州大学学报
（教育科学版）》2018 年第 1 期。

[6]《"双一流"揭示高等教育改革方向》，《中国社会科学报》2018 年 3
月 28 日。

[7]《"双一流"建设的中国特色与世界一流》，《国家教育行政学院学
报》2018 年第 9 期。

[8]《办好中国特色世界一流大学的路向》，《光明日报》2018 年 10 月
23 日。

[9]《学科制度的中国特色与世界意义》，《大学与学科》2020 年第 1 期。

[10]《办一流学术期刊 担负学科制度构建重大使命》，《高等教育研
究》2020 年第 11 期。

[11]《论"双一流"学科的建设向度——基于"场域－行动"政策分析
的视角》，《高等教育研究》2022 年第 12 期。

（六）大学评价与高校办学自主权

[1]《高等教育的学术自由与学术自治——兼论中国高等教育学术权力的
提高》，《现代大学教育》2000 年第 2 期。

[2]《高校自主权：落实或扩大？——基于国家教育政策文本的简要分
析》，《苏州大学学报（教育科学版）》2014 年第 3 期。

[3]《论高校效率与自主权》，《江苏高教》2015 年第 1 期。

[4]《职业教育人才培养适应性评价指标设计及其应用路径》，《教育发展
研究》2015 年第 1 期。

[5]《建构融合评估的事实判断与价值判断于一体的学科评估体系》，《探
索与争鸣》2016 年第 9 期。

[6]《国家基础权力视域下的我国大学办学自主权》，《大学教育科学》
2020 年第 4 期。

[7]《论大学办学自主权视域下的大学评价》，《江苏高教》2021 年第
6 期。

（七）粤港澳及大湾区教育发展研究

［1］《香港大学学位制度与研究生教育介评》，《现代教育论丛》1995 年第 2 期。

［2］《澳门大学学位制度与研究生教育介评》，《学位与研究生教育》1997 年第 2 期。

［3］《试论香港教育发展战略》，《比较教育研究》1997 年第 5 期。

［4］《面向 21 世纪粤澳教育合作与交流的思考》，《现代教育论丛》1999 年第 3 期。

［5］《简论澳门师资发展问题》，《华南师范大学学报（社会科学版）》1999 年第 4 期。

［6］《增强高等教育的针对性：加快广东高等教育发展的战略思考》，《教育导刊》2003 年 4 月号上半月。

［7］《区域教育发展的一种战略选择——对南方教育高地的若干认识》，《高教探索》2012 年第 4 期。

［8］《"幸福广东"视域下的基础教育均衡发展》，《现代教育论丛》2013 年第 5 期。

［9］《基于问题和需求的广东省中长期研究生教育发展战略》，《高教探索》2014 年第 2 期。

［10］《广东教育发展的前瞻与规划——着眼"十三五"》，《高教探索》2016 年第 6 期。

［11］《推动粤港澳大湾区教育合作发展的思考》，《中国高教研究》2019 年第 5 期。

［12］《融合创新打造一流科技湾区》，《南方日报》2019 年 10 月 22 日。

［13］《湾区高等教育的形成与发展——基于粤港澳大湾区与旧金山湾区比较的视角》，《高等教育研究》2020 年第 2 期。

［14］《打造教育对外开放新高地》，《神州学人》2020 年第 7 期。

［15］《探究粤港澳大湾区高等教育集群发展》，《中国社会科学报》2021 年 4 月 28 日。

［16］《高等教育集群发展视域下粤港澳大湾区高校办学自主权研究》，《中国高教研究》2021 年第 4 期。

［17］《粤港澳大湾区高等教育集群发展：理论审思与实践策略》，《大学

教育科学》2021 年第 4 期。

[18]《粤港澳大湾区高等教育集群发展的战略选择与基本路向》,《兰州大学学报（社会科学版）》2021 年第 5 期。

[19]《香港迎来教育发展良机》,《光明日报》2021 年 8 月 21 日第 4 版。

[20]《技术文化视域下粤港澳大湾区高等教育一体化发展》,《高等教育研究》2021 年第 10 期。

[21]《区域约束力视域下粤港澳大湾区高等教育合作发展的制度框架》,《高等教育研究》2022 年第 7 期。

[22]《合作办学为大湾区注入新动能》,《中国教育报》2022 年 9 月 29 日。

[23]《香港高校进军广东，如何孕育湾区"硅谷效应"?》,《中国经济周刊》2022 年 11 月 14 日。

[24]《集群发展推进粤港澳大湾区高等教育结构优化》,《南方日报》2023 年 3 月 6 日。

[25]《高等教育集群何以促进人才高地建设——基于粤港澳大湾区与旧金山湾区的比较》,《国家教育行政学院学报》2023 年第 10 期。

（八）教师发展与教师教育研究

[1]《困惑与选择——高师教育专业发展浅议》,《上海高教研究》1994 年第 2 期。

[2]《关于高师教育发展路径的思考》,《广东教育学院学报》1994 年第 4 期。

[3]《试论教师的专业化》,《高教探索》2002 年第 4 期。

[4]《高等教育走向"社会的中心"与高师院校的战略定位》,《教育导刊》2002 年 11 月号上半月。

[5]《高等教育大众化背景下大学教师专业发展一体化简论》,《现代大学教育》2007 年第 4 期。

[6]《学术锦标赛制下的制度认同与行动逻辑——基于 G 省大学青年教师的考察》,《高等教育研究》2014 年第 7 期。

[7]《基于教师专业发展视野下中小学教师继续教育有效性的实证分析》,《现代教育论丛》2015 年第 2 期。

[8]《大学能成为中小学教育改革的引领者吗?》,《华南师范大学学报

（社会科学版）》2016 年第 5 期。

[9]《大学教师荣誉制度与荣誉体系刍议》，《江苏高教》2017 年第 11 期。

[10]《提升教师身份认同从哪里入手》，《光明日报》2019 年 9 月 10 日。

[11]《教师身份认同及其提升》，《高等教育研究》2020 年第 12 期。

[12]《论高水平综合大学参与教师教育的身份认同》，《中国高教研究》2022 年第 8 期。

[13]《教育强国建设：教师教育当何为——兼论"国优计划"对师范院校的影响》，《华南师范大学学报（社会科学版）》2023 年第 5 期。

[14]《中国式现代化视域下教师教育高质量发展》，《江苏高教》2023 年第 10 期。

三、代表性调研咨询报告

[1]《广东省县域教育现代化研究（2008 年）》，2011 年获得广东省哲学社会科学研究优秀成果一等奖（调研咨询报告类）。

[2]《幸福广东视域下基础教育均衡发展研究（2015 年）》，2017 年获得广东省哲学社会科学研究优秀成果一等奖（调研咨询报告类）。

[3]《广东省义务教育优质均衡发展评估报告（2020 年）》，2023 年获得广东省哲学社会科学研究优秀成果一等奖（调研咨询报告类）。

后 记

　　虽然我从事教育学的教学与科研工作已逾 40 载，并已过花甲之年，但对现在是否可以或应该出版一本对自己学术生涯带有总结性的个人文集，我心里并不确定，因为总感觉自己的学术工作还在继续，还需要活到老、学到老、钻研到老，也就是说，现在还没有到为自己的学术生涯画句号的时候。恰巧广东省社会科学界联合会组织出版"广东省优秀社会科学家文库"（系列三）（以下简称"文库"），"文库"的出版说明里已把出版意图讲得很清楚，即"推动我省哲学社会科学事业全面繁荣、走在前列"。对个人而言，我也觉得对已有的研究做一个小结不失为一件好事。实际上，2008 年时值改革开放 30 年，我也曾应约出版过一本高等教育研究方面的个人文集［《现代高等教育发展研究》（"中国高等教育学中青年学者论丛"，潘懋元主编，中国海洋大学出版社 2009 年版）］，当时我写了这样的一段话："2008 年恰逢我国改革开放 30 周年，这 30 年对我们国家来说是波澜壮阔的 30 年，对我国高等教育来说也是极其不平凡的 30 年，伴随着高等教育 30 年的是高等教育研究从起步、发展到繁荣，尤其是高等教育研究成果从学术层面记录下了我国高等教育 30 年的沧桑巨变。本人作为从事高等教育研究的一名学者，曾参与其中，能以个人文集的形式作为某种见证，是一件很有意义的事；而且本人的学术生涯也是伴随着我国高等教育的发展和高等教育研究的繁荣而成长起来的，作为学术研究成长生涯的一个'驿站'，把自己的学术研究借助出版个人文集的机会进行一些梳理和反思，似乎也是很有必要做的事情。"这段话同样能反映我今天积极响应此等"好事"，并努力把这件"好事"做好的心境。

　　考虑到篇幅有限，本自选集的内容主要集中在我的三个重要的研究领域（主题），即粤港澳大湾区教育发展研究、教师发展与教师教育研究、教育发展与教育现代化研究。我从中选择了 37 篇论文，这些论文都是我个人独著或作为第一作者与其他人合著的，时间跨度为 1991—2024 年。在本自选集编辑过程中，博士研究生冯祥强协助我做了大量认真细致的整理、校对等工作，在此表示感谢。

卢晓中

2024 年 6 月

后
记

425